Erfahrungsmanagement in lernenden Organisationen

Schriftenreihe
Psychologie und innovatives Management
herausgegeben von
Siegfried Greif, Osnabrück
Hans-Jürgen Kurtz, Köln

Erfahrungsmanagement in lernenden Organisationen

von

Annette Kluge

Verlag für Angewandte Psychologie
Göttingen

Erfahrungsmanagement in lernenden Organisationen

von
Annette Kluge

Verlag für Angewandte Psychologie
Göttingen

Dr. Dipl.-Psych. Annette Kluge, geb. 1967. 1986-1991 Studium der Psychologie in Köln und Aachen. 1994 Promotion. Zwischen 1992 und 1995 freiberuflich tätig als Prozeßbegleiterin bei der Einführung von Gruppenarbeit und Qualitätsmanagement-Systemen in der Automobil-, Chemie- und Nahrungsmittelindustrie. Seit 1996 wissenschaftliche Mitarbeiterin am Institut für Psychologie der RWTH Aachen.

Die Deutsche Bibliothek - CIP-Einheitsaufnahme

Kluge, Annette:
Erfahrungsmanagement in lernenden Organisationen / von Annette Kluge. - Göttingen : Verl. für Angewandte Psychologie, 1999
(Schriftenreihe Psychologie und innovatives Management)
ISBN 3-8017-1174-9

Umschlaggraphik: Dierk Kellermann, Osnabrück
Druck: Hubert & Co., Göttingen
Printed in Germany
Auf säurefreiem Papier gedruckt

ISBN 3-8017-1174-9

Vorwort der Herausgeber

Als wir das Wohnhaus von César Manrique[1] am Ende eines steckengebliebenen Lavastroms auf Lanzarote besichtigten, besser: er-fuhren, wurde uns wieder einmal deutlich, was Erfahrungen sind und wie wichtig sie sind: Das Er-gehen, Er-spüren, Er-fühlen, Er-riechen dieser Symbiose aus Kunst, Architektur und Natur war es, nicht allein das Erlesen oder Erhören von Informationen. Wie wunderbar sich das Äußere in das Innere der Natur einfügt. Ein offener, kleiner Platz mit Pool zum Rasten, Kommunikationsräume in Lava-Blasen, der Blick zum Himmel durch ein Lava-Loch, enge schwarzweiße Gänge, die die Räume untereinander verbinden. Und überall Natur: „tote" Lava und „lebendige" Pflanzen, Blumen und Erinnerungen der Vergangenheit in Form von Skulpturen und Gegenständen. Ein Konzept der Zukunft.

Dieses Erfahren löste bei uns sofort den Bezug zum Buch aus. Wir schrieben dieses Vorwort:

Erfahrungsmanagement meint das Sammeln, Ordnen, Prüfen, Zurverfügungstellen, Fortführen, Aktualisieren von Erfahrungen. Erfahrungen sind der Stoff der Wissensgesellschaft, die zunehmend in den Mittelpunkt rückten, die zunehmend möglichst allen (z.B. per Inter- und Intranet) verfügbar sein sollen. Erfahrungen sind der Stoff, den die Wirtschaft als Wettbewerbsvorteil entdeckt hat. Die Produkte unterschieden sich zunehmend weniger. Also geht es im Wettbewerbsgeschehen darum, schneller und besser mit neuen Produkten und Dienstleistungen am Markt zu sein, um Kundenbedürfnisse zu befriedigen. Wissen schneller zu lernen und Erfahrungen schneller zu machen, stellen einen Wettbewerbsvorteil dar. Deshalb müssen Unternehmen ihr Wissen und ihre Erfahrungen, die ja im Unternehmen vorhanden sind und nicht nur von außen eingekauft werden, so organisieren, daß es/sie vom Mitarbeiter genutzt werden kann/können, und zwar nicht über traditionelle Informationshierarchien – das dauert zu lange, ist umständlich, informationsverlustig – sondern möglichst Just-in-time, also per Inter- oder Intranet, das derzeit schnellste Just-in-time Medium.

Erfahrungen mit Erfahrungen machen wir insbesondere in Großbetrieben. Da wird in der Vertriebsgeschäftsstelle ein neues Aktivierungsprogramm für nebenberufliche Agenten mit Erfolg realisiert. Und kein anderer erfährt davon.
Oder: In einer Niederlassung wird ein einfach zu handhabendes Excel-Programm zur Reisekostenabrechnng angewendet. Und der Konzern „bastelt" an einer Großrechnerlösung.

---

[1] César Manrique lebte als Künstler und Architekt auf Lanzarote

Oder: eine 55jährige Mitarbeiterin im Büroservice wird als leistungsschwach und schwer zu führen geschildert. Intensive Aufmerksamkeit und Feedback-Gespräche führten zu einer engagierten Mitarbeiterin.
Und: Ein Mitarbeiter geht in den Vorruhestand. Er ist derjenige, der die Grundlagen der Berechnung von Pensionen aus der betrieblichen Altersvorsorge erklären kann. Es gibt keine Dokumentationen. Also wird er zum Gespräch gebeten.
Ein letztes Beispiel: Viermal pro Jahr trafen sich die Personalleiter eines Konzerns zum Erfahrungsaustausch. Wegen der vielen Themen auf der Agenda, die nie abgearbeitet wurden, fuhren sie frustriert nach Hause. Die Idee einer schriftlichen Diskussion in Form eines Themen- und Diskussionsbuches (siehe Kapitel 3) brachte die „Erlösung". Viele Themen konnten vor den Konferenzen bereits abgehandelt werden. Die Beispiele könnten fortgeführt werden.

Wissen und Erfahrungen stecken in allen Mitarbeitern. Sie müssen nur anderen zugänglich gemacht werden. Bei Betriebsfesten kann man sehr gut beobachten, worüber Menschen sprechen: Sie tauschen Erfahrungen mit Themen und über Personen aus. Sie erzählen Episoden. Das Unternehmen oder ihr Arbeitsplatz lassen sie nicht kalt. Im Gegenteil: Sie sind emotional mit ihm verbunden. So sind sie auch erinnerbar.

Erfahrungsmanagement soll Ihnen ermöglichen, das vielfältige Wissen und die vielfältigen Erfahrungen den Mitarbeitern im Betrieb besser nutzbar zu machen. Deshalb dieses Buch, das ihnen vor dem Hintergrund theoretischer Überlegungen eine Vielzahl an praktischen Beispielen bietet, die in der Praxis erprobt wurden.

Osnabrück/Göttingen
März 1999 Siegfried Greif und Hans-Jürgen Kurtz

Vorwort

Der Blick zurück, zielorientiert nach vorn, prägt die Erfolge unserer Mitarbeiter auf dem Weg aus der Behörde in ein selbständiges, gewinnbringendes Unternehmen.

Basis des Erfolgs waren die intakten Wurzeln, gewachsen aus kompetenten, hochqualifizierten Mitarbeitern, die in einem visionären Ziel in eine lernende Organisation implementiert wurden. Mit dem Konzept „Lernen aus Erfahrung" wurde unsere Vision auf einen erfolgreichen Weg gebracht.

Eine Vielzahl unserer, aus der eigenen Basis gewachsenen Führungskräfte, verdanken dem Konzept Leben und Wachsen aus der eigenen Erfahrung, problembasiertes, selbstorganisiertes Lernen im Team, ihren erfolgreichen Einstieg in ihre Karriere.

Wir gehen den Weg in die lernende Organisation auf der Grundlage des Erfahrungslernen.

Es zeigen sich spannende, innovative Ausblicke für den weiteren erfolgreichen Marktauftritt.

Hugo Bellgardt

Leiter Personal und Recht
Deutsche Telekom Immobilien und Service GmbH
Niederlassung Düsseldorf

Inhaltsverzeichnis

1 Das Modell der Lernzyklen als Basis des Erfahrungsmanagements ... 1
1.1 Der Blick zurück nach vorn - Unternehmen lernen aus Erfahrung!? ... 1
1.2 Ein Anspruch und seine Umsetzung ... 2
1.2.1 Wie ein Unternehmen lernte, aus seinen Erfahrungen zu lernen: ein Fallbeispiel ... 2
1.2.2 Prinzipien des Lernens aus der unternehmenseigenen Erfahrung ... 5
1.3 Das Modell der Lernzyklen im Unternehmen ... 10
1.3.1 Betrachtungsweisen zur lernenden Organisation ... 10
1.3.2 Stufen des organisationalen Wissenserwerbs - der Lernprozeß ... 15
1.3.3 Lernzyklen in lernenden Organisationen ... 20

2 Wissenserwerb ... 31
2.1 Systemrelevante Wissensformen ... 31
2.2 Methoden des erfahrungsbasierten Wissenserwerbs ... 40
2.3 Interindividuelle Unterschiede beim Lernen oder: Können alle Mitarbeiter alles Lernen? ... 52
2.4 Lernfördernde Organisationsbedingungen für ein Lernen aus Erfahrungen ... 63
2.5 Leittext zur Zusammenfassung ... 76

3 Wissensdiffusion ... 79
3.1 Informelle Wege der Wissensdiffusion ... 79
3.2 Beteiligte Prozesse bei einer geplanten Wissensdiffusion ... 82
3.3 Wissensdiffusion durch soziale Interaktion und „Mündliche Überlieferungen" ... 89
3.3.1 Formelle Wege der Wissensdiffusion im Produktionsbereich ... 89
3.3.2 Formelle Wege der Wissensdiffusion im Managementbereich ... 93
3.4 Phänomene bei Gruppenentscheidungen ... 104
3.5 Nutzung von Informationstechnologien zur Wissensdiffusion ... 112
3.5.1 Informationstechnologien zum Speichern von Erfahrungen ... 116
3.5.2 Informationstechnologien zum kollaborativen Lernen ... 125
3.6 Lernfördernde Organisationsbedingungen für eine Wissensdiffusion ... 136
3.7 Leittext zur Wissensdiffusion ... 148

4 Abrufen und Anwenden von Wissen ... 151
4.1 Abrufen von Wissen ... 151
4.2 Darf's ein bißchen mehr sein? Oder: Wie hoch dürfen Informationsbeschaffungskosten sein? ... 156
4.3 Die Phasen nach der Informationssuche: Wissen zur Problemlösung nutzen ... 166
4.4 Lernfördernde Organisationsbedingungen für ein Abrufen und Anwenden von Wissen ... 187
4.5 Leittext zum Abrufen und Anwenden von Wissen ... 196

5 Reflexion - Ende und Wiederneubeginn des Lernprozesses 199
5.1 „Auch wir machen Fehler“ – Eine Einführung 199
5.2 Der dialektische Prozeß von konkreter Erfahrung und Reflexion 204
5.3 Involvierte Prozesse bei der Selbstreflexion auf individueller Ebene 208
5.3.1 Selbstreflexion und Problemlösen 208
5.3.2 Elemente der Metakognition, die Selbstreflexion ermöglichen 211
5.3.3 Sind Metakognitionen gleichzusetzen mit „Protokollen des lauten Denkens“? 213
5.3.4 Reflexion und Expertentum in Organisationen – eine Grundhaltung 218
5.3.4 Involvierte Prozesse bei der Selbstreflexion auf organisationaler Ebene 219
5.4 Lernfördernde Organisationsbedingungen für eine Selbstreflexion 223
5.5 Leittext zum Reflektieren des eigenen Lernprozesses 236

6 Ausblick 239

Literatur 245

Abbildungs- und Tabellenverzeichnis

Abb. 1 Integrationsmodell des organisationalen Lernens ... 18
Abb. 2 Lernzyklen lernender Organisationen ... 28
Abb. 3 Leerstellenkonzept nach Hacker & Jilge ... 35
Abb. 4 Lernen durch Handeln ... 44
Abb. 5 Chart der Herstellungskosten bei Renault ... 57
Abb. 6 Indikatorentafel für das Presswerk bei Renault ... 57
Abb. 7 Visualisierungssäule ... 60
Abb. 8 Liefertreue ... 60
Abb. 9 Visualisierung der Qualitätsstatistik ... 61
Abb. 10 Virtuelle Welt des Management-Flight-Simulators als Gegenstand des Lern-Laboratoriums ... 96
Abb. 11 Das Verbesserungs-Paradox ... 97
Abb. 12 Die Methode des Problembasierten selbstorganisierten Lernens im Team ... 103
Abb. 13 Vorgehensweise des CSEA-Systems ... 122
Abb. 14 Das System KONUS ... 123
Abb. 15 Virtuelle Räume der "CSILE-Knowledge Community" ... 126
Abb. 16 Das POLARIS-System ... 128
Abb. 17 NESTOR-Lernumgebung ... 130
Abb. 18 Teleteaching über Business-TV der Deutschen Telekom AG ... 132
Abb. 19 Wissenslandkarte, Systemsimulation und Szenariomethode als Werkzeuge zum Abrufen und Anwenden von Organisationalem Wissen ... 154
Abb. 20 Kontextbezogene und individuelle Variablen, die die Nutzung von Information in Organisationen beeinflussen ... 160
Abb. 21 Maschinenauslastung im Zeitraum von Januar bis April ... 184
Abb. 22 Formen von Wissenslandkarten ... 189
Abb. 23 Das Modell des experimentellen Lernens nach Lewin ... 204
Abb. 24 Das Lernmodell nach Dewey ... 205
Abb. 25 Das holistische Lernmodell nach Kolb ... 207
Abb. 26 Triple-Loop-Lernen als Prozeß der Generierung und Aufrechterhaltung organisationaler Lernfähigkeit ... 226
Abb. 27 Die Hypertextorganisation nach Nonaka und Konno ... 234
Abb. 28 Die hermeneutische Spirale nach Danner ... 242

Tabelle 1 Formen des organisationalen Vergessens (Schüppel) ... 23
Tabelle 2 Stufen des Lernprozesses, Lernziel und Evaluationsmethoden innerhalb organisationaler Lernzyklen ... 25
Tabelle 3 Ursachen von Erfolg/Mißerfolg und zukünftige Erfolgschancen ... 54
Tabelle 4 Klassifikation lernrelevanter Emotionen ... 69
Tabelle 5 Relevanzgrad und Fristigkeit von Wissen in Organisationen ... 114
Tabelle 6 Maschinenauslastung ... 183

1. Das Modell der Lernzyklen als Basis des Erfahrungsmanagements

1.1 Der Blick zurück nach vorn: Unternehmen lernen aus Erfahrung!?

Selbststeuerung in Problemlöseprozessen

Lernen aus Erfahrung in einer Organisation bezeichnet man als einen Spezialfall der lernenden Organisation. Denn die Auseinandersetzung mit Erfahrungslernen in einer Organisation erhält ihren besonderen Reiz dadurch, daß nicht mehr Lernsituationen in klassischen Trainings- und Trainingstransferprozessen im Mittelpunkt stehen, sondern vielmehr solche mit einem hohen Anteil an Selbststeuerung in Problemlöseprozessen. Pekrun und Schiefele (1996) sprechen von „Lernen in Einzelsituationen", March, Sproull und Tamuz (1991) von „Learning from samples of one and fewer" nennen. Damit wird die Auffassung von Ulich (1992) geteilt, daß arbeitsimmanente Lernprozesse ebenso gewichtige Veränderungspotentiale für eine Organisation enthalten, wie Maßnahmen der Aus-, Fort- und Weiterbildung. Dabei geht es vor allem um das Wissen über das vorhandene Wissen. Drucker (1993) beschreibt die Beziehung zwischen Wissen und dem Schaffen von Wohlstand als eine Entwicklungslinie, die vom Wissen in bezug auf Werkzeuge im 18. Jahrhundert, über Prozesse und Produkte zum Anfang des 19. Jahrhunderts, über Wissen in Bezug auf die Organisation menschlicher Arbeit bis zum heutigen Bedarf an Wissen - bezogen auf das eigene Wissen - verläuft.

Lernen in Einzelsituationen

Künftige Entscheidung mit weniger Unbekannten

Welchen Nutzen kann ein Unternehmen darin sehen, aus den eigenen Erfahrungen zu lernen? Der Nutzen besteht darin, daß häufig unter Unsicherheit getroffene Entscheidungen künftig mit weniger Unbekannten gefällt werden können, vorausgesetzt, das Unternehmen gewährt im nachhinein ausreichend Zeit für die Analyse des Problemraums.

Das Lernziel innerhalb lernender Organisationen besteht darin, den Mitarbeitern unter Einbeziehung früherer Erfahrungen eine effektive Auseinandersetzung mit situativen Anforderungen zu ermöglichen. Eine Organisation wird vor diesem Hintergrund als lernend bezeichnet, wenn es ihr gelingt, dem einzelnen Problemlöser oder einer Gruppe von Problemlösern eine größere Anzahl von Entscheidungs- und Verhaltensalternativen zur Verfügung zu stellen, als diese aufgrund ihres individuellen Verhaltensrepertoires gehabt hätten (Huber 1991).

Mit diesem Buch wird der Versuch unternommen, wissenschaftliche Ergebnisse, Modelle und Annahmen mit dem Ziel aufzubereiten, Prozesse und Produkte des Lernens aus Erfahrungen in der Unternehmung in ihrer Komplexität und Wirkungsweise aufzuschlüsseln und konkrete Ansatzpunkte für eine Umsetzung aufzuzeigen.

1.2 Ein Anspruch und seine Umsetzung

1.2.1 Wie ein Unternehmen lernte, aus seinen Erfahrungen zu lernen: ein Fallbeispiel

Lernchancen in neuen Märkten

Der Dienstleistungsbereich des Facility Managements hat in Deutschland noch keine Tradition. Die Erforschung förderlicher Prozesse bei der Ausgründung einer ehemaligen Behörde in ein selbständiges, gewinnbringendes Unternehmen wird erst in den Anfängen betrieben. Die Mitarbeiter im Service-Bereich arbeiten an einer neuen Identität, da sich die „alten“ Kollegen zu „neuen“, selbstbewußt fordernden Kunden entwickelt haben. Mitbewerber sind sowohl Großanbieter im Bereich Facility Management als auch kleinste Handwerksbetriebe, die Dienstleistungen rund um das Bewirtschaften von Gebäuden anbieten.

Die DeTeImmobilien ist ein Immobilien- und Serviceunternehmen im Konzernverbund der Deutschen Telekom AG. Im Bereich Facility Management werden Leistungen angeboten, die von Kaufmännischen Diensten, Technische Dienste wie Überwachung, Sicherungsmanagement, Energiemanagement, Instandhaltung und Telekommunikation bis zu Personaldiensten wie Bewachung, Empfang, Büro und Post, Reinigung, Catering und Umzügen reichen.

Wissen aus Erkundungsprojekten einbringen

Schneller, sparsamer, mit höherer Qualität arbeiten

Grund genug für die DeTeImmobilien (Niederlassung Düsseldorf), das Wissen, das in Erkundungsprojekten erworben wurde, möglichst schnell in die Organisation einzubringen, um die vielen Unbekannten zu Kenngrößen werden zu lassen. So können zukünftige Projekte mit internen und externen Kunden schneller, sparsamer und mit höherer Qualität gehandhabt werden. Das ständige Wiederholen von wichtigen und eventuell auch schmerzlichen Lernerfahrungen in den 13 Einsatzlenkungen entfällt.

Rückblick: Januar 1997

Der Wunsch nach Veränderungsdruck

Die DeTeImmobilien sucht einen Weg, die lernende Organisation zu implementieren. Beim ersten Zusammentreffen der Projektbeteiligten äußert der Geschäftsbereichsleiter Personal seine Vorstellungen wie folgt: „Wir brauchen eine Zangenbewegung: Druck von oben und von unten. Und bitte berücksichtigen Sie – die Personalentwicklung im Bereich Führungsverhalten wurde bisher eher vernachlässigt.“

Bipolar Strategie

Sich auf die Erfahrungen der Organisationsentwicklung stützend, entschied man sich für ein bipolares Verfahren (Comelli 1985), auch Sandwich-Strategie genannt. Bei einer bipolaren Strategie werden Veränderungsaktivitäten sowohl an der Spitze als auch an der Basis begonnen.

Januar bis März 1997

Vorbereitung des Managements

In der Geschäftsleitung wird zunächst nachdrücklich das Bewußtsein dafür geschärft, daß die Entscheidung, zunächst die unteren Hierarchieebenen in das Erfahrungslernen einzubeziehen, bedeutet, daß diese selbstbewußt strukturelle Weiterentwicklungen „von oben" fordern werden. Dazu müssen Voraussetzungen geschaffen und - um die Glaubwürdigkeit der Geschäftsleitung zu erhalten - auch umgesetzt werden. Die Geschäftsleitung zeigte sich dialogbereit durch Teilnahme an den Trainingsveranstaltungen sowie durch eine begleitende konsequente Job-enrichment- und -enlargement-Strategie.

April 1997

Die bipolare Strategie wird mit dem Personalentwicklungskonzept „Seg(e)l-Training" (**S**ervice**g**ruppen**l**eiter-Training, Kluge 1999) eingeleitet. Ziel des Trainings ist es, die Ausbildung einer sozialen Handlungskompetenz der Gruppenleiter im Sinne von Udris (1993) zu stärken. Der offizielle Lehrplan umfaßt Themen wie Gesprächsführung, Konfliktlösung, Mitarbeiterbeurteilung, Kundenorientierung und Besprechungstechniken. Begleitende Maßnahme der Geschäftsleitung zur Unterstützung des Trainingserfolges ist die Vorbereitung der Erweiterung der fachlichen und persönlichen Führungsverantwortung in der Service-Gruppe und gegenüber den Vorgesetzten.

Der offizielle Plan

„Wie sollen wir kostengünstig arbeiten, wenn wir für jeden Einkaufsanstoß - und sei es eine Steckdose - die Unterschrift des Vorgesetzen benötigen?"oder „Wieso ist es sinnvoll, Bürostühle im Neuwert von 180,- DM zu warten und instandzusetzen, wenn wir für eine Stunde Arbeitszeit und anschließende Fakturierung mehr Kosten als Nutzen fabrizieren?" lauteten die Ausgangsfragen der Servicegruppenleiter. Bei der Beantwortung der von den Teilnehmer gestellten Fragen trat zu Tage, daß 13 Einsatzlenkungen unterschiedliche Verfahren nutzten, die sich je nach Interpretation als mehr oder weniger kundenorientiert und produktiv erwiesen.

Der heimliche Plan

Der „heimliche Lehrplan" beinhaltete nun die informelle Vernetzung der Gruppenleiter, die bisher in kleinen Subsystemen („Fürstentümern") zwischen Wesel und Euskirchen, alle individuell höchst engagiert, ihre Vorgaben umsetzten, dadurch jedoch das „Rad" mehrfach in verschiedenen Größen, Ausführungen und Wirkungsgraden neu erfanden.

Gleichzeitig sollten die Trainingsteilnehmer, die bisher überwiegend in technischen Trainings „geschult" worden waren, durch das Element der schriftlichen Selbstreflexion an ein Erfahrungslernen herangeführt werden. Selbstwirksamkeit erleben, und eigene Erfahrungen mit Führungssituationen auszuwerten und zu nutzen, darin bestand das Ziel dieser ergänzenden Methode.

Juni 1997: Die ersten Vorgesetzten melden sich zu Wort.

Der erzeugte Leidensdruck

Bipolare Strategien entfalten ihre Wirkung immer dann, wenn durch sie in der oft eher veränderungsresistenten mittleren Managementebene ein Leidensdruck erzeugt wird, der gerade so groß ist, daß die Angst vor dem eigenen Lernen geringer ist als die Sorge, „auf der Strecke zu bleiben", wenn man sich nicht weiterentwickelt (Schein 1993). So entstand dieser Leidensdruck vorhersagegemäß auch bei der DeTeImmobilien.

Erste übergreifende Problemlösungen

Die selbstbewußt auftretenden Gruppenleiter mit gestärkter sozialer Handlungskompetenz, erzeugten über Momente der Verunsicherung bei der nächst höheren Ebene der Einsatzlenker einen Wunsch nach Einbeziehung und Förderung, da erstmals deutlich artikuliert wurde, wie nachteilig sich individuell erarbeitete Einzellösungen für den jeweilgen Gruppenleiter auswirkten. Parallel zum Seg(e)l-Training kamen innerhalb der QM-Aktivitäten sog. Ideenzirkel zum Einsatz, um die Gruppenleiter erstmals einsatzlenkungsübergreifend an gemeinsamen Lösungen für interne Verfahrensweisen arbeiten zu lassen. Diese wurden durch die Kombination des individuellen Wissens zu einer gemeinsamen Strategie zusammengeführt.

August 1997

NOVEM und Critical Incidents

Es entsteht das NOVEM-Lernszenario (**N**eue **O**rganisations- und **V**erhaltensprinzipien in der **E**insatzlenkung **m**anagen). Dazu wird die zweigleisige Qualifizierungs- und Lernstrategie auf der mittleren Hierarchieebene fortgeführt und an eigenen Projekten gelernt, wie sich Führungsverhalten auf den Erfolg von Projekten auswirken kann. Für NOVEM (⇨Kapitel 3) wurden im Unternehmen reale Fallstudien erhoben, die mit der „Critical Incident Technique" zu vergleichen sind und unternehmensspezifische Systemstrukturen aufdecken.

Die Critical Incident-Methode (Flanagan 1954) geht bei der Auswertung betrieblicher Vorgänge und Abläufe davon aus, daß besonders herausstechende betriebliche Ereignisse mehr Aussagekraft über die betriebliche Realität besitzen als alltägliche Routinevorgänge.

Prozeßbeschleuniger

Schon allein die Erhebungsphase für die Interviews wird dabei zum Prozeßbeschleuniger, da die Lernbefürworter und die „Bewahrer" darüber verhandeln wollen, welche Informationen in der Fallstudie erwähnt werden dürfen.

Langfristiges Ziel ist das sog. „life-long-learning“. Systematisches Lernen aus Erfahrungen soll zur Routine und in sog. Projektlabors institutionalisiert werden.

In diesen Projektlabors sollen die aktuellen internen und externen Projekte reflektiert und nachbetrachtet werden, um aus dem explizierten Erfahrungswissen zu lernen, so daß auch bisher unbeteiligte Mitarbeiter davon profitieren können.

Persönliche bedeutsame, arbeitsbezogene Situationen als Lernquellen

Wie im Fallbeispiel verdeutlicht, beziehen sich erfahrungsbasierte Lernprozesse auf persönlich bedeutsame, arbeitsbezogene Situationen. Das Lernergebnis entsteht dadurch, daß sich ein Organisationsmitglied mit seiner Tätigkeit und den gewonnen Problemlösungen bewußt auseindersetzt.

Welche Prinzipien liegen diesem Prozeß zugrunde?

1.2.2 Prinzipien des Lernens aus der unternehmenseigenen Erfahrung

Die Prinzipien des erfahrungsbasierten Lernens wurden bereits in den 70er Jahren thematisiert. In Anlehnung an die Prinzipien von Dave (1976) zum lebenslangen Lernen beinhaltet Erfahrungslernen die folgenden Elemente:

- Die zentralen Bedeutungen des Erfahrungslernens ergeben sich aus den Begriffen Erfahrung, erfahren und lernen (etymologisch betrachtet bedeutet *erfahren* „reisen, durchfahren, durchziehen“, wurde aber schon früh im heutigen Sinne von „erforschen, kennenlernen, durchmachen“ gebraucht; *lernen* gehört zu der Wortgruppe von „leisten“ = „einer Spur nachgehen, nachspüren“ [vgl. got. lais „ich weiß“, „ich habe nachgespürt“], Dudenband 7, Etymologie 1963).

  Der Ort der Erfahrungsbildung ist der Arbeitsplatz, durch die Bearbeitung anregender und abwechslungsreicher Aufgabenstellungen, das gemeinsame Bewältigen von Problemen in Arbeitsgruppen, das Beobachten erfolgskritischer Verhaltensweisen von Kollegen und Vorgesetzten (Sonntag 1998). Erfahrungsgeleitete Arbeit beinhaltet die Anwendung subjektivierend gewonnenes personen- und situationsbezogenes Wissen (Rose 1992).

Lebenslanger Prozeß

- Erfahrungslernen umfaßt einen *lebenslangen Prozeß* in formellem, d.h. in pädagogisch absichtsvollgestaltetem Sinne (im Rahmen der Personalentwicklung oder Organisationsentwicklung) und in nicht formellen Settings, d.h. durch Lernpotentiale in der Arbeit wie z.B. die Notwendigkeit zu kooperieren, Gespräche mit Kollegen, Kunden etc.

Erhöhung der Wissensqualität

- Erfahrungslernen zeichnet sich durch *Flexibilität und Diversifikation* in bezug auf Lerninhalte, Lernmethoden und Techniken aus und fordert Methoden zur Erhöhung der Wissensqualität im Gegensatz zur Quantität.

Wissen neu kombinieren

- Erfahrungslernen hat das Ziel, Anpassung an sich verändernde Umwelten zu ermöglichen und innovative Ideen hervorzubringen, in dem das eigene Wissen zur *Problemlösung neu kombiniert* und organisiert wird.

Intrinsische Motivation

- Erfahrungslernen benötigt als Voraussetzung organisational gestaltete *Lernräume, intrinsische Motivation und Lernfähigkeit,* so daß Lernkompetenzen durch Lernen an sich, das Teilen von Erfahrungen mit anderen, Evaluation und Entwicklungsbereitschaft erweitert werden. „Intrinsische Motivation" beruht wesentlich auf positiven tätigkeitsbezogenen Emotionen, wie Freude an der Lerntätigkeit. Der Lernende sieht in der Ausführung der Tätigkeit eine hinreichende Befriedigung (Pekrun & Schiefele 1996, Krapp 1993).

Eigenevaluation

- Erfahrungslernen betont selbstgesteuerte und kollaborative Lernprozesse, die Fähigkeit zur *Selbst- und partizipativen Evaluation* (im Sinne von Bewertung des Soll-Ist-Vergleichs) von Einzel- sowie Gruppenleistungen.

- Erfahrungslernen versteht sich als *grundlegendes organisierendes* Prinzip der Personal- und Organisationsentwicklung.

Lernen über die Lebensspanne

- Erfahrungslernen besitzt eine *vertikale Dimension,* die die Entwicklung über die Lebensspanne beinhaltet wie z.B. die Traineephase oder Anlernprozesse nach Eintritt in das Unternehmen. Weitere Beispiele sind Entwicklungserfordernisse wie Altersteilzeit, unterschiedliche Positionen und Aufgabenfelder, die während einer Entwicklungsphase on-, off- und along-the-job laufbahnbezogen eingenommen werden, sowie eine kontinuierliche Veränderung der Aufgaben im Unternehmen und eine Erneuerung des eigenen Wertesystems.

Lernen in verschiedenen Positionen und Funktionen

- Erfahrungslernen spiegelt eine *horizontale Dimension* wieder, in der verschiedene Fachbereiche einer Entwicklungsstufe miteinander vernetzt werden, wie selbstgesteuertes Lernen in der eigenen Abteilung - abteilungs- und unternehmensübergreifend, mit internen und externen Kunden - bezüglich speziellen Themen der Fachkompetenz, Methoden-, Selbstorganisations- und Sozialkompetenzen.

Lerninhalte

In Anlehnung an Cropley (1976) werden die Organisationsmitglieder mit speziellen Lerninhalten konfrontiert, um so Lernen aus Erfahrungen zu ermöglichen:

Lerninhalte, die lebenslanges Erfahrungslernen in *formellen* Settings, z.B. in der Ausbildungs- und Personal- und Organisationsentwicklung, fördern, sind:

- Die Fähigkeit, lernrelevante Informationen wahrzunehmen und aktiv zu suchen.
- Der Erwerb von generalisierbaren kognitiven Fertigkeiten und Problemlösestrategien.
- Der Erwerb der Fähigkeit, lernbezogen eigene Ziele zu definieren und Handlungsstrategien zu entwickeln.
- Evaluationskompetenz, um die Ergebnisse des eigenen Handelns im Hinblick auf diese Ziele zu bewerten.
- Die eigene Lernmotivation aufzubauen und aufrecht zu erhalten.

Zu gestaltende Lernangebote

Im Kontext des Lernens in der Arbeit kann Erfahrungslernen unterstützt werden, indem Gelegenheit gegeben wird:

- eigene Untersuchungen und Recherchen zu initiieren, indem Mitarbeiter über Werkzeuge und Zeit zur Eigenevaluation verfügen,
- Kreavität sowie die Anwendung bereits erworbenen Wissens in neuen Kontexten zu erleben und dafür die persönliche Verantwortung zu übernehmen,
- die eigenen Arbeiten und Leistungen auf einem individuellen Bezugsniveau zu bewerten,
- individuelle Fähigkeiten weiterzuentwickeln und eine Diversifikation von heterogenen Talenten zuzulassen, dadurch daß Mitarbeiter u.a. an herausfordernden Projekten mitarbeiten, die zu on-the-job-Lösungen führen,
- Peer-Interaktionen (Peers = persönlich relevante Bezugsgruppen) zu fördern, die den Ideen- und Informationsaustausch forcieren.

Im *informellen* Setting (d.h. ohne explizite didaktische Absicht in natürlichen Kontexten) ist es wichtig, im Sinne eines Lebenszeit-Curriculums folgende Kompetenzen zu erwerben:

- Wissen darüber, wie Wissen mit Lebens- und Arbeitsqualität zusammenhängt,
- Motivation zu entwickeln, das eigene Wissen zu nutzen,
- Wissen, wie Wissen genutzt und gedacht werden kann, z.B. als Inhaltswissen, Aufgabenwissen und Strategiewissen (Friedrich & Mandl 1997),
- die Fähigkeit, mit anderen Personen Erfahrungen auszutauschen.

Wissensmanagement

Die Aktualität der Anforderung an lebenslange Lernprozesse spiegelt sich in der Diskussion zum Wissensmanagement. Voraussetzung dafür ist eine lernunterstützende Unternehmenskultur, die Erfahrungslernen prozeßketten-orientiert betrachtet, so daß alle Projektbeteiligten das Recht erhalten, Lernerfahrungen in die gemeinsame Wissensbasis einzubringen.

Dabei sollte es um mehr als um einen informellen Austausch auf dem Gang oder in der Kantine gehen. Zwar besitzen nach Befragungsergebnissen von Bullinger et al. (1997) informelle Netzwerke und deren Nutzung in der Kantine, auf Dienstreisen oder im „Rahmen von Gesprächen in lockerer Atmosphäre" die höchste Relevanz. Doch technische Hilfsmittel der Datenverarbeitung, wie z.B. Intranets und Erfahrungsdatenbanken, die bisher eher ein Nischendasein im Rahmen des Corporate Memory (im Sinne eines gemeinsamen organisationalen Gedächtnisses) einnehmen, sollten ergänzend genutzt werden.

Wie geht es mit der DeTeImmobilien weiter?

April 1998

Das Projektlabor

Das erste Projektlabor wird gestartet. Ein hoch emotional diskutiertes Projekt wird von 30 geladenen, direkt und indirekt am Projekt Beteiligten „unter der Lupe" betrachtet. Von der Niederlassungsleitung bis zur Servicekraft werden Meinungen, Lernerfahrungen und Verbesserungsvorschläge erbeten. Der Wunsch, für die Zukunft zu lernen, wird begleitet von dem Wunsch,

- Schuldige und Verantwortliche zu benennen, die dazu beigetragen haben, daß das Projekt zu emotional diskutiert wird,
- den Blick nach vorne zu richten,
- Versäumnisse anzusprechen,
- „Schuld zu bekennen",
- nach Transparenz, um Verständnis zu schaffen,
- nach persönlicher Aussprache mit anderen Abteilungen,
- nach fachlicher Aussprache mit „feindlichen" Abteilungen.

Ergebnisse des Workshops werden in einem neuen Projekt Anfang Juli 1998 verwendet. Es beinhaltet Ablaufschemata, wie Contracting-Projekte zukünftig bearbeitet werden sollen und wann welche Abteilung, Funktion oder Person beteiligt wird.

Zu diesem Buch

Thema dieser Veröffentlichung stellt der organisationspsychologisch system(at)isch geplante Umgang mit Erfahrungswissen dar. In den folgenden Kapiteln sollen Möglichkeiten und Wege aufgezeigt werden, Erfahrungslernen in einer Organisation zu fördern, zu verteilen und nutzbar zu machen. Diskutiert werden dabei auch Kehrseiten der Methoden bzw. Umsetzungsbarrieren erläutert, die es zu beachten gilt, um unbeabsichtigte, unkontrollierte Nebeneffekte zu vermeiden.

Die Beispiele, die im Text und den Infoboxen zur Bebilderung dienen, entstammen tatsächlichen Projekterfahrungen und -berichten deutscher und internationaler Unternehmen.

Infobox: TEIMS regional (Telekom Immobilien & Service)
Erfahrungsaustausch im „Projektlabor"

Aus Modell von gestern für morgen lernen.

Nimmt ein Unternehmen ein Projekt in Angriff, so können trotz engagierten Handelns jedes Einzelnen Abstimmungsprozesse übersehen werden oder vermeidbare Reibungen auftreten. Um aus der Arbeit des Contracting-Projektes zu lernen, haben Anfang März 30 Mitarbeiter einen Rückblick gehalten und aus heutiger Sicht optimale Lösungen für zukünftige Aufgaben entwickelt.

Das Treffen der 30 Mitarbeiter von Einkauf, Controlling, Recht, Marketing, Kundenbetreuung, Consulting & Engineering und Personalentwicklung stand unter dem Motto „Projektlabor Kaarst". Zwei Tage lang analysierten sie labormäßig das Kaarster Contracting Modell und entwickelten Verbesserungen der Zusammenarbeit. Was ist gut, was dumm gelaufen, was war vermeidbar, was kann man daraus lernen. Die Teilnehmer erläuterten Hintergründe der Zusammenarbeit, und die Arbeit mündete in konkreter Aufgabenverteilung.

Nach dieser Veranstaltung entwickelten projekterfahrene Kolleginnen und Kollegen einen Leitfaden für zukünftige Projekte. Darüber hinaus soll eine Liste mit Spezialwerkzeugen zukünftig über Intranet abgerufen werden können. Die Teilnehmer äußerten den dringenden Wunsch, langfristig eine Wissensdatenbank für alle anzulegen.

Ein Teilnehmer des „Projektlabors", Anton Bochem, der als Gruppenleiter der Service-Gruppe die Arbeit vor Ort koordiniert hatte, faßte seine Eindrücke so zusammen:

„Die Veranstaltung gab mir positiven Schwung durch die Wertschätzung unseres gemeinsamen Schaffens am Projekt. Auch wurden aus bekannten Stimmen am Telefon Kolleginnen und Kollegen mit Gesichtern. Doch ich habe auch Kritik anzumelden. An der Umsetzung des Beschlusses, einen Leitfaden für kommende Projekte zu erarbeiten, haben sich im nachhinein nur wenig Teilnehmer beteiligt."

Inzwischen sind die Ergebnisse der Tagung zusammengefügt. Seit Mitte April liegen sie den Veranstaltern des Projektlabors vor und können in zukünftige Projekte einfließen. Die Liste der Spezialwerkzeuge steht vorläufig in schriftlicher Form allen Einsatzlenkungen zur Verfügung, ins Intranet wird sie später gesetzt. Die Idee der Wissensdatenbank muss jedoch noch reifen, ehe sie realisiert werden kann. (red)"

Mai 1998, S. 9

1.3 Das Modell der Lernzyklen im Unternehmen

Organisationstheorien, Lernprodukte und -prozess

Erfahrungslernen wird als Teilprozeß innerhalb der Konzepte zur lernenden Organisation betrachtet. Der lernenden Organisation kann man sich sowohl von organisationstheoretischer Seite her nähern als auch Lernprodukte focussieren oder den Lernprozess beschreiben. In dieser Einführung wird zunächst die aktuelle Literatur zu Konzepten des organisationalen Lernens dargestellt und anschließend mit organisationspsychologisch relevanten Annahmen angereichert.

1.3.1 Betrachtungsweisen zur lernenden Organisation

Die lernende Organisation läßt sich aus verschiedenen Blickwinkeln betrachten. Interessant sind dabei:

- beschreibende Merkmale,
- lernfördernde Organisationsstrukturen,
- der Zusammenhang zwischen Information, Wissen und Lernen sowie
- der Ort des organisationalen Gedächtnisses.

Eigenschaften lernender Organisationen

Transformation

Aktionsorientiertes kollaboratives Lernen

Communities of practice

Morris (1993) definiert Merkmale und Eigenschaften lernender Organisationen. Sie geht von drei Schlüsselprinzipien aus, die sie kontinuierliche Transformation, kollaborative und integrative Lernprozesse sowie den Einsatz von Informationstechnologien nennt. Lernende Organisationen als *„transformativ"* zu bezeichnen bedeutet, die Organisation als fluide, sich kontinuierlich weiterbewegend zu betrachten (Argote 1993). Die Idee des *aktionsorientierten kollaborativen Lernens* beinhaltet den Aspekt des Zusammenarbeitens und betont Team-Lernen, kollektive Intelligenz, eine Gemeinschaft von Lernern und lernenden Subsystemen, z.B. in Form der kooperativen Selbstqualifikation (Heidack 1993) oder der „community of practice" (Pea 1992). Der integrative Prozeß schließt bereichsübergreifend alle Mitarbeiter sowie Kunden und Zulieferer ein. Während individuelles Lernen darauf abzielt, das eigene Wissen zu erhöhen, bemüht sich organisationales Lernen um gemeinsam geteilte „Commitments", im Sinne von inneren Verpflichtungen.

Systemdenken

Das Ziel besteht darin, enge laterale Beziehungen zwischen Abteilungen herzustellen (Carmona & Perez-Casanova 1993). Konkrete Umsetzungsvorschläge kollaborativen Lernens im Management entwickelte Senge (1990/1996) in Form von fünf „Disziplinen". Eine zentrale und integrierende Disziplin stellt das Systemdenken dar, das die Wahrnehmung von Wechselbeziehungen statt linearer Ursache-Wirkungs-Ketten sowie die

Wahrnehmung von Veränderungsprozessen statt von Momentaufnahmen betrachtet. Beispiele für systemische Betrachtungsweisen in Unternehmen, die mit Hilfe von sog. „Causal-Loop"-Diagrammen („Kausalitätskreisen") visualisiert werden, sind in Senge (1996), Sterman, Repenning & Kofman (1994), Sterman (1989), Kim (1993b) sowie in Morecroft & Sterman (1994) zu finden.

Informationstechnologien

Der *Einsatz von Technologien* beinhaltet nach Morris (1993) die ergänzende Nutzung von Informationstechnologien, um Lernen, Entdecken und Kommunikation zu fördern. Sinn und Zweck des Einsatzes dieser Technologien ist das Kodieren, Speichern und Schaffen von neuem Wissen. Beispiele für den Einsatz multimedialer Lern- und Arbeitswelten sowie Formen der Telekooperation enthalten Veröffentlichungen von Bonamy & Haugluslaine-Charlier (1995), Hodgson & McConnell (1995), Lewis (1996) und Alen (1996).

Informationsprodukte erstellen, vertreiben, bekannt und ausfindig machen

Facetten und Konsequenzen von elektronisch gestützten Informations- und Wissensmanagement-Systemen beschreibt Büssing (1996). Zum „Managen" der Informationen werden Verfahren genutzt, die Informationsprodukte erstellen, vertreiben, bekannt und ausfindig machen. Die Organisation benötigt dazu neue Aufgabenfelder, wie z.B. Mittlerdienstleistungen zur Aufbereitung und Veredelung von Informationen. Ein Beispiel stellt der Beruf des Informationsspezialisten dar, der fachübergreifende und auch fachspezifische Informationskompetenzen zur Aufbereitung von Wissen besitzt, um dieses später als aktuelle Information dem betrieblichen Nutzer flexibel und komfortabel zur Verfügung zu stellen.

Lernfördernde Organisationsbedingungen

Lernfähigkeit und deren Reproduktion

Langfristige Lernfähigkeit und kontinuierliche Transformation bedeuten nach Reinhardt (1995), daß trotz der Einführung neuer und verbindlicher Standards die Möglichkeit geschaffen wird, Veränderungsprozesse spontan vorzunehmen (vgl. dazu auch Morgan 1995). Dazu müssen zunächst (1) die strukturbildenden und varietätsreduzierenden Mechanismen wahrgenommen und (2) Mechanismen eingeführt werden, mit deren Hilfe eine Organisation deren Angemessenheit überprüfen kann. Als lernfähig erachtet Reinhardt (1995) eine Organisation erst dann, wenn auf die einmalige Initiierung eines Lernaktes eine dauerhafte Implementierung und Reproduktion der Lernfähigkeit folgt.

Organisation als Gehirn mit holographischem Charakter

Morgan (1995) empfiehlt - ausgehend von der von ihm gewählten Analogie der Organisation als Gehirn und informationsverarbeitendes Gebilde - die Idee des holographischen Charakters als Sinnbild zur Verdeutlichung einer lernenden Organisation zu nutzen. Bei einer Holographie beinhaltet jedes einzelne Teil die Gesamtinformation, die benötigt wird, um ein komplettes (Ab-)Bild herzustellen. Eine solche Betrachtungsweise erlaubt, Muster hoher Vernetztheit herzustellen, die gleichzeitig spezialisieren, generalisieren und in der Lage sind, die interne Struktur zu reorganisieren, während sie sich den Anforderungen der sie umgebenden Welt stellen. Um die lernende Selbstorganisation zu unterstützen, schlägt Morgan (1995) die folgenden Prinzipien vor: „Get the whole into parts. Create connectivity and redundancy. Create simultaneous specialization and generalization. Create a capacity to self-organize." (S. 97/98).

Unternehmens-kultur

Hinweise für die Gestaltung von lernförderlicher Unternehmenskultur finden sich ebenfalls bei Nevis et al. (1995), Schein (1993), Reinhardt (1995), Sonntag (1996), Fiol & Lyles (1985), Sattelberger (1991) und Geißler (1995).

Sie alle betonen:

- eine Kultur des Infragestellens von Strukturen oder/und eigenen Annahmen,
- eine Fähigkeit, die Spannung zwischen kontinuierlicher Veränderung und sicherheitgebener Stabilität und Struktur auszuhalten,
- eine Offenheit und Neugierde gegenüber kreativen (neuen und nützlichen) Ideen der Mitarbeiter, Kunden und Zulieferer,
- das Interesse an neuer Energie im Form von Lernquellen auch außerhalb des Unternehmens,
- ein Klima der Partizipation, in dem die eigenen Mitarbeiter als Experten ihrer Arbeitstätigkeiten ernstgenommen, zu Strukturierungen befragt und an ihnen beteiligt werden.

Freiräume für kreatives Experimentieren

Anregungen für die Gestaltung von organisationalen (Frei-)Räumen zum experimentellen Lernen enthalten auch Veröffentlichungen aus der Kreativitätsforschung, z.B. Taylor (1972), Ulrich (1975) oder Ekvall (1971). Ähnlichkeiten zwischen „kreativierender" und lernender Organisation bestehen darin, daß beide Richtungen Freiräume für experimentelles Lernen und Weiterentwicklung suchen, die bei der lernenden Organisation in Abgrenzung zur Kreativitätsforschung über die reine Produktentwicklung hinausgeht und die Reflexion von Erfahrungen sowie ein systematisches Lernen aus Fehlern in bezug auf die eigenen Strategien und Arbeitsweisen einschließt.

Der Zusammenhang zwischen Information, Wissen und Lernen

Adaptation, Justieren, Verlernen, Hinzulernen, Altes verlernen, Umlernen

Langfristiges Überleben und Wachstum werden als Kriterien für organisationales Leistungsvermögen angenommen (Katz & Kahn 1966). Uneinigkeit besteht in der Forschung hinsichtlich der Effektivität ausgewählter Maßnahmen. Argyris und Schön (1978) sowie Hedberg (1981) unterstreichen die Wissenskomponente, Meyer (1982) bevorzugt die Adaptation. Als weitere Parameter finden sich „Veränderung" (Dutton & Duncan 1982), „Verlernen" (Starbuck, Greve & Hedberg 1978, Hedberg 1981), „Inneres Justieren", „Anpassung" und „Antizipation" (Sattelberger 1991). Fiol und Lyles (1985) betonen die Nützlichkeit des Zusammenwirkens von wissensbezogenen Lernaktivitäten und der Erweiterung von Handlungsalternativen für das lernende Unternehmen. Ein Unternehmen müsse auf der Basis vergangenen Verhaltens Neues hinzulernen, Altes verlernen, Umlernen sowie Konzepte redefinieren. So kommt es auf der kognitiven, wissensbezogenen Seite zur Interpretation von Ereignissen (Anzahl der alternativen Perspektiven), während sich auf der Verhaltensebene aufgrund dieser Interpretationen neue Verhaltensalternativen ergeben (Huber 1991).

In Abgrenzung zu den nicht immer nachvollziehbar hergeleiteten Begrifflichkeiten wird vorgeschlagen, die Begrifflichkeit der psychologischen Lernforschung zu übernehmen, um den Zusammenhang von Lernen und Wissen zu beschreiben und einzugrenzen.

Modifikation von Wissensstrukturen durch Informationsaufnahme

Lernen ist die Modifikation von Wissensstrukturen durch Informationsaufnahme und Interpretation (Klix 1996). Nach Klix (1996) gilt dies auch für Aufbau und Korrektur sozial-gesellschaftlicher Wissensbestände. Mit Waldmann (1997) wird im folgenden davon ausgegangen, daß Wissen und Lernen nicht unabhängig voneinander operieren, sondern interagieren: „Wissen beeinflußt, welche Hinweisreize oder Merkmale beim Lernen berücksichtigt werden, wie diese Merkmale gewichtet werden und in welcher Weise statistische Beziehungen zwischen den Lernergebnissen ermittelt werden" (S. 89). Ebenso ergeben sich Hinweisreize auf der Basis des Zusammenwirkens von Vorannahmen und Lern-Input. Für die organisationale Anwendung dieser lernpsychologischen Annahmen formuliert Pawlowsky (1995) demgemäß, daß Wissen in Organisationen die Voraussetzung für die Informationsverarbeitungsfähigkeit darstellt, darüber hinaus selbst Produkt der Informationsverarbeitung ist und so zum Gegenstand betrieblicher Leistungserstellung wird.

Diskriminationslernen

Bezüglich der Diskussion um Lernen, Verlernen und Umlernen plädiert die Verfasserin dafür, den Begriff „Verlernen" durch den Begriff „Diskriminationslernen" zu ersetzen. Denn ein Konzept kann nicht grundsätzlich als unangebracht oder uneffektiv bezeichnet werden, so daß es als verlernenswert eingestuft werden sollte. Dagegen empfiehlt sich eine kontinuierliche Prüfung des bisher praktizierten Verhaltens hinsichtlich der Frage, ob die aktuellen Anforderungssituationen gleichen Möglichkeiten und Einschränkungen unterliegen (Stern 1996). Ein derartiges Hinterfragen bewirkt, daß Verhaltens- und Denkweisen nicht „blind" übertragen („Das machen wir schon seit 30 Jahren so!"), sondern auf ihre Angemessenheit hin analysiert werden können.

„Das machen wir schon seit 30 Jahren so!"

Beschäftigt man sich in Organisationen mit dem Aufbau und der Korrektur von Wissensinhalten, muß man sich aus psychologischer Perspektive auch mit den Formen der Wissensrepräsentation und mit Gedächtnisfunktionen befassen. Dies wird im nächsten Abschnitt thematisiert.

Der Ort des organisationalen Gedächtnisses

Aufbau und Korrektur von Gedächtnisinhalten

Unbestritten scheint zu sein, daß organisationales Lernen mehr als die Summe individueller Lernprozesse darstellt (Hedberg 1981, Fiol & Lyles 1985, Aryris & Schön 1978, Kim 1993). Nach der Definition von Klix (1996) zeigt sich Lernen im Aufbau und in der Korrektur von Gedächtnisinhalten, sowie im Erkennen und im kollektiven Verhalten. Geprüft werden müßte jedoch nach Antal, Dierkes und Helmers (1993), ob Modell-Annahmen zu Gedächtnisprozessen auf Organisationen ebenfalls zutreffen und ob bzw. wie fachspezifische Informationen, methoden- und interaktionsbezogenes Wissen der Mitarbeiter in ein „organisationales Gedächtnis" übertragbar sind. Eine Möglichkeit das Gedächtnis zu erklären, besteht darin, sich an sichtbaren Ausprägungen, z.B. in Form von sich täglich reproduzierten Prozessen der Aufbau- und Ablauforganisation, zu orientieren, wie Walsh und Ungson (1991) dies tun. Die Autoren bieten folgende Parameter als „Speicher-Behälter" für Wissen in Organisationen an:

Speicherbehälter der Organisation

- das Individuum,
- die Unternehmenskultur,
- Transformationen im Sinne der Leitlinien, die beschreiben wie aus einem Input (im Sinne von Rohmaterialien, Kundenanfragen oder neuen Mitarbeitern) ein Output generiert wird, sowie
- die Organisationsstrukturen,
- die physikalische Struktur des Arbeitsplatzes (Ökologie) sowie
- externe Archive.

Temporäres Gedächtnis

Als zweite Möglichkeit lassen sich zur Erklärung eines sozialen Gedächtnisses die kommunikativen Akte und Interpretationsformen heranziehen. Krippendorff (1975) unterscheidet dazu ein temporäres Gedächtnis, ein Gedächtnis welches Aufzeichnungen (Projektberichte, Organisationshandbücher, Protokolle, Geschäftsberichte) nutzt, sowie ein strukturelles Gedächtnis (Ablauf- und Aufbauorganisation). Da die beiden letztgenannten Gedächtnisformen die bekannteren sind, wird im folgenden nur das temporäre Gedächtnis erläutert. Nach Krippendorff (1975) befindet sich das temporäre Gedächtnis eines sozialen Systems in temporär kodierten Informationen bzgl. des organisationalen Wissens, die auch über das Ausscheiden eines Mitgliedes hinaus erhalten bleiben, da sie kontinuierlich weitergereicht werden (z.B. in Form von Geschichten, Mythen, Sagen, „Stories", Gerüchten, die über Einzelpersonen oder Ereignisse erzählt werden). Das Gedächtnis ergibt sich durch einen kontinuierliches Weitergeben von spezifischen Informationen. Die einzelnen Individuen müssen die Informationen nicht speichern, solange sie weitergereicht werden. Nicht durch physische Aufzeichnungen wird Wissen bewahrt, sondern durch sequentielle oder zirkuläre Prozesse der Transmission, für die viele kleine systembedingte Zeitverzögerungen verantwortlich sind. So

kontinuierliche zirkuläre Weitergabe

Mythen, Sagen, „Stories"

ist z.B. in diesem Zusammenhang aus den Konzepten der Unternehmenskultur bekannt, daß sich Riten und Mythen über Generationen hinweg tradieren und daß organisationsinterne Normen und Werte existieren, die die Mitarbeiter bewußt und/oder unbewußt in ihrem Verhalten berücksichtigen (Neuberger & Kompa 1987).

Technische Dokumentation und Handbücher

Beispiele für ein organisationales Gedächtnis, daß sich auf physikalische Aufzeichnungen stützt, sind z.B. Dokumentationen über technische Geräte, Patente, Projektauswertungen, Marktanalysen, sowie Qualitätshandbücher im Rahmen von Total Quality Management-Prozessen.

Annahmen zu Inhalten einer organisationalen Wissensbasis haben Pautzke (1989), Blackler (1995) und van Krogh & Venzin (1995) aus betriebswirtschaftlicher Sichtweise sowie Merten (1990) aus einer medienpsychologischen Sichtweise aufgearbeitet. Nach der Darstellung von organisationalen Eigenschaften, einer lernfördernden Organisationsstruktur, Überlegungen zum Zusammenhang von Wissen und Lernen und einem Ort des organisationalen Gedächtnisses, soll nun auf den Prozeß des Wissenserwerbs und der -nutzung genauer geschaut werden.

1.3.2 Stufen des organisationalen Wissenserwerbs - der Lernprozeß

Nach Huber (1991) läßt sich der Lernprozeß in vier Phasen gliedern: (1) „Wissenserwerb“, (2) „Wissensdiffusion“, (3) „Informations-Interpretation“ und (4) „Speichern von Wissen“.

Wissenserwerb

Sammeln, einkaufen, abgucken

Beim „Wissenserwerb“ stehen der Organisation unterschiedliche Wege zur Verfügung. Sie imitiert andere Firmen, z.B. in Form von Benchmarking, sie sammelt eigene Erfahrungen, lernt unbeabsichtigt und unsystematisch, bedient sich der Literatur, kauft Experten ein (im Sinne von head hunting) oder engagiert Unternehmensberater, die Wissen einbringen.

Wissensdiffusion

Gemeinsame Interpretationen schaffen

„Die Wissensdiffusion“ bezieht sich darauf, Wissen weiterzugeben und durch gemeinsame (oder unterschiedliche) Interpretationen in der Organisation zugänglich zu machen. Ziel ist es, unterschiedlichste Wissenselemente zusammenzusetzen, um neue Informationen und neues Wissen zu generieren und eine Veränderung des Steuerungspotentials zu bewirken (Geißler 1991). Beeinflußt wird das Weitergeben von Wissen durch sozialpsychologische Faktoren wie Rolle, Status und Macht sowie Erwartungen hinsichtlich des Nutzens von Informationen.

Konkrete Modelle, die das „Teilen“ und „Verteilen“ des Wissens operationalisieren und somit die Ableitung von lernfördernden Interventionen zulassen, sind eher selten. Ein solches seltenes und konkretes Modell stammt von Kim (1993). Er zeigt auf, wie individuelles Wissen über Systeme (die „mentalen Modelle”), in das mentale Modell der Organisation überführt wird. Dieser Prozess ähnelt einem Zugriff auf ein Computer-Netzwerk, in dem viele Anwender gleichzeitig von wichtigen Daten profitieren und auf diese zugreifen können (Geißler 1995).

Mentale Modelle

Aus den Ideen des „Single-Loop-“ und „Double-Loop-Learning“ von Argyris & Schön (1978), den organisationalen Lernbarrieren von March & Olson (1975) sowie des experimentellen Lernens von Kolb (1984) entstand das „Integrated Model of Organizational Learning“ (Abb. 1).

Infobox

Single-Loop-Lernen: ...bedeutet, sich kontinuierlich an definierte Standards, wie z.B. Zielvorgaben, Unternehmensleitbilder, Führungsgrundsätze, ISO Standards, anzupassen.

Double-Loop-Lernen: ...bedeutet, sich beobachten und selbst hinterfragen, ob die Standards oder Zielvorgaben noch zeitgemäß sind, um dem Organisationszweck zu dienen.

Single-Loop Lernen

Double-Loop Lernen

Von individuellem oder organisationalem Single-Loop-Lernen werden die Rückmeldungen aus der Umgebung assimiliert. Individuelles oder organisationales Double-Loop-Lernen führt zu einer tiefgreifenden Umstrukturierung bisheriger Wissensstrukturen („Weltanschauung“ oder „Organizational Routines“).

Lernbarrieren

Innerhalb des Lernkreislaufs treten möglicherweise verschiedene Barrieren (in Anlehnung an March & Olsen 1975) auf, die das Lernen einzelner Mitglieder und das Lernen der gesamten Organisation behindern.

Situationsbezogenes Lernen

Bruchstückhaftes Lernen

Lernen mit Ambiguität

Exemplarisch soll an dieser Stelle das „Situationsbezogene Lernen“, das „Bruchstückhafte Lernen“ und das „Lernen mit Ambiguität“ erläutert werden. Beim „Situationsbezogene Lernen“ vergißt ein Mitglied der Organisation, Lernerfahrungen für den späteren Gebrauch zu speichern oder zu kodieren. „Bruchstückhaftes Lernen“ schließt individuelles Lernen ein, das der gesamten Organisation aber aus. Innerhalb des „Lernens mit Ambiguität“ beeinflussen die Organisationsmitglieder das Verhalten der Organisation, die Organisation ihrerseits wirkt auf die Umwelt, die kausalen Zusammenhänge jedoch bleiben dem Einzelnen unklar.

Um die gelernten Zusammenhänge zwischen kontinuierlicher Wartung und Ausfällen der Maschinen in organisatorisches Wissen zu überführen, muß er dieses Wissen an seine Kollegen weitergeben („Geteilte mentale

Infobox: Der Double-Loop-Lernprozeß

Ein idealer Lernkreislauf beinhaltet folgende Schritte: Ein Mitarbeiter macht z.B. zunächst die Beobachtung („Beobachten") und anschließend die Erfahrung, daß eine regelmäßige und präventive Wartung einer Maschine die Häufigkeit von plötzlichen Ausfällen und langen Stillstandszeiten vermindert sowie den Leistungsgrad langfristig deutlich erhöht („Auswertung"). Diese Erfahrung legt er nun in seinem mentalen Modell ab und kann dieses Wissen zur Planung und Umsetzung („Entwicklung und Umsetzung") bei einer ähnlichen Situation oder einem ähnlichen Maschinenpark mit einbeziehen und nutzen („Individuelle Handlung"). Die individuelle Handlung wirkt sich auf die im System beinhalteten Variablen aus, spiegelt sich in statistischen betrieblichen Kennwerten wider („Rückmeldung aus Umwelt") und bestätigt oder widerlegt die Annahmen des Mitarbeiters („Auswertung") für diesen konkreten Fall.

Modelle"). Die im Idealfall nun bei jedem Mitarbeiter der Abteilung vorhandenen neuen oder aktualisierten Wissensstrukturen sind nun wiederum durch das gemeinsame Handeln („Organisationale Handlung") in ähnlichen Situationen zu beobachten und führen zu einem bestätigenden oder negativen Feedback („Rückmeldung aus der Umwelt") in allen Abteilungen, die mit Wartung und Instandhaltung zu tun haben.

Zyklisch vollständige Tätigkeiten

Es kann davon ausgegangen werden, daß in einigen Organisationen Ausschnitte eines derartigen Lernprozesses bereits genutzt werden, wenn auch nicht bewußt unter dem Aspekt der lernenden Organisation. Vergleichbar sind z.B. zyklisch und hierarchisch vollständige Tätigkeiten (Hacker & Skell 1993), die sich in der Berufsausbildung u.a. mit Hilfe der Projekt- und Leittextmethode (vgl. Schmidt-Hackenberg et al. 1990) realisieren lassen. Sie können ebenso in der Gestaltung von Arbeitstätigkeiten zu lebenslangen Lernmöglichkeiten zur Erhaltung und Verbesserung der Leistungsfähigkeit und Gesundheit beitragen (Hacker & Iwanowa 1984).

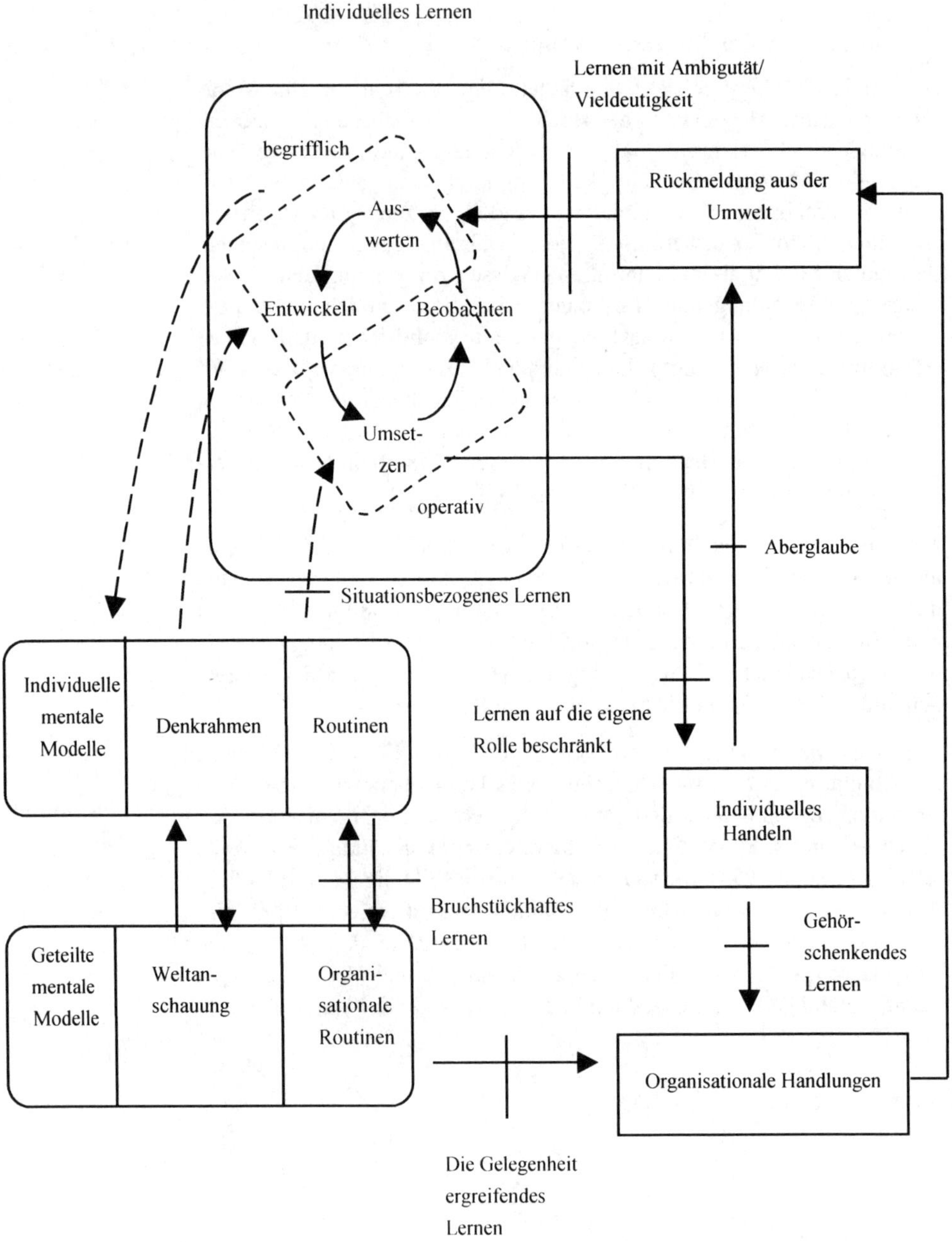

Individuelles Lernen

Lernen mit Ambigutät/
Vieldeutigkeit

begrifflich

Aus-
werten

Entwickeln

Beobachten

Umset-
zen

operativ

Rückmeldung aus der
Umwelt

Aberglaube

Situationsbezogenes Lernen

Individuelle
mentale
Modelle

Denkrahmen

Routinen

Lernen auf die eigene
Rolle beschränkt

Individuelles
Handeln

Bruchstückhaftes
Lernen

Gehör-
schenkendes
Lernen

Geteilte
mentale
Modelle

Weltan-
schauung

Organi-
sationale
Routinen

Organisationale Handlungen

Die Gelegenheit
ergreifendes
Lernen

Abb.1: Integrationsmodell des organisationalen Lernens (Kim 1993)

Infobox: Leittexte

Die Leittextmethode ist ein Oberbegriff für alle diejenigen Verfahren zur Gestaltung von Lehr-Lern-Situationen, die hauptsächlich schriftliche Unterlagen zur Vermittlung und Anleitung einsetzen (Heberer & Grap 1996, Hacker & Skell 1993, Bundesinstitut für Berufsbildung 1987). Der Aufbau von Lernsequenzen erlaubt ein individuelles Lerntempo. Die schriftlichen Unterlagen bestehen im allgemeinen aus:

- den *Arbeitsplanunterlagen*, die den konkreten Arbeitsauftrag beinhalten sowie Anforderungen an die Produktqualität, Dauer, Verlauf und Arbeitsumfang.
- den *Leitfragen,* die den Arbeitsprozess vorstrukturieren, indem sie nach denjenigen Wissenselementen und Regeln fragen, die für die Aufgabenbewältigung wichtig sind. Der Lernende wird damit aufgefordert, die Aufgabe zu reflektieren und sich die notwendigen Informationen zu beschaffen.
- den *Leitsätzen*, in denen die wichtigen Informationen zur Aufgabenbewältigung zusammengefaßt sind.
- den *Kontrollunterlagen*, die dazu anleiten, das Arbeitsergebnis zu bewerten, mit dem Arbeitsauftrag abzugleichen und Verbesserungsmöglichkeiten zu erkennen.

Interpretation von Informationen

Interpretationsvielfalt

Auf der Grundlage gemeinsamer „Interpretation von Informationen", durch die die Informationen mit Bedeutung versehen werden, scheint es „(...) reasonable to conclude that more learning has occured when more and more varied interpretations have been developed, because such development changes the range of the organization's potential behaviors, (...)" (Huber 1991, S. 102). Beeinflußt wird die Interpretation von Informationen durch die mentalen Modelle, die die Mitarbeiter bereits besitzen, durch die Einheitlichkeit der mentalen Modelle und durch Reichhaltigkeit und Redundanz der weitergegebenen Information und ihrer Bedeutung.

Erweitertes Verhaltensrepertoire

Speichern von Wissen – Organisationales Gedächtnis

Vergessen

Die Erfahrung zeigt, so Huber (1991), daß vor allem die menschliche Komponente des „organisationalen Gedächtnisses" nicht verläßlich arbeitet. Er geht davon aus, daß das Ausscheiden von Mitarbeitern oder das mangelhafte Antizipieren von zukünftigen Notwendigkeiten dazu führt, daß Organisationen Informationen nicht oder nur unzureichend speichern. Gleichzeitig wüßten die Mitarbeiter häufig nicht, ob und wo bereits lösungsrelevantes Wissen zu Problemstellungen existiert.

Nicht mehr auffinden

Expertensysteme und virtuelle Räume

Wie und ob Wissen gespeichert wird, hänge davon ab, inwieweit Mitarbeiter bereit sind, hinzuzulernen bzw. Anwendungskontexte zu erlernen. Auch die Informationsmenge beeinfluße das Ausmaß an Gedächtnisbesitz. Um das organisationale Gedächtnis zu unterstützen, schlägt Huber (1991) vor allem computergestützte Verfahren vor, z.B. Expertensysteme und sog. „electronic bulletin boards“ (elektronische „schwarze Bretter“ bzw. Pinwände, auf die mehrere Nutzer per vernetzten PC´s zugreifen können).

Dieser erste Abschnitt verfolgte das Ziel, aktuell diskutierte Konzepte der lernenden Organisation darzulegen und erste Ansätze zur Wissensdiffusion vorzustellen.

Die Veröffentlichungen zum Thema lernende Organisation lassen leider eine klare Vernetzung von Lernprozessen, der Speicherung von Wissen und dem Abrufen bzw. Verwenden von gelerntem Material vermissen. Erst langsam erwachsen interdisziplinäre Ansätze des Corporate Memory, z.B. mit Unterstützung der Forschungsergebnisse der Künstlichen Intelligenz (⇨ Kapitel 3). Um als lernende Organisation gelten zu können, scheint es ausreichend zu sein, gemeinschaftlich zu lernen. Zugleich erfolgt häufig eine Überbetonung der Wissensakquisition auf Kosten der Erinnerungskomponente, der Aktivierung von Gedächtnisbesitz aus dem Langzeitspeicher und des Wiedereinsatzes von Wissen. Denn die Speicherung von Wissen bedeutet zwangsläufig noch keine Umsetzung.

Im folgenden werden die vorgestellten Ansätze in ein Modell organisationaler Lernzyklen integriert, an dessen Grundstruktur sich der Aufbau des Buches orientiert.

1.3.3 Lernzyklen in lernenden Organisationen

Offene Systeme

Komplexes Problemlösen

Intransparenz, Dynamik und Vernetzung

Den Lernzyklen wird die Organisationstheorie der offenen Systeme zugrunde gelegt (Katz & Kahn 1966). In offenen Systemen wird eine Organisation als natürliches Ganzes betrachtet, als eine Menge von untereinander abhängigen und miteinander in Wechselbeziehung stehenden Teilen. Offene Organisationssysteme werden charakterisiert durch Prinzipien der Ereignis- und Ergebniszyklen, der negativen Entropie, der Differenzierung und der Homöostasis (Morgan 1995). Jede Veränderung innerhalb der Systemkomponenten wirkt sich auf andere Teile aus, obwohl dieses nicht unbedingt intendiert war (Weinert 1987). Vor dem Hintergrund dieser Annahme werden Parallelen zum „Komplexen Problemlösen“ deutlich. Das Konzept organisationalen Lernens wird deshalb um Erkenntnisse der Komplexen Problemlöse-Forschung erweitert, die in Erklärungen und Einsichten dazu beiträgt, wie Lernprozesse in Systemen unterstützt werden können. Die Verbundenheit der organisationalen Lerninhalte mit der komplexen Problemlöse-Forschung wird deutlich durch die Definition von Frensch & Funke (1995):

„CPS (Complex Problem solving) occurs to overcome barriers between a given state and a desired goal state by means of behavioral and/or cognitive, multistep activities. The given state, goal state, and barriers between given state and goal state are complex, change dynamically during problem solving, and are intransparent. The exact properties and the given state, goal state and barriers are unknown to the solver at the outset. CPS implies the efficient interaction between a solver and the situational requirements of the task, and involves a solver's cognitive, emotional, personal and social abilities and knowledge.“ (S. 18)

Effektive Auseinandersetzung mit der Situation

Mitarbeiter und Manager in Unternehmen greifen mit ihren Entscheidungen täglich in komplexe (Sub-)Systeme ein, häufig ohne die Beziehung der Variablen im System zu kennen, z.B. bei einem Führungsproblem, bei der Einführung einer neuen Form der Arbeitsorganisation oder bei der Entwicklung und Verwendung neuer Werkstoffe.

Einbeziehen früherer Erfahrungen

Lernziel innerhalb lernender Organisationen sollte dementsprechend eine effektive Auseinandersetzung der Systemteile mit den situativen Anforderungen sein. Frühere Erfahrungen, die fach- und methoden-spezifisches Wissen (cognitive abilities) und interaktionsspezifisches Wissen (emotional and social abilities) mit einschließen, müssen integriert werden.

Infobox: Systemgesetze

Die systemische Perspektive eröffnet die Möglichkeit, Lernerfahrungen mit Projektarbeit derart auszuwerten, daß unter dem Aspekt der *Ganzheit und Übersummation* betrachtet, einzelne Änderungen in Projektstrukturen, will man sie denn auf ein zweites Projekt übertragen, eine Änderung in allen anderen Teilen zur Folge haben können. Auch das Prinzip der *Ereigniszyklen und des Feedbacks* verdeutlicht erfahrungsorientierten Lernern wie abgeschlossene Projekte anschließende Entscheidungen in einer Organisation beeinflußt haben und wie diese die aktuellen Voraussetzungen für neue Projekte beeinflussen können. Das Prinzip der *Homöostasis* bzw. des dynamischen Gleichgewichtes kann, wenn es in Lernerfahrungen entdeckt wurde, fördern herauszufinden, auf welche bewahrenden Kräfte man bei einem ähnlichen Projekt stoßen wird. Denn Organisationssysteme tendieren dazu, ihre Grundcharakteristika zu erhalten, um damit bedrohlichen Umweltfaktoren, zu denen auch die Veränderung zählt, entgegenzutreten. Beim Rückblick kann auch darauf geachtet werden, ob eine *Differenzierung* zu einer starken Funktionsspezialisierung und zu einer Verkomplizierung der Strukturen und Rollen führte. Das Prinzip der *Äquifinalität* („es führen viele Wege zum Ziel“) verdeutlicht, das verschiedene Wege zum gleichen Endzustand führen, bzw. alternative Prozesse ähnliche Wirkung zeigen. Das Auswerten der Projekterfahrungen an sich führt schließlich zum Prinzip der *negativen Entropie (Verhindern der Desorganisation/des Absterbens)*. Die Organisation speichert Erfahrungen und Energien, um Desorganisation zu verhindern.

Erhaltungslernen

Als weiteres wird die Definition von Hacker & Skell (1993) zum Lernen im Arbeitsprozeß ergänzt. Die Autoren haben die Konzepte des Erhaltungslernens sowie die Gefahr einer abnehmenden Verfügbarkeit von Gedächtnisbesitz in ihre Definition integriert. Lernen im Arbeitsprozeß trägt nach Hacker & Skell (1993) folgende Kennzeichen:

Hinzulernen

(a) Hinzulernen, d.h. das Erweitern, Differenzieren und Organisieren von Leistungsvoraussetzungen,

Gegen „Altern" schützen

(b) Erhaltungslernen, das Gedächtnisbesitz gegen das Verlernen oder Vergessen bei fehlender Nutzung und gegen „Alterungsvorgänge" schützt,

Interferenzen vermeiden

(c) Verlernen im Sinne einer abnehmenden Verfügbarkeit von Wissen bei fehlender Nutzung oder einer Interferenz durch das Neuerwerben widersprechender Gedächtnisinhalte.

Individuelles, kollektives und elektronisches Vergessen

Übertragen auf organisationales Lernen bedarf es diesbezüglich einer Klärung, inwiefern die Organisation Strukturen und Mechanismen schaffen kann, die neu erworbenen Wissensinhalte vor einer abnehmenden Verfügbarkeit und Vergessen zu schützen. Schüppel (1996, zitiert nach Bullinger et al. 1997) unterscheidet individuelles, kollektives und elektronisches Vergessen, wobei zwischen einer Löschung der Gedächtnisinhalte, einer dauerhaften und einer befristeten Zugriffsbeschränkung getrennt wird (Tabelle 1). Kritisch angemerkt werden soll zu dieser Systematik, daß, z.B. auch im Falle der Auflösung eines Teams, jeder einzelne seine Gedächtnisinhalte nicht „ausradiert", sondern diese prinzipiell in einem anderen Kontext anwenden kann, auch wenn ein Transfer schwerfällt. Der ausbleibende Transfer kann in mangelnder Übung, Eigenschaften der Person oder der fehlenden Unterstützung am Arbeitsplatz begründet sein (Baldwin & Ford 1988), der einen individuellen befristeten Zugriff erschwert. Auch gelten irreversible Datenverluste nur insofern irreversible, daß die Daten nicht mehr elektronisch vorliegen, die Daten an sich aber, da sie vorher eingegeben wurden, noch vorhanden sein müßten. Bei genauerer Betrachtung stellt sich hier die Frage, ob es sich tatsächlich um Vergessen handelt oder nur um einen erschwerten Zugriff. Denn selbst bei einer Kündigung oder Frühpensionierung, Versetzung oder Beurlaubung ist es grundsätzlich möglich an die Erfahrungen des Mitarbeiters über persönlichen Kontakt „heranzukommen".

Tabelle 1: Formen des organisationalen Vergessens (Schüppel 1996, zitiert nach Bullinger et al. 1997)

Form/Modus	individuell	kollektiv	elektronisch
Gedächtnis-inhalt wird gelöscht	Kündigung, Tod, Amnesie, Frühpensionierung	Auflösung eingespielter Teams, Re-Engineering, Outsourcing von Funktionsbereichen	Irreversible Datenverluste durch: Viren, Hardware-fehler, Systemabstürze, Fehlende Back-ups
Befristeter Zugriff nicht möglich	Überlastung befristet, Versetzungen, Krankheit/Urlaub, Mangelndes Training, Dienst nach Vorschrift	Tabuisierung von alten Routinen, Kollektive Sabotage	Reversible Datenverluste, Überlastung/befristet, Schnittstellenprobleme
Auf Dauer	Überlastung permanent, Kein Bewußtsein für Wichtigkeit des eigenen Wissens, Innere Kündigung	Verkauf von Unternehmensstellen, Abwanderung von Teams, Cover up	Dauerhafte Inkompatibilität von Systemen, Überlastung permanent, Falsche Kodifizierung

An das Speichern und Erhalten von Lernerfahrungen schließen sich Bedingungen für den Wissenstransfer als dritter Prozeßschritt an.

Wissenstransfer

Wissenstransfer unterliegt nach Stern (1996, Greeno et al. 1993) folgenden Bedingungen: Die Bewältigung eines Problems erfordert die mentale Modellierung potentieller Handlungsfolgen. Dabei konstruiert ein Problemlöser mit Hilfe von mentalen Werkzeugen spezielle Situationsmodelle und berücksichtigt im besonderen die für das Handlungsziel relevanten Variablen. Zum Wissenstransfer zwischen vergangenen und aktuellen Anforderungssituationen kommt es dann, wenn der Umgang mit mentalen Werkzeugen zur Konstruktion von Situationsmodellen gleichen Möglichkeiten und Einschränkungen unterliegt.

Konstruktion von Situationsmodellen

Mit der Aussage von Stern (1996) wird zusammenfassend verdeutlicht, daß der sinnvolle Wissenstransfer als ein sensibler Prozeßschritt innerhalb organisationaler Lernzyklen erachtet wird und somit besonderer Aufmerksamkeit, z.B. im Sinne von speziellen Instruktionen, bedarf.

Eine vorläufige Definition erfahrungsbasierten organisationalen Lernens, die die Aspekte der bisherigen Ansätze zu integrieren versucht, lautet:

Lernerfahrungen in Entscheidungsprozessen

- Eine Organisation lernt, wenn sie ihren Mitarbeitern hierarchie-übergreifend die Möglichkeit bietet, Lernerfahrungen in Entscheidungsprozesse einzubeziehen. Vorhandenes Wissen wird zur Problemlösung neu kombiniert, wodurch sich die Anzahl der zur Verfügung stehenden Verhaltensalternativen erweitert.

Gedächtnis gegen das Altern schützen

- Eine Organisation lernt, wenn sie Gedächtnisbesitz gegen das Vergessen bei fehlender Nutzung und „Altern" schützt. Ebenso gilt es eine abnehmende Verfügbarkeit unter Beachtung von Interferenzen durch den Neuerwerb von Gedächtnisinhalten zu verhindern.

Diskriminationslernen

- Eine Organisation nutzt Erfahrungen, wenn die Mitarbeiter das Erfahrungswissen der Organisation sowie die in ihm enthaltenen Möglichkeiten und Einschränkungen mit den Möglichkeiten und Einschränkungen der derzeitigen Anforderungssituation vergleichen lernt (z.B. im Sinne des Diskriminationslernens).

Selbstreflexion

- Eine Organisation lernt, wenn Lernerfahrungen individuell oder kollektiv durch Selbstinstruktionen im Sinne einer kontinuierlichen Transformation bewußt ausgewertet und reflektiert werden.

Es handelt sich um einen spiralförmig verlaufenden Prozeß (Abb. 2), in dem vier Phasen unterschieden werden:

Erfahrung in komplexen Systemen

(1) In der Phase des Wissenserwerbs wird festgelegt, welches Wissen problemlösungsrelevant, nutzbringend und wertvoll ist, um die organisationsspezifischen Anforderungen zu bewältigen, wie z.B. Wissen zur effektiven Steuerung komplexer Systeme.

Wissensdiffusion

(2) Bei der Wissensdiffusion wird das erworbene Wissen und die eigene Erfahrung innerhalb der Organisation auf mehrere Nutzer übertragen und organisationsübergreifend gespeichert. Ziel ist es, erworbenes Wissen so abzulegen, daß die Mitarbeiter später in Problemlöseprozessen darauf zurückgreifen.

Abrufen und Anwenden

Als (3) nächster Schritt vollzieht sich die Anwendung des Erlernten. Die aus dem Gedächtnisbesitz aktivierten Informationen werden situationsspezifisch und im Hinblick auf ihre Einschränkungen und Möglichkeiten hin verknüpft.

Durch Reflexion zum Metawissen

Als (4) Abschluß und Neubeginn gilt die Eigenevaluation des Lernprozesses, bei dem Metawissen (d.h. Wissen über das eigene Wissen, ⇨ Kapitel 5) zur eigenen Weiterentwicklung erworben wird. Der Aufbau von Metawissen dient dem Erwerb von Wissen über eigenes Wissen oder über das organisationale Gedächtnis.

Wiederkehrende Schleifen

Der Lernzyklus verläuft als eine sich wiederholende Schleife. Damit wird eine kontinuierliche Weiterentwicklung mit zunehmender Selbststeuerung verdeutlicht (Einsiedler, Neber und Wagner 1978, Lompscher 1972).

Eine Übersicht in Tabelle 2 verdeutlicht, welche Lernziele sich hinter den einzelnen Lernphasen verbergen und zeigt erste Ansätze auf, wie diese zum Zwecke der Evaluation gemessen werden könnten.

Wissens-datenbanken

Ein elektronisches Gedächtnis, z.B. in Form von Wissensdatenbanken, sollte einerseits globales Wissen, wie z.B. die Stellung des Unternehmens im Markt und im Vergleich zu Wettbewerbern, enthalten. Andererseits gehört auch abteilungsspezifisches Wissen auf der Micro-Ebene dazu, wie z.B. Verfahren und Erfahrungen mit Abläufen in der Montage (⇨ Infobox Partizipatives Produktivitäts-Management, PPM–Ansatz), die vor allem für die dort Beschäftigten für die effiziente Interaktion mit den täglichen Anforderungen im Sinne des Single-Loop-Lernen wichtig sind. Mit globalerem Wissen der Organisation auf einer Makroebene können MitarbeiterInnen z.B. einschätzen, wie sich ihre Handlungen und Entscheidungen gesamtwirtschaftlich auswirken. Denn nur so können sich diese am Double-Loop-Lernen beteiligen.

Tabelle 2: Stufen des Lernprozesses, Lernziel und Evaluationsmethoden innerhalb organisationaler Lernzyklen

Lernprozeß	Lernziel	Indikatoren und Methoden
Wissenserwerb Die Organisation soll Neues hinzulernen, und Erfahrungen sammeln, indem das Bekannte in neuen Kontexten erprobt wird und nach jedem Lernprozeß die Lernfähigkeit erhalten bleibt. Wissen, welches erworben werden soll, ist: • Struktur- und Bereichswissen • Kontroll- und Steuerungswissen (Kluwe 1997, ⇨ Kap. 2)	Aufbau und Korrektur von Gedächtnisinhalten, die Erkennen und Verhalten steuern	*Indikatoren*: Erweiterte oder neu konstruierte Schemata, mentale Modelle oder Produktionssysteme *Methoden*: Strukturlegetechnik (Scheele & Groeben 1984), Methoden des Concept-mapping (Jonassen et al. 1993), Interview-Techniken zur Erhebung der Leerstellenkonzepte und Operative Abbildsysteme (Hacker & Jilge 1993), Kausalitätsdiagramme (Sterman 1989, Funke 1993/1988)
Wissen auf die Mitarbeiter übertragen und speichern Die Organisation soll das erlernte Wissen „verteilen“ und im elektronischen Gedächtnis (Datenbanken durch Intranets zugänglich) sowie im sozialen Gedächtnis („Socially Shared Cognition“) speichern.	Erhöhung der Anzahl der Verhaltensalternativen	*Indikatoren*: Redundanzen von identischen oder zumindest ähnlichen Wissenselementen (Morgan 1995), Ausmaß des Wissens, welches im Unternehmen / in der Abteilung verbleibt, wenn ein Mitarbeiter die Abteilung verläßt. *Methoden*: Dokumentenanalysen, Strukturanalysen, Flußdiagramme, Kommunikationsdiagramme (Acker 1977), Computergestützte Ereignisanalyse CSEA (Baggen et al. 1997)

Wissensanwendung Organisationen sollen Strukturen und Zeit-Räume schaffen, um vorhandenes Wissen wieder aufzufinden, den Gedächtnisbesitz vor dem „Altern“ oder vor Interferenz zu schützen sowie Wissenselemente sinnvoll im aktuellen situativen Kontext zu verknüpfen.	Effiziente Interventionen in komplexen Systemen und Interaktionen der Systemkomponenten in Bezug auf die situativen Erfordernisse	*Indikatoren*: Höhe der Kosten zur Informationsbeschaffung, Anzahl der Entscheidungen, bei denen auf gespeichertes Material zurückgegriffen und bereits Gelerntes nicht ignoriert wurde; *Methoden*: Anzahl Wiederholungsfehler, Lernkurven (Bailey 1989, Stata 1989), Critical Incident Technique (Flanagan 1954, Bridges & Chapman 1977), Planspiele, Auswertung simulierter Vorfälle
Evaluation des Lernprozesses Die Organisationsmitglieder sind in der Lage, ihre eigenen Lernprozesse auf einer Meta-ebene zu analysieren und Wissen in Bezug auf Lernen zu generieren (Metakognitionen).	Das Realisieren von Deutero-Lernprozessen (Argyris & Schön 1978) im Sinne einer kontinuierlichen Transformation	*Indikatoren*: Anzahl und Qualität der Reflexionsprozesse *Methoden*: Beobachtungsverfahren zur Prozeßanalyse, Beobachtungen und Interaktionsanalysen, Auswertung simulierter Vorfälle

Infobox: Partizipatives Produktivitäts-Management - Der PPM-Ansatz von Prichard (1990)

Bei vielen Unternehmen hat es sich inzwischen „rumgesprochen“, daß auch Mitarbeiter, die keine Führungskräfte sind, verantwortungsvoll und unternehmerisch im Sinne der Organisation handeln, wenn sie Anleitung und Unterstützung erhalten. So erfordern neue Formen der Arbeitsorganisation wie z.B. teilautonome Arbeitsgruppe, daß Mitarbeiter als Experten ihrer Tätigkeit einbezogen werden. Gleichsam erleben sie sich als weniger eingeschränkt. Autonomie und Verantwortung werden weniger beschnitten.

Es ist jedoch zu beobachten, daß Gruppenmitglieder nicht in allen Fällen die Handlungsspielräume und Eingriffsmöglichkeiten auch nutzen. Deshalb werden Orientierungshilfen benötigt, die deutlich machen, wie sich das Mitarbeiterverhalten auf das Ergebnis (Systemoutput) auswirkt. Die genaue Kenntnis der zentralen Aufgaben und Prioritäten der Gruppe und das Wissen über den Grad der Zielerreichung sind nach Przygodda et al. (1995) zur Ausschöpfung des bestehenden Produktivitätspotentials notwendig. Der Erfolg eines sich selbst regulierenden Produktivitätsmanagements in Arbeitsgruppen hängt wesentlich davon ab, ob es gelingt, die Mitarbeiter an die Zielsetzung zu binden. Die Grundlage dazu bildet eine konkrete Leistungsrückmeldung an die Gruppe.

Die Einführung des PPM beabsichtigt eine Produktivitätssteigerungen durch die Förderung selbstregulativer Prozesse in Arbeitsgruppen. Ein Entwicklungsteam, das sich aus Mitarbeitern und Vorgesetzten zusammensetzt, entwickelt ein gruppenspezifisches Produktivitätsmeßsystem, das zur Förderung der Gruppenaktivität im Rahmen von Feedbacksitzungen von den Arbeitsgruppen genutzt wird.

Die Entwicklung des Meßsystems erfolgt in drei Teilschritten:

1. Schritt: *Bestimmung der Arbeitsbereiche* im Sinne eines Identifizierens der Aufgabenbereiche, Funktionen oder Pflichten, die das Aufgabenspektrum und den Arbeitsauftrag einer Gruppen beschreiben. Sind die Aufgabenbereiche wie z.B. „Effektive Fertigungssteuerung" oder „Qualität der gefertigten Geräte" festgelegt, werden Indikatoren entwickelt.

2. Schritt: *Identifizieren der Indikatoren.* Ein Indikator sagt aus, wie gut oder schlecht die Arbeitsgruppe ihr Ziel erreicht. Es ist wichtig, daß die Indikatoren valide und beeinflußbar sind, da Rückmeldungen nicht beeinflußbarer Größen zu Frustrationserlebnissen und demotivierenden Effekten führen können. Förderlich ist ebenso die Praktikabilität der Datengewinnung sowie die Verständlichkeit und die Bedeutsamkeit für die Beschäftigten. Als sinnvolle Indikatoren gelten z.B. der „prozentuale Anteil des Ausschusses an den gefertigten Geräten" oder die „Anzahl der gefertigten Geräte pro Mannstunde".

3. Schritt: *Entwickeln der Bewertungsfunktionen.* Für jeden Indikator gilt es zu bestimmen, in welchem Bezug eine Indikatorausprägung zur Produktivität der Arbeitsgruppe steht. Die Verknüpfung zwischen Indikatorausprägung und deren Effektivität wird in einer Bewertungsfunktion fixiert.

Bewertungsfunktionen bringen zum Ausdruck, welche Beiträge die verschiedenen Indikatorwerte zur Gesamtproduktivität der Arbeitsgruppe liefern. Der Wertebereich eines Indikators beschreibt die von der Arbeitsgruppe kontrollierten oberen und unteren Leistungsgrenzen.

4. Schritt: *Gestalten der Rückmeldeberichte.* Die einzelnen Meßwerte werden in einem Rückmeldebericht zusammengeführt und mittels der Bewertungsfunktion in Effektivitätswerte umgerechnet. Dargestellt werden die Effektivitätspunkte jedes einzelnen Indikators sowie die Gesamteffektivität.

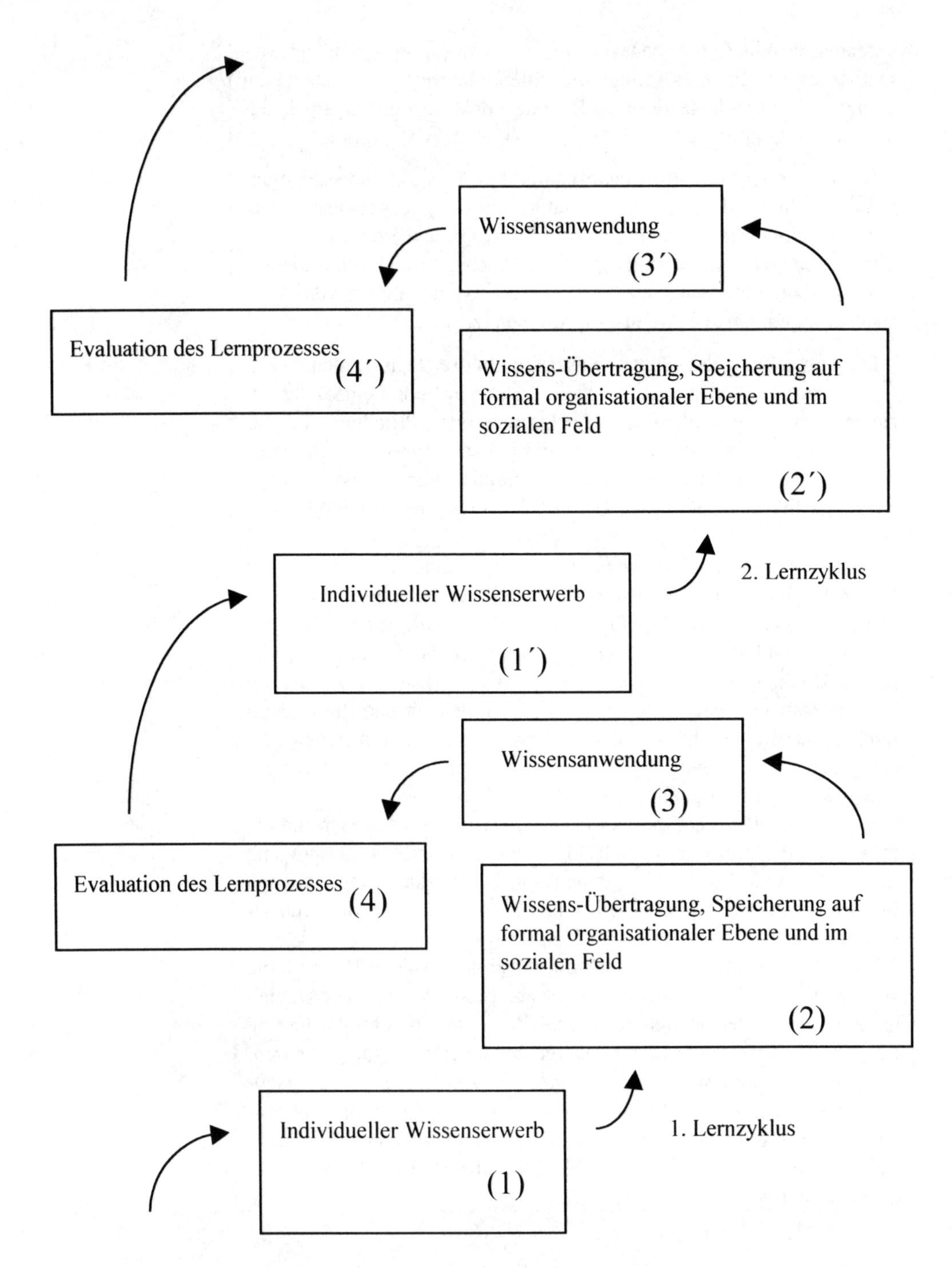

Abbildung 2: Lernzyklen lernender Organisationen

In den kommenden Kapiteln erfolgt eine Analyse der lernzyklenbezogenen Subprozesse unter Berücksichtigung lernfördernder oder lernhemmender organisationaler Rahmenbedingungen. Den Abschluß eines jeden Kapitels bilden minimale Leittexte zur Zusammenfassung und Integration.

2. Wissenserwerb

2.1 Systemrelevante Wissensformen

Die häufig gebrauchte Unterscheidung von explizitem und implizitem Wissen und die Frage, wie man beides nutzt (Nonaka & Takeuchi 1997, Bullinger et al 1997, Freimuth & Haritz 1997) wird der Komplexität des Begriffes Wissen und dessen Erwerb nur teilweise gerecht. Unter Wissenserwerb versteht man das Erlernen neuer symbolischer Information, gekoppelt mit der Fähigkeit, diese Information in effektiver Weise anzuwenden (Mandl, Friedrich & Hron 1988). Erlernen kann im Sinne von Klix (1996) als Aufbau, Veränderung und Korrektur von Gedächtnisinhalten verstanden werden. Es äußert sich nicht nur im Verhalten sondern auch im Erleben und Wahrnehmen.

Erlernen neuer symbolischer Information

Aufbau, Korrektur und Veränderung von Wissensinhalten

Wissen läßt sich auf verschiedene Weise erwerben:

Wissen kann durch „aufbereitete" Informationen erworben werden. Dies geschieht nach Sonntag (1996) z.B. durch Publikationen, Seminare, Fortbildungen und durch Kongresse. Diese Form von „aufbereitetem" Wissen ist nach Ballstaedt (1997) konzeptionelles, eher abstraktes Wissen, das aus Konzepten (= Begriffen) und Verknüpfungen von Konzepten besteht (deklaratives Wissen). So weiß ein Mitarbeiter z.B., daß die Konzernzentrale in München steht und dort die Entwicklung und Produktion der Kleinwagenserie stattfindet. Wie und wann man das Wissen gelernt oder erfahren hat, ist jedoch vergessen.

Deklaratives Wissen

Wissen kann ebenso „natürlich" durch eigene Erfahrung gewonnen werden, z.B. wenn ein Mitarbeiter eine Problemlösestrategie entwickelt oder ein Projekt besonders erfolgreich beendet hat. Dies bezeichnet man nach Engelkamp (1997) als „Tu-Effekt", der sich darin äußert, daß man sich an die Dinge gut erinnert, die man selbst durchgeführt hat.

Der Tu-Effekt

Natürliche und aufbereitete Wissensakquisitionsprozesse verbindet, daß das gewonnen Wissen in ein persönliches Schema, Skript oder mentales Modell überführt werden muß, damit es zum Wissensbestand eines Mitarbeiters zählen kann. Die aus der Erfahrung stammende konzeptionelle Repräsentation eines Realitätsbereiches, wie z.B. „die Kleinwagenserie unseres Automobilunternehmens" in einem Netz wird als *Schema* bezeichnet.

Schemata

Schemata sind Wissensstrukturen, in denen aufgrund von Erfahrungen typische Zusammenhänge eines Realitätsbereiches dargestellt sind (Mandl, Friedrich & Hron 1988).

Infobox: Der Tu-Effekt

Engelkamp (1997) erklärt das Phänomen des Tu-Effektes mit Annahmen seiner multimodalen Gedächtnistheorie. Das Kernstück bildet die Unterscheidung zwischen modalitätsspezifischen Eingangs- und Ausgangssystemen. Er unterscheidet:
1. das nonverbale (visuelle) **Ein**gangssystem (Bilder wahrnehmen) vom
2. verbalen **Ein**gangsystem (Hören, Lesen). Sie haben Zugriff auf ein gemeinsames konzeptionelles System, von dem aus modalitätsspezifische **Aus**gangssysteme angesteuert werden, wie
3. das nonverbale motorische **Aus**gangssystem (Handeln) und
4. das verbale **Aus**gangssystem (Sprechen und Schreiben).

Beim intentionalen (absichtsvollen) Lernen und expliziten (bewußten) Erinnern nimmt Engelkamp (1997) an, daß bei der Verarbeitung das konzeptionelle (begriffliche) System zentral beteiligt ist. Wörter lösen Prozesse im verbalen Eingangssystem, und Bilder Objekte und Ereignisse lösen Prozesse im visuellen Eingangssystem aus. Von hier vollzieht sich die Planung für verbale und non-verbale Handlungen, die wiederum Prozesse im verbalen bzw. motorischen Ausgangssystem initiieren.

Das explizite Behalten beschränkt sich nicht nur auf abstrakte Bedeutungen, sondern schließt sensorische Aspekte der Lernepisode mit ein, wobei die spezifische sensorische Information von den Spezifika des jeweils zu lernenden Reizes und der Modalität abhängen. Zur visuellen Verarbeitung gehören z.B. Form, Farbe, Größe, Orientierung, Textur etc.

Für selbst ausgeführte Handlungen gilt, daß zusätzlich auch die motorische Information behalten wird, indem man sich daran erinnert, **daß** und **wie** die Handlung ausgeführt wurde. Man kann unterscheiden, **ob** man eine Handlung ausgeführt oder sich dieses nur vorgestellt hat. Das beinhaltet jedoch noch nicht, daß man sich auch daran erinnert, **wie** die Handlung ausgeführt wurde. Episoden von Handlungen können in ihrem ganzen sensorischen und motorischen Reichtum präsent sein. Man erinnert sich in seinem subjektiven Erleben nicht nur an abstrakte Bedeutungen, sondern aktiviert die gesamte Szene, z.B. einer Abteilungsleiterbesprechung am Morgen mit ihren sensorischen Qualitäten (Helligkeit des Raumes, Sonnenstrahlen auf dem Flipchart, Gerüche von frisch gebügelten Hemden, Oberfläche des Tisches etc).

Der Vorteil von eigenem Tun gegenüber Beobachten zeigt sich vor allem in den Fällen, in denen viele Informationen (im Untersuchungsdesign sog. „lange Listen“) erinnert werden sollen (Engelkamp 1997).

Auf allen Ebenen der Organisation nützt das reine konzeptuelle (begriffliche) Wissen wenig (z.B. in welcher Halle welche Teile montiert werden). Als Basis wird zusätzlich Wissen über Handlungsabläufe und manuelle Fertigkeiten benötigt, dic durch jahrelange Praxis erlernt wurden. Das *prozedurale* Wissen schließt Handlungswissen oder Fertigkeiten, *wie* man etwas macht, ein. In diesem Sinne sind komplexe Handlungsabläufe, wie die Montge der Innenverkleidung eines PKW's, sog. Produktionen. Produktionen sind Regeln, die aus einem Wenn-Teil und einem Dann-Teil bestehen. Der Dann-Teil wird ausgeführt, wenn die Bedingung des Wenn-Teils erfüllt ist. Z.B.: WENN die Türverkleidung nicht passen, DANN prüfe ich, ob die notwendigen Bohrungen an der richtigen Stelle plaziert sind. Auch hier handelt es sich, wie bei dem konzeptionellen Wissen, um die Darstellung einer mentalen Repräsentation.

Prozedurales Wissen

Wenn-Dann-Produktionen

Infobox: Implizites Wissen

„Prozedurales Wissen bereitet besondere Probleme bei der Externalisierung, da es sich teilweise dem Bewußtsein und der Verbalisierung entzieht. Man spricht in diesem Fall von *implizitem Wissen.* Bekannt ist das Beispiel vom Krawatten- oder Schnürsenkel binden; Fast jeder beherrscht es motorisch, die Handlungen sind in Fleisch und Blut übergegangen, aber kaum jemand kann den Handlungsablauf beschreiben oder gar aufzeichnen. Die natürliche Form der Vermittlung von prozeduralem Wissen ist das Vormachen oder Nachahmen. Werden Handlungen sprachlich beschrieben oder bildhaft dargestellt, ist die Umsetzung oft von Mißverständnissen bedroht, was jeder leidvoll aus Bedienungsanleitungen kennt: Man bekommt den Nippel nicht immer durch die Lasche.“ (S. 4, Ballstaedt 1997)

Ballstaedt spricht im Zusammenhang mit prozeduralem Wissen auch von implizitem Wissen. Bezüglich dieser Terminologie und ähnlichen Begriffen wie implizites Lernen oder implizites Gedächtnis, besteht derzeit noch wenige Klarheit, wie die folgenden Zitate verdeutlichen:
Experimente *zum impliziten Lernen* zeigen, daß Menschen komplexe Invarianten und Regelhaftigkeiten der Umwelt erlernen und nutzen, ohne dessen gewahr zu werden oder ein Lernfortschritte bewußt zu erleben (Hoffmann 1993). Von impliziten Lernen wird der Aufbau von Regelwissen verstanden, verbunden mit der Unfähigkeit, darüber zu berichten (Perrig 1996):

„Entsprechend der klassischen Definition des Lernens sprechen wir operational von „impliziten Lernen“, wenn eine Veränderung im Verhalten oder im Verhaltenspotential eines Menschen hinsichtlich einer Situation feststellbar ist, die auf einmalige oder wiederholte Erfahrung dieser oder ähnlicher Situationen zurückgeht, ohne daß eine Einsicht, berichtbare Erkenntnis oder berichtbares Wissen des betreffenden

Menschen die Begründung für die Verhaltensänderung liefern kann". (S. 212 f).

Explizites Gedächtnis bezieht sich auf die Form der Erfahrungsnutzung, die unter der Kontrolle des willentlichen Erinnerns steht, während *implizites Gedächtnis* auf eine Erfahrungsnutzung verweist, in der sich vergangenes Geschehen ohne Erinnerungsbemühungen auf das Verhalten auswirkt (Perrig 1996). Dem Autor zufolge ist jedoch noch weiter zu prüfen, worin sich „implizites Lernen vom impliziten Wissen und vom impliziten Gedächtnis unterscheidet".

Die in der Infobox erläuterte Erfahrungen machen Produktionsmitarbeiter häufig im Zusammenhang mit der Einführung von teilautonomer Gruppenarbeit. Mitarbeiter sollen Ihre Kollegen anlernen, „finden aber nicht die richtigen Worte", so daß der oder diejenige „mitlaufen" muß, um das Wesentliche der Tätigkeit zu erfassen. Auch fühlen sich Mitarbeiter überfordert, wenn sie für die Erstellung eines QM-Handbuches Verfahrens- oder Arbeitsanweisungen erarbeiten sollen, da ihnen nicht nur das Verbalisieren des impliziten Wissens schwerfällt, sondern manchmal auch das Schreiben generell.

Das Leerstellenkonzept

Die hohe Komplexität des prozeduralen Wissens wird durch das Leerstellenkonzept von Hacker (1992, Hacker & Jilge 1993, Abbildung 3) deutlich. Auf der Wenn-Seite befindet sich das Wissen über Ursachen und Gründe des Auftretens z.B. einer Störung, Zielwissen über den Sollzustand bzw. Signalwissen und Bedingungswissen, wodurch eine bestimmte Störung auslöst wird. Auf der Dann-Seite findet sich Wissen über passende Maßnahmen, Personen oder Mittel, die sinnvoll sind, um ein Problem zu lösen.

Mentale Modelle

Zusätzlich zu den beschriebenen Schemata konstruieren Menschen mentale Modelle. Diese gehen über die bisher geschilderten Wissensformen hinaus. Als *Mentale Modelle* (Johnson-Laird 1983) werden interne Modelle der äußeren und inneren Realität bezeichnet, die es einem Individuum ermöglichen, Schlußfolgerungen zu ziehen, Vorhersagen zu machen und Phänomene zu verstehen. Sie erlauben Entscheidungen über Handlungen zu treffen und ihre Ausführung zu überwachen, und - als herausragendes Merkmal - Ereignisse stellvertretend zu erfahren und zu simulieren. Mentale Modellen ermöglichen es komplexe Systeme vor dem geistigen Auge zu simulieren (Mandl, Friedrich & Hron 1988).

Infobox: Mentale Modelle

„Viele Menschen stellen sich den Stromkreislauf wie einen Wasserkreislauf vor. Die Kabel gleichen Röhren, in denen Wasser in eine bestimmte Richtung fließt. Ein elektrisches Gerät entspricht dann einer Art Wassermühle, die in Aktion versetzt wird, wenn Wasser (bzw.

Strom) fließt. Die Spannung entspricht dem Wasserdruck, der einer Quelle (z.B. einer Batterie) entspringt, die als Vorratsbehälter gedacht wird. Ein Schalter ist eine Art Ventil, welches den Wasserfluß unterbricht, wenn es geschlossen wird.
Kommentar: Dieses naive Modell beruht auf einer Analogie, die wahrscheinlich mit anschaulichen Anteilen verbunden ist. Zwar sind die Vorstellungen physikalisch falsch, aber machen doch viele Vorgänge verständlich und erlauben richtige Vorhersagen (z.B. daß die Stehlampe ausgeht, wenn ich das Kabel durchschneide)." (S. 4, Ballstaedt 1997)

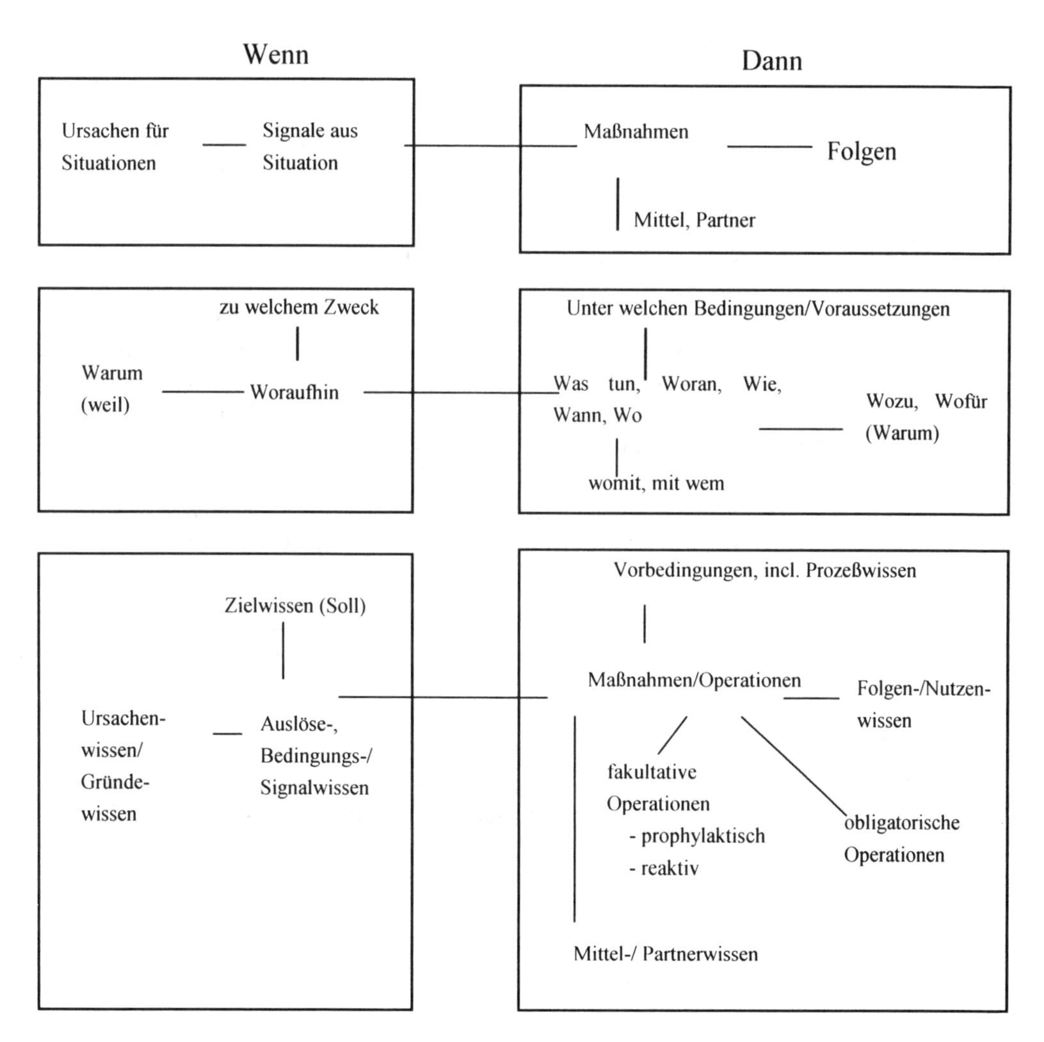

Abbildung 3: Leerstellenkonzept nach Hacker & Jilge, 1993

Wissen über Systemzusammenhänge

Mentale Modelle bilden eine wichtige Grundlagen für die Repräsentation und Steuerung komplexer Systeme wie Organisationseinheiten.

Bereichs- und Aktionswissen in komplexen Systemen

Kluwe und Haider (1990) bauen auf der Unterscheidung zwischen deklarativem und prozeduralem Wissen auf und differenzieren entsprechend deklaratives Wissen als Bereichswissen und prozedurales Wissen als Aktionswissen in Bezug auf komplexe Systeme. Wissen über Eingriffsmöglichkeiten in komplexe Systeme konfrontieren Menschen mit großen Informationsmengen. Komplexe Systeme sind weitgehend

- intransparent, d.h. sie sind nicht vollständig einsehbar.
- Sie sind vernetzt, d.h. die Komponenten interagieren auf vielfältige Weise miteinander.
- Gleichzeitig erweisen sich Systeme als dynamisch, in dem sich die Zustände ohne äußere Eingriffe verändern und
- verlangen, daß gleichzeitig oder aufeinanderfolgend multiple, eventuell gegensätzliche Ziele verfolgt werden (Dörner et al. 1983, Müller & Funke J. 1995, Funke U. 1993).

Informationslast

Diese Merkmale tragen nach Kluwe (1997) zu einer großen Informations-last bei. Die interne Repräsentation, das mentale Modell des Systems und die zu bewältigende Aufgabe sind entscheidend für die Bewältigung der Anforderungen. Dabei umfaßt die interne Abbildung vorrangig solche Ausschnitte des komplexen Systems, die für den einzelnen wichtig und zentral sind. Dabei besitzt derjenige, der ein solches System steuert, keine Gewißheit darüber, ob er die eigentlich wichtigen Anteile im Blickfeld hat.

Das mentale Modell eines komplexen Systems basiert auf unterschiedlichen Wissensinhalten, die wiederum verschiedene Ebenen des Systems betreffen.

Faktenwissen über die Funktion und Organisation von Systemkomponenten

(1) *Struktur- bzw. Bereichswissen* bezieht sich auf die Komponenten des Systems. Es beinhaltet Faktenwissen über die Funktion und Organisation von Systemkomponenten, sowie über deren mögliche Zustände, wie sie z.B. anhand einer Mensch-Computer-Schnittstelle, dem Interface oder einem Geschäftsbericht auftreten. Strukturwissen über das Erscheinungsbild möglicher Zustände - z.B. die Anzahl der Arbeitsunfälle und Fehlzeiten steigt, die Produktivität sinkt - muß nicht notwendig mit Wissen auf der Systemebene verknüpft sein. Jemand der ein System, z.B. ein Abteilung führen will, kann zwar die Komponenten eines Geschäftsberichtes kennen, jedoch wenig über das Zusammenwirken der einzelnen Kompenenten im Hinblick auf ein Ergebnis wissen.

Infobox: Struktur- bzw. Bereichswissen

Beispiel 1: Wissen über die Beschaffenheit und strukturelle Organisation des Wissens beinhaltet z.B. Aussagen wie „x ist ein Ventil“ oder „x hat als Merkmal große Druckbeständigkeit“ oder „x besteht aus Ventil, Pumpe, Kühlflüssigkeit“ (Kluwe & Haider 1990).

Beispiel 2: Wissen über die Ermittlung von Durchlaufzeiten in der Produktion beinhaltet: Materialfluß, Anzahl an Fertigprodukten, Bestand (Wert, Menge) der Fertigprodukte, verwendetes Rohmaterial, Baugruppe und deren Bestandswert, Dispositionsaufwand, Lagervolumen (Keller 1996).

Beispiel 3: Die Anzahl der Verbesserungvorschläge stieg im Zeitraum von 1990 bis 1995 von 870 auf über 10.000 an. Die Fehlzeiten konnten im selben Zeitraum von 9,8 % auf 4,7 % gesenkt werden. Die Ausschußteile gemessen in Parts per million, wurden von 1500 auf ca. 100 reduziert (Reimer 1996).

(2) *Kontroll- und Steuerungswissen* umfaßt Kenntnisse über Prozeduren und Regeln für Eingriffe oder Inputs. Es handelt sich um Wissensbestände in Form von Regeln, die Zustände des Systems und Ziele des Handelnden mit adäquaten Entscheidungen verknüpfen. Z.B. „Wenn der Krankenstand steigt und die Qualität nicht sinken soll, dann müssen wir die verbleibenden Mitarbeiter fragen, ob sie für einen bestimmten Zeitraum Überstunden machen (oder Zeitarbeitskräfte einstellen, oder...). Das Eingriffwissen bezieht sich auf die Verfügbarkeit von Prozeduren, die der Handelnde auch ohne weitreichendere Kenntnisse bezüglich des zu steuernden Systems über seine Steuerungsmöglichkeiten ausführt. Z.B. „Wenn Systemzustand s(t) dann Aktion o.“; „Wenn Zielzustand s (t+1) und Ist-Zustand s(t), dann Aktion o“.

Kenntnisse über Prozeduren und Regeln für Eingriffe oder Inputs

Das Wissen über systeminterne Ursache-Wirkungszusammenhänge geht darüber hinaus („How-it-works-knowledge“). Kausalwissen umfaßt Kenntnisse über die internen Ursache-Wirkungsgefüge des Systems. Ein Mitarbeiter, der Kausalwissen besitzt, versteht, was er tut und warum Eingriffe Effekte haben und andere das Gegenteil bewirken, z.B. „Wenn Systemzustand s(t), dann **Ursache** Aktion o und Systemzustand s(t-1)“.

Kausalwissen

Infobox Kausalwissen: Das „Verbesserungs-Paradox“ (Sterman, Repening & Kofman 1994)

Eine US-amerikanische Firma hat sich entschlossen, durch die Einführung eines Total Quality Management (TQM) Systems die Qualität ihrer Produkte (Prozessoren, Chips) zu verbessern. Nach ca. 1,5 Jahren reflektieren die Projektbeteiligten das Projekt zum ersten Mal. Dabei kommen sie zu der Erkenntnis, daß das Commitment der Mitarbeiter in der Produktion stark davon abhängt, inwieweit

1. die Mitarbeiter besorgt sind um ihre Arbeitsplätze, d.h. sie fürchten müssen, daß sie sich selber „weg rationalisieren"
2. die Geschäftsleitung hinter dem TQM-Ansatz steht und dies auch kommuniziert und
3. Taten folgen läßt, in dem die Ideen zur Verbesserung des Produktionsprozesses auch schnell umgesetzt werden.

Die schnelle Umsetzung der Ideen hängt wiederum davon ab, ob die Mitarbeiter, die für die Ideen-Umsetzung zuständig sind, für diese Aufgabe genügend zeitliche und finanzielle Ressourcen zur Verfügung haben.

Als eine Ursache für einen zunächst schleppenden Beginn des Projektes werden die mangelnde Vorbereitung der Umsetzer ausgemacht. Die Abteilung war nicht auf die Fülle der Ideen vorbereitet und brauchte dementsprechend einige Monate, um die Ideen zu prüfen, umzusetzen und Rückmeldung an die Mitarbeiter zu geben. Die Anfangseuphorie in der Produktion schlug in Frustration um, als nicht wahrgenommen werden konnte, daß die eigenen Idee umgesetzt wurden. Das Engagement ließ nach.

Als das Management bemerkte, daß die Bereitschaft der Mitarbeiter verebbte, stellte sie der Umsetzungs-Abteilung mehr Personal zu Verfügung und investierte in die Umsetzung der Ideen. Das Geld fehlte nun jedoch in der Forschungs- und Entwicklungsabteilung, so daß keine weiteren Produkte entwickelt wurde. Die Aktionäre verfolgten diesen Prozeß mit Besorgnis, der Aktienkurs fiel gleichsam mit dem Wert der Anteile, die die Beteiligten hielten, was wiederum zu mehr Frustration beitrug.

Die Firma geriet in finanzielle Schwierigkeiten und erste Gerüchte über Entlassungen kursierten.

Jemand, der kein Kausalwissen erworben hat, behandelt das System als „black-box".

Weiterentwicklung auf der Basis von Fehlern, Unstimmigkeiten und Kovariation

Die Möglichkeit der Interaktion mit dem System erachten Kluwe (1997) und Kluwe und Haider (1990) als wesentliche Voraussetzung für einen selbständigen Wissenserwerb im Sinne von Lernen durch Tun. Eine Weiterentwicklung der systembezogenen Wissensbasis wird sowohl durch Fehler bei der Anwendung von Regeln ausgelöst, als auch dadurch, daß Unzulänglichkeiten der Systemrepräsentation hinsichtlich der Stimmigkeit mit den tatsächlichen Beobachtungen wahrgenommen und erkannt werden.

Fehler in der Anwendung von Regeln und die Bedeutung von „Überraschung“ thematisieren auch Hoffmann (1993) sowie Hammerl und Grabitz (1994).

Hoffmann (1993) bezieht sich auf das von Rescorla und Wagner (1972) entwickelte Modell und die Annahme „Organisms only learn when events violate their expectations“ (Rescorla & Wagner 1972, S. 75).

Schemawidrige Ereignisse lösen die Emotion „Überraschung“ aus, die zu kausaler Suche und im Idealfall zu einer Erklärung für das schemawidrige Ereignis führt. Nach Meyer (1988) steht „Überraschung“ im Dienst einer möglichst effektiven Handlungssteuerung, „in dem sie bei Unstimmigkeit zur Überprüfung und Revision unseres impliziten, handlungsleitenden Wissens (also unserer Schemata) führt“ (S. 136).

Auch subjektive Unsicherheit, die keine sichere Erfüllung der Aufgaben erlaubt, trägt dazu bei, daß derjenige, der das System steuern soll, durch Entdecken von Kovariation, Generalisierung und Diskriminierung seine Wissensbasis erweitert.

Die Annahmen von Kluwe (1997) zur Erweiterung des mentalen Modells implizieren, ein bewußtes Vergleichen von persönlichen Annahmen und dem tatsächlichen Resultat von eigenen Handlungen. Auch das Erkennen und Auswerten von Fehlern stellt einen wichtigen Bestandteil dar, um die Wissensbasis wachsen zu lassen.

In der Befragung von Bullinger et al. (1997) zur Praxis des Wissensmanagements in Unternehmen zählt die Form des Lernens aus Erfahrungen bisher nicht explizit zum Bereich des Wissensmanagements. Die befragen Unternehmen aus der Dienstleistungs-, Konsumgüter- und Investitionsgüterbranche geben viel mehr Weiterbildung, Kooperation mit Kunden, Recherchen in Fachzeitschriften, Konkurrenzanalysen, Kooperation mit Zulieferern, Kongressen und Foren, Marktforschung, Vergleichsanalysen (im Sinne von Benchmarking), Neueinstellungen von Experten sowie Kooperationen mit Universitäten als Methoden der Wissensakquisition an (in der Reihenfolge ihrer subjektiv eingeschätzten Häufigkeit). Im Sinne von „lessons learned“ findet das Lernen aus Erfahrung erst in der Wissensentwicklung statt, in dessen Mittelpunkt die Produktion neuer Fähigkeiten, neuer Produkte oder verbesserter Ideen steht.

Lessons Learned

In den folgenden Kapiteln werden Methoden vorgestellt, die erfahrungsbasiertes Lernen und das (Mit-)Teilen von Kausalwissen in den Vordergrund rücken.

2.2 Methoden des erfahrungsbasierten Wissenserwerbs

Erfahrungsbasierter Wissenserwerb ist eine Form des selbständigen Lernens. Selbständiges Lernen ohne explizite Instruktionen kann nach Skell (1996) folgende Methoden beinhalten:

Analyse von Situationen und ein auf Ziel orientiertes Vorgehen

- *Lernen durch Handeln* in Abgrenzung zu gedankenlosem Manipulieren, d.h. eine Analyse von Situationen und ein auf Ziel orientiertes Vorgehen, das selbständig und durchdacht abläuft. Z.B. eine bewußt vorgenommene Projektplanung, die sich an vorher spezifizierten (Qualitäts-)Kriterien orientiert, meßbar operationalisiert wurde und somit bewußt in Hinblick auf die zu erreichenden Kriterien gesteuert und abschließend in einem Soll-Ist-Vergleich reflektiert wird.

Gedankliche Vorwegnahme des Handlungsverlaufs

- *Denken* im Sinne einer gedanklich-vorstellungsmäßigen Vorwegnahme von Handlungsablauf und -ergebnis, eines geistigen Probehandelns, d.h. Varianten künftigen Handelns werden im Kopf durchgespielt und auf mögliche Folgen hin durchdacht, z.B. Simulation verschiedener Marketingstrategien, Durchführung eines Pilotprojektes zur CIM-Fertigung (Computer Integrated Manufacturing), Einführung von 360^{0}-Feedbacks (Beurteilungen von den eigenen Mitarbeiter, den Kollegen und den Vorgesetzen) unter Zuhilfenahme mentaler Modelle, in der verschiedene Szenarien bzw. Strategien und deren Folgen durchgespielt werden.

Systematisches Erfassen und Verarbeiten von Daten

- *Lernen durch Beobachten* anderer, d.h. systematisch-planmäßiges, einordnendes Erfassen und Verarbeiten von Daten, in Abgrenzung von bloßem Hinsehen und gedankenlosem Nachahmen. Wichtig ist, daß der Beobachtende über Kriterien verfügt, die er erfassen soll, z.B. Art und Zeitpunkt bestimmter Eingriffe in einen technologischen Prozeß, oder bei Traineeprogrammen, in denen die Trainees in verschiedenen Abteilungen Betriebsabläufe erlernen sollen (Neuberger 1994).

Lernen durch Handeln – ein Fallbeispiel

Short Term Exchange Program

Lernen durch die eigenen Erfahrungen und die Erfahrungen anderer: STEP- Short Term Exchange Program der Gothaer Versicherung, Köln. Ein Programm zum kurzfristigen Austausch von Mitarbeitern.

Kurzfristige Aufenthalte bei europäischen Partnerunternehmen erweitern den Erfahrungshintergrund von Gothaer Mitarbeitern zu Themen, die für die berufliche Zukunft dieser Mitarbeiter selbst oder der entsendenden Abteilungen kurz- oder mittelfristig relevant sind. Die entsendeten Mitarbeiter tragen anschließend ihre Erfahrungen aus dem Aufenthalt aktiv in die Gothaer hinein.

Formale Kriterien der Entsendung sind

- vom Mitarbeiter klar benannte Ziele des Aufenthaltes,
- die Unterstützung und Befürwortung durch die jeweilige Führungskraft
- sowie die Bereitschaft der entsendenden Abteilung, im Gegenzug auch einen Mitarbeiter eines Partnerunternehmens aufzunehmen.

Die Dauer des kurzfristigen Aufenthaltes soll zwischen vier und sechs Wochen liegen. Fahrt- und Unterbringungskosten übernimmt die entsendende Abteilung.

Die Produktbeschreibung

Herr Schaub, Projektleiter des Projektes „Haus & Heim" berichtet von seinem Besuch beim schwedischen Versicherungsservice *lita*, eine Markenproduktgruppe des Versicherungsunternehmens WASA:

„*Lita* existierte zum Zeitpunkt des Besuchs im März 1996 erst seit ca. 11 Monaten, wobei die ersten konzeptionellen Arbeiten hinsichtlich der Entwicklung von Zielgruppenprodukten bereits 1992 begonnen wurden.

Das primäre Ziel der *lita* sind einfache und verständliche Produkte sowie eine sehr geringe Kostenstruktur.

Einfachheit wird von *lita* wie folgt umgesetzt:

- *Einfacher Zugang über die Post.* Die Idee der Zusammenarbeit von Post und *lita* wurde aufgrund von persönlichen Beziehungen in Angriff genommen. Die staatliche Post hatte mit strukturellen Veränderungen zu kämpfen, da die klassischen Postdienste zurückgingen, mittelfristig der Wegfall des Monopols drohte und die Privatisierung unmittelbar bevorstand.
- *Einfache und schnelle Kommunikation* mit den Kunden über Telefon (Call Center).
- Bei *schriftlicher Kommunikation* gilt die Devise: ‚Wir schreiben unsere Briefe *nicht so*, als würden wir einen Prozeß gegen die Kunden vorbereiten.'
- *Einfache und verständliche Begriffe* und Bedingungen (z.B. Prämie = Preis, Tarif = Preisliste)
- *Basisdeckungsschutz* mit der Möglichkeit, Zusatzdeckungen zu kaufen.
- *Einfacher und schnell zu kalkulierender* Preis, d.h. der Versicherungsnehmer ermittelt ohne fremde Hilfe seinen gewünschten Deckungsbeitrag, kann aber bei einfachen Problemen die Post-Mitarbeiter fragen.
- Sämtliche Allgemeinen Versicherungsbedingungen wurden zwar unter Mitwirkung von Juristen komplett neu erstellt, aber von *Sprachspezialisten auf Einfachheit hin überarbeitet.*

Analyse des Kundenstammes

Eine Analyse des Kundenstamms ergab, daß *lita* mit ihrem Konzept besonders Frauen, die jünger als 34 Jahre alt sind, anspricht, während die konventionellen Versicherungen der WASA eher von älteren, männlichen Versicherungsnehmern bevorzugt werden.

Ganz bewußt wurde beim Launch der *lita*-Produkte auf die Auslobung der Preisgünstigkeit verzichtet, da befürchtet werden mußte, daß andere Anbieter trotz des sehr günstigen Beitragsniveaus bei einzelnen Produkten noch preiswerter sein würden. Daher erfolgte die Positionierung im Markt hauptsächlich als ‚kinderleichte' Versicherung.

Das Umsetzungskonzept „daheim"

Als Mitarbeiter stellte *lita* junge Leute ein, die nicht länger als 1,5 Jahre im Versicherungswesen tätig waren, da neues Denken gewünscht wurde. Zum damaligen Zeitpunkt wurden 17 Mitarbeiter beschäftigt, die rund 60.000 Verträge betreuten.

Die Verwaltung sämtlicher Produkte erfolgt auf PC-Basis (Client-Server-System) mit Microsoft-Anwendungen wie Excel, Word und Access. Eine kürzlich notwendige Änderung des Gesamtsystems aufgrund neuer Tarife konnte innerhalb von 10 Arbeitstagen erfolgen."

Lessons learned

Was haben Sie nun konkret vom Vorgehen der lita gelernt? Was war Ihr persönliches Lernresümee?

Zuversicht aus dem Erfolg der Kollegen

„Mein persönliches Lernresümee war, daß man sich mit einer neuen Idee oder einem neuen Produkt aus dem Mutterhaus lösen kann, wenn man will. Die Erfolge und Ergebnisse, die *lita* uns beim Besuch präsentiert hat, haben uns Zuversicht und Sicherheit gegeben, daß das Produkt gute Chancen hat, indem einerseits sehr kundenorientiert gedacht wird und andererseits die Schadensquoten in Schweden ‚traumhaft' sind. Doch dazu muß, wie bei *lita*, der ‚politische Wille' der Geschäftsleitung da sein, auch mal mutig zu sein."

Voraussetzung: der politische Wille

Was konnten Sie konkret bei der Gothaer umsetzen? Was haben Sie davon umgesetzt?

Zielgruppenansprache

„Wir haben es in Deutschland mit einer anderen Zielgruppenansprache zu tun. Das, was wir hier in Deutschland anders machen mußten, war nun genau die Zielgruppenansprache, da wir es hauptsächlich mit männlichen Kunden ab 45 Jahren zu tun haben.

Kundenfreundliche Formulierungen

Übernommen haben wir das Prinzip der kundenfreundlichen Formulierungen. Das fällt uns jedoch als Versicherung noch schwer und wir kommen nur zähflüssig davon weg. Mit einer kundenfreundlichen Korrespondenz wird man angreifbar, deshalb traut man sich noch nicht richtig.

Wir sind aus dieser Denkweise der starken Kundenorientierung ebenfalls dazu übergegangen, den Kunden verstärkt Hinweise zu geben, wann

Sie sich besser stehen, z.B. wenn Sie einen Schaden selbst übernehmen oder wie sich das langfristig auf die Prämie auswirkt."

Was würden Sie beim nächsten Projekt als Projektleiter anders machen? Was sind Ihre Lernerfahrungen aus der Durchführung ,Ihres' Heim & Haus-Projektes?

„Als ich Ihre Frage gelesen habe, mußte ich schmunzeln. Ich hätte am Anfang mehr auf erfahrene Leute hören sollen. Die hatten mich gewarnt: ,Laß Dir den Projektantrag durch alle Gremien genehmigen!' lautete die Warnung. Im nachhinein habe ich festgestellt, daß sie einem ganz triviale Sachen sehr schwer machen können. Am Anfang hätte ich gerne mehr Zeit gehabt für eine Ist-Analyse der Situation – das steht auch in allen schlauen Projektmanagement-Büchern. Aber die Zeit wird Ihnen nicht gegeben, dann heißt es nur noch: ,So, nun fangen Sie doch bitte an!'- Jetzt krempeln wir die Ärmel hoch!

Warnungen beachten

Wenn Sie am Anfang nicht sauber arbeiten, dann müssen Sie damit rechnen, daß die Zeit, die Sie am Anfang ,sparen' später mit Faktor 3-4 am Ende dazugerechnet werden muß, um wieder zu reparieren.

Für wichtig halte ich auch nach diesem Projekt, daß Machtkämpfe im eigenen Haus am Anfang durchgestanden werden müssen, so daß die ,obere Heeresleitung' voll und ganz hinter dem Projekt steht und es wirklich will. Warten Sie nicht, bis sich jemand bedroht fühlt und denkt, man will ihm was wegnehmen, sondern sprechen Sie mit den ,Machtinhabern' im Unternehmen und sagen Sie: ,Hört' mal zu – das geht Sie an!'"

Machtkämpfe

Lernen durch Handeln – Konzepte und Modelle

Im Umgang mit komplexen Systemen zeigen sich Unterschiede im Lernergebnis, wenn sich ein Individuum selbst in ein System einarbeitet (Kluwe, Misiak & Haider 1989), eine ausführliche theoretische Schulung mit einer anschließenden Praxisphase kombiniert wird oder wenn eine Einweisung durch erfahrene Personen erfolgt.

Eigene Erfahrungen und Angelesenes

Verschiedene Ausbildungsprozesse führen zu qualitativ unterschiedlichen Wissensstrukturen (Kluwe 1997, Kluwe & Haider 1990). Lernen durch Tun gilt bei dynamischen, komplexen Sachverhalten als überlegen, während verbale Anleitungen und Instruktionen nur begrenzt Wissen über Dynamik und Struktur des Systems vermitteln können. Es erweist sich als ein großer Unterschied, ob man einen Projektbericht liest, auch wenn er möglichst ehrlich und offen verfaßt worden ist, oder ob man das Projekt selbst geleitet hat. Denn die Hypothesen, Irrwege, Sackgassen, „Aha"-Erlebnisse und Schlußfolgerungen bleiben dem Berichtleser leider verborgen.

Ausbildungsprozesse

Hypothesen, Irrwege, Sackgassen, Aha-Erlebnisse

Drei Phasen beim Lernen durch Tun

Lernen durch Tun folgt drei Phasen im Umgang mit wenig vertrauten komplexen Systemen:

(a) Orientierung über die Struktur und das Verhalten des Systems,
(b) Exploration im Sinne einer Analyse der Effekte von Eingriffen in das System und
(c) die gezielte Systemsteuerung mit einer sukzessiven Verfeinerung des Eingriffsverhaltens.

Über die Auswirkungen unterschiedlicher Lernbedinungen auf die interne Abbildung des Systems sowie dessen Steuerung liegen nach Kluwe (1997) kaum Ergebnisse vor. Es wird vermutet, daß explorierendes, selbstgesteuertes Lernen eine eher abstrakte interne Abbildung begünstigt. So lösten Operateure, die zusätzlich zu einer Arbeitsanleitung selbstentdeckend lernten, anschließend mehr schwierige Steuerungsprobleme als die Operateure, denen zum Manual lediglich die Regeln der Anwendung vermittelt wurden.

Infobox: Lernen durch Handeln oder Lernerfahrungen bei komplexen (Management-) Aufgaben

Lernen durch Handeln in der eigenen Arbeitspraxis geschieht nach Kim (1993) und Kolb (1984) durch experimentelles Lernen, bei dem - wie in Teil 1 erläutert - gemäß dem eigenen mentalen Model zufolge Hypothesen erzeugt, umgesetzt und auf ihren Realitätsgehalt hin getestet werden. Anschließend erfolgt eine kritische Prüfung, inwiefern die eigenen Hypothesen korrigiert werden müssen (Abbildung 4). Beispiel: Eine Firma der Lebensmittelbranche möchte in der Verpackung Gruppenarbeit einführen, weil der Betriebsleiter der Verpackung gehört hat, daß sich mit Gruppenarbeit die Produktivität steigern läßt.

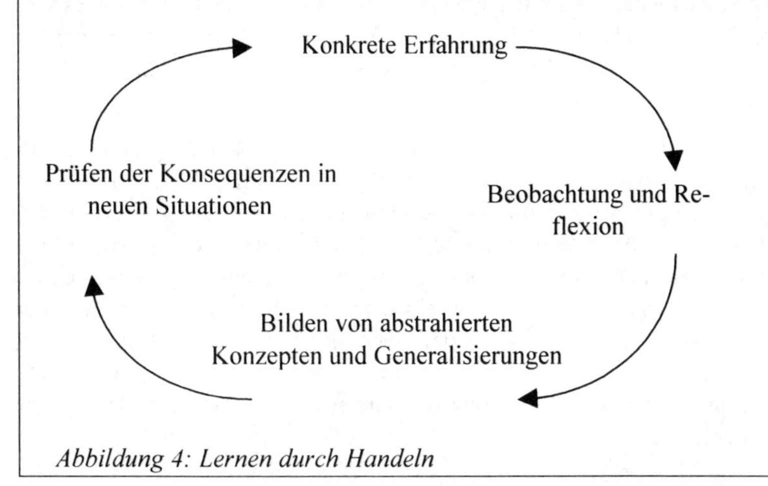

Abbildung 4: Lernen durch Handeln

Hypothesen und deren Umsetzung: Der Betriebsleiter hat nun verschiedene Hypothesen im Kopf, um die Gruppenarbeit zum gewünschten Erfolg zu führen, nämlich indem den MitarbeiterInnen die Einführung von Gruppenarbeit bekannt gegeben wird, die Meister zu Gruppensprechern ernannt werden und alles andere unverändert bleibt.

Beobachtung: Nach ca. 3 Monaten stellt er fest, daß der Krankenstand in die Höhe ging und die Unzufriedenheit der MitarbeiterInnen groß ist, da sie sich gerne selbst an den Verpackungsmaschinen organisieren wollen, aber die Meister wie bisher anordnen, organisieren und einteilen. Der Betriebsleiter nimmt diesen Zustand zunächst wahr und prüft anschließend seine Hypothese, z.B. ob das alleinige „Proklamieren" der Gruppenarbeit schon ausreichte.

Neue Hypothesen und Umsetzung: Er zieht seine Konsequenzen nun dahingehend, daß er als nächstes Gruppengespräche einführt und abwartet, ob die Zufriedenheit und Produktivität steigt. Nach weiteren 2 Monaten, in denen die Gespräche nach und nach im „Sande verlaufen" sind, wird in Erwägung gezogen, eventuell das Entlohnungssystem umzustellen, die Gruppeneinteilung neu vorzunehmen und auch ein Teamtraining abzuhalten......

Lernen durch Denken

Planen-Handeln-Kontrollieren

Zur Steuerung komplexer Systeme und zur Auswertung von Lernerfahrungen, hat sich die Verwendung heuristischer Regeln als vorteilhaft erwiesen. Die eigenen Tätigkeiten werden im Kopf vorweggenommen und simuliert. Das Endziel, Teilziele, Ausführungsschritte des eigenen Plans sowie mögliche Folgen werden reflektiert, so daß der einzelne eine innere Rückkopplung des Erfolgs erhält.

Regelformulierungen zum Selbstlernen

Der Einsatz der Regeln erfolgt mündlich oder schriftlich über einen Trainer oder einen Lehr-/Leittext. Hacker und Skell (1993) postulieren, daß Regelformulierungen die Befähigung zum Selbstlernen unterstützen, wenn

- durch wiederholte Regelanwendungen Lernhilfen geboten werden,
- allgemeine Prinzipien des Lösungsprozesses enthalten sind,
- die eigene Pläne der Vorgehensweise antizipiert werden sollen,
- der gegangene Weg rückblickend ausgewertet und ein Nachdenken über Verbesserungen beim nächsten Mal eingeleitet wird.

Es bestehen signifikante Zusammenhänge zwischen der Qualität des Problemerkennens und dem Einsatz von Denkregeln. Diese können ebenfalls das blinde Übertragen von Lernerfahrungen auf neue Situationen verhindern, da sie zur genauen Analyse der Aufgaben und der Bedingungen für einen Transfer anregen (Kluwe 1997, Schaper & Sonntag 1997, Hacker & Skell 1993).

Beispiele für heuristische Regeln (Höpfner & Skell 1983):

1. **Heuristische Regeln**:
Beachten Sie die gegebene Zielstellung!
Beachten Sie die Ableitung von Teilzielen! Welches ist das nächste?
2. Regeln zur **Aktivierung von Gedächtnisbesitz**
Gibt es weitere, bisher nicht beachtete Lösungsmöglichkeiten?
Ablaufverbote beachten!
3. **Allgemein aktivierende Impulse**
Halt! Überlegen Sie bei jedem Lösungsschritt!
Haben Sie das gestellte Ziel in allen Punkten erreicht?

Auch **Kurzformen** sind möglich (Höpfner 1983):
Welches Ziel?
Vorgehensmöglichkeiten?
Nachdenken! Sind dies alle?
Plan!
Nachdenken! Günstigeres Vorgehen?

Volpert et al. (1984) verwendeten ihn ihrer Untersuchung drei Regeln, um die effiziente Steuerung des Backprozesses einer Brotfabrik zu trainieren:
Informiere Dich über die Anlage!
Überlege immer, was geschehen wird!
Greife ein, bevor etwas passiert!

Beispiele für heuristische Regeln zu Kontroll- und Steuerungsprozessen (Kluwe 1982):

Steuerungsprozesse beziehen sich auf:

den Gegenstand:	Womit beginne ich? Wie fahre ich fort?
die Aufmerksamkeit:	Stört mich etwas? Achte ich auf alle wesentlichen Dinge?
die Intensität:	Habe ich alles versucht? Sollte ich noch einmal richtig nachlesen? Gibt es noch andere Möglichkeiten, andere Wege?
die Geschwindigkeit:	Arbeite ich zu schnell? Bin ich noch in der Zeit?

Kontrollprozesse beziehen sich auf:

Identifikation:	Was wird von mir verlangt? Plane ich noch oder habe ich bereits mit der Lösung begonnen?
Prüfung:	Habe ich die Aufgabe verstanden? Mache ich Fortschritte?
Bewertung:	Arbeite ich planvoll genug? Kann ich etwas verbessern?
Prognose:	Was kann eintreten, wenn ich so fortfahre? Kann ich auf Schwierigkeiten stoßen?

Lernen durch Beobachten

Second-hand experience

Vergleichsanalysen bzw. Besichtigungen anderer Firmen zur Demonstration von Problemlösungen ähneln dem Lernen am Modell nach Bandura (1986, Carroll & Bandura 1987). Huber (1991) bezeichnet diese Art von Lernen auch als „second-hand experience".

Nach Bandura (1986) ist für die menschliche Entwicklung und das Überleben eine Verkürzung der Wissensakquisitio durch beobachtendes Lernen notwendig. Je weniger auf angeborene Verhaltensweisen zurückgegriffen werden kann, um so größer ist die Abhängigkeit des Einzelnen vom Beobachtungslernen. Interessanterweise wird das Verhalten vor der Ausführung erlernt. Durch Beobachtungslernen erweitern sich die eigene Wissensbasis und die eigenen Fähigkeiten durch solche Erfahrungen, die andere vorweg erarbeitet haben. Dabei muß die Information symbolisch (in Zahlen, Worten oder Bildern) beim Lernenden repräsentiert werden, um zukünftig handlungsleitend zu wirken.

Aufmerksamkeitsprozesse

Beim Beobachtungslernen sind diverse Einzelprozesse beteiligt: Aufmerksamkeitsbezogene Prozesse determinieren, welche Informationen aus dem Modellverhalten herausgefiltert werden, z.B. ein öffentliches Lob eines Abteilungsleiter-Kollegen, der auf einer Versammlung für seine Idee gelobt wird, mit seinen Instandsetzungsmitarbeitern die Servicearbeiten an den hauseigenen Kopierern zu übernehmen.

Der selektive Aufmerksamkeit kommt dabei eine kritische Unterfunktion zu. Ob und wieviel aus den Aktivitäten anderer gelernt wird, ist u.a. durch die Außergewöhnlichkeit, und die Komplexität des Kollegenverhaltens determiniert. Von außergewöhnlichen Merkmalen spricht man, wenn sich diese von anderen Merkmalen des Modells wahrnehmbar unterscheiden, so daß die kritischen, zum Erfolg führenden Informationen (wie z.B. die Planungsphase der Servicearbeiten, die Qualifizierung der Mitarbeiter, Investitionen in das Werkzeug, hausinternes Marketing (Aufkleber drucken), die Regelungen mit den Gruppenleitern, die restlichen Aufgaben an andere Mitarbeiter zu vergeben, flexible Arbeitszeitmodelle etc.) herausgefiltert werden können. Die Komplexität des Verhaltens wirkt auf die Beobachtungsleistung erschwerend, wenn einzelne Handlungsabfolgen und ihre Kombination undurchschaubar bleiben.

Der Beobachtende

Auch der beobachtende Kollege selbst trägt zum Erfolg oder Mißerfolg des Beobachtungslernens bei, indem die eigene Wahrnehmung von individuellen Hypothesen geleitet wird. Je mehr Vorwissen und je ausgeprägter seine kognitiven Fähigkeiten, desto mehr Feinheiten nimmt der Beobachter wahr.

Der subjektiv wahrgenommene funktionale Wert, d.h. der Nutzen, den das beobachtete Verhalten mit sich bringt, fördert oder hemmt das Lernen von anderen Organisationseinheiten ebenso.

Der funktionale Wert

Der hohe funktionale Wert hält die gerichtete Aufmerksamkeit durch die Erwartung aufrecht, daß zu einem späteren Zeitpunkt ähnliche Situationen bewältigt werden müssen. Stehen lernenswerte Aktivitäten in Konkurrenz zueinander wird durch ein persönlich relevantes Modell besser gelernt.

Attraktivität des Modells

Die Attraktivität des Modell trägt zusätzlich zum Lernerfolg bei, wenn von Kollegen gelernt wird. Denn die Aufmerksamkeit, die dem Modell zukommt, ist nicht nur abhängig vom funktionalen Wert sondern auch von der „Anziehungskraft“ eines interessanten Kollegen. „Attraktive“ Kollegen anderer Abteilungen werden bevorzugt beobachtet, während weniger attraktive weniger häufig imitiert werden. Attraktivität bezieht sich dabei nicht (nur) auf äußere Faktoren des Erscheinungsbildes, sondern auf Prestige, Positionsmacht und Image im Unternehmen. D.h. daß ein Abteilungsleiter eher von den Aktivitäten des Abteilungsleiter-Kollegen lernt, der im Unternehmen ein hohes Ansehen besitzt, als von Kollegen, die sozial „im Abseits stehen“.

Eingriffsstrategien entscheidend für den Aufbau subjektiver Kausalmodelle

Eine im Rahmen der lernenden Organisation interessante Untersuchung führten Funke und Müller (1988) durch. Sie belegen, daß das aktive Steuern eines Systems und das teilnehmende Beobachten dieser herbeigeführten Systemveränderungen als Steuerungsergebnis nicht zu denselben mentalen Modellen führen müssen. Die Autoren schufen in ihrer Untersuchung experimentelle Zwillinge, wobei der eine Zwilling nicht aktiv das System steuern konnte, sondern nur die Maßnahmen seines Zwillings und das Resultat beobachtete. Die abhängigen Variablen „Güte der Systemsteuerung“, „Güte des Kausaldiagramms“ und „Güte der Vorhersagen“ korrelierten nur schwach. Aus Sicht der Autoren sind Eingriffsstrategien entscheidend für den Aufbau subjektiver Kausalmodelle (vgl. Kluwe 1997) und somit eine objektive Information über ein System nicht zwangsläufig zu einer Ähnlichkeit der Kausaldiagramme von „Zwillingen“ führt. So tritt neben die Schwierigkeit, eigene Lernerfahrungen in komplexen Systemen wahrzunehmen, das Problem, „unbeteiligte“ Dritte am Lernergebnis teilhaben zu lassen.

Gespräche „beim Bier“

Lernen durch Beobachten ist ein häufig ablaufender Prozeß, der auf der Basis informeller Kontakte erfolgt. Der Weg zur Kantine oder Gespräche „beim Bier“ im Austausch über Probleme und Erfolge in der täglichen Arbeit beinhalten Formen des Beobachtungslernens. Doch leider mangelt es häufig an Kommunikationsmöglichkeiten oder am eigenen internen Marketing, daß erfolgreiche und weniger erfolgreiche Projekte als Lernquellen genutzt werden.

Eine weitere natürliche Form des Wissenserwerbs, die sich nicht in Lehrbüchern findet, bezeichnet man als Mikropolitik. Und da sie erfahrungsgemäß einen erheblichen Einfluss auf die Informationsweitergabe besitzt, wird sie hier nicht übergangen.

Wissenserwerb durch mikropolitisches Handeln

Was kann ein Mitarbeiter tun, wenn

- er sich auf ein neues Projekt vorbereiten will?
- er über Inhalt und Ergebnisse von Besprechungen informiert sein will, an denen er nicht teilnehmen darf?
- er eine neues Textverarbeitungssytem für die Assistentin anschaffen möchte, obwohl in seinem Budget keine Mittel mehr dafür vorhanden sind?
- er erfährt, daß ein wichtiger Mitarbeiter sich verändern möchte?

Forderung: effizient, effektiv und unternehmerisch handeln

In derartigen Situationen sollen Mitarbeiter effizient, effektiv und unternehmensdienlich handeln. Folgende Faktoren erschweren ein solches Handeln:

- Das Problem stellt sich für mehrere handelnde Personen jeweils anders dar, wobei die Vielfalt der Ansichten Teil des Sachproblems sind.
- Das Problem ist nicht klar definiert, atikuliert und konturiert.
- Das Problem ist nicht „da", sondern wird durch Wahrnehmung, Sprache und Symbole erzeugt.
- Wichtige Informationen sind nicht offiziell zu beschaffen oder werden zurückgehalten oder verfälscht.
- Die Beteiligten verfolgen unterschiedliche Ziele.
- Die Akteure im Unternehmen sind abhängig von einander, profitieren voneinander: Sie können sich, obwohl nur „lose gekoppelt", nicht gegenseitig „auslöschen", ohne ihre eigene Identität zu verlieren.
- Das Handeln und Entscheiden erfolgt unter Zeitdruck.
- Es existieren teilweise unkoordinierte Subsysteme (z.B. erzeugt durch charismatische Führer oder Gruppendruck, Werte, Normen und technische Verfahren).

„Durchwursteln"

Diese Situationsmerkmale führen dazu, daß Mitarbeiter versuchen, Strategien zu entwickeln, die ihren arbeitsalltäglichen Möglichkeiten am ehesten gerecht werden und als „Durchwursteln" bezeichnet werden können (Neuberger 1989).

Auf oben genannte Fragen bezogen kann ein Mitarbeiter zum Beispiel

- Verbindungen zu „Zuarbeitern" von Entscheidungsträgern pflegen,
- Beziehungen zu Informanden aufrechterhalten, die Hintergrundwissen oder aktuelle Gerüchte berichten können,
- Verbündete haben, die signalisieren, dass Mittel verfügbar sind oder in strittigen Fällen wichtige Tips geben können,

- sich „Speckpolster" oder „Vorräte" an Mitteln, Informationen, Personal, Kapazitäten anlegen, um für Informationstauschgeschäfte vorzusorgen.....

Mikropolitische Handlungsstrategien

Als konkrete mikropolitische Handlungsstrategien, um an gewünschte Informationen zu gelangen, bezeichnet Neuberger (1989): „schmeicheln, intrigieren, mauscheln, täuschen, fälschen, bluffen, türken, verpfeifen, erpressen, Informationen vertuschen und filtern, oder frisieren, emotionalisieren, Gegner isolieren und gegeneinander ausspielen, beeindrucken, verzögern, imponieren, vor vollendete Tatsachen stellen können" (S. 44).

Mikropolitik läßt sich dem Autor zufolge weder als bedauerlicher und vermeindlicher Störfaktor noch als unwillkommener Einbruch des Irrationalen, Willkürlichen und Politischen in ein durch und durch rational konstruiertes System bezeichnen, sondern sie gehört zu dessen Strukturbedingungen.

Macht durch wissensfördernde Sozialbeziehungen

Durch Aufbau und Einsatz von Macht werden informative und wissensfördernde Sozialbeziehungen strukturiert und eigene Interessen durch gezielte Informationsweitergabe gegen eine Opposition durchgesetzt. Die Gültigkeit offizieller Kommunikations- und Informationsnormen und Werte wird bei diesem Vorgehen nicht offen in Frage gestellt, sondern „umstürzlerisch" relativiert und mit den Argumenten der „Reaktionsschnelligkeit", „Schlagkräftigkeit" und „Flexibilität" gerechtfertigt. Sozial geächtete Motive von Wissenspolitik werden verschleiert oder verbrämt, um eigene Interessen wirksamer oder leichter durchsetzen zu können (Neuberger 1989).

Obwohl Mikropolitik eher mit Machtspielen „hinter den Kulissen" oder „über Bande spielen" assoziiert wird, kann Wissenserwerb durch Mikropolitik durchaus eine unterstützenswerte, kostengünstige und wirksame Wissenserwerbsstrategie sein, weil sie

- sowohl die Autonomie,
- die Selbstorganisation und Selbststeuerung,
- sowie die gegenseitige Abhängigkeit der Wissenstauschenden fördert und gleichzeitig
- der Unschärfe,
- der Widersprüchlichkeit und
- den zeitlich begrenzten Ressourcen von Handlungsbedingungen

gerecht wird.

Trainieren von mikropolitischen Taktiken

Ausgehend von der Annahme, daß ein großer Teil des Handelns im Unternehmen nach den Bedingungen der Mikropolitik funktioniert, schlägt Neuberger (1989) das Training von mikropolitischen Taktiken vor.

Zur Verankerung eines solchen Trainings in der Erfahrungswelt der Teilnehmer nennt er zwei auf das Erfahrungsmanagement bezogene Strategien:

Vergangenheitsorientierte Strategien

- Sammlung von Critical Incidents aus der eigenen beruflichen Erfahrung: Jeder Teilnehmer schildert selbsterlebte Episoden, in denen es um den Umgang mit Wissen, Informationen und Erfahrungen geht, die „ergattert" oder bewußt blockiert wurden. (Schema: Wie kam es dazu?, Wer war beteiligt?, Was hat sich konkret ereignet? Wie ging es aus? Anschließende Gruppendiskussion)
- Befragungen, um das Arsenal mikropolitischer Taktiken zu illustrieren: Was tun Sie, um Informationen, Erfahrungen und Wissen zu erhalten oder zurückzuhalten und somit Wissensmanagement zu vereiteln oder zu fördern? (Kartenabfrage, Sammlung, Gliederung und Diskussion)
- Gemeinsame Analyse von Filmen oder Videos (z.B. „Die Welle" oder „Die zwölf Geschworenen"). Mit den Teilnehmer werden die eingesetzten Taktiken identifiziert und auf die Nützlichkeit beim Erfahrungsmanagement abgeklopft.

Gegenwartsorientierte Strategien

- Videogestützte Interaktionsübungen zur Simulation und Analyse von Situationen, in denen es um Wissensweitergabe und -erwerb geht.
- Simulation einer Unternehmensberatung: Eine von einem Teilnehmer geschilderte mikropolitische Episode wird von einem Teilnehmer-Team systematisch durchleuchtet. Es werden Alternativ- und Antwortstrategien entwickelt sowie über möglich positive und negative/unbeabsichtigte Nebenwirkungen nachgedacht.
- Durchführung von wissensbezogenen Planspielen oder gruppendynamischen Experimenten mit Videoaufzeichnung und Auswertung.

Tabuthema wird öffentlich diskutiert

Ein derartiges Trainingskonzept führt zu einer öffentlichen Diskussion eines Tabuthemas und trägt konstruktiv im Sinne des Selbstorganisation zum Erfahrungsmanagement bei. Es besteht die Möglichkeit spezielle Praktiken, z.B. Wissen zurückzuhalten oder zu verfälschen, zu ächten, indem soziale Kontrolle ausgeübt wird. Die Auswahl dieser Praktiken sollte begründet und mit den Teilnehmern vereinbart werden.

Power play

Vertrauensbildende Maßnahmen

Gleichsam werden die Teilnehmer zu „Power play" aktiviert: „Eine solche Ermutigung könnte zu Revitalisierung skeletorischer Organisationen führen, weil neue Gleichgewichte im System der organisatorischen Checks und Balances erzwungen werden. Es kann aber auch zu einer Verfeinerung mikropolitischer Techniken führen, weil immer geübtere miteinander umgehen" (Neuberger 1989, S. 45). Da man sich allerdings nicht mehr sicher sein kann, was authentisches und was mikropolitisches

Handeln ist, ergibt sich ein vermehrter Legitimationsaufwand („vertrauensbildende Maßnahmen“) und ein Bedarf nach mehr Transparenz, wenn es um Informationsweitergabe, Quellen von organisationalen Wissens und einem Zugang zu diesem geht. So erfolgt eine erhöhte Sensibilisierung aller Akteure.

Abschliessend geht Neuberger (1989) davon aus, dass die Suggestion während des Trainings, dass im Prinzip nichts der personalen Einflussnahme entzogen ist, den Anteil strukturell gefestigter (unantastbarer) Entscheidungsprämissen reduziert. Damit könnte eine mikropolitische Eigeninitiative und Motivation steigen.

Nach der Darstellung allgemeiner Theorien und Annahmen zum Wissensaufbau und -erwerb in komplexen Systemen geht es in den folgenden Abschnitten zunächst um Unzulänglichkeiten der menschlichen Informationsverarbeitung, die eine „Datenauswertung“ zum eigenen Lernzweck erschweren. Desweiteren sollen interindividuelle (differentialpsychologische) Unterschiede beim Wissenserwerb, die sich durch eine lernerspezifische Aufbereitung von Wissen und Informationsmaterialien ausgleichen lassen, erläutert werden.

2.3 Interindividuelle Unterschiede beim Lernen oder: Können alle Mitarbeiter alles Lernen?

Prioritäten ordnen in der Informationsflut

Stellen Sie sich folgendes vor: Sie und Ihre Mitarbeiter bekommen täglich eine Papier- und Informationsflut auf Ihren Schreibtisch. Sie werden diese nach der Wichtigkeit und Priorität ordnen und ggf. darauf reagieren. Aus den Daten, die Ihnen präsentiert werden, ziehen Sie Schlußfolgerungen, wie Sie nachsteuern können, ob neue Strategien entwickelt werden müssen, welche Zusammenhänge zwischen Ihren Handlungen und den Veränderungen in der Umwelt bestehen.

Im folgenden geht es um die Frage, wie Mitarbeiter bei der effizienten Auswahl lernrelevanter Information unterstützt werden können, damit sie diese effizient ihrer Umwelt und der Datenflut entlehnen können, um komplexer Systeme zu steuern. Die Konzepte der Kontrollüberzeugung und Selbstwirksamkeit, Ambiguitätstoleranz, Feldabhängigkeit und der Fähigkeit, komplex zu denken, lassen erkennen, daß das objektive Vorhandensein von Informationen über Auswirkungen des eigenen Handelns nicht ausreicht, um Lernresümees abzuleiten.

Um aus den eigenen Erfahrungen zu lernen, muß jeder einzelne MitarbeiterInnen zunächst der Überzeugung sein, daß er selbst Einfluß auf seine Umwelt ausübt. MitarbeiterInnen unterscheiden sich in ihren Überzeugungen, welche Umstände für eine Ergebnis, z.B. einen erfolgreichen Projektabschluß, verantwortlich sein können. Die sog. *Kontrollüberzeugung* (Rotter 1966, Jonasson & Grabowski 1993, Krapp 1997) beschreibt die individuelle Überzeugung eines Menschen, daß internale Faktoren wie persönliche Fähigkeiten und Anstrengung im Sinne von persönlichem Einsatz oder externale Faktoren (wie Glück und Aufgabenschwierigkeiten) für den Erfolg bzw. Mißerfolg ausschlaggebend sind. Zusätzlich werden stabile, d.h nicht veränderbare, sowie variable, d.h. veränderbare, Ursachen unterschieden.

Überzeugt sein, Einfluß auf die Umwelt ausüben zu können

Fähigkeiten, Anstrengung, Glück und Aufgabenschwierigkeit

Die Kontrollüberzeugungen stehen im Zusammenhang mit *Selbstwirksamkeitsüberzeugungen.* Aussagen von MitarbeiterInnen, die Ursachen internal zuschreiben, könnten sein: „Da hätte ich im Vorfeld die Mitarbeiter stärker einbinden müssen!" „Vielleicht habe ich die Mitarbeiter zu stark kontrolliert, so daß diese ihre Selbständigkeit nicht zeigen konnten!" MitarbeiterInnen, die externale Faktoren für Erfolge/Mißerfolge verantwortlich machen, werden wahrscheinlich so reagieren: „Das konnte gar nicht klappen, da die Abteilung Rechnungswesen uns wie immer Steine in den Weg gelegt hat!" „Der Termin war nicht zu halten, weil das Projektbüro die Termine zu kurzfristig gesetzt hat." „Glück gehabt; das haben wir gerade mal ebenso noch mit dem Termin hingekriegt!"

Infobox: Kontrollüberzeugungen

„Rosenbaum instruierte seine Versuchspersonen sich vorzustellen, ein Projektteam und sein Mitarbeiter würden gemeinsam an einem nicht näher spezifizierten Projekt arbeiten. Einer Gruppe von Versuchspersonen wurde gesagt, das Projekt sei ein Erfolg gewesen, einer zweiten Gruppe, es sei ein Mißerfolg gewesen. Als Ursache des Erfolgs/Mißerfolgs wurde eine stabile/variable Fähigkeit/Anstrengung entweder des Projektleiters oder des Mitarbeiters angeführt (Tabelle 3). Nach dem Erhalt der Ergebnis- und Ursacheninformation sollten die Versuchs-personen die Erfolgschancen des nächsten vom Projektleiter und seinem Mitarbeiter unternommenen Projekts beurteilen. (...) Die zukünftigen Erfolgschancen wurden nach Erfolg höher eingeschätzt als nach Mißerfolg. (...) Bedeutsamer ist jedoch die Tatsache, daß die Erfolgserwartungen am höchsten waren, wenn Erfolg stabilen Ursachen zugeschrieben wurde, und am niedrigsten, wenn Mißerfolg stabilen Ursachen zugeschrieben wurde. Dies war unabhängig davon, ob Fähigkeit oder Anstrengung als spezifische Ursache oder der Mitarbeiter als der Hauptverantwortliche angegeben wurde." (Weiner 1994, S. 277 ff)

Stabilisierung oder Korrektur von Selbsteinschätzungen

Von der Ausprägung der *Selbstwirksamkeitsüberzeugung* (Bandura 1986, Carroll & Bandura 1987) hängt ab, wie ausdauernd und intensiv sich der einzelne mit einer Lernerfahrung oder einem Lerngegenstand (z.B. ein abgeschlossenes Projekt) auseinandersetzt (Krapp 1993). Aus den Resultaten wiederholter Anstrengungen, das Projekt auf eine innovative Art und Weise durchzuführen, z.B. mit einem Vertrauensarbeitszeitmodell, zieht der Projektleiter Schlußfolgerungen über seine Fähigkeiten und stabilisiert oder korrigiert seine Selbsteinschätzung.

Tabelle 3: Ursachen von Erfolg/Mißerfolg und zukünftige Erfolgschancen

	Mißerfolg	
Das Projekt war von geringer Qualität, weil	Intentional	Nicht-intentional
Stabil	Ihr Mitarbeiter/Projektleiter ist ein Mensch, der sich gewöhnlich nicht besonders bemüht, erstklassige Projekte durchzuführen	Ihr Mitarbeiter (Projektleiter) ist ein Mensch, der gewöhnlich nicht die Fähigkeit hat, erstklassige Projekte durchzuführen.
Instabil/Variabel (nach Rosenbaum 1972)	Ihr Mitarbeiter (Projektleiter) bemühte sich diesmal weniger als sonst, ein erstklassiges Projekt durchzuführen.	Die Fähigkeit ihres Mitarbeiters (Projektleiters), ein erstklassiges Projekt durchzuführen, war diesmal geringer als es gewöhnlich der Fall ist.

Personen, die überwiegend den Eindruck haben, externale Faktoren sind dafür verantwortlich, daß sie die ihnen gestellte Aufgabe erfolgreich beendeten, können nach Jonasson und Grabowski (1993) unterstützt werden,

- indem sie angeleitet werden, ihre Aufmerksamkeit auf Konsequenzen zu lenken, die aus ihrem Verhalten resultieren, wie z.B. beim PPM-Ansatz (⇒ Infobox Kapitel 1).
- indem ihnen Daten zur Verfügung gestellt werden, die die Konsequenzen ihrer Vorgehensweise verdeutlichen.
- indem die Arbeitsresultate in kurzen Zeitabständen, anhand hochstrukturierter Aufgabenstellungen, die nicht viel Interpretationspielraum zulassen, geprüft werden.

Widersprüche und Vieldeutigkeiten aushalten

Um aus eigenen Erfahrungen lernen zu können, brauchen die Mitarbeiter Ambiguitätstoleranz. Ambiguitätstoleranz (Ausburn & Ausburn 1978, Budner 1962, Kreitler et al. 1975) ist für solche komplexen Situationen erforderlich, die für den problemlösenden Mitarbeiter neu sind, in sich widersprüchliche Informationen enthalten und eine Vielzahl von Interpretationsmustern zulassen. Sie unterstützt den Probelmlöseprozess dadurch, daß Widersprüche und Vieldeutigkeiten trotz Spannnung nebeneinander ausgehalten und als solche akzeptiert werden können, ohne vorschnelle Schlußfolgerungen zu ziehen. Denn vorschnelle Schlußfolgerungen engen den Problemraum ein und versperren anschließend den Blick für ungewöhnliche und neuartige Kausalzusammenhänge (⇒ „Tunnel Vision" und „Imperfect Rationality").

Für die weniger ambiguitätstoleranten Mitarbeiter ist es nach Jonasson und Grabowski (1993) hilfreich:

- mit mehreren Personen komplexe Probleme zu bearbeiten, damit die Vieldeutigkeit durch indivduell unterschiedliche Interpretationen repräsentiert wird.
- die Vielzahl der Hypothesen und Auswertungsmuster zu visualisieren.
- durch gezielte Fragen an den Erfahrungshorizont der Mitarbeiter anzuknüpfen.

Auch Unterschiede in der Art und Weise der Informationsverarbeitung, der „cognitive controls" einzelner Mitarbeiter, können das Lernen aus eigener Erfahrung unterstützen oder hemmen (Messick 1984, Jonasson & Grabowski 1993).

So bestehen Unterschiede in der Dimension der Feldabhängigkeit/-unabhängigkeit, in der Art und Weise komplex oder vereinfacht zu denken und in der Aufmerksamkeit zu focussieren.

Feldabhängigkeit/-unabhängigkeit (Witkin et al. 1977) beschreibt das Ausmaß, indem Umgebungsreize die Wahrnehmungsleistung beeinflußen.

Die Feldunabhängigen organisieren und restrukturieren sich die Informationen so, daß sie ihren eigenen Bedürfnissen und mentalen Modellen entsprechen. Sie sind in der Lage, Ambiguität zu ertragen, Hypothesen zu testen und Regeln für ungewöhnliche Problemlösungen zu generieren.

Den Feldabhängigen fällt es dagegen schwerer, die relevanten und wichtigen Informationen aus einer Umgebung herauszufiltern, die komplex und undurchsichtig erscheint. Die relevanten Hinweisreize werden von der Fülle an Informationen überlagert. Der Wald wird eher gesehen als die Bäume.

Der Wald und die Bäume

Die Feldabhängigen werden unterstützt (Jonasson & Grabowski 1993):

- durch verbale oder graphische „Advance Organizer" (= überblickschaffende Strukturierungshilfen), die den Überblick („Wald") der komplexen Situation („Laubbäume, Nadelbäume, Unterholz, Farne, Bodendecker, Efeu") als Strukturierungshilfe vorgeben.
- durch mehrere prototypische Beispiele, die Regelmäßigkeiten bzw. regelmäßig auftretende Zusammenhänge und Kausalstrukturen verdeutlichen,
- durch gut vorstrukturiertes Datenmaterial, um sicherzustellen, daß die herausgehobenen Fakten auch die sind, die zur Problemlösung benötigt werden, da die Lernenden sonst verwirrt werden.

- durch Anregung zur Überprüfung, ob die bisher genutzte Information auch die zielführende ist.

Dies erfordert ein Umdenken bei denen, die die Informationen sammeln und an die Informationsnutzer weiterreichen. Das Selbstbedienungsprinzip der Information beschreibt Grief (1991) als wirkungsvolle Unternehmenskultur, die darauf ausgerichtet ist, die Informationen nutzerfreundich aufzubereiten, so daß die relevanten Informationen komfortabel entnommen werden können.

Exkurs: Das Selbstbedienungs-Prinzip der Informationen in einer Visual Factory (Grief 1991)

Das Kanban-Prinzip der Visualisierten Information

Visualisierte Kommunikation entspricht dem Kanban-Prinzip (Kanban: aus dem japanischen; bedeutet: Anzeigekarte, Signal; steuert den materialnachschub in der Fertigung), im Sinne einer Selbstbedienungskommunikation (Grief 1991). Maschinen mit blinkenden Warnlampen, Fotos, die Hinweise für Verbesserungen geben, Zeichnungen, die darauf hinweisen, wie Fehler vermieden werden können und Qualitätsverbesserungen, die schon erreicht wurden, dienen dem Zweck, jedem Mitarbeiter die Information bereitzustellen, die er für seine Problemlösung braucht. Die Informationssuchenden werden dabei als Kunden betrachtet, die frei sind, Informationen einzuholen oder diese zu ignorieren. Die visualisierte Information muß deshalb bedarfsgerecht und attraktiv aufbereitet werden. Der Informationskunde, nicht der Dienstleister ist derjenige, der die Informationsdarstellung kontrolliert.

Informationskunden

Bungard und Hofmann (1995) entwickelten für den Serienanlauf der C-Klasse (intern W202 genannt) innerhalb der **Mit**arbeiterorientierten Anlaufbegleitung (= MIT) des Modellwechsels in der Produktion des Daimler-Benz Werkes in Bremen ein Informationskonzept, das unterschiedlichen Lernvoraussetzungen und -gewohnheiten von Mitarbeitern Rechnung tragen kann.

Ausgehend von der Fragestellung „Wie bekommt man aktuelle Produktinformationen schnell an 5000 Mitarbeiter?“ entschieden sich Bungard und Hofmann (1995) für folgende Informationsbausteine:

- Informationsmaterial und Informationsrunden für Meister und Mitarbeiter
- Informationsveranstaltungen durch Entwickler
- Ausstellung und Videotürme in der Produktion
- Präsentation des Fahrzeuges in der Produktion
- Praxiserprobungsphasen durch gewerbliche Mitarbeiter
- Diskussionsveranstaltungen mit der Werkleitung

Abbildung 6: Chart der Herstellungskosten bei Renault, Sandouville (Grief 1991)

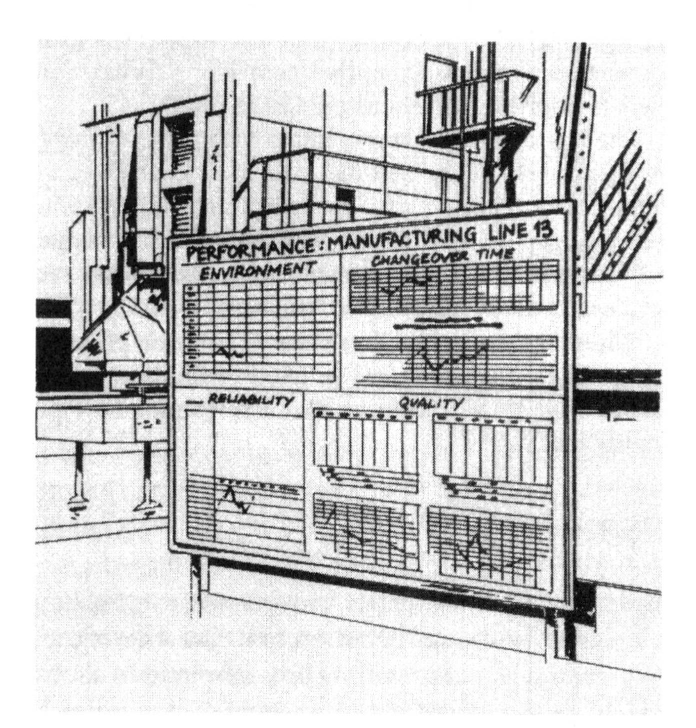

Abbildung 7: Indikatorentafel für das Presswerk bei Renault, Sandouville (Grief 1991)

Ausstellungen in der Produktion

Im Rahmen der Visualisierungshilfe sollen im folgenden Ausstellungskonzept und Videotürme in der Produktion ausschnittsweise erläutert werden, da diese ein Beispiel für den Einsatz lernfördernder Materialien darstellen.

„Im Mittelpunkt steht ein Turm mit Fernseh- und Videogerät, auf dem in regelmäßigem Wechsel Informationsfilme zum neuen Produkt laufen. Vor dem Monitor ist eine kleine Sitzecke aufgebaut, um die ‚Verweilmotivation' zu erhöhen. An den äußeren Stellwänden werden kleine Exponate ausgestellt (z.B. eine Tür des W202); Großteile, wie z.B. eine einteilige Seitenwand, sind dagegen vor dem Stand postiert. Die Teile wechseln ihre Standorte in den Werkshallen in regelmäßigen Abständen, wobei die jeweiligen Ausstellungszeiten und Standorte einer Informationstafel zu entnehmen sind. An den Stellwänden sind außerdem aktuelle Hinweise auf Produktveränderungen bzw. Produktneuigkeiten und auf Veranstaltungen im Rahmen von MIT angebracht. Die Ausstellungsfläche ist farblich abgesetzt, um den Eindruck einer in sich geschlossenen ‚Informationsinsel' zu erhöhen. Die Ausstellungsflächen wurden je nach Lage von den Mitarbeitern unterschiedlich rege frequentiert. Vor allem die Videofilme erfreuten sich großen Interesses, was dazu führte, daß aufgrund der großen Nachfrage ein ‚MIT-Videoverleih' eingerichtet wurde, um den Interessenten die Filme auch privat zur Verfügung zu stellen." (Bungard & Hofmann 1995, S. 72)

Aktiv focussieren oder passiv scannen

Personen unterscheiden sich darin, dass sie entweder Informationen passiv scannen oder vielmehr aktiv nach relevanten Informationen focussiert suchen. Während MitarbeiterInnen, die scannen, den Informationen und deren Veränderung eher passiv folgen, explorieren die aktiven Sucher die Umgebung nach bedeutsamen Reizen. Die intensive Suche nach Details, das aktive Scannen geht einher mit einer breiten Aufmerksamkeit nach Schärfe und umfassender Informationsgewinnung. Die Unterscheidung in kognitive Komplexität oder Einfachheit enthält Anhaltspunkte, wie Informationen rückgemeldet werden müssen, damit möglichst viele MitarbeiterInnen Lernerfahrungen und Lernresümees daraus ziehen können.

Komplexes und differenziertes Denken

Komplex denkende Personen sind in der Lage, die sie umgebende Umwelt und die darin enthaltenen Konzepte, z.B. Total Quality Management,

- differenziert zu beschreiben:
- TQM als Konzept zur Qualitätssicherung, enthält Verfahrensanweisungen, Arbeitsanweisungen, wird erst gelebt, wenn die Mitarbeiter die Verfahrensanweisungen mitentwickelt haben, basiert auf der Idee das KAIZEN, es gibt Auditoren und Prüfer,
- innerhalb einzelner Konzepte zu differenzieren, Beziehungen zwischen Subkonzepten flexibel zu integrieren (es gibt TQM für unter-

schiedliche Branchen und Bereiche, es ist eine sinnvolle Ergänzung zur teilautonomen Gruppenarbeit....)

Die weniger komplex Denkenden entwickeln eher bipolare Dimensionen des Denkens und Kategorien wie gut - schlecht, stark - schwach, schwer - leicht. Fakten werden ohne Bezug zueinander gesammelt, konsistente Informationen und Regelmäßigkeiten werden bevorzugt. Das führt zu einem „Entweder-Oder-Denken".

Die kognitiv weniger komplex denkenden Personen können unterstützt werden,

- indem ihnen die Strukturen von Konzepten in sog. „Concept Maps" (Konzeptlandkarten) visualisiert werden.
- indem sie Hilfsmittel erhalten, die die Aufmerksamkeit auf relevante Informationsblöcke richten.
- indem ihnen Regelmäßigkeiten und Beispiele aufgezeigt werden sowie prototypische Beispielsequenzen für Zusammenhänge.

Beispiele für eine Visualisierungsunterstützung der relevanten Informationen für den Produktionsbereich finden sich bei Grief („The visual Factory" 1991) sowie bei Keller (1996).

Infobox: Visualisierunghilfen in der Produktion

Keller (1996) beschreibt die Visualisierungssäule zur Selbststeuerung der Gruppen innerhalb teilautonomer Gruppenarbeit (Abbildung 7, 8 & 9).

Nach Keller (1996) ist diese Art Litfaßsäule am Anfang oder am Ende der Produktionslinie zweckmäßig. Auf vier Seiten der Säule sind Themen wie Qualitätsentwicklung, Produktivität, Liefertreue, Jahresziele dargestellt. Auf die Form der Visualisierung mittels verständlicher Sprache und Diagrammen wird besonders geachtet, damit diese den Betrachter ansprechen und er sich nicht in jede Darstellung erst „umständlich" interpretativ hineindenken muß.

Unterschiede zwischen Mitarbeitern aufgrund von Berufserfahrungen

Das Lernen aus Erfahrungen setzt Arbeitstätigkeiten und Anforderungen voraus, die ein Lernen in der Arbeit zulassen. Die Gestaltung der Lernpotentiale kann noch einmal differenziert werden, nach den Funktionsbereichen, in denen MitarbeiterInnen eingesetzt werden bzw. nach Entwicklungswünschen von MitarbeiterInnen und Vorgesetzten bzw. Unternehmensleitung. In Anlehnung an das Mitarbeiterportfolio von Heinrich (1990) wird im folgenden an der Unterscheidung in Spitzenkräfte, Nachwuchskräfte, Fachkräfte und Problemkräfte beispielhaft erläutert, welche Lernangebote in der Arbeit sinnvoll sein können. Das Mitarbeiterportfolio

Mitarbeiter-Portfolio

erlaubt eine Zuordnung auf den Dimensionen aktuelle Leistungsfähigkeit sowie zukünftige Leistungsfähigkeit.

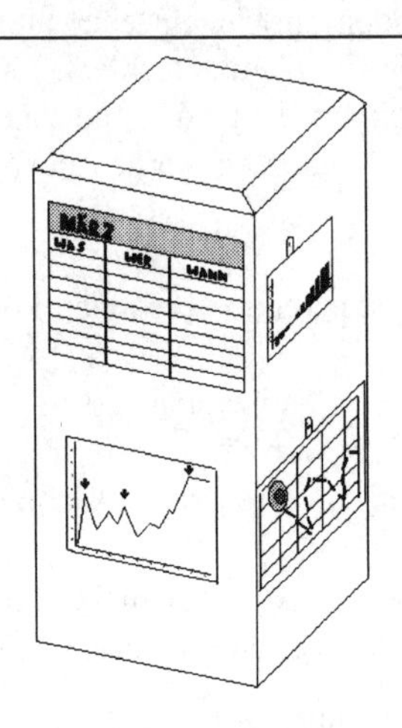

Abbildung 7: Visualisierungssäule

Die *Liefertreue* wird nach folgenden Parametern gemessen:
Wieviele Kundenaufträge werden gemäß Wunschtermin des Kunden ausgeliefert?
Wieviele davon innerhalb von 5 Tagen?
Wieviele davon innerhalb von 5-10 Tage?
Wieviele davon später als 10 Tage?

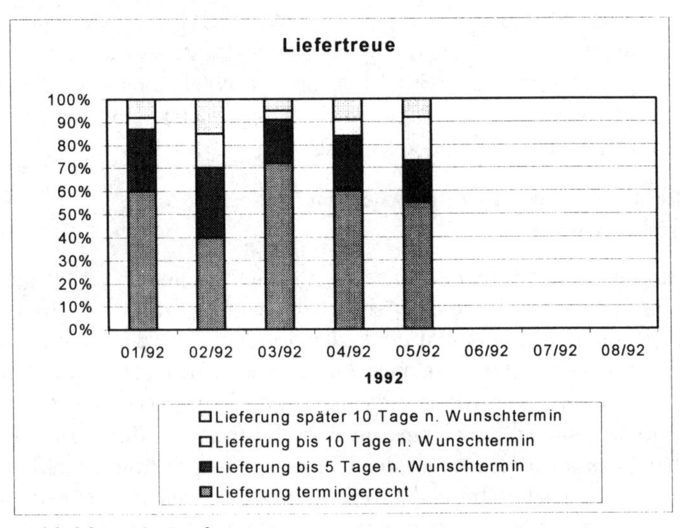

Abbildung 8: Liefertreue

Eine täglich fortgeschriebene *Qualitätsstatistik* an der Visualisierungssäule gibt Aufschluß über:
Prozentanteil...
... Fehler selbst verursacht,
... Fehler fremd verursacht,
... Hauptfehler,
... Fehleranteil der zuliefernden Abteilungen.

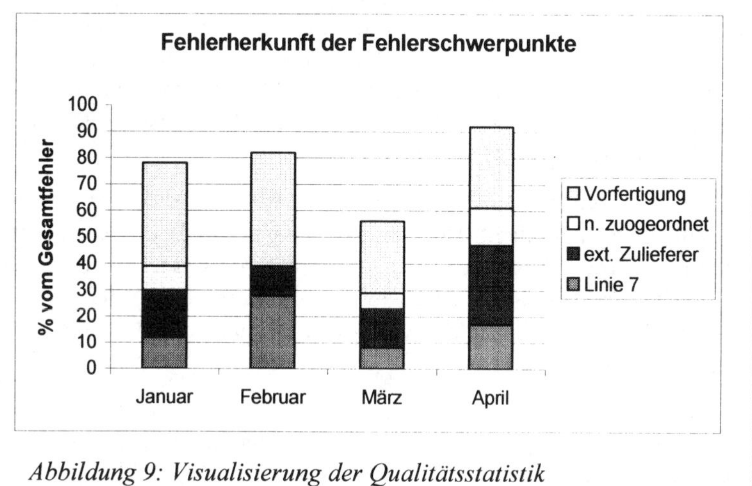

Abbildung 9: Visualisierung der Qualitätsstatistik

Inner- und überbetrieblicher Austausch

Spitzenkräfte sind solche Kräfte, die sowohl derzeit als auch zukünftig eine hohe Leistungsfähigkeit besitzen. Für diese könnte es sinnvoll sein, die Expertise über einen über- und innerbetrieblichen Austausch fortzuentwickeln. Lernpotentiale in der Arbeit können dadurch geschaffen werden, daß Jobrotation angeboten wird, um eine mögliche Unterforderung zu vermeiden.

Die internationale Personalentwicklung bei der Bayer AG, Leverkusen, arbeitet intensiv nach dem Prinzip der Qualifizierung durch Herausforderungen in neuen Positionen in unterschiedlicher Beteiligungsgesellschaft:

Infobox: Internationale Personalentwicklung bei der Bayer AG, Leverkusen

„Die Bayer AG Leverkusen verfolgt unterschiedliche Wege, um das im Unternehmen vorhandene Wissen zu verteilen. Wenn Fachwissen vor Ort nicht vorhanden ist, werden Fachleute für eine bestimmte Zeit dort eingesetzt oder Know-How-Inseln implementiert, in denen Mitarbeiter aus anderen Beteiligungsgesellschaften für eine gewisse Zeit ausgebildet werden, die dann das Wissen wieder zurücktragen. Dabei unterscheidet man zwischen Know-how im administrativen Bereich und Know-how im technischen Bereich. Im administrativen Bereich geht es meistens um bestehende Verfahrensweisen des Controlling und der Finanzwirtschaft, die in allen Beteiligungsgesellschaften als Steuerungsinstrumente eingesetzt werden sollen.

Im Finanzbereich holen wir die Leute aus den unterschiedlichen Gesellschaften, versorgen sie mit dem nötigen Know-how und schicken sie wieder zurück. Bei der Einführung von Stellenbewertungen gibt es sehr unterschiedliche Vorgehensweisen. Einmal gibt es Gesellschaften mit viel Erfahrung. Dann gibt es Gesellschaften, die haben keine Erfahrung aber Leute, die sich da einarbeiten können. Dann gibt es kleine Gesellschaften, denen schicken wir Leute dahin, damit diese vor Ort derartige Systeme aufbauen.

Wissen unabhängig vom Manager „konservieren" brauchen wir im eigentlichen Sinne nicht. Eine andere Fluktuation als in die Pension gibt es praktisch nicht. Diejenigen, die pensioniert werden, arbeiten ihre Nachfolger dann bis zu einem Jahr ein. Es kann vorkommen, daß in sehr wichtigen Bereichen, der Nachfolger bis zu einem Jahr „mitläuft" und so Wissen sammelt.

Daß Wissen nicht zur sofortigen Verfügung steht, kann nur dann vorkommen, wenn jemand als „Feuerwehr" intern versetzt wurde (⇨ Kapitel 1 „Vergessen").

Der Know-How-Transfer in laufenden Projekten läuft über gemeinsame Datenbanken, personelle Transfers und gemeinsame Meetings, deren Anzahl vom konkreten Projekt abhängt.

Prof. Harald Richter, Bayer AG, Leverkusen

„Cognitive Apprenticeship"

Für *Nachwuchskräfte*, deren aktuelle Leistungsfähigkeit derzeit noch im Wachstum befindlich ist, aber zukünftig als sehr hoch eingeschätzt wird, wie z.B. bei Trainees, wird sich das Lernen am Modell durch die Traineeausbildung oder durch Verfahren des „Cognitive Apprenticeship"-Ansatzes (Brown, Collins & Duguid 1989) fördern lassen. Der Cognitive-Apprenticeship-Ansatz orientiert sich am Modell der traditionellen Handwerkslehre. Es wird davon ausgegangen, daß kognitive Fähigkeiten wie Problemlösen in ähnlicher Weise wie handwerkliche Fertigkeiten erworben werden können (Weinert & Schrader 1997). Es werden drei grundlegende Strategien verwendet: Nachahmung, angeleitete Übung sowie selbständiges Handeln. Zunächst sollte der Mentor während der Traineeausbildung z.B. zeigen, wie eine Aufgabe auszuführen ist (Modelling), dann führt der Lernende die Aufgaben selbst durch, während der Vorgesetzte ihn unterstützt (Coaching), schließlich blendet der Instruktor seine Hilfestellung aus und überträgt dem Trainee zunehmend die Kontrolle

Modelling

Coaching

über das eigene Handeln (Fading out). Die Lernprozesse vollziehen sich durch die Interaktion mit einem „Experten", der auch einige Aufgaben selber übernehmen kann, bis der Trainee in der Lage ist, diese selbständig zu übernehmen (⇒ Scaffolding, Kapitel 3). Ob der Ansatz des Cognitive-Apprenticeship oder des Modellernens zum Tragen kommt - ausschlaggebend wird hier sein, daß Nachwuchskräfte nicht einfach „nebenher laufen", sondern in die Denkweise und Problemlöseprozesse explizit mit einbezogen werden, damit die von Neuberger (1994) beschriebenen Konflikte von Einarbeitungsprozeduren vermieden werden. Konflikte können z.B. durch Feedbackdefizite entstehen oder durch die Praxis des „Ins-Wasser-werfens", indem die Nachwuchskraft als Vollmitglied des Unternehmens arbeitet und sich „irgendwie über Wasser" halten soll.

Fading Out

Für *Fachkräfte*, die sich durch eine hohe fachliche Qualifikation auszeichnen und eher für eine Fachlaufbahn als für eine Führungslaufbahn vorgesehen sind, bieten sich Organisationsentwicklungsmaßnahmen der Abteilungen durch kooperative Selbstqualifikation (Heidack 1993), Lernen anhand von „Critical Incidents" im Sinne von Ereignisanalysen (Baggen et al. 1997, ⇒ Kapitel 3) sowie Fachseminare zur Erhaltung der fachlichen Kompetenz, die den Erwerb von Kausalwissen des Fachbereiches unterstützen, an.

Critical Incidents als Lernquelle

Bei *Problemkräften*, die den Eindruck entstehen lassen, innerlich gekündigt zu haben, wird es zunächst nötig sein, Zielvereinbarungen, die aus einer Motivationskrise herausführen können, zu treffen, sowie ein intensives Coaching durch den Vorgesetzten zu beginnen. Feedback in kurzen Zeitabständen über die Erreichung der Ziele und die Technik des Scaffolding (⇒ Kapitel 3), bei dem der Vorgesetzte ein Denkgerüst für Problemlösungen anbietet, können „Anschubfinanzierungen" für die Entwicklung und Neuorientierung sein. Auch das Lernen in einer Gruppe, in der soziale Vergleichsprozesse dazu führen, eigene Defizite zu erkennen und diese zu kompensieren sowie Prozesse des Gruppensogs, können Problemkräfte unterstützen, sich mit ihrem Wissen weiterzuentwickeln.

Anschubfinanzierung für Entwicklung leisten

2.4 Lernfördernde Organisationsbedingungen für ein Lernen aus Erfahrungen

Lernende und sich selbst reflektierende Mitarbeiter sind auf die Unterstützung durch das soziale Umfeld angewiesen. Wie diese Unterstützung aussehen kann, soll im weiteren erläutert werden, d.h. es geht um lernfördernde Organisationsstrukturen und -kulturen, die komplementär die konstruktive Auseinandersetzung mit Lernerfahrungen am Arbeitsplatz fördern.

Kultur, Strategien, Struktur und Umwelten

Die vier Faktoren *Kultur, Strategie, Struktur und Umwelten* stellen nach Fiol und Lyles (1985) die Elemente dar, die die Wahrscheinlichkeit eines Lerneffektes erhöhen. Sie beeinflussen das Lernen und werden selbst wieder von Lernprozessen beeinflußt.

In der *Kultur* eines Unternehmens manifestieren sich die grundlegenden Ideologien und etablierten Verhaltensmuster in gemeinsamen Grundannahmen und Normen, die das Verhalten in Organisationen prägen. Eine Lernkultur kann nach Sonntag (1996) nur aus internen und externen Interaktionsbeziehungen als Folge eines reflexiven Entwicklungsprozesses entstehen. Zur Lernkultur des Unternehmens gehören nach Sonntag (1996) folgende Faktoren:

- entwicklungsorientierte Leitbilder,
- eine Lernoberfläche, die Kontakte zur Außenwelt maximiert,
- eine am Lernen ausgerichtete Personalmarketing- und Personalplanungsstrategie,
- Partizipation der Organisationsmitglieder,
- Lern- und Entwicklungspotentiale in der Arbeit sowie
- eine forschende Haltung gegenüber dem Lernen im eigener Unternehmen.

Arbeits-immanentes Lernen

Das Lernen aus eigenen Erfahrungen macht sich die Entwicklungspotentiale in der Arbeit zu nutze, die dem arbeitsimmanenten Lernen (Ulich 1992, Frei, Duell & Baitsch 1984) ähnlich sind. Ein wesentlicher Teil der Personalentwicklung findet, dem Ansatz der arbeitsimmanenten Lernens nach, in der Auseinandersetzung mit der Arbeitstätigkeit statt. Qualifizierung durch Arbeitsgestaltung ist eine zentrale Aufgabe der Personalentwicklung und bedingt Veränderungen der Arbeitsgestaltungen, durch die individuelle Kompetenzentwicklungen ermöglicht werden. Frei, Duell und Baitsch (1984) kommen zu dem Ergebnis, daß sich individuelle Kompetenzentwicklung und die Veränderungen organisationaler Systeme gegenseitig bedingen, indem sie zyklisch im Sinne einer Doppelhelix ineinander verwunden sind.

Zu den objektiven Voraussetzungen der arbeitsimmanenten Qualifizierung gehört die tatsächliche Veränderbarkeit von Arbeitsaufgaben und Arbeitsstrukturen. Voraussetzung bildet die Wahrnehmung der subjektiv und objektiv gegebenen Handlungsmöglichkeiten (Greif 1987).

Ganzheitliche Aufgaben

Ganzheitliche Aufgaben beinhalten wichtige Voraussetzungen eines arbeitsplatzbezogenen Lernens. Sie zeichnen sich durch folgende Merkmale aus (Hacker 1986, Ulich 1992):

(1) das selbständige Setzen von Zielen, die in übergeordnete Ziele eingebettet werden können,
(2) selbständige Handlungsvorbereitungen im Sinne der Wahrnehmung von Planungsaufgaben,

(3) die Auswahl der Mittel, einschließlich der Interaktionen mit Kollegen, Werkzeugen, Methoden zur adäquaten Zielerreichung,
(4) Ausführungsfunktionen mit Ablauffeedback zur Handkorrektur,
(5) Kontrolle mit Resultatfeedback und die Möglichkeit, Ergebnisse der eigenen Handlungen auf Übereinstimmung mit den gesetzten Zielen zu prüfen.

Diese Voraussetzung werden in Unternehmen aus produktbezogenen oder aber hierarchie- und funktionsbezogenen Gründen in unterschiedlichem Ausmaß realisiert. Hinterfragen läßt sich die Forderung nach kontinuierichem Lernen vor allem danach, inwieweit der einzelne aufgrund seiner Rollenerwartungen und Funktionsbeschreibungen befugt ist, Prinzipien zu diskutieren.

Sonntag (1996) entwickelte eine Checkliste zur Prüfung eines Vorhandenseins bzw. Ausgeprägtseins einer Lernkultur im Unternehmen.

Lernkultur

Infobox: Checkliste zur Lernkultur

Die Beantwortung setzt eine selbstkritische und ernsthafte Urteilsbildung der Verantwortlichen voraus und kann helfen, Defizite betrieblichen Lernens zu identifizieren und eine optimale Lernkultur zu gestalten. Je mehr Nein-Antworten, um so dringender und größer ist der Gestaltungsbedarf, wenn Lernen wirklich einen zentralen Stellenwert im Unternehmen einnehmen soll.

1. Entwicklungs- und lernorientierte Leitbilder

Werden konkrete Zukunftsbilder (Visionen) über Ziele und Wege des Lernens im Betrieb entwickelt?
Nimmt Lernen einen zentralen Stellenwert in der Unternehmensphilosophie ein?
Wird die Bedeutung und Kultivierung des Lernens in der Unternehmensphilosophie explizit formuliert (festgeschrieben)?
Sind die Formulierungen verbindlich und wahrhaft?
Sind Ressourcen, Konzepte, Instrumente vorhanden, die lernorientierte Leitbilder umsetzen?
Werden die formulierten Leitziele kritisch reflektiert?

2. Lernoberfläche des Unternehmens

Werden die lernförderlichen Kontakte des Unternehmens zur Außenwelt maximiert?
Bestehen Netzwerke zum Zwecke des Lernens und Informationsaustausches mit anderen Unternehmen, Universitäten, Beratungsinstituten usw.?
Sind Fachpublikationen als Lernquellen zugänglich?
Sind Publikationen und Vorträge von Mitarbeitern erwünscht?
Ist eine aktive Teilnahme an Kongressen erwünscht?
Wird eine Kommunikationskultur mit externen Zielgruppen gepflegt?

Bestehen strategische Allianzen und Kooperationen zur Wissensoptimierung und zum Informationsaustausch?

3. Lernen als integraler Bestandteil der Unternehmensplanung

Ist die Personalplanung in die unternehmensspezifische Gesamtplanung integriert?

Werden neben ökonomischen und technischen Aspekten gleichberechtigt personalorientierte und arbeitsorganisatorische Gestaltungsziele in der Unternehmensplanung berücksichtigt?

Wird eine qualitative Personalplanung betrieben?

Werden Leistungsvoraussetzungen, Erfahrungswissen und Entwicklungspotentiale der Mitarbeiter für aktuelle und zukünftige Aufgaben erfaßt?

4. Partizipation aller Organisationsmitglieder am Lernprozeß

Werden Seminare zur Persönlichkeitsentwicklung und Verhaltensmodifikation für Mitarbeiter der operativen Ebene angeboten?

Werden die Mitarbeiter bei der Feststellung des Lernbedarfs mit einbezogen?

Sind die Angebote personaler Fördermaßnahmen allen Organisationsmitgliedern zugänglich?

5. Lern- und Entwicklungspotentiale in der Arbeit

Sind lern- und persönlichkeitsförderliche Arbeitsinhalte auf allen Hierarchieebenen gegeben?

Können die vorhandenen Fähigkeiten der Mitarbeiter bei der täglichen Aufgabenbewältigung genutzt und weiterentwickelt werden?

Ermöglichen die Aufgaben Verantwortungsübernahme und selbständige Handlungsweisen?

Enthalten die Aufgaben Freiheitsgrade für eigene Entscheidungen?

6. Lernen im Unternehmen als Forschungsgegenstand und interdisziplinärer Dialog

Werden der Personalentwicklung angemessene personelle und finanzielle Ressourcen zur Verfügung gestellt?

Wird externes Know-how und wissenschaftliche Beratung in Anspruch genommen?

Werden für Forschungsarbeiten zur Erprobung neuer betrieblicher Lernkonzepte Untersuchungsfelder bereitgestellt?

Wird psychologische Kompetenz zur Entwicklung, Durchführung und Überprüfung personaler Fördermaßnahmen eingesetzt?

Werden „Qualitätssicherung“ und Controlling realisierter PE-Maßnahmen durchgeführt?

Wird ein offener und vorurteilsloser Dialog zwischen Unternehmen und Wissenschaft über Möglichkeiten und neue Wege des Lernens im Unternehmen geführt?

Die *Strategie*, die ein Unternehmen verfolgt, determiniert Ziele und Ausmaß der Lernaktivitäten und beeinflußt somit Wahrnehmung und Interpretation ihrer Umwelt. Bullinger et al. (1997) schlagen dazu vor, sog. Wissenslandkarten über das vorhandene Wissen zu erstellen, die mit den operativen und strategischen Ziele abzugleichen sind. Diese Ziele sollen quantifizierbar sein. Das Formulieren von operativen Wissenszielen kann auf der Basis der strategischen Zielvorgaben auf Abteilungs-, Team- oder Mitarbeiterebene dezentral erfolgen.

Strategie beeinflußt Wahrnehmung und Interpretation

Während zentralisierte, mechanistische *Strukturen* Lernen behindern, wirken sich dezentrale Strukturen förderlich aus, indem neue Verhaltensweisen ausprobiert und bisheriges Verhalten reflektiert werden kann (Fiol & Lyles 1985). In Ergänzung zu Sonntag (1996) benennen Pedler et al. (1994) innerhalb des Profils eines lernenden Unternehmens den freien Informationsfluß, ein formatives Rechnungs- und Kontrollwesen sowie flexible Vergütungssysteme als strukturelle Voraussetzungen, die Lernen unterstützen. Zum freien Informationsfluß gehört, daß Informationen zur Verständigung und nicht zum Belohnen oder Bestrafen genutzt werden.

Dezentrale Strukturen

Informationstechnologien werden genutzt, um Datenbanken und Kommunikationssysteme aufzubauen, die unternehmensinterne Vorgänge jedermann verständlich machen (Nevis et al. 1995). Durch Knopfdruck erfahren die Mitarbeiter, wie gut ihr Geschäftsbereich arbeitet.

Informationstechnologien

Ein Merkmal des formativen Rechnungs- und Kontrollwesen ist es, daß Rechnungsprüfer und Finanzleute Berater und „Erbsenzähler" zu gleich sind. Das Finanzsystem ermutigt Abteilungen und Einzelpersonen zu risikofreudigem Kapitaleinsatz. Kontrollsysteme werden geschaffen, um den Kunden zu begeistern.

Formatives Rechnungswesen

Innerhalb der flexiblen Vergütung wird Abschied genommen von einengenden Modellen. Flexible Arbeitsmuster sollen es den Mitarbeitern erlauben, auf unterschiedliche Weise am Ergebnis mitzuwirken und temporär unterschiedliche Belohnungen und Vergütungen zu beziehen.

Flexible Vergütung

Eine lernfördernde Umwelt bietet sowohl Veränderung als auch *Stabilität* (Hedberg 1981). Während zuviel Stabilität dazu führt, daß Lernprozessen der Auslöser fehlt, führe ein zuviel an Veränderung und Turbulenz dazu, daß die Lernenden damit überfordert werden, Strukturen zu erfassen und Zusammenhänge zwischen eigenem Handeln und dessen Wirkung wahrzunehmen.

Balance zwischen Stabilität und Veränderung

Neben den vorhandenen Lernpotentialen in der eigenen Tätigkeit wirkt sich desweiteren das Vorgesetztenverhalten lernunterstützend aus.

Das Management muß in lernenden Organisationen im wesentlichen zwei Funktionen erfüllen: (1.) Lernerfahrungen systematisch unterstützen und auswerten sowie (2.) gewonnenes Wissen Dritten zur Verfügung stellen.

Auf die Frage, wie das Lernen aus Erfahrungen gefördert werden kann, bietet Feldmann (1986) die folgenden Antworten:

Ergebnisse systematisch auswerten

1. Die Organisation gestaltet die Lernpotentiale in der Arbeit mit analytischen Charakter, so daß relevante Hinweisreize und Handlungsresultate offensichtlich werden und einfach zu enkodieren sind. Konkret bedeutet diese Forderung, die eigenen Annahmen und Voraussagen zu explizieren und Meß- und Interpretationsmethoden auszuwählen, um die Ergebnisse systematisch und planvoll zu evaluieren.

Advokaten des Teufels

2. Anstelle Senges (1996) Forderung, die mentalen Modelle von Entscheidungsträgern anzugleichen, fordert Feldmann (1986) sich soziale Lerngemeinschaften zu suchen, die zumindest einen „Advokaten des Teufels" integrieren. Dieses Mitglied hat die Aufgabe, Gründe zu suchen und zu präsentieren, die gegen die gewählte Entscheidung sprechen. Zu jeder Hypothese formuliert der „Advokat des Teufels" eine Alternative. Diese Alternativen fließen in den Evaluationsprozess und die Datenanalyse mit ein, damit Wahrnehmungsverzerrungen in Entscheidungssituationen reduziert werden.

Prüfbare Hypothesen formulieren lernen

3. Die Mitarbeiter erfahren dahingehend „Entwicklungshilfe", daß sie Hypothesen in einer prüfbaren Form zu formulieren lernen, die Beweise für und gegen die Hypothesen auszuwerten und Generalisierungen vorzunehmen, die auch gegen die eigenen Annahmen getestet werden. Ziel ist es, einer unangemessenen Entscheidungssicherheit vorzubeugen.

„Everybody wants to learn, but nobody wants to be wrong"

4. Das größte Problem des Lernens aus der Erfahrung ist nach Feldmann (1986) die Schlußfolgerung: „Everyone wants to learn, but nobody wants to be wrong." (S. 283). Diese Erkenntnis kann durch die noch überwiegend anzutreffende Diskrepanz zwischen der kommunizierten „Fehlerkultur" im Unternehmen („espoused-theorie", Argyris 1990) und der tatsächlichen gelebten sozialen Belohnungspraxis („theory-in-use"), in der die schnellen Problemlöser („Trouble shooter") Anerkennung erfahren, erklärt werden. Eine in sich kongruente Unternehmenskultur sollte - mit Hilfe eines unterstützenden Belohnungssystems - darauf ausgerichtet werden, die Intensität der Problemdurchdringung, die Ausgiebigkeit des Diagnosevorgangs sowie die planvolle Evaluation der vorgeschlagenen Lösungen zu verstärken.

Anregungen, wie die Fehlerkultur im Unternehmen implementiert werden kann, um Lernen zu beschleunigen und einem „Everyone wants to learn, but nobody wants to be wrong"-Phänomen zu entgehen, gibt Schein (1993). Sein Modell betont eindringlich die psychologische Sicherheit, die das Unternehmen durch Normen und Verhaltensweisen gewähren soll, um

Ängste vor Weiterentwicklungen zu nehmen. Die subjektiv erlebte Angst ist in Scheins Aussagen der zentrale Faktor, der Lernen beschleunigt oder bremst. Dem Autor zufolge existieren in Unternehmen zwei Formen von Ängsten:

Ängste, Neues zu lernen, Ängste stehen zu bleiben

Angst #1 beinhaltet die Angst der Mitarbeiter, etwas neues zu lernen; *Angst #2* umfaßt die Angst zu versagen, wenn man nicht lernt. Angst läßt sich als negativer, unangenehmer Gefühlszustand beschreiben, der bei der Wahrnehmung einer bedrohlichen Situation auftritt. Eine Situation wirkt dann bedrohlich, wenn einerseits die Notwendigkeit der Handlungsausführung besteht, andererseits aber die Bewältigung der Situation aufgrund objektiver Informationsdefizite (z.B. Ungewißheit) oder/und subjektiver Inkompetenzen problematisch erscheint. Hier liegt eine Handlungsunsicherheit bei Handlungsnotwendigkeit vor.

Welche lernpsychologisch relevanten Erkenntnisse existieren über den Zusammenhang von Angst und Lernprozessen?

Innerhalb der negativen Emotionen unterscheidet man Emotionen, die zum Handeln motivieren, und solche, die deaktivieren (Pekrun & Schiefele 1996).

Aktivierende und deaktivierende Emotionen

Aktivierende negative Emotionen sind z.B. Angst und Ärger. Zu Emotionen, die zum Nicht-Handeln bzw. Handlungswechsel motivieren und mit Deaktivierung einhergehen, rechnet man Gefühle von Langeweile und Hoffnungslosigkeit (Tabelle 4). Die generelle Funktion der letzgenannten Emotionen besteht darin, die Person zu motivieren, nicht zu handeln bzw. nach einer lohnenderen Tätigkeit Ausschau zu halten. Selbst in Situationen, die keine Wahl zulassen, führt dies zu einem Abzug kognitiver Ressourcen von der Problemlösung. Bemerkbar machen sich diese Prozesse bei Hoffnungslosigkeit in zukunftsbezogenen Sorgen und bei Langeweile in abschweifenden Gedanken und Tagträumen.

Tabelle 4: Klassifikation lernrelevanter Emotionen (Pekrun & Schiefele 1996)

	Positiv	Negativ
Aufgabenbezogen und Prozeßbezogen	Lernfreude	Langeweile
Prospektiv (vorausblickend)	Hoffnung, Vorfreude	Angst, Hoffnungslosigkeit
Retrospektiv (rückblickend)	Ergebnisfreude, Erleichterung, Stolz	Traurigkeit, Enttäuschung, Scham/Schuld

Emotion und Lernmotivation

Angst als Emotion kann als prämotivationaler (= als der Motivation vorausgehender) Prozeß angesehen werden (Pekrun & Schiefele 1996), der das Lernverhalten, sowie die Prozesse des Wollens (volitionale Prozesse) beeinflusst. Emotionen beeinflussen den Lernprozess dadurch, dass sie Lernmotivation erzeugen, modulieren oder reduzieren. Zum anderen wirken sie auch auf aktuelle kognitive Ressourcen (wer sich mit seiner Angst beschäftigt, denkt weniger intensiv über das Problem nach) aus. Emotion, Motivation und Lernen beeinflussen sich wechselseitig: Eine positive Rückkopplung liegt z.B. vor, wenn eine günstige Motivation - z.B. erlebt ein Mitarbeiter seine neue Aufgabe als Projektleiter als Herausforderung - zu hohem persönlichem Einsatz, Engagement und Anstrengung führt. Dieser persönliche Einsatz wiederum führt zu einem guten Ergebnis und zieht damit auch für weitere Veränderungsprojekte eine hohe Motivation nach sich. Eine negative Rückkopplung wäre aus ungünstigen Leistungen der Vergangenheit resultierende Mißerfolgserwartungen und Misserfolgsangst, die zu erhöhter Aufgabenmotivation führen kann (um erneuten Mißerfolg zu vermeiden), und das eigene Engagement erhöht.

Experimentelle Studien belegen, daß Angst die Leistungen bei komplexen bzw. schwierigen Aufgabenstellungen reduziert, weniger hingegen bei einfachen Aufgaben. Desweiteren kann Angst vor „Versagen" zur Mißerfolgsvermeidung motivieren. Hier unterschiedet man noch einmal nach freier oder „erzwungener" Situationswahl: Angst vor Versagen kann bei freier Wahl zu einem Rückzug führen (ein Teilnehmer kommt nicht mehr zu einem Seminar, weil er fürchtet, sich zu blamieren). Bei „erzwungenen" Wahlen (ein Projektleiter muß dem Vorstand heute erste Lösungen präsentieren) kann Angst vor Versagen über den Weg der Mißerfolgsvermeidung zu erhöhter Anstrengung führen.

Aktivierende und deaktivierende Ängste

Schein (1993) leitet daraus folgende These ab: Lernen in Organisationen kann beschleunigt werden, wenn Angst #1 (welche deaktivierende Funktion besitzt und eine Art Hoffnungslosigkeit ausdrückt) reduziert und Angst #2 (die eine aktivierende Funktion besitzt) erhöht wird.

Angst #1 entsteht, wenn ein Problem zu schwer erscheint, um es zu lösen. Die Person wird frustriert und bekommt Angst. Um diese Angst zu vermeiden, tendieren Menschen dazu, das Problem zu verneinen, es zu vereinfachen oder auf andere Personen zu projizieren. Diese Verdrängungsmechanismen verlagern das Problem und lösen es nicht. Nur eine Reduzierung der Angst #1 hilft nach Schein (1993), das Problem zu lösen. Um das zu erreichen, muß eine Angst #2 geschaffen werden, die größer ist als die erste, damit sich der Wunsch - Neues zu lernen - entwickelt.

Lernvoraussetzungen, die geschaffen werden müssen, um Angst #1 zu reduzieren, sind Schein (1993) zufolge:

- Psychologische Sicherheit (Visionen schaffen, damit es sich lohnt, für eine bessere Zukunft zu lernen)
- Gelegenheiten für Training und Praxis schaffen (experimentieren in geschützten Räumen)
- Beratung und Coaching (von Einzelpersonen)
- „Mit-teilen" von Ängsten und sozialen Vergleichsprozessen (mit Kollegen und deren Unsicherheiten)
- Lerntechniken und Feedback
- Verstärkung auch kleiner Lernschritte
- Fehlerkultur („aus Fehlern lernt man" - Fehler als Lernquelle betrachten)

„Wahre dein Gesicht und schütze dich selbst!"

Die größte Schwierigkeit, neue Verhaltensweisen und Fertigkeiten zu erlernen, bereitet es, „alte Gewohnheiten" und kulturelle Regeln (wie z.B. „Wahre dein Gesicht und schütze dich selbst!") zu überwinden. Gewohnheiten führen zu einem Gefühl der Beständigkeit und Vorhersagbarkeit. Anstrengungen, neue Dinge zu versuchen, sind vielleicht in der Vergangenheit fehlgeschlagen und haben zu schmerzreichen Erfahrungen geführt. So streben MitarbeiterInnen, die z.B über einen langen Zeitraum für ihr Verhalten „bestraft" wurden, danach, sich selbst in einem sehr engen, aber sicheren „Raum" zu bewegen und vermeiden es durch übervorsichtiges Verhalten tunlichst ‚Fehler zu begehen und erzeugen unbewußt Verhaltensmuster, die Bestrafung zuverlässig vermeiden. Damit entsteht eine Lernangst, die nur behoben werden kann, wenn zusätzlich eine zweite Angst erzeugt wird: die Angst davor, zu versagen, wenn man nichts neues lernt.

Veränderungsabwehr

Veränderungsabwehr aufgrund der durch Schein definierten Angst #1 und Widerstand gegenüber Entwicklungen und Lernerfahrungen zeigen sich nach Greif und Kurtz (im Druck) in den Ausprägung von „Desperados", „Betonköpfen" und „Schwarzer-Peter-Spiele".

Betonköpfe

Diese Bezeichnungen versuchen zu erklären, warum Manager zwar einerseits in der Lage sind, in Turbulenzen durch steigendes Innovationstempo außerordentlich beherrscht aufzutreten, andererseits aber – ausgerechnet auf neue Situationen – oft mit persönlichen, charakteristischen, den MitarbeiterInnen wohlbekannten Standardlösungen reagieren und keineswegs in der Lage sind, selbständig wirklich neue Lösungen zu produzieren. Diese Führungskräfte, die auf Veränderungen, Entwicklungen und Lernchancen nicht reagieren und sich wie einbetoniert verhalten, werden als „Betonköpfe" bezeichnet.

Desperados

Als „Desperados" charakterisieren Greif und Kurtz (im Druck) Manager, die es gelernt haben, als kompetente Problemlöser aufzutreten und

Scheinlösungen zu produzieren. Sie zeichnen sich dadurch aus, daß sie in der Lage sind, selbstsicher aufzutreten, schnelle Entscheidungen zu treffen und Lösungen aufzugreifen, die ihnen jemand empfohlen hat (Kollegen, UnternehmensberaterInnen, etc.) und die sie erfolgreich kommunizieren können. Um Erfolg zu haben, genügt es, hervorragend informiert zu sein, um auf kritische Fragen zu vorgeschlagenen Problemlösungen selbstsicher und überlegen antworten zu können.

Schwarzer-Peter-Spiele

Als dritter Entwicklungsblockierer entpuppen sich sog. „Schwarzer-Peter-Spiele“: Ein Projekt wird neu gestartet und gilt als „Lernobjekt“, an dem stellvertretend für die Gesamtorganisation Erfahrungen (z.B. mit neuen technischen Verfahren, Materialien oder Maschinen) gesammelt werden sollen. Zur Halbzeit des Projekts verbreitet jemand das Gerücht, das Budget sei schon komplett ausgeschöpft und überzogen. Nun beginnt im Unternehmen die Suche nach „Schuldigen“. Die heimlichen Spielregeln ähneln dabei dem Schwarzer-Peter-Spiel. Wer bei der Suche nach dem Schuldigen den „Schwarzen Peter“ aufnimmt, versucht ihn solange schnell und möglichst unbemerkt weiterzugeben bis am Ende einer übrig bleibt, der ihn nicht mehr weitergeben kann und verliert. In diesem Sinne vergibt das Unternehmen Lernchancen, vermeidet riskante Problemlöseaufgaben von vornherein oder delegiert sie an neue, unerfahrene GeschäftsführerInnen, MitarbeiterInnen und externe Unternehmensberatungen.

Diese karikierten Verhaltensweisen verdeutlichen, wieviele typische Verhaltensweisen existieren und entwickelt wurden, um in komplexen Problemlöseprozessen möglichst furchtlos und erfolgreich im Unternehmen zu agieren, jedoch aber auch mit wenig Chancen auf Weiterentwicklung.

Im Sinne des Erfahrungsmanagements wäre hier eine Unterstützung von Selbstregulierung in Verbindung mit Offenheit gegenüber den eigenen Gefühlen (Greif & Kurtz im Druck) förderlich. Kuhl (1992) verwendet die Bezeichnung „Selbst*regulation*“ für Prozesse, bei denen Gefühle nicht unterdrückt werden. Die Person handelt überlegt aber offen für die Wahrnehmung der eigenen Gefühle.

Selbstregulierung in Verbindung mit Offenheit gegenüber den eigenen Gefühlen

Der Handlungsverlauf wird nicht diszipliniert gesteuert, sondern lediglich durch verschiedene handlungsregulierende Subsysteme beeinflußt und vom bewußten Willen des Menschen koordiniert. Weitaus häufiger als die Selbstregulation ist die Selbst*kontrolle* (als Selbstdisziplinierung der Gefühle) anzutreffen. Es handelt sich um eine Unterdrückung oder Blockade von psychischen Prozessen, die den Handlungsablauf „stören“ könnten. Selbstdisziplinierung ermöglicht zwar schnelles Handeln, ständiges Unterdrücken von Gefühlen kann jedoch zu starken inneren Konflikten führen.

Welche Prozesse sind desweiteren förderlich, um die Angst vor Veränderungen zu reduzieren und konstruktiv zu nutzen?

Überzeugen

1. Manager, die Veränderungen anstreben, müssen die Punkte, die sie verändern wollen, für alle Mitglieder der Organisation deutlich visualisieren und *überzeugend* darstellen. Es reicht nicht aus, den Mitgliedern mitzuteilen, die Organisation stecke in Schwierigkeiten, weil die Kosten zu hoch sind, die Kunden reklamieren etc.. Denn die MitarbeiterInnen verstehen oder glauben oft einfach nicht, wenn es heißt: „Wir stecken in Schwierigkeiten!“ (Schein 1993).

Persönliche Betroffenheit

2. MitarbeiterInnen nehmen die Informationen, die von seiten des Managements kommen, häufig erst dann ernst, wenn sie sich persönlich betroffen oder bedroht fühlen. Selbst wenn MitarbeiterInnen betonen, wie wichtig es ist, alte Gewohnheiten aufzuheben, motiviert sie dies nicht unbedingt für Veränderungen. Um diese Motivation zu erreichen, müssen sie die Notwendigkeit des Hinzulernens erkennen. Sonst arbeiten sie entweder entgegen ihren eigenen Idealen (und sich erleben kognitive Dissonanz) oder sie bringen sich und ihren Job in Gefahr.

3. Am Veränderungsprozeß im Unternehmen, der in drei Stadien abläuft, sind beide Arten von Angst beteiligt:

Zunächst muß Angst #1 reduziert werden, um schlechte Erfahrungen zu vermeiden. Sie kann zuvor z.B. dadurch entstanden sein, daß man MitarbeiterInnen belehrte, beim Instandsetzen von Produktionsanlagen nicht die Voreinstellungen zu verändern oder Produktionsdaten zu löschen. Dem Mitarbeiter wird eindringlich beschrieben, wieviel Geld, Zeit und Nerven es kostet, wenn er hektisch die falsche Tastenkombination betätigt. Angst #2 wird durch das Entkräften von Angst #1 erreicht, indem man den MitarbeiterInnen die Konsequenzen eines Nicht-Instandsetzens der Anlage aufzeigt. Ein Totalausfall in den nächsten Stunden wäre vorprogrammiert.

Angstmanagement

Infobox: Regeln zum Angstmanagement in Innovationsprozessen (Greif & Kurtz im Druck)

„(1) Achten Sie in Innovationsprozessen auf Ihre eigenen Unsicherheits-, Angst- und Ärgergefühle und beobachten Sie die Reaktionen Ihrer Umgebung!

(2) Treffen Sie schnelle, aber keine vorschnellen Entscheidungen, nur weil andere oder Sie selbst sich unter Druck setzen!
Mißtrauen Sie BeraterInnen, die in komplexen Innovationsprozessen zu selbstsicher auftreten und Ihnen Ihre Unsicherheit und Entscheidungen durch scheinbar ‚einfache Lösungen‘ abnehmen wollen.

(3) Versuchen Sie auch in den turbulentesten Situationen Ruhe zu bewahren und Ungewißheit auszuhalten!

Fordern und organisieren Sie die notwendige Zeit, um die Situation zu analysieren und mit internen oder externen Experten die Entscheidungsalternativen zu prüfen!

(4) Entscheiden Sie erst, wenn Sie Alternativen abgewogen und Ihre Gefühle in eine innere Balance gebracht haben!
Überprüfen Sie sich selbst, ob Sie für die Komplexität der Probleme, ‚Bedenkenträger' und andere Meinungen, neue Lösungen oder Kritik an Ihrer bevorzugten Lösung offen bleiben!

(5) Entscheiden Sie sich als nächsten Schritt immer für eine realistisch umsetzbare Alternative, die eine möglichst große, nachweisbare Verringerung der Komplexität der Probleme (z.B. durch Teilprobleme) und Risikomanagement ermöglicht!

(6) Überprüfen Sie nach jedem umgesetzten Schritt die Ergebnisse und lernen Sie aus Fehlern!
Wenden Sie dabei die Regeln 1-5 an! Sie sind auf einem erfolgversprechenden Weg, wenn Probleme gelöst und die Problemkomplexität oder Risiken nachweisbar geringer werden. Vorsicht vor ‚Scheinlösungen', bei denen Komplexität und Risiken unbeeinflußbar zunehmen!" (S. 99).

Komplexitäts-management

Indem man den MitarbeiterInnen zeigt, wie die Anlage durch spezielle Prüfschritte bei laufender Produktion instandgesetzt wird, nimmt man diese(n) im übertragenen Sinn an die Hand, um ihm das „Verhaltensmuster" zu erläutern, das das Risiko minimiert.

Eine weitere Form, Angst vor Weiterentwicklung und Lernerfahrungen zu reduzieren, kann mit Hilfe von Komplexitätsmanagement bewirkt werden (Greif 1994). Komplexitätsmanagement beinhaltet die Verarbeitung und Bewältigung der Komplexität von Systemen und Aufgaben

- durch kognitive Vereinfachung,
- Zerlegung eines Problems in einfache Teilschritte oder
- aktive Veränderung der Komplexität eines Problems.

Menschen sind einerseits neugierig, andererseits kann Neues und Komplexes Angst auslösen. Es ist davon auszugehen, daß Menschen ein mittleres Maß an Komplexität und Neuigkeit bevorzugen.

Explorative Lernumgebungen und Fehlertraining

Greif (1994) entwickelte ausgehend von diesen Phänomenen eine explorative Lernumgebung im Sinne eines Fehlertrainings, das es dem Lerner durch die Auswahl der Aufgaben ermöglicht, Lernhilfen und Teilbereiche des Systems selbst zu wählen sowie bei mitwachsenden Systemen die Komplexität bestimmen zu können. Indem Lerner beim Bearbeiten von Aufgaben selbst entscheiden können, auf welcher von fünf Komplexitätsstufen sie arbeiten wollen, wird eine Lernsituation angeboten, die auf individuell unterschiedliches Vorwissen, unterschiedliche Verarbeitungsniveaus und aktives Handeln beim Lernen ausgerichtet ist. Alle Lernenden explorieren das System jeweils auf einem individuellen Neuigkeits- und Komplexitätsniveau.

Die Teilnehmer im Fehlertraining werden ergänzend in der Einführung und bei den ersten Lernaufgaben dazu angehalten, bewußt die Bewältigung von Fehlersituationen zu üben.

Ausgehend von diesem Trainingsdesign schliessen sich Überlegungen an, wie MitarbeiterInnen an komplexe Aufgabenstellungen herangeführt und zusätzlich zum exploratorischen Fehlertraining mit anschließender Reflexion angeleitet werden. Denkbar sind hier unternehmenspezifische Simulationen und computergestützte Planspiele, die es erlauben, über das eigene Unternehmen zu lernen und das Komplexitätsniveau langsam anzuheben.

Den dargestellten Kultur- und Strukturelementen ist gemeinsam, daß zur lernunterstützenden Organisation eine ganzheitliche Arbeitsgestaltung benötigt wird. Sie muß entdeckendes Lernen zulassen, Informationen bereitstellen, so daß MitarbeiterInnen ihre Entscheidungen und Handlungsweisen evaluieren und auswerten können. Sie sollen lernen, persönliche Unsicherheiten bei Veränderungsprozessen zu akzeptieren und zu respektieren. Als besonders gefährlich erweist sich in diesem Zusammenhang die Doppelmoral vieler Organisationen, die zwar einerseits eine sog. „Fehlerkultur“ propagiert, aber Fehler besonders intensiv ahndet, in dem Schuldige gesucht werden.

2.5 Leittext zur Zusammenfassung

Ziele:

Lernen durch Erfahrungen dient dem Aufbau und der Korrektur von Gedächtnisinhalten auf der Basis von Kenntnissen über interne Ursache-Wirkungsgefüge eines Systems, die Erkennen und Verhalten steuern.

Kurzbeschreibung:

Lernen kann durch Handeln, Denken, mentaler Simulation sowie durch Beobachten erfolgen.

Regeln:

- Das aktive Steuern eines Systems ist wesentliche Voraussetzung für selbständigen Wissenserwerb beim Lernen durch Tun. Die Weiterentwicklung erfolgt durch Fehler bei der Anwendung von Regeln sowie durch die Erkenntis, daß die eigene Hypothese und das tatsächlich beobachtete Resultat nicht übereinstimmen. Durch das Entdecken von Kovariation, Generalisierung und Diskriminierung wird Lernen gefördert.
- Lernen durch Denken erfolgt durch eigene Aktionen im Kopf, indem die End- und Teilziele sowie Ausführungsschritte des eigenen Plans vorweggenommen werden. Unterstützend wirken im besonderen heuristische Regeln.
- Lernen durch Beobachtung erfordert selektiv gerichtete Aufmerksamkeit, einen funktionalen Wert für den Beobachter sowie eine gewisse Attraktivität des Modells.

Voraussetzungen:

Als Voraussetzungen gelten eine lernfördernde Unternehmenskultur, Entwicklungspotentiale in der Arbeit, Partizipation, freier Informationsfluß, formatives Rechnungs- und Kontrollwesen, flexible Vergütungssysteme sowie psychologische Sicherheit im Umgang mit Veränderungsängsten, die Lernen sowohl hemmen als auch fördern.

Ergebnisse:

Die Mitarbeiter entwickeln sich selbständig in ihrer Arbeitstätigkeit weiter und erkennen Lernpotentiale in der Auseinandersetzung mit den gestellten Anforderungen.

Probleme und Schwierigkeiten:

Lernschwierigkeiten können auftreten durch

1. Unzulänglichkeiten der menschlichen Informationsverarbeitung, z.B. ein zu grobes oder zu detailliertes Auflösungsniveau, begrenzte und mangelhafte Rationalität, unterschiedliche Verfügbarkeit von Gedächtnisinhalten, Fehleinschätzung von Auftretenshäufigkeiten (ausgelöst durch die Reihenfolge der eingehenden Feedbackinformationen) sowie die Nicht-Beachtung der Eigendynamik des Systems.
2. Tendenzen zum problemlosen Feld und dem nicht vorhandenen Bewußtsein für Weiterentwicklung.
3. Unterschiedlich ausgeprägte Fähigkeiten der Mitarbeiter, die relevante Feedbackinformation aus der Fülle der verfügbaren Umfeld-reize herauszufiltern (z.B. hinsichtlich der Feldabhängigkeit/-unabhängigkeit, der kognitiven Komplexität, Selbstwirksamkeitsüberzeugungen sowie Ambiguitätstoleranz).

3. Wissensdiffusion

Stellen Sie sich folgende häufig auftretende Probleme vor: Kunden erhalten unvollständige oder unbefriedigende Antworten auf Fragen oder Reklamationen. Mitarbeiter investieren viel Zeit und Mühe um nach speziellen Informationen zu suchen, die sie zur Projektbearbeitung benötigen. Gleichzeitig wissen die Experten, die diese Fragen beantworten könnten, nicht, daß Fragen bestehen oder werden mit einer großen Anzahl von einander ähnlichen, simplen Fragen konfrontiert.

Organisationales Gedächtnis

In diesem Kapitel werden Lösungsmöglichkeiten vorgestellt, um diesen Problemen entgegenzutreten. Die Lösungsmöglichkeiten entwickeln sich aus der Suche nach Möglichkeiten, Lernerfahrungen zu speichern und in der Organisation zu distribuieren. Das Konzept des organisationalen Gedächtnisses dient hierbei als eine Metapher um die Fähigkeit der Organisation zu beschreiben, durch Erfahrungen der Vergangenheit aktuelle Problemen effektiver, im Sinne von schneller oder angemessener, zu erarbeiten (Ackerman & Malone 1990).

3.1 Informelle Wege der Wissensdiffusion

Selbstorganisierte Prozesse ohne bewußte Steuerung

Welche selbstorganisierten Prozesse der Wissensweitergabe sind zu beobachten, wenn man diese nicht aktiv managed? Sich dieser Selbstorganisation bewußt zu werden, trägt dazu bei

1. sich zu vergegenwärtigen, daß es nicht genügt, die MitarbeiterInnen zum Zweck der Wissensdiffusion zusammenzubringen, in der Hoffnung, „sie reden schon miteinander" und
2. Wege zu entwickeln, selbstorganisierte Prozesse zu unterstützen und zu gestalten.

Weitergabe von Erfahrungswissen von Oldtimern an Newcomer

Gruppenkultur als geteiltes Wissen

Levine und Moreland (1991) beschäftigten sich mit geteilten Wissen von Mitarbeitergruppen im Produktionsbereich sowie den informellen Mechanismen der Wissensweitergabe. Eine Produktionsgruppe besteht nach Levine und Moreland (1991) aus drei oder mehr Personen, die miteinander interagieren, um eine gemeinsame Aufgabe zu erledigen, die ein gemeinsamer Bezugsrahmen verbindet, die persönliche Beziehungen zueinander pflegen und deren Gruppenleistungen von der Güte der Zusammenarbeit abhängen. Die Autoren haben sich besonders mit der Weitergabe der Gruppenkultur von „Oldtimern" zu „Newcomern" beschäftigt. Unter Kultur versteht man gemeinsam geteiltes Wissens sowohl auf die Gruppe als auch auf die Gruppenmitglieder und die Arbeitsaufgabe bezogen.

Gemeinsame Bezugsnormen

Gemeinsame Bezugsnormen äußern sich in Bräuchen und Gewohnheiten, d.h. dem verhaltensbezogenen Ausdruck gemeinsamen Wissens.

Infobox: Wissen in bezug auf die Gruppe

Gruppenmitglieder teilen miteinander Wissen über die Besonderheiten der eigenen Gruppe, die gemeinsame Vergangenheit, ausgeschiedene Gruppenmitglieder und kritische Ereignisse, über soziale Normen, zukünftige Leistungen und Erfahrungen, wie diese erreicht werden können.

Wissen über Gruppenmitglieder

In der Gruppe existiert eine Vorstellung über prototypische Mitarbeiter und deren Arbeitsrollen. Jeder kennt die Experten für besonders kniffelige und problematische Aufgaben. Die Gruppenmitglieder sind sich bewußt, welche Rollen in der Gruppe wie verteilt und wie Gesten, Mimik oder Slang zu interpretieren sind.

Wissen über die Arbeit

Eine Kernfrage, mit der sich die Gruppe auseinandersetzt, ist die nach dem Sinn der Arbeit. Persönliche Wertmaßstäbe über Sinn oder Unsinn der eigenen Arbeit werden vermittelt, ebenso wie die Art der Aufgaben, deren Wichtigkeit und Reihenfolge. Auch Spezialverfahren zur Arbeitserleichterung oder –vereinfachung sowie Kriterien für Arbeitsqualität werden mit Gruppenmitgliedern geteilt. Kenntnisse über Gefahrenpotentiale oder - allgemeiner gesprochen - die Arbeitsbedingungen, Chancen und Risiken gehören ebenfalls zum sozialen Gedächtnisinhalt der Gruppe. Erklärungen und Erläuterungen werden dabei häufig in Geschichten über andere Mitarbeiter eingekleidet.

Dazu gehören: Routinen und tägliche Prozeduren, „Aberglaube", ein spezieller Jargon, Gesten und Sprachwitz, die von Outsidern nicht verstanden werden, Riten oder Zeremonien (wie das Feiern von Geburtstagen, Erfolgen oder Mißerfolgen, Zugängen oder Abgängen aus der Gruppe). Je länger die gemeinsame Geschichte der Gruppe, desto stabiler und homogener die Gruppe, je mehr die Leistung von Zusammenarbeit abhängt, desto deutlicher der Zusammenhalt und je unsicherer die Umweltbedingungen, desto stärker erlebt die Gruppe eine gemeinsame Kultur.

Gemeinsame Geschichte

Wie wird ein Novize sozialisiert und mit dem Wissen über die Gruppe, deren Mitglieder und die Arbeit versorgt?

Der Novize wird sozialisiert

Der Sozialisationsprozeß wird von zwei Seiten initiiert: Die Gruppe versucht, den Novizen derart anzupassen, daß er effektiver zur Gruppenleistung beiträgt, während der Novize versucht, die Gruppe an seine persönlichen Ziele und Wertvorstellungen anzupassen. Dieser Prozeß versteht sich als Auseinandersetzung zwischen Assimilation auf seiten des einzelnen und Akkomodation auf seiten der Gruppe.

Taktiken des Novizen

Der Novize kann folgende Taktiken anwenden, um an das Gruppenwissen zu gelangen:

(1.) die Erwartungen der Oldtimer erfüllen,
(2.) Mentoren in der Gruppe suchen sowie
(3.) mit anderen Newcomern kooperieren.

Erwartungen erfüllen

Sich an die Erwartungen der Oldtimer anpassen, bedeutet:

- sich zurückhaltend zu verhalten, was die Einschätzung eigener Fähigkeiten und die Akzeptanz bei den Oldtimern angeht (van Maanen 1977).
- Die eigene Meinung sowie Vorschläge, wie sich die Gruppe zu verhalten habe, vorsichtig zu äußern.
- sich als abhängig betrachten, die Oldtimer imitieren und deren Hilfe erfragen (Feldman & Brett 1983).
- sich konform verhalten, Meinungsabweichungen vermeiden und die Gruppenstandpunkte vertreten (Snyder 1958).

Verhalten sich Newcomer erwartungskonform, werden Sie Informationen, Wohlwollen und Zuspruch durch die Oldtimer erhalten.

Mentoren und Modelle suchen

Die Wissensvermittlung gelingt über Mentoren, die sich in der Intensität ihres Engagements unterscheiden. Das geringste Engagement findet sich bei Modellen, die von den Newcomern als Vorbilder imitiert werden, aber nicht wissen, daß sie imitiert werden. Das andere Ende des Kontinuums an persönlichem Engagement bilden Mentoren, die eine enge persönliche Beziehung zu Newcomern aufbauen, Karriereambitionen maßgeblich mit unterstützen und psychosoziale Beratung leisten.

Sich mit anderen Novizen zusammenschliessen

Als drittes besteht die Möglichkeit, mit weiteren Newcomern gemeinsam Probleme zu lösen, sich gegenseitig zu imitieren oder sozialen Vergleich zu üben.

Ob die Oldtimer ihr Wissen an die Newcomer weitergeben, hängt zum einen von den individuellen Vorerfahrungen, von der Gruppenkultur und den Fähigkeiten, Wissen zu vermitteln, ab. Gleichzeitig wirkt der derzeitige Gruppenerfolg ausschlaggebend, sowie die wahrgenommene Fähigkeit des Newcomers zum Gruppenerfolg beizutragen.

Bindung an die Gruppe

Wenn die Gruppe z.B. aufgrund von Personalmangel wenig leistet, zeigen sich die Oldtimer eher bereit, die neuen Mitglieder zügig anzulernen, um den Mißstand zu beheben. Gleichzeitig kann auf seiten des neuen Mitglieds ein Unwille bestehen, das Wissen aufzunehmen, da es selbst wenig Commitment (= Bindung) der Gruppe gegenüber besitzt. Motivationshemmend für die Weitergabe von Information kann der Wunsch des Oldtimers sein, Status und Macht in der Gruppe zu erhalten, indem er der alleinige Besitzer von Informationen bleibt. Weitere Motive, die Oldtimer dazu veranlassen, Informationen zurückzuhalten, ist der Wunsch Newcomer zu schützen (z.B. vor Ablehnung durch Gruppenmitglieder) oder um deren Motivation aufrecht zu erhalten (z.B. indem Informationen über Mißerfolge der Gruppe verschwiegen werden). Auch die Vermutung, das benötigte Wissen sei schon vorhanden, der Novize verstehe oder schätze es nicht erwartungsgemäß, kann eine Informationsweitergabe verhindern.

Wie verhalten sich Oldtimer gegenüber neuen Mitgliedern?

Die Motivation über die Gruppe zu lernen, wird durch spezielle Begrüßungsrituale gefördert, z.B. durch Feiern, Geschenke, und angebotene Unterstützung (Lewicki 1981, Schein 1968). Newcomer, die freundlich begrüßt werden, fühlen sich häufiger gut aufgehoben und entwickeln daher den Wunsch, mehr über die Gruppe zu lernen.

Initiationsriten

Andererseits nennen Moreland und Levine (1989) Beweise dafür, daß rauhe „Initiationsriten" ebenso in der Lage sind, ein starkes Commitment herauszubilden. Gründe für ein starkes Commitment trotz rauher Initiationsriten liegen zum einen in der kognitiven Dissonanz begründet. Die Gruppe erscheint dann positiver (⇒ Kapitel 4, Dissonanz = zwei kognitive Elemente, wie z.B. Einstellungen zur Gruppe, haben sich widersprechende Implikationen; sie beinhalten unverträgliche Implikationen in bezug auf das Verhalten, Herkner 1986); Dissonanz erzeugen z.B. zwei sich widersprechende kognitive Elemente wie „sich zur Gruppe hingezogen fühlen" und gleichzeitig die Initiationsriten ablehnen.

Kognitive Dissonanz

Wunsch, Inkompetenz auszugleichen

Wird dem Neuling vorgeführt, wie wenig kompetent und gleichzeitig abhängig er von den Oldtimern ist, wächst in ihm durch die so wahrgenommene Diskrepanz der Wunsch, Inkompetenzen auszugleichen, in dem er sich verstärkt bemüht, von der Gruppe zu lernen.

Der Neuling wird angelernt und erfährt durch die Oldtimer ein spezielles Training und Unterstützung, sich der Gruppe zu öffnen.

3.2 Beteiligte Prozesse bei einer geplanten Wissensdiffusion

Wissensdiffusion durch kooperative Problemlöseprozesse

Die beteiligten Prozesse beim Lernen in Organisationen zum Zweck des gemeinsamen Wissenserwerbs sind u.a. durch gemeinsame Problemlöseprozesse in Gruppen gekennzeichnet. Die Gruppe profitiert in besonderem Maße vom sozialen Vergleich und einem kritischen Hinterfragen, Werten und in Fragestellen von Annahmen (Brown & Palincsar 1989). Das Gefühl der Unzufriedenheit über den unzureichenden eigenen Wissensstand trägt dazu bei, weiter nach Lösungen, Annahmen oder Gründen zu suchen, die organisationalen Phänomene zu erklären. Im weiteren wird davon ausgegangen, daß die Weiterentwicklung des eigenen Wissens durch die Auseinandersetzung mit kritischen Fragen und Aufforderungen, Annahmen zu erklären und zu begründen, maßgeblich aus der Gruppe durch sog. „soziale Agenten" forciert oder durch die Interaktion mit orga-

Soziale Agenten

nisationalen Gedächtnissen im elektronischen Format (OMIS = Organisational Memory Information Systems) angeregt wird.

Brown und Palincsar (1989) argumentieren mit Vygotsky (1978) und Piaget (1967), daß gerade die Interaktion mit relevanten anderen Personen dazu beiträgt, durch gegensätzliche Meinungen, Reflexionsprozesse zu initiieren, durch den die Vielfalt der Perspektiven erkannt und von einer egozentrischen Sichtweise Abstand genommen wird.

Denkprozesse im sozialen Kontext erfahren

Für Vygotsky (1978) stellt individuelles Denken eine Reinszenierung von Denkprozessen dar, die in sozialen Kontexten erfahren und erlebt wurden.

Ausschlaggebende Faktoren im sozialen Kontext der Wissensweitergabe und Wissenserweiterung sind:

Gemeinsame Verantwortung für den Denkprozeß

Durch ein gemeinsames Besprechen von Problemen wird die Denkanforderung auf alle Mitdenker verteilt, das sowohl emotionale wie auch kognitive Konsequenzen mit sich bringt (Brown & Palincsar 1989). Im Bereich der emotionalen Unterstützung kann Besorgnis dahingehend verringert werden, wenn die Gruppe gemeinsame Argumentationsketten erstellt und weiterknüpft, so daß Einzelne Entlastung dahingehend erfahren, die logische Argumentation allein zu erbringen. Die Argumentationslinie wird gemeinsam erstellt. Einzelne Gruppenmitglieder übernehmen dabei Denker-Rollen wie:

Argumentationsketten gemeinsam knüpfen

Denkstrategien auf Rollen aufteilen

- der „Macher", der Umsetzungsvorschläge unterbreitet und plant,
- der „Skeptiker", der Meinungen hinterfragt,
- der „Lehrende", der es auf sich nimmt den weniger beteiligten Gruppenmitgliedern Erklärungen oder Zusammenfassungen zu liefern,
- der „Protokollant", der notiert, welche Ergebnisse erzielt wurden,
- sowie der „Vermittler", der Konflikte löst und interpersonelle Belastungen minimiert.

Die kognitiven Konsequenzen zeigen sich in der Beobachtung von kognitiven Prozessen, durch die Gruppenmitglieder sehen, welche Rollen von den Mitgliedern übernommen werden und welche Denkstrategien diese zur Problemlösung verwenden.

Kognitive Konflikte als Katalysatoren der Weiterentwicklung

Durch Konfrontation und kognitive Konflikte wird Veränderung und Weiterentwicklung ausgelöst, indem aufgestellte Behauptungen nach Begründungen hinterfragt werden. Dadurch, daß Lösungen verteidigt und elaboriert, bzw. spezifiziert werden, entstehen reifere, durchdachtere Lösungen.

Begründungen fordern und Lösungen verteidigen

Die Nutzung der Zone der proximalen Entwicklung

Zone der proximalen Entwicklung

Vygotsky (1978) definiert eine Zone der proximalen Entwicklung. Sie stellt die Differenz dar zwischen dem individuellen Fähigkeitslevel des selbständigen Problemlösens und dem Level der potentiellen Problemlöseleistung, die durch Interaktionen mit Peers oder Experten erreicht werden könnte.

Denkgerüste erstellen

Henderson (1986) macht darauf aufmerksam, daß nicht allein die Interaktion die Potentiale des einzelnen zum Vorschein bringt, sondern die Interaktion mit Experten, die die Methode des „Scaffolding" („Errichtung eines Denkgerüsts") oder Coachings anwenden. Sie dienen als Metapher für kognitive Ausbildungsprozesse und fördern den Erwerb von Selbstregulationsprozessen beim Problemlösen (Brown & Palincsar 1989, Henderson 1986, Collins, Brown & Newman 1989). Zu den Scaffoldingprozessen gehören das Erstellen eines Problemlösegerüsts, das dem Problemlöser zeitlich begrenzt zur Verfügung gestellt wird, bis er die Problemlösung selbständig erarbeiten kann. Zusätzlich können weitere spezielle Methoden eingesetzt werden:

Sokratischer Dialog

- der *sokratische Dialog* oder die sogenannte „Hebammentechnik", in dem ein „Lehrender" (das kann auch ein Vorgesetzter, Kollege, etc... sein) durch spezielle Fragen einen Lernenden dazu anregt, sich ein Wissensgebiet selbst zu erschließen. Im Mittelpunkt stehen hier Erkenntnisprozesse und nicht „einfaches Verstehen" bzw. „Abnicken". Fragen dienen hier als Denkgerüst.

Fallbeispiele

- Die systematische *Variation von Fallbeispielen.* Durch das Variieren erkennt der Lernende ein Grundmuster oder Schema (⇒ Kapitel 4), das in diversen Praxissituationen wiederkehrt. Das entdeckte Grundmuster kann dann spezielle Lösungsmuster nachsichziehen. Das Denkgerüst dient in diesem Fall als Anregung, nach Mustern oder Gemeinsamkeiten zu suchen.

Gegenbeispiele

- *Das Aufstellen von Gegenbeispielen,* so daß der Lernende alternative bzw. bestätigende Erklärungen entwickeln muß, um seine Argumentationslinie abzusichern und aufrechtzuerhalten. Bei diesem Denkgerüst geht es darum, einen kritischen inneren Dialog zu provozieren, der die eigene Argumentation „wasserdicht abdichtet".

In Versuchung führen

- Das *In-Versuchung-führen,* inkorrekte Vorhersagen zu machen. Denn - wie bei Kluwe (1997, ⇒ Kapitel 2) beschrieben - wird das eigene mentale Modell durch Unstimmigkeiten und Überraschungen modifiziert.

Hypothesen explizieren

- Das *Explizieren und Evaluieren von persönlichen Hypothesen,* um aus impliziten Annahmen explizites Wissen abzuleiten.

Beobachtungen derartiger kooperativer Lernprozesse machen deutlich, daß

(1.) noch lange nicht jede Form der sozialen Interaktion Lernen fördert (Salvin 1980/1998)

(2.) bzw. spezielle Lernerfahrungen nur im strukturierten Unterrichts- bzw. Trainingsprozeß gemacht werden können, da sonst die Gefahr besteht, nicht adäquate kognitive Strukturen zu erwerben (Weinert 1996).

Kooperative Lernformen

Salvin (1980) untersuchte kooperative Lernformen und schlußfolgert, daß deren Effektivität von der *Aufgaben-, Autoritäts- sowie der Belohnungsstruktur* innerhalb der Lernsituation beeinflußt wird.

Aufgabenstruktur

Hinsichtlich der Aufgabenstruktur unterscheidet Salvin (1980) Aufgaben geringer Komplexität wie Kenntnisse, Berechnungen und Regelanwendungen; zu den anspruchsvolleren Lerntätigkeiten zählt er die Identifikation von Konzepten sowie Entscheidungs- und Bewertungsprozesse in komplexen Problemräumen.

Autoritätsstruktur

Kompetetive Struktur

Kooperative Struktur

Kohäsion

Zur Autoritätsstruktur gehören die Freiheitsgrade des selbstorganisierten bzw. fremdorganisierten Lernens. Die Belohnungsaspekte definiert Salvin (1980) im Sinne einer interpersonalen (gegenseitigen) Belohnung als Resultate bzw. Konsequenzen für den einzelnen, die sich aus der Leistung seiner Gruppenmitglieder ergeben. In einer *kompetetiven* (wettbewerbsorientierten) Struktur ist der Erfolg des einzelnen mit dem Mißerfolg der anderen Mitglieder verbunden. In einem *kooperativen* Setting profitiert der einzelne am stärksten, wenn die Gruppe als ganzes gut abschneidet. Innerhalb der Belohnungsstrukturen differenziert der Autor zudem zwischen Leistungs- und Kohäsisionsaspekten. Leistungsaspekte thematisieren die Produktivität der Gruppe bei diversen Aufgaben, während Kohäsion (Zusammenhalt/Verbindung) die Aspekte der Wertschätzung und des Einbezogenseins beinhaltet.

Salvin (1980) geht nun von der Annahme aus, daß Lernen in kooperativen Settings zunächst die Leistungsbereitschaft jedes einzelnen reduziert, da sich der Bezug zwischen individueller Leistung und Ergebnis reduziert und somit nicht mehr eindeutig zugeordnet werden kann. Ein einzelner Mitarbeiter kann einen Tag frei nehmen und trotzdem erfolgreich sein, weil die anderen Gruppenmitglieder für ihn mitarbeiten. Auf der anderen Seite führt auch harte Arbeit allein nicht zum Erfolg, wenn der Rest der Gruppe weniger leistungsfähig ist.

Beschließt ein Gruppenmitglied sein Wissen den anderen zur Verfügung zu stellen und somit die anderen Mitglieder auf ein hohes Leistungsniveau zu heben, erhält es eine Belohnung in Form von hoher Wertschätzung durch andere Mitglieder.

Kooperative Belohnungsstruktur

Eine kooperative Belohnungsstruktur
(1) reduziert die Leistungsbereitschaft des einzelnen, da die Verbindung von individueller Leistung und Resultat nicht eindeutig ist und
(2) erhöht die Leistungsbereitschaft, da auf der Basis interpersoneller Verstärkung der einzelne angehalten wird, die Gruppenmitglieder zu unterstützen, um ein optimales Ergebnis zu erzielen.

Das Nettoergebnis hängt davon ab, inwieweit diese beiden Faktoren von den gemeinsam Lernenden und Arbeitenden wahrgenommen werden.

Nach Salvin (1980) sind kooperative Lernformen bei Aufgaben, die Wissen und Anwendung von Regeln erfordern, dann vorteilhaft, wenn

Einzelbeiträge quantifizieren

(1.) die Einzelbeiträge eines jeden Mitgliedes zum Gesamtergebnis quantifizierbar sind. Es besteht sonst die Gefahr, daß sich einzelne aus dem Prozeß zurückziehen und andere die Hauptarbeit machen lassen (vgl. die Phänomene des „Free-riding" oder „Social-loafing" ⇒ s.u.), und

Gruppenbelohnungssysteme

(2.) ein festgelegtes Gruppenbelohnungssystem besteht, das erfolgreiche Gruppen besonders ehrt. Schlecht stukturierte Probleme, wie z.B. das Identifizieren von Konzepten, Problemanalysen, Bewertungs- und Entscheidungsaufgaben, erfordern gleichzeitig eine hohe Autonomie bezüglich der Selbstorganisation der Gruppen.

Autonomie in der Selbstorganisation

Unter dieser Betrachtungsweise der Belohnungswerte kooperativer Lernformen wird der in Abschnitt „Lernfördernde Organisationsstrukturen" formulierte Anspruch nach flexibler Vergütung evident, da Organisationsmitglieder ggf. wenig Sinn darin sehen, ihr Wissen in eine Gruppe hineinzutragen, von deren Ergebnis sie nicht unmittelbar profitieren. Dabei ist darauf zu achten, daß in einer kooperativen Belohnungsstruktur der einzelne nur dann seine persönlichen Ziele erreicht, wenn die Gruppe insgesamt erfolgreich ist (Salvin 1998). Um in einer derartigen Situation persönliche und gemeinsame Ziele zu erreichen, müssen die Gruppenmitglieder sich gegenseitig unterstützen, „fit machen" und gegenseitig ermutigen, ihr bestes zu geben.

Persönliche Ziele durch die Gruppe erreichen

Die Vorgabe von *Gruppenzielen* und das genaue Identifizieren von individuellen Beiträgen sind Bedingungen, die nach Salvin (1998) die Motivation der Gruppenmitglieder fördern, sich um die Leistung ihrer Kollegen zu sorgen. Sie lernen dementsprechend, ihre Gruppenkollegen derart zu unterrichten, mit Wissen zu versorgen und auszubilden, daß diese die Aufgaben selbständig bearbeiten können. Denn nur dann werden sie bei der Wissensanwendung unabhängig von der Gruppe, in der Einzelsituation erfolgreich und den Zielen der Gesamtgruppe dienlich sein.

Ausnahmen

Ausgenommen von der Forderung nach Gruppenzielen und dem Identifizieren individueller Leistungsbeiträge sind Aufgaben, in denen Lernende schon allein dadurch profitieren, daß sie die Experten laut denken hören, z.B. wenn Experten ihre Entscheidungen begründen oder unterschiedliche Meinungen diskutieren. Diese Lernsituationen ergeben sich überwiegend bei Projekten, in denen es nicht *eine* richtige Lösung gibt (⇒ Equifinalität, z.B. beim komplexen Problemlösen oder der Auswertung von Projektberichten hinsichtlich der zentralen Idee).

Bei mehreren richtigen Lösungen

Auch bei freiwillig gewählten Lerngruppen entfällt ein Formulieren von Gruppenziele und das Identifizieren von individuellen Leistungen, da die Gruppenmitglieder von sich aus durch die externale Bewertung, z.B. in Prüfungssituationen motiviert sind und den Wert der Zusammenarbeit erkennen und anstreben. In diesen Gruppen fungieren soziale Normen als ein zusätzliches Regulativ, indem Gruppenmitglieder ausgeschlossen werden, wenn sie ihre Leistungsanteile nicht einbringen.

Freiwillig gewählte Gruppen

Ein weiterer Befund aus Salvin's (1998) über kooperative Lernformen zeigt, daß gerade diejenigen, die die Wissensinhalte erklären, wiedergeben und aufbereiten, am deutlichsten profitieren. D.h. nicht die, die zuhören und Lernerfahrungen aufnehmen, profitieren von kooperativen Lernformen, sondern die, die für andere den Lernstoff aufbereiten und Wissen weitergeben. Beide, Zuhörende und Erklärende, lernen immer noch jedoch mehr als die, die individuell lernen.

Wer profitiert?

Infobox: Wer profitiert von kooperativen Lernformen?

Unter der Annahme, daß die Lerner am meisten von kooperativen Lernformen profitieren, die selbst erklären, ergibt sich, daß gerade die überdurchschnittlichen Lerner den deutlichsten Wissenszuwachs „verbuchen", da diese am elaboriertesten erklären (Webb 1992). D.h. die ohnehin Guten werden durch kooperative Lernformen noch besser.

Studien z.B. von Weehler und Ryan (1973) zeigen, daß Lerner, die kooperative Lernformen bevorzugen, mehr durch diese profitieren als diejenigen, die sich eher wettbewerbsorientiert verhalten.

Zusätzlich fanden Chambers und Abrami (1991) heraus, daß Lernende in einem erfolgreichen Team mehr lernten als Lernende eines weniger erfolgreichen Teams.

Diese Ausführungen machen deutlich, daß ein reines „Zusammenbringen" von Experten und Novizen auf informellem Wege eine Wissensweitergabe nicht notwendigerweise erfolgreich unterstützt. Erst die beschriebenen Techniken und Denkrahmen ermöglichen es dem einzelnen, durch die gezielte Konfrontation mit alternativen Annahmen neues Wissen zu erzeugen. Ein überdauernder Wissenszuwachs ergibt sich, wenn Experten den Problemlöseprozeß durch ein Denkgerüst übergangsweise unterstützen.

Zusammenfassung

Gruppenlernprozesse mehrerer Mitarbeiter, die zusammenkommen, um Wissen auszutauschen, können den Annahmen des kollaborativen Lernens nach dazu führen, daß sich zum einen die Mitglieder gegenseitig mit

Informationen bereichern und zum anderen zu einer größeren Anzahl von Verhaltensalternativen beitragen. Das Experten-Novizen-Gespräch leitet den Novizen darüber hinaus durch gezielte Fragen an, neue Problemlöseansätze selbständig zu erarbeiten und somit ebenfalls zu neuen Verhaltensalternativen beizutragen.

Infobox: Kollaboratives Lernen und Arbeiten einer Designgruppe

„Nicht trotz sondern wegen der ungeheuren Informationsmenge ist der Bedarf an Meetings, spontaner informeller Kommunikation und methodischer Kommunikationsarbeit bei neuen Arbeitsformen wie Gruppen- und Projektarbeit gewaltig gestiegen. Je größer die Datenmengen, desto tiefer geht die Spezialisierung. Je tiefer die Spezialisierung, desto mehr müssen die Informationen selektiert, geordnet und interpretiert werden, um Entscheidungsgrundlagen zu schaffen. Vor allem aber steigt die Notwendigkeit, die spezialisierten Abteilungen zu einem sinnvollen Ganzen zu vernetzen. Im Unterschied zur Gruppenarbeit, bei der feste Teams konstant zusammenarbeiten, formiert sich die Arbeitsgruppe in der Projektarbeit im Bereich Design jeweils neu für die konkrete Aufgabe, die inhaltlich und zeitlich genau definiert ist. Nach der Fertigstellung löst sich das Team wieder auf. Die Aufgaben werden nicht mehr Abteilung für Abteilung abgearbeitet, sondern Vertreter aller in der Prozeßkette involvierten Abteilungen arbeiten synchronisiert in einem Team zusammen. Neben der deutlichen Zeit- und Kostenersparnis von 30-50 % für das Unternehmen sowie Erfolgserlebnissen für die Mitarbeiter stellten sich bei der interdisziplinären Zusammenarbeit noch andere Voreile ein: Der zwangsläufige Blick über den Tellerrand des eigenen Ressorts hinaus dient der Weiterbildung und schärft den Blick für vernetzte Zusammenhänge, – und der Wechsel der Arbeitskollegen nach Projektabschluß fördert Sozialkompetenzen und verhindert, daß Strukturen verkrusten.“ (Burkhard Remmers 1996, Fa. Wilkhahn)

3.3 Wissensdiffusion durch soziale Interaktion und „Mündliche Überlieferungen"

3.3.1 Formelle Wege der Wissensdiffusion im Produktionsbereich

Werkzeuge zum Single-Loop-Lernen

Neben den im Rahmen der Euphorie zur Lernenden Organisation entwikkelten Methoden zum Teilen von Wissen bestehen bereits seit einigen Jahren Verfahren wie die des **A**ufgabenorientierten **I**nformationsaustausches (**AI**, Neubert & Tomczyk 1986) oder die der Qualitätszirkel, um Erfahrungswissen für Verbesserungsprozesse zu nutzen. Bei diesen Methoden handelt es sich in erster Linie um Werkzeuge, die Prozesse des Single-Loop-Lernens (⇒ Kapitel 1) fördern zum Anpassen an gesetzte Standards.

Qualitätszirkel

Qualitätszirkel

Der Ideenzirkel-, bzw. Qualitätszirkelansatz verfolgt die Grundidee, daß die Mitarbeiter Experten ihrer Arbeitstätigkeiten sind und auf freiwilliger Basis in moderierter Gruppenarbeit an der Auswahl, Bearbeitung und Lösung betrieblicher Problemstellungen aus dem unmittelbaren Arbeitsbereich mitarbeiten (Antoni 1994). QZ (Qualitätszirkel) lassen sich nach Bungard und Antoni (1993) wie folgt charakterisieren:

(1) Bei QZ handelt es sich um moderierte Gesprächsrunden von etwa fünf bis zehn Mitarbeitern aus unteren Hierarchieebenen.

(2) Anfangs stammen sie meist aus einem Arbeitsbereich und werden bei Schnittstellenthemen auch bereichsübergreifend gebildet.

(3) Die Moderation übernimmt ein qualifizierter Moderator, der aus der Gruppe kommt, entweder ein Meister oder Vorarbeiter.

(4) Themen werden selbstorganisiert gewählt und sind im weitesten Sinne qualitäts- und produktbezogen, aber ebenso Fragen der Arbeitssicherheit, Arbeitsplatzgestaltung, der Arbeitsabläufe und -vorrichtungen sowie der Zusammenarbeit.

(5) Die Gesprächsrunden finden während der Arbeitszeit oder bei taktgebundener Fließbandarbeit vor oder nach der Schicht gegen Überstundenbezahlung statt. Die Dauer beträgt jeweils ein bis zwei Stunden.

(6) Die Moderatoren berichten regelmäßig auf der Grundlage eines Ergebnisprotokolls einem QZ-Koordinator.

(7) Von der Gruppe ausgearbeitete Problemlösevorschläge können im Rahmen des betrieblichen Vorschlagwesens honoriert werden, und/ oder sie werden mit Hilfe eines eigenen Belohnungssystems prämiert.

Verwandte Konzepte sind die der Lernstatt, der Werkstattzirkel sowie der KVP-Gruppen (KVP = Kontinuierlicher Verbesserungsprozeß).

Der Aufgabenorientierte Informationsaustausch

Der Aufgabenorientierte Informationsaustausch

Steuer- und Überwachungstätigkeiten

Verrichtungsorientiert

Der Aufgabenorientierte Informationsaustausch (AI, Neubert & Tomczyk 1986) ähnelt dem QZ-Ansatz, bewegt sich aber noch eine Ebene darunter. Die Methode wurde für Steuer- und Überwachungstätigkeiten entwickelt und zielt stark verrichtungsorientiert auf die spezielle Tätigkeitsausführung bzw. Handlungsregulation ab, während der Qualitätszirkelansatz eher die Organisations-, Planungs- und Kontrolltätigkeiten der Gesamtgruppe umfaßt (im Sinne der Aufgabenintegration und Verantwortungsdelegation zum job-enrichment und -enlargement). Der Unterschied ergibt sich aus der Menge der benötigten Information, die im AI zentraler Gegenstand ist:

Information über funktionale Beziehungen, z.B. zwischen Eingriffen in den Produktionsprozeß und dessen Auswirkungen sowie zwischen technisch bedingten Veränderungen des Anlagenzustandes und ihren Wirkungen auf die Prozeß- bzw. Produktparameter.

Informationen über Häufigkeiten und Wahrscheinlichkeiten, z.B. über Prozeßabweichungen bei unterschiedlichen Phasen und über die der Verknüpfung technisch bedingter Veränderungen des Anlagenzustandes mit speziellen Prozeß- und Produktabweichungen.

Der Aufgabenorientierte Informationsaustausch geht von folgenden Prinzipien aus: Führen mehrere Mitarbeiter, deren Arbeitsweise verbessert werden soll, die gleiche Tätigkeit aus, ergibt sich folgende Ausgangssituation:

- Die Produktionsmitarbeiter verfügen in unterschiedlichem Ausmaß über die benötigte Information.
- Teile der benötigten Information besitzen nur einzelne Mitarbeit, andere Teile mehrere oder gar alle Mitarbeiter, wiederum andere Teile sind allen unbekannt.
- Alle Mitarbeiter gemeinsam verfügen über mehr Informationen als jeder einzelne.

Ermittlung und Vermittlung des benötigten Wissens

Der Aufgabenorientierte Informationsaustausch regt die Werktätigen als Informationsträger zur Selbsterzeugung der erforderlichen Informationen an, um den Produktionsprozeß zu optimieren. So dient der AI als Methode und Medium, um die *Er*mittlung und *Ver*mittlung der benötigten Informationen zu unterstützen. Er nutzt die Vorteile der Gruppenleistung bei Aufgaben des Suchens und Beurteilens (Hofstätter 1986/93) in einer Gruppendiskussion. Die Vorteile des gemeinsamen Problemlöseprozesses bestehen darin, daß die Beschäftigten unter ihrer Mitwirkung entstandene Informationen eher akzeptieren. Desweiteren leitet der AI einen individuellen Lerngewinn für die Aufgabenbewältigung ein und führt zu einem veränderten Arbeitsverhalten (Neubert & Tomczyk 1986).

Während der Qualitätszirkel-Ansatz sowie das Modell des Aufgabenorientierten Informationsaustausches eher „flüchtigen" Charakter besitzen (Weidenmann 1997), in dem die erhaltene Information nicht „festgehalten" und konserviert wird, erlaubt die Methode der Minimalen Leittexte das Weiterreichen von Erfahrungen an Mitarbeiter, die nicht unmittelbar am Entstehungsprozeß der Information beteiligt waren. So werden Ermittlung und Vermittlung räumlich getrennt.

Minimale Leittexte

Eine Weiterentwicklung der Leittextmethode stellt das Lernen anhand von Minimalen Leittexten (Greif 1996) dar.

Schriftliche Unterlagen zur Vermittlung

Die Leittextmethode umfaßt alle diejenigen Verfahren zur Gestaltung von Lehr-Lern-Situationen, die hauptsächlich schriftliche Unterlagen zur Vermittlung und Anleitung einsetzen (Heberer & Grap 1996, Hacker & Skell 1993, Bundesinstitut für Berufsbildung 1987). Der Aufbau von Lernsequenzen erlaubt eine individuelles Lerntempo. Die schriftlichen Unterlagen bestehen im allgemeinen aus

- den *Arbeitsplanunterlagen*, die den konkreten Arbeitsauftrag beinhalten sowie Anforderungen an die Produktqualität, Dauer, Verlauf und Arbeitsumfang.
- den *Leitfragen*, die die Arbeitsprozesse vorstrukturieren, indem sie nach denjenigen Wissenselementen und Regeln fragen, die für die Aufgabenbewältigung wichtig sind. Der Lernende wird damit aufgefordert, die Aufgabe zu reflektieren und sich die notwendigen Informationen zu beschaffen.
- den *Leitsätzen*, in denen die wichtigen Informationen zur Aufgabenbewältigung zusammengefaßt sind.
- den *Kontrollunterlagen*, die dazu anleiten, das Arbeitsergebnis zu bewerten, mit dem Arbeitsauftrag abzugleichen und Verbesserungsmöglichkeiten zu erkennen.

Mit Leittexten werden dem Lernenden Kenntnisse und Fertigkeiten vermittelt, die im Arbeitsalltag häufig auftreten und deren Arbeitsabläufe in einem gewissen Ausmaß generalisierbar sind.

Modellhafte Beschreibungen von Schritten und Regeln

Bei Minimalen Leittexten handelt es sich um kurze, modellhafte Beschreibungen derjenigen Schritte und Regeln, die bei der strukturierten Aufgabenbewältigung hilfreich sind. Sie fassen wichtige Informationen und Erfahrungen erfolgreicher Anwender zusammen. Die Texte sind so minimalistisch ausgelegt, daß der Lernende sich erst kritisch mit ihnen auseinandersetzen und sie für sich und sein konkretes Vorgehen auslegen muß. Eine Aufgabenerfüllung strikt nach den beschriebenen Regeln ist nicht vorgesehen.

Möglichst knappe Handlungsanleitung

Minimale Leittexte enthalten keine Leitfragen, sondern dienen dazu, eine möglichst knappe Handlungsanleitung zur Verfügung zu stellen. Sie

folgen in der Regel einer Standardgliederung, die folgende Punkte umfaßt:
(1) Ziele – wozu dient der Minimale Leittext
(2) Beschreibung der notwendigen Schritte und Regeln
(3) Voraussetzungen
(4) Ergebnisse – wohin führt die Anwendung der Regeln
(5) Probleme – welche Probleme können bei der Anwendung auftreten, was sind typische Fehler und Schwierigkeiten
(6) Weiterführende Literatur

Die Leittextmethode wurde im Bereich der gewerblich-technischen Ausbildung entwickelt. Modifikationen dieser Methode lassen sich auch in anderen Lernsituationen finden und einsetzen. Minimale Leittexte weisen einen relativ breiten Anwendungsbereich auf. Greif (1996) beschreibt die Anwendung Minimaler Leittexte für die Analyse organisationaler Regeln sowie für die Anleitung von klassischem Brainstorming und Moderationstechniken. Außerdem weist der Autor auf die Nutzung minimaler Handbücher beim Lernen mit und am PC hin.

Beispiel-Leittext „Zielvereinbarungsgespräch"

Ziele:

Durch Zielvereinbarungen sollen die Selbstorganisationskompetenzen der Mitarbeiter sowie ihre Arbeitsmotivation gefördert werden.

Kurzbeschreibung:

Zielvereinbarungsgespräche sind langfristige Prozesse, in denen der Vorgesetzte mit seinen Mitarbeitern individuelle (Leistungs-) Ziele festlegt und mit ihnen gemeinsam die Zielerreichung verfolgt.

Regeln:

- Die Ziele sind positiv formuliert, konkret meßbar und spezifisch.
- Die Ziele sind herausfordernd (nicht zu leicht) für den Mitarbeiter.
- Die Mitarbeiter akzeptieren die Ziele und verfolgen sie langfristig.
- Die Mitarbeiter erhalten regelmäßig Feedback von ihrem Vorgesetzten über die bisher erbrachten Leistungen.

Voraussetzungen:

- Die Mitarbeiter sind über den Sinn der Zielvereinbarungsgespräche informiert und kennen die Spielregeln.

- Die Ziele werden gemeinsam mit dem Mitarbeiter sehr sorgfältig und ernsthaft ausgewählt.
- Ziele müssen variierbar sein und an individuellen Voraussetzungen der Mitarbeiter ausgerichtet sein.
- Die Leistungen des Mitarbeiters werden auf dem Weg der Zielerreichung einer fairen Analyse unterzogen.

Ergebnisse:

Die Mitarbeiter arbeiten auf die gesteckten Ziele hin und erleben sich als leistungsmotiviert, da sie an der Zielsetzung selbst beteiligt waren und die Ziele aufgrund eigener Leistungsbereitschaft und Anstrengung erreicht werden können.

Probleme und Schwierigkeiten:

Die Methode wird häufig in ihrer Komplexität unterschätzt. Die Ziele müssen so gewählt werden,

- daß die Zielerreichung für den Mitarbeiter einen positiven Anreiz hat,
- daß sich der Mitarbeiter weder überfordert noch unterfordert, sondern herausgefordert fühlt,
- daß er erkennt, durch eigenes Verhalten das Ziel beeinflussen zu können (Selbstwirksamkeitsüberzeugungen zu besitzen),
- daß er während der Zielerreichung konstruktives Feedback erhält oder zumindest Daten zur Verfügung hat, um einen kontinuierlichen Soll-/Ist-Vergleich anzustellen.

Weiterführende Literatur:

Locke, E.A. & Latham, G.P. (1984). Goal Setting: A motivational technique that works. Englewood Cliffs: Prentice Hall.

3.3.2 Formelle Wege der Wissensdiffusion im Managementbereich

Methoden des Double-Loop-Lernen

Die Methoden der Wissensdiffusion im Managementbereich dienen überwiegend dem Double-Loop-Lernen, durch das die eigenen Standards sowie Unternehmensleitlinien und -prinzipien überdacht werden. Es geht hier nicht primär um die Optimierung im operativen Bereich im Sinne einer kontinuierlichen Verbesserung der Arbeits- und Produktionsbedingungen, sondern um strategische Entscheidungen, die die Gesamtorganisation betreffen.

In sog. „Lern Laboratorien“ erarbeitet sich ein geschlossener Kreis von Teilnehmern einer Management-Ebene anhand eines „Management Flight Simulators“ die eigenen mentalen Modelle (⇒ Kapitel 2), besprechen diese mit ihren Kollegen und konstruieren gemeinsame mentale Modelle (shared mental models).

Lern-Laboratorien

Management-Flight-Simulatoren

Mit Hilfe der Management-Flight-Simulatoren lernen die TeilnehmerInnen Systemarchetypen kennen, d.h. grundlegende sich wiederholende Verhaltensweisen von Systemen (vgl. Senge 1996). Diese Methode unterscheidet sich von üblichen Planspielen insofern, daß nicht nur ein grundlegendes Verständnis für den Umgang mit Systemen (Intransparenz, Eigendynamik, Politelie, Komplexität, Vernetztheit) erworben wird, sondern auch durch Interaktion erlernt wird, welche Basisannahmen („Weltanschauungen") die Manager-KollegInnen ihren Entscheidungen zugrunde legen. Die Management-Flight-Simulatoren unterscheiden sich von den Arbeiten zum komplexen Problemlösen (Dörner 1992, Putz-Osterloh 1981, Funke 1993) insofern, daß diese die eigenen Voranahmen bewußtmachen, ihre Wirkung erproben und mit Hilfe der Methode der Kausalitätsdiagramme die Annahmen der Lerngruppe explizieren. Die TeilnehmerInnen sollen zusätzlich erkennen, wie sie selbst zu Verursachern ihrer eigenen Probleme werden (Sterman 1989).

Im Gegensatz zum erfahrungsorientierten Lernen in Realsituationen (⇒ Integratives Lernmodell von Kim 1993, Kapitel 1), welches aufgrund von Lernbarrieren wie Unschärfen, Ambiguität, Verzerrungen und „Rauschen" in der Rückmeldung erschwert ist („Feedbackstrukturen und Informationen"), hat die virtuelle Welt den Vorteil, daß ein vollständiges, präzises Feedback vorliegt und experimentelle Lernzyklen in einem überschaubaren Lernzeitraum bewältigt werden können („Entscheidungen", Abbildungen 10). Gleichzeitig können unterschiedliche Komplexitätsstufen unerfahrene Lerner an die Thematik heranführen, ohne sie zu überfordern (⇒ exploratives Fehlertraining, Kapitel 2).

Vier Stufen des experimentellen Lernens

Die Nutzung der Wissensdiffusion mit Hilfe des Management-Flight-Simulators, die nach dem Modell des experimentellen Lernens nach Kolb (1984) konzipiert wurde, wird in 4 Stufen durchgeführt:

1. Briefing und Vertrautmachen mit der computergestützten Trainingssituation und dem Management Flight Simulator.
2. Die Teilnehmer formulieren Hypothesen und entwerfen Kausalitätsdiagramme für die Problemdefinition.
3. Die Hypothesen werden im Management-Flight-Simulator getestet. Anschließend halten die TeilnehmerInnen ihre Beobachtungen und Resultate fest.
4. Die Beobachtungen und Resultate werden reflektiert und mit den Hypothesen verglichen. Anschließend wird erneut bei Punkt 2 angesetzt, indem neue Hypothesen formuliert, getestet und reflektiert werden.

Unternehmenseigene Simulationen

Das „Improvement Paradox“

Zusätzlich zum Training des systemischen Denkens unterstützt der Ansatz der System-Dynamics-Gruppe am MIT die Erarbeitung unternehmenseigener Simulationen, die versuchen, das Systemverhalten des eigenen Unternehmens nachzubilden. Ein Beispiel stellt die Simulation eines Herstellers für Integrierte Schaltsysteme dar, zusammengefaßt im „Improvement Paradox“ (Sterman, Repening & Kofman 1994, Abbildung 11) Anlaß der Studie war der Fall der Firma „Analog Divices“, die eine erfolgreiche Einführung eines TQM System gemeistert hatte, jedoch mit dem Nebeneffekt, daß die finanzielle Situation sich verschlechterte (⇒ Infobox, Kapitel 2). Die Autoren zeigten, daß Programme wie die Einführung eines TQM-Systems unterschiedlich lang- und kurzfristige Ergebnisse erzeugten. Langfristig gesehen werden Produktivität und Qualität erhöht sowie die Kosten gesenkt. Kurzfristig jedoch interagieren die Verbesserungsprozesse mit dem aktuellen Rechnungswesen und den organisationalen Routinen, wenn es darum geht Kapazitäten für die Umsetzung zu erhöhen. Das Unternehmen geriet unter finanziellen Druck. Die Sorge vor Entlassungen beeinträchtigte daraufhin die Bereitschaft, den Verbesserungsprozeß weiter zu unterstützen.

Evaluationsergebnisse zum systemischen Denken

Cavaleri und Sterman (1997) geben zu bedenken, daß wenig darüber bekannt ist, wie die Techniken des Systemischen Denkens und der Shared Mental Models in der Organisation deren Effektivität steigern. Mit einigen Ausnahmen sei über den Zusammenhang von Systemischem Denken und Organisationaler Leistung nur anekdotenhaft berichtet. Evaluation im wissenschaftlichen Sinne fehle. Diesen Anspruch nach wissenschaftlicher Evaluation haben Cavaleri und Stermann (1997) zum Anlaß genommen, eine retrospektive Untersuchung durchzuführen, um die Wirkung des systemischen Denkens zu verdeutlichen.

Die „MIT System Dynamics Gruppe“ arbeitete Mitte der 80er Jahre zusammen mit einem Versicherungsunternehmen, um ein Modell zu entwickeln, das die Interaktionen von Reklamationsmanagement, Qualität und Kosten abbildet. Das Modell wurde in einen interaktiven Management Flight Simulator umgesetzt das sog. „Claims Game“. Der Flight Simulator wurde in ein Lernlaboratorium eingebettet, in dem die Teilnehmer die Werkzeuge und Methoden des systemischen Denkens erlernten, das „Beer Game“ (Sterman 1989) spielten und an einen Workshop mit dem „Claims Game“ teilnahmen. In einem zusätzlichen Seminar lernten die Teilnehmer

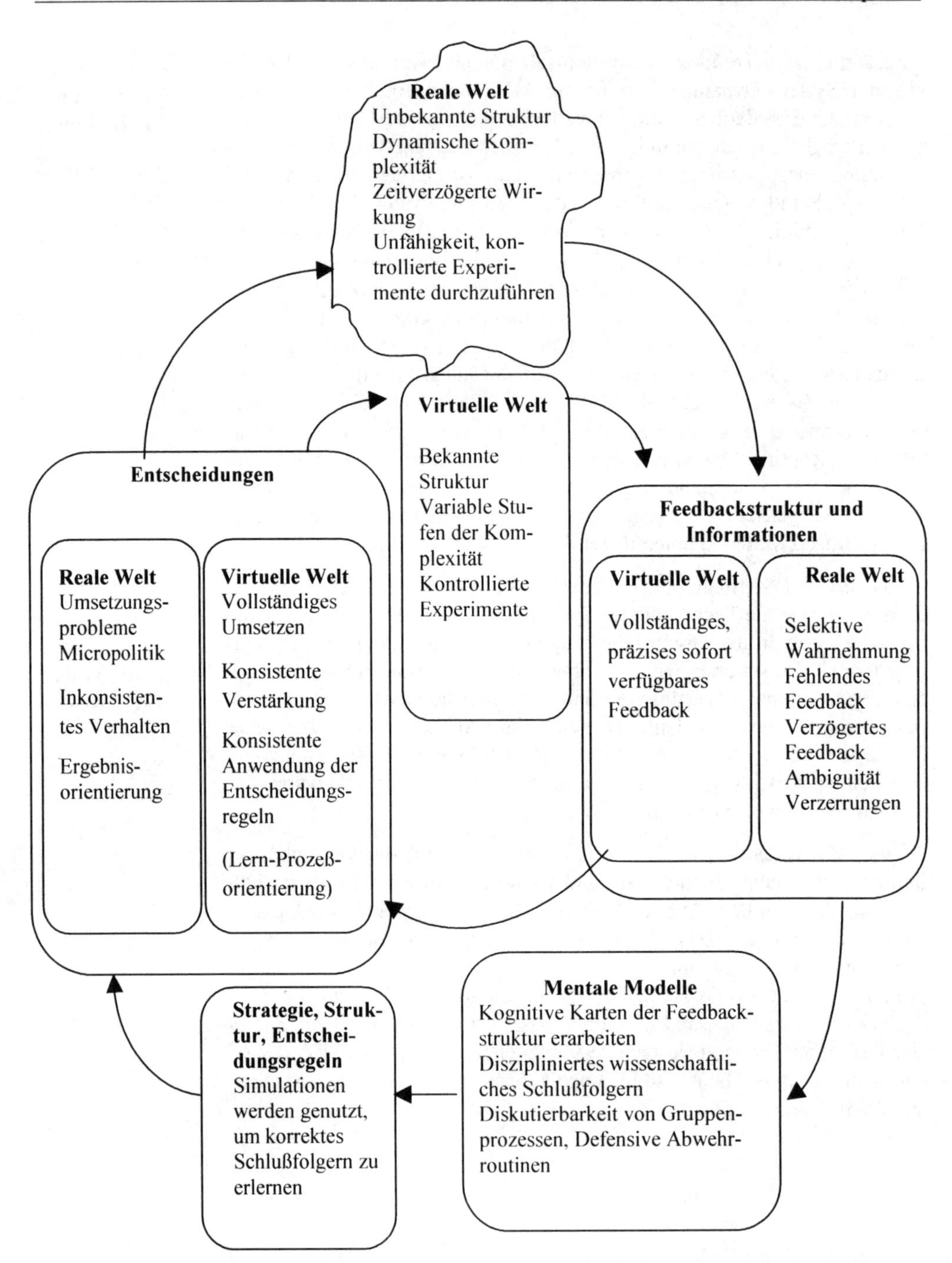

Abbildung 10: Virtuelle Welt des Management-Flight-Simulators als Gegenstand des Lern-Laboratoriums (Sterman 1994)

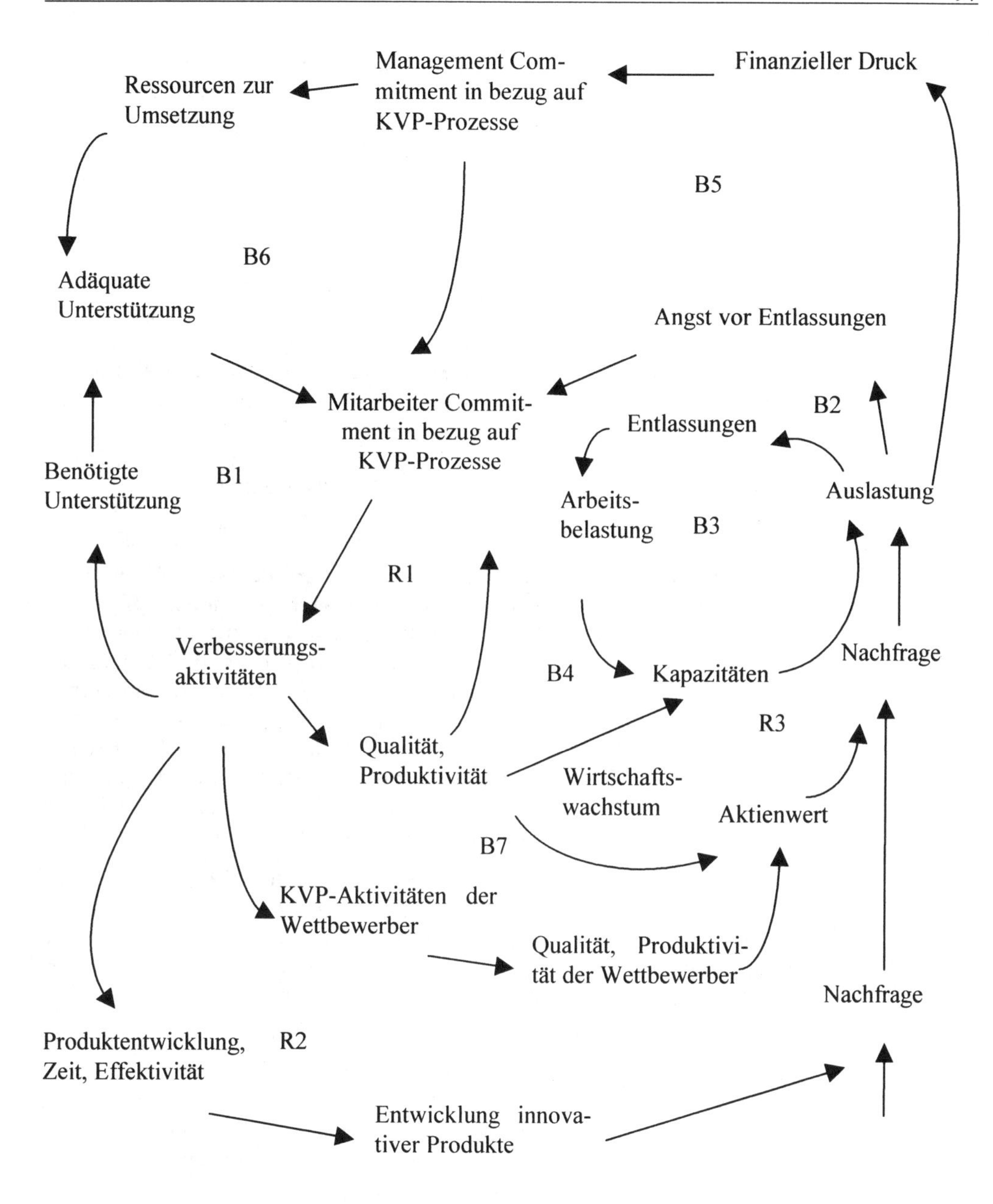

Abbildung 11: Das Verbesserungs-Paradox. R = Reinforcing-Loops (verstärkende Feedbackschleifen), B = Balancing-Loops (stabilisierende Feedbackschleifen)

Kausalitätsdiagamme anzufertigen. Die Lernlaboratorien wurden in der Zentrale mit TeilnehmerInnen aus verschiedenen Regionalbüros und in unterschiedlichen Funktionen durchgeführt. Schließlich wurden die Maßnahmen ebenfalls in einzelnen Regionalbüros angeboten, an denen das gesamte Managementteam teilnahm. Das Programm lief in den Jahren 1988 bis 1991.

Cavaleri und Sterman (1997) evaluierten diese Maßnahme in einem dieser Regionalbüros. Die 70 Mitarbeiter des Büros hatten in einer ausführlichen bzw. verkürzten Weise alle an dem Training teilgenommen. Die Untersuchung unterschied zwischen Managern und Mitarbeiter, da die Intensität des erhaltenen Trainingsprogrammes variierte. Die MitarbeiterInnen spielten lediglich das „Beer Game" (Senge 1996), während das Managementteam das „Claims Game" und die Einführung in das systemische Denken besuchten. Untersuchungsinstrumente waren Fragebögen sowie die Analyse von Geschäftsberichten und -daten.

Die Ergebnisse:

Veränderungen im Denken

Die ManagerInnen berichteten über eine Veränderung in ihrem Denk- und Entscheidungsverhalten, die sie dem Training zuschrieben. Sie hatten zusätzlich den Eindruck, daß sich der Managementstil der Senior Manager in eine mehr systemische Richtung verändert hatte. In dem Fragebogen wurden die Mitarbeiter und Manager ebenfalls gebeten einzuschätzen, inwieweit sich in einer Anzahl von Kurz-Fallbeispielen die Prinzipien des „Beer Games" wiederfanden. Die ManagerInnen hatten dabei höhere Übereinstimmung mit dem Expertenmodell als die MitarbeiterInnen. Die Veränderungen wurden von den ManagerInnen durchgängig deutlich positiver erlebt als von den MitarbeiterInnen.

Strategisches Denken anstelle von reaktiven Mustern

Interviewergebnisse lassen erkennen, daß sich die Denkweise vieler Manager-Kollegen in eine mehr aktive, strategische entwickelt hatte und weniger reaktiven Charakter besaß. Die Autoren selbst räumten hier die Möglichkeit ein, daß ihre Ergebnisse durch Effekte wie soziale Erwünschtheit beeinträchtigt worden sein könnten.

Bestätigt fühlten sich Cavaleri und Sterman (1997) mit ihrer These, daß die Interventionen zu Verhaltensänderungen geführt haben, indem neue Strategien und Richtlinien für die Personalbeschaffung, -auswahl und -entwicklung umgesetzt wurden und erfahrene Schadensregulierer gezielt gefördert wurden. Als Verhaltensänderung zeigten sie die Vergabe von Schäden zu entsprechenden Schadensregulierern sowie die Prämisse „Qualität vor Quantität", als Auswirkung der Intervention mit systemischen Denkmodellen.

Betriebswirtschaftliche Daten

Die betriebswirtschaftlichen Daten lassen dagegen kein eindeutig positives Bild zu. Die Kennzahlen der Verhältnisse von schwebenden Verfahren zu neuen Schäden, von abgeschlossenen Schäden zu hereinkommenden sowie die durchschnittlichen Kosten der Administration pro Schaden zeigen keine signifikanten Veränderungen über die beobachteten sechs Jahre.

Evaluiert wurde leider nicht, inwieweit das Teilen von mentalen Modellen in den Lernlaboratorien zur Wissensdiffusion beigetragen hat - eine Annahme, die zentral in den Annahmen von Senge (1990/1996) formuliert ist. Es kann vermutet werden, daß die veränderte, nun systemische Vorgehensweise auf der Verhaltensebene, was das Personalmarketing im weitesten Sinne angeht, aufgrund von ähnlichen mentalen Modellen vollzogen wurde. Die individuellen Befragungen gaben darüber keinen Aufschluß.

Lernhistorien

Eine weitere Möglichkeit, Wissen miteinander zu teilen und überdauernd zu speichern, bieten Lernhistorien (Roth 1996).

Evaluation organisationaler Veränderungsprozesse

Des Ansatz der Lernhistorien nutzt eine Evaluation organisationaler Veränderungsprozesse, um die Beteiligten zu befähigen, ihre Programme und Prozesse zu evaluieren. Sie entwickeln Dokumente, die eine Diffusion der Lernergebnisse unterstützen und fördern. Es wird auf organisationaler Ebene eine Feedbackschleife mit dem Ziel initiiert, die Reflexionsfähigkeit der Organisation zu entwickeln. Beabsichtigt wird der Aufbau von „actionable knowledge" (Argyris 1993). „Actionable knowledge" beinhaltet in diesem Zusammenhang das „know how" und „know why", welches dem Mitarbeiter-Handeln zugrundeliegt. Lernhistorien bereiten einen Prozeß vor, der Lernerfahrung sichern und Erfahrungen präsentieren will.

„Actionable knowledge"

„Bemerkenswerte Resultate"

Interessante, sog. „bemerkenswerte Resultate" sind Dreh- und Angelpunkte der Lernhistorien. Sie erfüllen oder übertreffen die eigenen Erwartungen, wie z.B. Ergebnisse durch eine Verbesserung der Ablauforganisation, das Implementieren von neuen Unternehmensgrundsätzen, die Einführung eines TQM-Systems oder neue Verhaltensweisen. Drei Merkmale zeichnen ein „bemerkenswertes Resultat" aus:

Unerwartet

1. Zunächst handelt es sich um ein Ergebnis, das von verschiedenen Personen in der Organisation als signifikant erlebt wird - im Sinne von *unerwartet* oder durch normale Ablaufroutinen in dieser Form nicht erreich- oder erklärbar.

Beobachtbar

2. Als weiteres sind bemerkenswerte Resultate solche, die *beobachtbar* sind, z.B. in Form eines Qualitätsberichts. Die Zeugen des Entwicklungsprozesses können im Qualitätsbericht nachlesen, inwiefern sich die Qualität signifikant verbessert hat– sofern sie nicht die Gültigkeit des Berichts anzweifeln.

Quantifizierbar

3. Letztendlich sind bemerkenswerte Resultat solche, die *quantifizierbar* sind. Die Ergebnisse des Veränderungsprozesses müssen meßbar sein, unabhängig von der beobachtenden Person vor Ort.

Infobox: Ein Prozeß zur Erstellung von Lernhistorien in sieben Schritten (Roth 1996):

1. Zunächst wird in einer *Planungsphase* festgelegt, welche Zielgruppe das Dokument ereichen soll, und wer von den Erfahrungen profitieren sollte. Die sog. „bemerkenswerten Resultate" werden spezifiziert und als Grundlage für sog. reflektive Interviews aufbereitet, in denen die Zusammenhänge mit Verbesserungen in der Organisation ergründet werden sollen.
2. Als zweites werden reflexive, retrospektive *Interviews* mit Beteiligten des Lernprozesses sowie mit Schlüsselpersonen, die nicht unmittelbar beteiligt waren, geführt. Exploriert werden unterschiedliche signifikante Perspektiven.
3. Eine kleine Mitarbeitergruppe und Lern-Historiker destillieren die Information aus dem Rohmaterial und bereiten ein kohärentes Bündel von Themen auf, das für die Zielgruppe relevant ist. Die „Historiker" bedienen sich dabei der Methode der *qualitativen Datenanalyse* .
4. Viertens wird ein Dokument verfaßt, das sich stark an den Zitaten der Interviewpartner anlehnt. Die *Zitate* werden mit den Urhebern *abgestimmt*, so daß kein Dokument in Umlauf gerät, das nicht von dem Interviewten gegengecheckt wurde, auch wenn sie anonym veröffentlicht werden.
5. Der fünfte Schritt beinhaltet einen *Workshop* von Managern in Schlüsselpositionen zur *Validierung* (Gültigkeitsprüfung) der Ergebnisse, die am Verbesserungsprozeß mitgewirkt haben. Nach der Lektüre der Lernhistorie ermöglicht es der Validierungsprozeß, daß das destillierte Material von allen auf seine Richtigkeit hin geprüft wird.
6. Im sechsten Schritt bildet der Bericht der Lerngeschichte den zentralen Punkt eines sog. *„Dissemination Workshops"* In diesem Dissemination Workshop (disseminate = verbreiten, bekanntmachen, veröffentlichen), im Sinne eines Veröffentlichungsworkshops, kommen Mitarbeiter aus dem Unternehmen zusammen und fragen sich: Was hat die Firma bisher aus diesem Programm gelernt? Wie bewerten wir den Erfolg oder Mißerfolg? Wie kann die Firma in neuen Projekten von dem profitieren, was gelernt wurde?
7. Der abschließende siebte Schritte *reflektiert* den Prozeß der Lernhistorie auf einer Metaebene, nachdem einige Veröffentlichungsworkshops durchgeführt wurden. In diesem Rückblick wird kritisch hinterfragt, wie die Entstehung der Lernhistorie, die Durchführung der Interviews, die Datensammlung und Auswertung an sich funktioniert hat, um über den Prozeß an sich zu lernen.

Attraktive Erzählform

Roth (1996) ist es wichtig, daß die Aufbereitung der Lernhistorie in eine attraktive Erzählform mündet,

- die zum einen Loyalität gegenüber den Daten zum Ausdruck bringt und an der Wahrheit interessiert ist,
- daß die Entwicklungsgeschichte des bemerkenswerten Resultates spannend, lebendig, bildhaft und inspirierend geschrieben wird,
- daß die Zielgruppe beachtet wird und bei den Betroffenen Akzeptanz schafft, über die berichtet wird. Leitfragen für den letzten Punkt sind z.B. Wie kann die Historie dazu beitragen, daß die Organisation wächst? Inwieweit werden die Bedürfnisse der Leser befriedigt?

Spannend

Lebendig

Bildhaft

Indem Lernhistorien erstellt und Daten gewonnen und verbreitet sowie Wissen öffentlich zugänglich gemacht wird, erfolgt hier die Wissensdiffusion. Im folgenden wird ein Konzept vorgestellt, das Erfahrungslernen in Personalentwicklungskonzepte einbindet und MitarbeiterInnen langsam darauf vorbereitet, Projektabschlussbesprechungen konstruktiv und zukunftsorientiert zu führen.

Problemorientiertes selbstorganisiertes Lernen im Team an den eigenen „Critical Incidents"

Erfahrungslernen durch Personalentwicklung

Das Zusammenarbeiten und Lernen in einer durch Projekte verbundenen Gruppe beim problemorientierten selbstorganisierten Lernen im Team (Kluge 1999) steht für die Umsetzung des Prinzips der „knowledge building community" (Scardamalia & Bereiter 1992). In dieser Wissen generierenden Lerngemeinschaft wird Lernen als aktiver Prozeß angesehen, indem das Wissen durch die Verbindung mit bestehenden Konzepten der Lernenden aktiv er- und verarbeitet und nicht weitergegeben oder gelehrt wird. Der kollaborative Aspekt entsteht durch das Lernen aus der Erfahrung anderer und den gemeinsam geteilten mentalen Modellen der Teilnehmer - vor dem Hintergrund der organisationalen Werte und Normen, d.h. der Unternehmenskultur und -geschichte.

Problembasiertes Lernen

Das Problembasierte Lernen (Barrows & Tamblyn 1980) findet in sieben Schritten statt: Nach der Vorstellung des Falls, werden

(1) zunächst die *Begrifflichkeiten* in der Gruppe geklärt mit dem Ziel,
(2) eine *Problemdefinition* zu erarbeiten, die in der Fallbeschreibung nicht expliziert wurde.
(3) Die Problemdefinition führt zu einer ersten *Hypothesenbildung*, welche Zusammenhänge den Fall erklären können.
(4) Anschließend werden in der Gruppe *Lernziele* festgelegt, die die Informationssuche während
(5) der Phase des *Selbststudiums* leiten.
(6) Im vorletzten Schritt *integriert* die Gruppe das erworbene Wissen zu einer gemeinsamen Lösung aus multiplen Perspektiven.
(7) Die Kontrolle der Lernzielerreichung und die *Reflexion* des eigenen (Gruppen-) Lernprozesses bilden den Abschluß einer Problembasierten Lernsequenz.

Fälle aus der Organisation

Um dem Anspruch der lernenden Organisation Rechnung zu tragen, wurden die Fälle in der Organisation erhoben. Durch Interviews mit den Projektbeteiligten entstanden so 5 Fälle über abgeschlossene oder noch im Prozeß befindende Projekte.

Das Konzept (Abb. 12) beinhaltet insgesamt 5 Trainingsphasen sowie durch Umsetzungsberichte instruierte Selbstlernphasen, in denen die Teilnehmer aufgefordert wurden, daß erworbene Wissen und die besprochenen Phänomene menschlichen Verhaltens in ihren Organisationseinheiten (wie z.B. Widerstände bei Innovationsprozessen) gezielt zu beobachten.

Vorgehen im Training

In den Trainingssequenzen war es Aufgabe der Trainingsteilnehmer aus dem mittleren Management, die Fälle nach der Methode des Problembasierten Lernens zu erarbeiten und einen gemeinsamen Erfahrungsschatz zu konstruieren. Als Ergebnis erstellten die Teilnehmer ein gemeinsames Kausalitätsdiagramm an Visualiserungswänden. Das Selbststudium wurde unterstützt durch vorbereitete Texte aus der Organisationspsychologie, die z.B. Phänomene in Gruppen, in der Kommunikation, Kooperation und Organisationsentwicklung erklärten.

Das Repertoire der Handlungsmöglichkeiten sollte derart erweitert werden, daß eine stärkere Übereinstimmung zwischen subjektivem Handlungsfeld und objektivem Handlungsfeld hergestellt wird (Greif 1987). Umsetzungsberichte unterstützten das zielangemessene Planen, Durchführen und Reflektieren von sozialen Verhaltensweisen. Ziel war es, durch instruierte Strategiebildung in Transfersituationen das schematische und unangemessene Einsetzen von „Rezepten“ zu verhindern.

Situiertes Lernen

Individuelle Vorbereitung auf den Transfer

Gemäß der Anmerkungen von Anderson et al. (1996) zum situierten Lernen ist die Kombination von gemeinsamen und individuellen Lernphasen (während der Bearbeitung der Umsetzungsberichte) empfehlenswert, da unabhängig von der Gruppe oder vom Team zu erwerbende Fähigkeiten, die in der Praxis individuell angewendet werden müssen, am besten auch individuell zu trainieren sind. Die Forderung, ausschließlich - „social & complex“- Lernsituationen zu schaffen, steht dem grundsätzlich nicht entgegen. Individuelle Vorbereitung auf den Transfer bringt den Vorteil mit sich, daß die Lernenden weniger kognitive Ressourcen aufwenden müssen, die dann dem konstruktivistischen Lernprozeß und der Reduktion auf das Wesentliche zur Verfügung stehen. Vergleichbar ist das Beispiel des Musikschülers, der Geige spielen möchte. Er würde nur sehr schwer Fortschritte erleben, wenn er alle seine Übungen im Kontext der Orchesterprobe durchzuführen hätte.

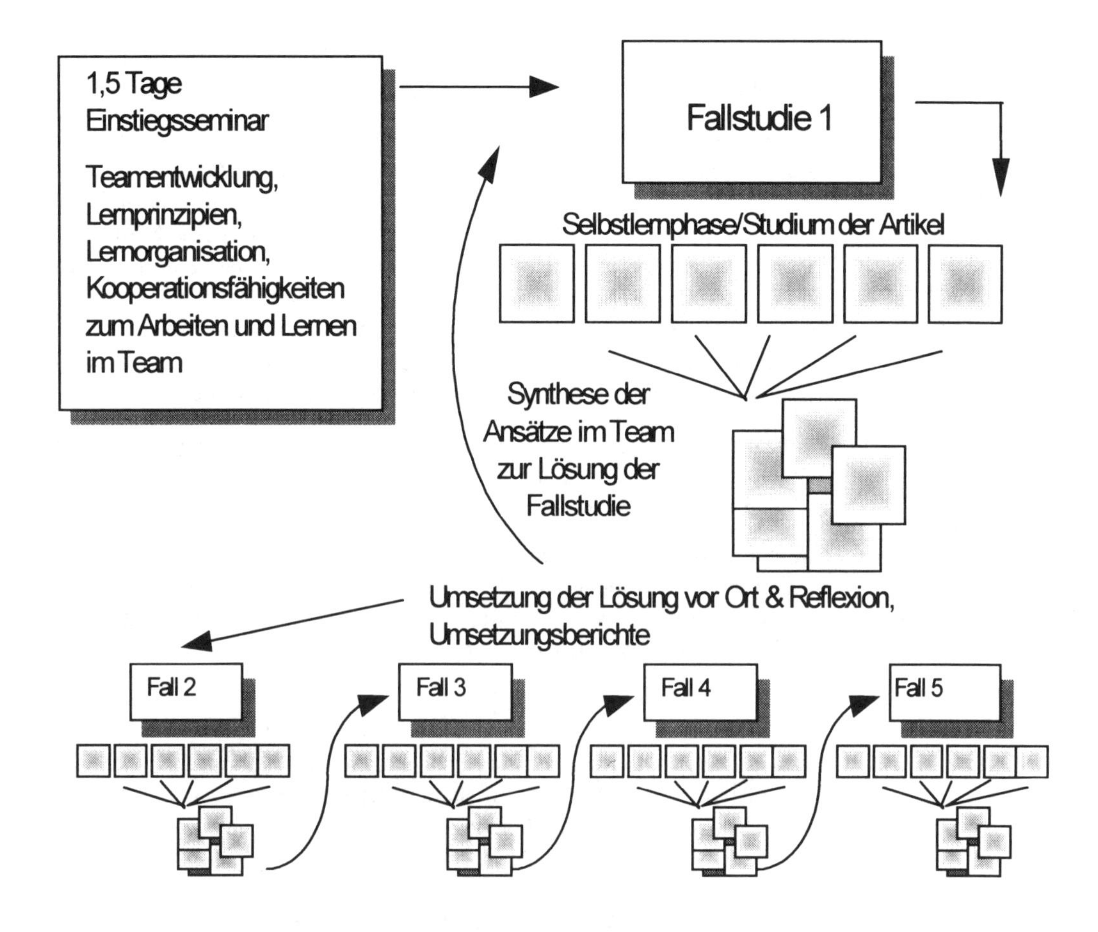

Abbildung 12: Die Methode des Problembasierten selbstorganisierten Lernens im Team (Kluge 1999)

Stimmen zu den Kausalitätsdiagrammen

Die Beobachtungen während der gemeinsamen Fallbesprechungen und Visualisierungen mit Hilfe der Kausalitätsdiagramme zeigten, daß es den Teilnehmer zunächst schwerfiel, in Kausalitäts-„Schleifen“ und nicht in linearen Mustern zu denken. Die Teilnehmer tendierten zu einer möglichst geordneten Visualisierung an den Visualisierungswänden, die sich in Tabellen und Flußdiagrammen ausdrückte. Die Darstellungsform der Kausalitätsdiagramme rief Unbehagen hervor, da die Methode als unübersichtlich eingeschätzt wurde. Teilnehmer stellen häufiger die Frage: „Und was sagt uns das jetzt?“ oder kommentierten: „Wie unübersichtlich!“.

Schuldige suchen

Bei der Diskussion der Fälle gingen die Teilnehmer in der Phase der Begriffsklärungen gerne dazu über, sich in Details zu „verstricken“, nach

Schuldigen zu suchen oder Einzelpersonen für Unstimmigkeiten oder Teilmißerfolge verantwortlich zu machen.

Es bereitet Schwierigkeiten, Informationen aus dem Selbststudium zu erklären

Desweiteren fiel es den Teilnehmern schwer, die anderen über das zu informieren, was sie im Selbstudium an Hintergrundwissen erworben hatten (Wissen zu „explizieren"), um den Fall „zu lösen". So profitierte jeder einzelne von seinem Textstudium, die Gesamtgruppe insgesamt von dem Wissen der Kollegen jedoch eher weniger. Es entstand der Eindruck, daß die Teilnehmer zwar sehr wohl in der Lage waren Informationen, die für eine optimalen Arbeitsablauf notwendig sind, zu kommunizieren. Es scheint aber eine deutlich andere Qualität zu sein, eigenes Erfahrungswissen so aufzubereiten, daß ein Zweiter davon profitieren konnte.

Abhaken versus Reflektieren

Insgesamt erwies es sich für die Teilnehmer als eine ungewöhnliche Lernsituation auch über „unglücklich" gelaufene Projekte zu diskutieren, die man lieber „abgehakt" hätte.

Ein Lernresümee aus den Erfahrungen mit problembasierten Lernmethoden lautet, daß mehr als 5 Trainingseinheiten dieser Art benötigt werden, um sich immer wieder zufragen: „Was kann ich das nächstemal tun, damit mir das nicht auch passiert?"; „Was kann ich persönlich tun, um vorzubeugen?"

Nach dem nun beschrieben wurde, wie das Management im Sinne des organisationalen Lernens Erfahrungen nutzen kann, gilt es im folgenden zu erklären, warum Wissensdiffusionprozesse im Team nicht immer zu tatsächlich „besseren" Entscheidungen oder Lösungen führen müssen.

3.4 Phänomene bei Gruppenentscheidungen

Sind Problemlösungen in Gruppen immer produktiver?

Informationssammel-Annahme

Die meisten Ansätze des Wissensmanagements und der lernenden Organisation gehen davon aus, daß durch das Sammeln von Informationen innerhalb der Organisation und ein Teilen von Erfahrungen qualitativ hochwertigere Entscheidungen zustande kommen. So bestätigen Individuen gemäß der „Informationssammel-Annahme", daß ihnen die Diskussion mit anderen Kollegen, Vorgesetzten, Mitarbeitern etc. zusätzliche Informationen liefert, die dann zu einer besseren Entscheidung führen. Sie behaupten, daß sie durch die Gespräche über neue Aspekte eines Problems nachdächten, die sie bisher noch nicht in Betracht gezogen hatten (Heath & Gonzales 1995).

Interaktionen (wie Mitarbeiterbesprechungen, Vorstandssitzungen etc.) vor einer Entscheidung, die individuell getroffen werden muß, führen jedoch nicht immer zu einer qualitativ besseren Entscheidung, sondern häufig nur zu einer größeren Entscheidungssicherheit (Heath & Gonzales 1995). Die Autoren konnten in ihren Untersuchungen die subjektive Annahme widerlegen, daß in einem Gruppengespräch eingeholte Informationen zu einer besseren Entscheidung führen. Gemäß ihrer „Rationalen Konstruktions-Hypothese" bewirkt die Interaktion mit anderen eine Zunahme der subjektiv wahrgenommen Entscheidungssicherheit, da schon gefällte Entscheidungen in einer Diskussion erklärt und begründet werden.

Größere Entscheidungssicherheit und geringere Qualität

„Rationale Konstruktions-Hypothese"

So ist in den Experimenten der Autoren zu beobachten, daß Versuchspersonen, die mit stark abweichenden Meinungen durch ihre Diskussionspartner konfrontiert wurden, kaum Zeit damit zubrachten den anderen zu verstehen. Sie erklärten vielmehr weiterhin intensiv und mehr oder weniger geduldig die eigene Sichtweise. Heath und Gonzales (1995) gehen davon aus, daß Entscheidungsträger Diskussionen vor zu fällenden Entscheidungen vornehmlich dazu nutzen, ihre Gedanken zu organisieren und ein in sich stimmiges Rational ihrer Entscheidungen zu formulieren. So sind sie selbst von ihren Entscheidungen überzeugter, ohne die Qualität der Entscheidung verbessert zu haben.

Rationale der eigene Entscheidung werden gefestigt

Neben dieser subjektiven Fehleinschätzung, daß die Beratung mit Dritten immer zu einer Entscheidungsverbesserung führt, gibt es weitere Phänomene in einer Gruppe von Organisationsmitgliedern, die sich auf die Weitergabe von Informationen und deren weiteren Nutzen beziehen.

Während sich Heath und Gonzales (1995) auf Entscheidungen beziehen, die individuell getroffen werden müssen, besteht in der Organisation häufig der Zwang, zu einem Gruppenkonsens zu gelangen. Die Gruppenmitglieder, z.B. in einem Projektteam, müssen sich auf eine gemeinsame Lösung einigen.

Es wäre an dieser Stelle unausgewogen, nicht auch auf die vielfachen Barrieren hinzuweisen sowie die aus negativen Erlebnissen entstandene Haltung hinzuweisen, die einer „begeisterten Zusammenarbeit" bei kollegialer Problemlösung entgegenstehen.

Konfliktgefahren entstehen durch Konkurrenz, Unkollegialität und „Mobbing", sowie auch negative Erinnerungen an Schule und Ausbildung.

Konkurrenz und Mobbing

Heidack (1993) weist als einer der wenigen in seinem Ansatz der kooperativen Selbstqualifikation explizit daraufhin, daß die Problemlösung und Selbstqualifikation „just-in-time" die Steuerung der Wissensweitergabe und der Konfliktregelung beinhaltet und erfordert.

Ein charakteristisches Merkmal der kooperativen Selbstqualifikation ist das partnerschaftliche Verhalten von Personen mit unterschiedlichen

Fachkenntnissen, die im Gruppenverband (Projekten, Planungssitzungen, Lernstatt, Qualitätszirkel) bei der Lösung von Problemen voneinander und miteinander lernen und dabei bestehende und entstehende Konflikte handhaben. Es handelt sich also nicht nur um einen Wissensaustausch auf kognitiver Ebene, sondern auch um eine emotionale und methodisch-organisatorische Verhaltensebene. Denn der Ablauf vollzieht sich nicht konfliktfrei. Es spielen Sympathie, Ehrgeiz, Abteilungsegoismus, Angst vor Blamage und Besserwisserei, sowie Akzeptanz- und Kompetenzprobleme eine erhebliche Rolle. Da Spezialisten und Experten auf solche Lehr-Lernsituationen bisher nicht systematisch vorbereitet wurden, handelt es sich um ein Lernen nach Versuch und Irrtum, so daß es auf den ersten Blick durchaus nicht nach der effektivsten Form der Wissensdiffusion aussehen mag. Qualifikationen, die die Selbstqualifikation und gleichzeitg Konfliktlösungen erleichtern, sind nach Heidack (1993):

- Lernen zu lernen: autonom, interaktiv, intermedial,
- Lernen zu lehren (d.h. eigene Kenntnisse und Erfahrungen an andere weitergeben),
- Lernen zu helfen (als soziale Kompetenz),
- Helfen zu lernen (als pädagogische Kompetenz),
- Permanent zu lernen, d.h. lernend zu leben und zu arbeiten.

Polarisierung bei der Lösungsfindung

„Risky shift“

Neben den Anforderungen an die Wissensweitergabe und Motivation, sich kooperativ zu qualifizieren, können zusätzlich Schwierigkeiten entstehen, wenn Prozeßverluste den optimalen Informationsfluß so stark beeinträchtigen, daß die eingeschränkte Informationsweitergabe die Leistung mindert. Dies kann der Fall sein, wenn die gemeinsame Lösungsfindung zu einer Polarisierung, zu extremeren Entscheidungen führt (Isenberg 1986, Laughin & Early 1982) und ein „risky shift“-Phänomen auftritt. Stoner (1961) sowie Wallach, Kogan und Bem (1962) kommen zu dem Ergebnis, daß Gruppenentscheidungen riskanter ausfallen als Einzelentscheidungen vor Gruppensitzungen. Auch private Entscheidungen nach Gruppensitzungen sind riskanter als anfängliche Einzelentscheidungen. Diese Ergebnisse konnten bei verschiedenen Nationalitäten (Lamm & Kogan 1970), verschiedenen Altersstufen (Kogan & Carlson 1969) sowie bei verschiedenen Berufsgruppen repliziert werden (Marquis 1962, Rim 1965, Stoner 1961). Als Erklärungen bieten sich an:

Verteilung der Verantwortung: Bei einer Gruppenentscheidung ist der einzelne im Sinne der Verantwortungsdiffusion weniger verantwortlich für die Folgen der Entscheidung.

Risikofreudige Personen sind einflußreicher: Individuen, die von Anfang an zu riskanteren Entscheidungen neigen, treten überzeugender auf und sind in der Gruppendiskussion einflußreicher.

Risiko als sozialer Wert: Gruppen entscheiden deshalb riskanter, weil Risikobereitschaft von den meisten Menschen als positiv bewertet wird. Auf der Basis von sozialen Vergleichsprozessen erfahren die einzelnen wie risikofreudig sie in Relation zu den anderen Mitgliedern sind. Die meisten wollen einen kleinen Betrag risikofreudiger sein als die anderen, um von der Gruppe positiv beurteilt zu werden und um ein positives Selbstbild zu bewahren oder zu verbessern. Diese Theorie von Brown (1965) scheint eine der plausibelsten zu sein, da sie auch erklären kann, warum in speziellen Entscheidungssituationen ein „cautious shift" beobachtet werden kann. Hierbei will jeder bei Entscheidungssituationen, bei denen eher ein vorsichtiges als ein riskantes Verhalten normgerecht ist, vorsichtiger und „vernünftiger" entscheiden als die anderen. Daher fällt die Gruppenentscheidung weniger riskant aus als die entsprechenden Einzelentscheidungen.

„Cautious shift"

Inzwischen wird davon ausgegangen, daß risky-shift und cautious-shift als Spezialfälle eines allgemeineren Phänomens zu betrachten sind, nämlich als Polarisierung bzw. Extremisierung von Einstellungen durch die Gruppeninteraktion (Heath & Gonzales 1995, Isenberg 1986). Von Polarisierung spricht man, wenn sich die ursprüngliche Entscheidungstendenz eines Individuums in Folge einer Gruppendiskussion verstärkt. Die theoretische Auseinandersetzung mit den Erklärungsmodellen der sozialen Vergleichprozesse und der überzeugenden Argumentation für Polaritätseffekte kann man bei Isenberg (1986) und Heath und Gonzales (1995) detailliert nachlesen.

Polarisierung bzw. Extremisierung von Einstellungen

Einflüsse von Majoritäten und Minoritäten wirken sich ebenfalls auf die Qualität des Problemlöseprozesses in Gruppen aus und können zu einer Qualitätseinbuße der Gruppenleistung führen, wenn sich die Majorität für unzutreffende Annahmen einsetzt (Janis 1982, Levine 1989).

Untersuchungen zum „Social-loafing", „Free-riding" und „Sucker-effects" lassen annehmen, daß die individuelle Motivation einzelner Mitglieder, sich an der Lösungsfindung zu beteiligen, in einer Gruppe sinken kann (Shepperd 1993, Harkins & Szymanski 1988, Kerr & Bruun 1983, Weldon & Gargano 1988).

„Social-loafing", „Free-riding" und „Sucker-effects"

Das sog. „Loafing" in Gruppen, mit additiven Aufgaben, kann nach Weldon und Gargano (1988) durch die empfundene Anonymität erklärt werden. Mit steigender Gruppengröße geht die Information über individuelle Leistungsanteile verloren. Wenn der indivduelle Leistungsbeitrag unbekannt ist, können sich einzelne Gruppenmitglieder „zurücklehnen", ohne Sanktionen fürchten zu müssen. In einer Untersuchung aus dem Jahre 1985 konnten Weldon und Gargano zeigen, daß geteilte Verantwortung bei einer Beurteilungsaufgabe zu weniger kognitivem Aufwand bei den Gruppenmitgliedern führt als bei einzeln arbeitenden Personen. Macht

Information über individuelle Leistungsanteile gehen verloren

man dagegen jeden einzelnen in der Gruppe für das Ergebnis verantwortlich, verschwinden die Unterschiede zwischen Einzelleistung und der Gruppenleistung der einzelnen in der Gruppe.

Infobox: Social-loafing, Free-riding und Sucker-Effekte

Der *Social-loafing-Effekt* (Latané, Williams & Harkins 1979) ist nach Kerr und Bruun (1983) darauf zurückzuführen, daß es mit zunehmender Gruppengröße schwieriger wird, die individuelle Einzelleistung zu identifizieren.

Der *Free-rider-Effekt* (Olson 1965) entsteht dadurch, daß einzelne Gruppenmitglieder ihren Arbeitseinsatz reduzieren, je mehr der Eindruck entsteht, daß die eigene Leistung entbehrlich ist. Ob die eigene Leistung als entbehrlich wahrgenommen wird, hängt u.a. von der Gruppenaufgabe ab.

Gruppenaufgaben können in disjunktive und konjunktive Aufgaben unterschieden werden (Steiner 1972).

Disjunktive Aufgabe erlauben es der Gruppe, die Leistung nur eines einzelnen Mitgliedes zu akzeptieren, so daß es darauf ankommt, das fähigste Mitglied auszuwählen, z.B. beim Lösen einer Anagram-Aufgabe.

Konjunktive Aufgaben erfordern eine Leistung, bei der es auf das schwächste Mitglied ankommt, z.B. wenn eine Gruppe einen Berg erklimmt, an einem Seil miteinander gesichert ist, und somit die Gruppe nicht schneller gehen kann als das langsamste Mitglied.

Bei *additiven Aufgaben* werden die Einzelleistungen der Mitglieder aufaddiert. In bezug auf die Gruppenaufgaben sagen Kerr und Bruun (1983) voraus, daß bei konjunktiven Aufgaben die Motivation derjenigen Mitglieder sinkt, die sich als besonders leistungsfähig einschätzen, während bei disjunktiven Aufgaben die Motivation der Mitglieder sinken wird, die sich als weniger leistungsfähig einschätzen. In beiden Fällen ist die eigene Leistung am ehesten entbehrlich.

Beim *Sucker-Effekt* tritt folgendes Verhalten ein: Wenn eine Einzelperson in Gegenwart eines leistungsfähigen Partners arbeitet, der seine eigene Anstrengung reduziert (sozusagen ein „Free-rider“ ist), wird die Einzelperson ebenso ihre Anstrengung reduzieren, um Gleichheit herzustellen. Während beim „Free-rider-Effekt“ die Leistungseinbussen dadurch entstehen, daß der eigene Beitrag als entbehrlich betrachtet wird, entsteht die Leistungsminderung beim Sucker-Effekt dadurch, daß vermieden werden soll, daß man selbst das „Opfer“ eines Free-riders und damit ausgenutzt wird (Shepperd 1993).

Collective Effort Model

Karau & Williams (1993) entwickelten aufgrund einer Metaanalye zu „Social-loafing"-Befunden ein Modell des kollektiven Einsatzes (CEM = Collective Effort Model), das die Einzelergebnisse und -annahmen zusammenfaßt: Individuen sind dann bereit, sich an einer gemeinsam zu lösenden Aufgabe zu beteiligen, solange ihre Anstrengung dazu beiträgt (bzw. instrumentellen Charakter besitzt), ein angestrebtes Ziel zu erreichen (z.B. die Verbesserung eines Arbeitsprozesses durch Minimierung der Reibungsverluste bei Schnittstellen).

Das individuelle Engagement muß dabei in Beziehung stehen zur eigenen Leistung (z.B. eine Idee einbringen), die nun wiederum in Bezug zur Gruppenleistung stehen muß (die Idee wird von der Gruppe ernsthaft diskutiert). Die Gruppenleistung sollte wiederum zu favorisierten/attrak-tiven Konsequenzen führen (z.B. durch die Umsetzung der Idee verläuft der Arbeitsprozeß zur Zufriedenheit und weniger „streßig"; Überstunden können reduziert werden; man kann früher nach Hause gehen, weil die Arbeit in der vertraglich vereinbarten Wochenarbeitszeit erledigt werden kann).

Sind innerhalb der Leistungssituation einige Kriterien deutlich wahrnehmbar nicht erfüllt (z.B. wird die Sinnhaftigkeit des eigenen Einsatzes nicht wahrgenommen oder das Gruppenergebnis wird nicht als attraktiv empfunden), werden Individuen ihre individuelle Leistung reduzieren. Persönlich relevante Handlungskonsequenzen beinhalten zum einen objektive Ergebnisse (wie Bezahlung), zum anderen Informationen zur Selbstevaluation und das Gefühl „dazuzugehören". Die Relevanz hängt wiederum von der wahrgenommenen Bedeutungshaltigkeit, dem intrinsischen Wert der Aufgabe sowie der Wichtigkeit für den einzelnen und die Gruppe ab.

„Gruppendenken"

Auch emotionale Prozesse wirken auf Gruppenentscheidungen. Janis (1972) beschreibt das Phänomen des „Gruppendenkens" (Groupthink).

In Gruppen,

- die ein hohes Maß an Kohäsion aufweisen,
- sich von der Außenwelt absondern,
- über kein systematisches Verfahren zur Informationsgewinnung und –bewertung verfügen,
- eher direktiv geführt sind
- und unter Streßbedingungen arbeiten,

sei die Versuchung besonders groß, gegenseitige Unterstützung und voreilige Übereinstimmung zu suchen. Voreilige Übereinstimmung kann folgende Konsequenzen haben (Brandstätter 1989):

- Illusion der Unverwundbarkeit,
- kollektive Rationalisierung,
- Abbau moralischer Bedenken,
- abwertende Verkennung der möglichen „Gegner",

- Sanktionen gegen Dissidenten,
- Verdrängung der eigenen Zweifel an der Urteilsgenauigkeit der Gruppe,
- Überschätzung der Einstimmigkeit
- und Abschirmung gegenüber Kritik an der Effizienz und Qualität der Gruppenarbeit.

Dies kann dazu führen, daß wichtige Handlungsalternativen nicht erneut bewertet, daß zu wenig Informationen eingeholt, die vorhandenen Informationen einseitig verarbeitet und keine Notfallpläne erstellt werden.

Die benannten Vor- und Nachteile von Problemlöseprozessen in Gruppen konnten in experimentellen Settings beim komplexen Problemlösen bestätigt werden. Badke-Schaub (1993) verglich die Problemlösestrategien von Einzelpersonen und Kleingruppen bei der Bearbeitung einer simulierten Aids-Epidemie. Die Versuchspersonen sollten Maßnahmen zur Eindämmung der Ausbreitung von Aids vorschlagen. Die Kleingruppen hatten zwar größere Probleme, ein gemeinsames Ziel festzulegen, es gelang ihnen jedoch besser, sich die problemrelevanten Informationen zu beschaffen. Sie produzierten mehr Lösungsvorschläge, aber es fiel ihnen schwer, einen oder mehrere dieser Vorschläge auszuwählen und umzusetzen.

Maßnahmen gegen „Groupthink"

Infobox: Maßnahmen gegen „Groupthink" (Janis 1982)

„1) Aufklären über die Gefahren des Gruppendenkens,
2) Zurückhaltung des Vorgesetzten in eigenen Stellungnahmen,
3) Ermutigung der Gruppenmitglieder zur Äußerung von Einwänden und Zweifeln,
4) fallweise Übernahme der Rolle eines „advocatus diaboli" durch ein Gruppenmitglied,
5) gelegentliche Bildung von Untergruppen zur konkurrierenden Bearbeitung eines wichtigen Teilproblems,
6) sorgfältige Analyse der Möglichkeiten und Absichten eines eventuellen Konkurrenten oder Gegners,
7) erneutes Überdenken der (vorläufigen) Einigung auf eine Lösung,
8) Beiziehen externer Beobachter und Kritiker,
9) Einholung von Meinungen vertrauenswürdiger Kollegen durch Gruppenmitglieder,
10) Einsetzen einer parallel am selben Problem arbeitenden Gruppe."
(Brandstätter 1989, S. 526f)

Koordinations- und Motivationseinbußen

Diese Arten von emotionalen Prozessen, Koordinations- und Motivationseinbußen werden von Steiner (1972) einheitlich als Prozeßverluste bezeichnet. Er formulierte den allgemeinen Zusammenhang:

Tatsächliche Produktivität = Potentielle Produktivität
– Prozeßverluste.

Diese Grundposition hält Zysno (1998) für zu pessimistisch, denn sie besagt, daß die tatsächliche Produktivität nur im seltenen Ausnahmefall (bei vernachlässigbaren Prozeßverlusten) erreicht wird. Es ist nicht von vornherein auszuschließen, daß auch Prozeßgewinne im Sinne von Synergie auftreten können. Er schlägt deshalb vor zu formulieren:

Tatsächliche Produktivität = Potentielle Produktivität
– Prozeßverluste
+ Prozeßgewinne.

Die potentielle Produktivität kann als Ergebnis verstanden werden, das mehr ist als die Summe der Einzellösungen, z.B. wenn assoziative Prozesse während der Ideenfindung in der Gruppe zu einer höheren Anzahl von Verhaltensalternativen führen.

Zusammenfassung

Die dargestellten Barrieren machen deutlich, daß eine Wissensverteilung in Gruppen nicht immer zur Optimierung der Lösung beiträgt, sondern auch von der Aufgabe, Situation und Gruppe abhängt. Um eine möglichst optimale Wissensdiffusion zu erreichen, müssen die Prozeßverluste gering gehalten werden.

Wissensdiffusion kann in synchroner Form und Interaktion gefördert werden, indem Qualitätszirkel, ein Aufgabenorientierter Informationsaustausch oder Lernlaboratorien, kooperative Selbstqualifikation oder Lernen an den unternehmenseigenen Projekten zur Weitergabe des Einzelwissens gegenüber anderen Mitgliedern genutzt wird. Durch die gemeinsame Interaktion mit Kollegen, Vorgesetzten und Mitarbeitern legen diese multiple Perspektiven, Argumente, und Schlußfolgerungen offen, die jeder einzelne als Anregung und Weiterentwicklung seiner Ideen nutzen kann. Insofern versteht sich diese Form der Wissensdiffusion als Bereicherungsprozess, der durch die Interaktion in Problemlöseprozessen entsteht. Diese Form der Wissensdiffusion kann sich als effektiv erweisen, wenn es darauf ankommt, Entscheidungen vorzubereiten, die auf die Akzeptanz der Beteiligten angewiesen sind. Die Verhaltensalternativen werden solange angereichert, evaluiert, sondiert, simuliert und entwickelt, bis das Problem hinsichtlich möglichst vieler Verhaltensalternativen durchleuchtet ist.

Es können Situationen entstehen, in denen sich die Experten, die zur Problemlösung benötigt werden, in unterschiedlichen Kontinenten, Ländern oder Abteilungen aufhalten, so daß der Aufwand, diese zu Besprechungen zusammenzuholen, sehr groß ist. Inzwischen kann man auf Informationstechnologien zurückgreifen, die Wissen zur Verfügung stellen, das in elektronischer Form hinterlassen wurde.

Betrachtet man Konzepte, Ideen und Modelle, die sich über Jahrhunderte oder sogar Jahrtausende erhalten haben und somit zum „Allgemeingut" geworden sind (wie Bibel, Märchen, Schriften der griechischen Philosophen) zeichnet sich die „Zeitlosigkeit" dadurch aus, daß sie schriftlich niedergelegt wurden. Wissenschaftliche Ideen werden „unsterblich", sobald sie in Zeitschriftenartikeln und Büchern veröffentlicht wurden.

Auch wenn viele organisationale Gedächtniskonzepte auf gemeinsam geteilten Mentalen Modellen und Wertesystemen sowie Kommnikationsakten basieren, bleibt es unverzichtbar, zentrale Ideen mit längerfristiger Gültigkeit schriftlich abzulegen. Nur so kann auf das Wissen, Erfahrung und Erkenntnisse zu jeder späteren Zeit zurückgegriffen werden.

Ansätze des „Organizational Memory" und der computergestützen Wissensdatenbanken, die Speicherkapazitäten für organisationalen Gedächtnisbesitz bereitstellen, werden im folgenden erläutert.

3.5 Nutzung von Informationstechnologien zur Wissensdiffusion

Technische Vernetzung

Elektronische Medien erleichtern den Zugang und das Abrufen von Informationen in Unternehmen. Informationstechnologien können genutzt werden, um als Speicher für Produktinformationen, Konstruktionsdaten und Besprechungsprotokolle oder auch als Projektarchive zu dienen. Gleichsam bietet die technische Vernetzung im Unternehmen die Gelegenheit, Mitarbeiter interagieren zu lassen, um von ihrem Wissen gegenseitig zu profitieren.

Die optimale Nutzung von Datenbanken durch Einzelpersonen, die auf vorhandenes Wissens zurückgreifen wollen, unterliegt dabei anderen Prinzipien als die gemeinsame synchrone Diskussion mehrerer Mitarbeiter zu einem speziellen Thema.

Prozeß-orientierte Perspektive

Kühn und Abecker (1997) benennen zwei Funktionen von Informationstechnologien zur Unterstützung eines Organizational Corporate Memory. Im Sinne einer prozeßorientierten Perspektive können Informationstechnologien wie Groupware-Systeme Wissensdiffusion fördern; die produktorientierte Perspektive focussiert das in Dokumenten abgelegte Wissen und deren Wiedernutzung, zum Aufbau eines computerbasierten Corporate Memory.

Die Instrumente und Werkzeuge des Corporate Memory unterscheiden sich von den bekannteren Expertensystemen insofern, daß nicht eine vom

System generierte Lösung vorbereitet wird (Kühn & Abecker 1997). Die Prinzipien des Corporate Memory basieren auf den Erfolgen von Datenbanken und Hypertext Systemen, wie Workflow Management Systemen, Inter- und Intranets. Diese Systeme speichern relevante Informationen und stellen sie einem potentiellen Nutzer zu Verfügung, überlassen jedoch die Interpretation und Evaluation dieser Information (in bezug auf die spezielle Problemlösung) dem Problemlöser.

Der Nutzung von Intranets zur Speicherung des Wissens müssen Überlegungen vorausgehen, die klären, welches Wissen und welche Informationen in welcher Form präsentiert werden sollen, da diese unterschiedliche zeitliche Stabilität und Gültigkeit aufweisen.

Merten (1990) entwickelte eine Klassifikation von Wissen im Hinblick auf Fristigkeit und Relevanz. Er unterscheidet klassifikatorisches Wissen, relationales Wissen und relevanzbestimmtes Wissen.

Klassifikatorisches Wissen

Klassifikatorisches Wissen, im weitesten Sinne deklaratives Wissen, erlaubt eine Sortierung in wechselseitig sich ausschließende Kategorien und ist tendenziell „unverderblich". Klassifikatorisches Wissen wie z.B. Telefonnummern, Routen, Fahrpläne, Essenspläne, Produktinformationen können im Sinne von virtuellen oder elektronischen Nachschlagewerken präsentiert und erfahren und mit Suchmaschinen aufgefunden werden.

Relationales Wissen

Relationales Wissen ist ereignisorientiert, lebt durch Bezugspunkte und beinhaltet im weitesten Sinne Steuerungs- und Kausalwissen. Es besitzt keinen absoluten Wahrheitsanspruch, sondern erhält seine Aktualität nur jeweils im Hinblick auf eine bestimmte Person, eine bestimmte Gesellschaft oder eine bestimmte Situation.

Die Darstellung derartiger Information hat komplexeren Charakter und erfordert nicht nur das Abbilden der reinen Information, sondern deren Einbettung in eine „Hintergrundgeschichte" (wie z.B. ein Projektberichtes).

Relevanzbestimmtes Wissen

Relevanzbestimmtes Wissen wird zunächst ebenfalls als relational bezeichnet, wird darüber hinaus jedoch durch einen speziellen Sinngehalt und eine besondere Bedeutung für den Nutzer gekennzeichnet. Relevante Information ist mehrfach relationiert und verderblicher. Da die Relevanz nur vom Informationsnutzer an sich definiert wird, ist es hier anspruchsvoller, eine elektronische Lösung anzubieten. Tagesereignisse können zwar „über den Ticker" laufen, mittelfristiges relevanzbestimmtes Wissen wird jedoch nur über individuelle Suchstrategien gefunden. Wo sich das für eine Person relevanzbestimmte Wissen findet, kann vorher nicht genau bestimmt werden. Die Suchenden sollten Suchstrategien und Verknüpfungen erwerben, um das für sie relevante Wissen zu recherchieren.

In Anlehnung an die Klassifikation von Merten (1990) kann für den organisatorischen Rahmen die Klassifikation aus der Tabelle 5 angenommen werden.

Tabelle 5: Relevanzgrad und Fristigkeit von Wissen in Organisationen

Relevanzgrad / Fristigkeit	**Klassifikatorisches Wissen (Im weitesten Sinne deklaratives Wissen, Struktur und Bereichswissen)**	**Relationales Wissen (Im weitesten Sinne Kontroll- und Steuerungswissen/ Kausalwissen)**	**Relevanzbestimmtes Wissen**
langfristig	Langfristig beständiges Wissen, das man „ein für alle mal" lernen kann, wie z.B. die Firmengeschichte, Physikalische Gesetze	Mythen und Riten, Geschichten über Unternehmensinhaber, Biographien der Eigner	Geheimnisse über Besonderheiten der Firma, eventuelle ökologische Versäumnisse, „Sünden" der Vergangenheit
mittelfristig	Schul-, Ausbildungswissen, Studiumswissen, VDE-Richtlinien, DIN-Normen, Arbeitssicherheit, Arbeitsrecht Medium → CBT, CD-ROM´s	Wissenschaftswissen, Patente, Ergebnisse der F&E-Abteilung; relational, weil Fortschritte auf „altes" Wissen bezogen werden; Projekterfahrungen Medium → Lernhistorien, Mentale Modelle, SOL-Ansatz	Wissen über mikropolitische Strategien, taktisches Wissen über Personen und Vorgänge Medium → Lernhistorien, Mentale Modelle, SOL-Ansatz
kurzfristig	Abteilungsbezeichnungen, Positionsbezeichnungen, Telefon und Faxnummern, Produktbezeichnungen Medium → Intranetseiten	Orientierungswissen: Wen kann ich wo finden? An wen muß ich mich wenden, um Informationen zu speziellen Problemen zu bekommen? Medium → Hotlines, Dokumente über Metawissen	Nachrichten, Börsenkurse, Qualitätszahlen, Krankenstand, Ausschuß, Produktivität Medium → „Ticker", Email Verteilerlisten

Zeitliche Verfügbarkeit und Wiederholbarkeit

Überlegungen zur Vermittlung von Wissen bauen auf die durch das Medium selbst gesetzten Randbedingungen wie z.B. temporale Variablen, zeitliche Verfügbarkeit und Wiederholbarkeit des jeweiligen Wissens auf.

Zusätzlich kann unterschieden werden nach:

- der Kompaktheit des zu vermittelnden Wissens,
- der Art der Übermittlung,
- den technischen Voraussetzungen,
- der zur Vermittlung notwendigen Zeit,
- des vom Rezipienten verlangten Ausmaßes an Verstehensleistung
- sowie der Universalität der zu vermittelnden Inhalte (Schulz 1974).

Es sollte überlegt werden, ob der jeweils angedachte technische bzw. zeitliche Aufwand der Kurzfristigkeit der Information gerecht wird. So ist es bei Themen, die lang- und mittelfristige Relevanz besitzen, durchaus angebracht, dann aufwendigere CD-ROM Produktionen zu erstellen, wenn eine große Anzahl von Mitarbeitern zu diesen Themen wiederholt Informationen benötigt (wie z.B. zum Thema Arbeitsschutz, Arbeitsrecht, Qualitätsmanagement, Firmengeschichte oder „Weltwissen" wie die Geschichte der Automatisierung, die zwar ergänzt, aber nicht regelmäßig gepflegt und auf den neuesten Stand gebracht werden muß). Änderungen, z.B. zu aktuellen Arbeitsgerichtsurteilen, können zunächst im virtuellen „Kurzzeitgedächtnis" abgelegt werden, bis sie in die Datenbanken eingepflegt werden. Bei kurzfristigem und leicht verderblichem Wissen bietet es sich, da Aktualität gefordert ist, an, z.B. Tagesmeldungen über Produktionsstand, Aktienkurse etc. über einen „Ticker laufen zu lassen" oder - wie schon in einigen Unternehmen üblich - auf großen Tafeln anzuzeigen.

Dadurch werden sie als fortgesetzte Entwicklungslinie dargestellt, um Veränderungen über Zeit, Kovariationen etc. abzubilden.

Letztlich bleibt es jedoch der Prioritätensetzung der Firma selbst überlassen, welche Informationen sie mit welcher Geschwindigkeit zum Informationskunden leitet, damit dieser erstens Produktionsablauf oder Dienstleistungserstellung steuern und zweitens Lernerfahrungen durch die Beobachtung der kontinuierlichen Entwicklungen erfahren und entdecken kann.

Die im folgenden vorgestellten Methoden der elektronisch vermittelten Wissensdiffusion beziehen sich in erster Linie auf mittel- und kurzfristiges relationales Wissen sowie auf relevanzbestimmtes mittelfristiges Wissen, im Sinne von mentalen Modellen und Kausalwissen.

3.5.1 Informationstechnologien zum Speichern von Erfahrungen

Die Erfahrungen der Vergangenheit können im Sinne der Entscheidungstheorie wichtige Voraussetzung zum Problemlösen nach Fisch und Wolf (1990) schaffen. Erfahrungswissen enthält Wissen um Alternativen, deren Auftretenswahrscheinlichkeit und Ausprägungsqualitäten, um eine möglichst rationale Entscheidung vorzubereiten.

Der Aufenthaltsort des Wissens

Nach der Definition von Klix (1996) zeigt sich Lernen bezogen auf soziale Systeme in der Korrektur von Gedächtnisinhalten sowie dem Erkennen und kollektiven Verhalten. Vom Wissen einer Organisation sollte je-doch erst gesprochen werden, wenn die Organisation weiß, welches Wissen in welcher Organisationseinheit vorliegt und wie dies genutzt werden kann. Auf dieser Ebene des Metawissens der Organisation ist es nötig, Wissen über den Aufenthaltsort von nützlichen (Lern-) Informationen und deren sinnvollen Einsatz in einer konkreten Entscheidungssituation zu generieren, um bessere Entscheidungen zu treffen. Das erfordert eine gleichzeitige Organisation von drei unterstützenden Prozessen:

Schutz vor abnehmender Verfügbarkeit und Wissen „on demand“

1. Lernerfahrungen werden im Sinne des Diskriminationslernens in den Gedächtnisbesitz integriert.
2. Schon erworbene Erkenntnisse werden vor abnehmender Verfügbarkeit und Vergessen geschützt (Hacker & Skell 1993).
3. Das Wissen wird „on demand“ zum Problemlöser transportiert.

Es besteht die Möglichkeit ein Abbild der eigenen Firma zu entwickeln, an dem neue MitarbeiterInnen eingearbeitet und fortgebildet, bzw. über das Gesamtsystem in dem sie arbeiten, informiert werden.

„Answer Garden“

Organisch wachsend

Weitere sinnvolle Ansätze zum Speichern von Lernerfahrungen im soziotechnischen System bieten Baggen et al. (1997) mit dem Anfertigen von Ereignisanalysen oder das System „Answer Garden“ von Ackerman und Mallone (1990). „Answer Garden“ basiert auf einer Datenbank, in der Antworten auf häufig gestellte Fragen abgerufen werden können. Diese Datenbank wächst „organisch“ weiter, wenn neue Fragen auftreten und von Experten beantwortet werden.

Durch die zugrundeliegenden Prinzipen des „Answer Garden“ (Ackerman & Malone 1990) wird es Organisationen ermöglicht, Datenbanken für häufig gestellte Fragen zu erstellen, die „organisch“ wachsen, sobald neue Fragen aufgeworfen und beantwortet werden. Das System wurde für kontinuierliche Anfrage-Ströme im Servicebereich oder für Hotlines entwickelt. Von diesen Organisationsbereichen werden Problemlösungen erwartet und Anworten zu Fragen gewünscht, mit denen eine Organisation u.U. noch nicht konfrontiert wurde.

Das System enthält Diagnosefragen, die den Anfragenden zur richtigen Antwort führen. Wenn keine Antwort vorliegt, schickt das System die Frage automatisch zu einem Experten. Dieser Experte returniert seine Antwort direkt zum Anfragenden zurück und speist seine Antwort in das System ein.

Infobox: „Liebling, ich habe die Firma geschrumpft!“ (Dworschak 1996)

„Drei Jahre lang verbrachte der ungelernte Schichtarbeiter Matthias Pütz jede freie Minute an seinem Computer. Am Ende hatte er seine ganze Fabrik nachgebaut: Werk D 743, eine Anlage des Chemiekonzerns Hoechst in Frankfurt. Als er fertig war, schaltete er das Programm ein. Die Ingredienzien flossen durch die Leitungen, die Rührwerke drehten sich geruhsam, unten kam ordnungsgemäß Ramipril raus, ein blutdrucksenkendes Mittel, und Pütz sah, daß es gut war. Seine Simulation SIM Factory läuft inzwischen auf einem Rechner bei ihnen im Werk: halb Lernprogramm, halb Spiel und obendrein ein Lexikon der Arbeit. Das Bilderlexikon der chemischen Produktion bildet die Wissensbasis von SIM Factory, in der schon ein paar tausend Stichworte beisammen sind.

Als Pütz zu Hoechst kam, hatten die Kollegen ihm die nötigen Handgriffe schnell gezeigt. Aber es quälte ihn, daß er nichts verstand: „Da stehe ich im sechsten Stock, fülle irgendwas ab und pumpe es durch die Gegend, und am nächsten Tag kommt alles durch ein anderes Rohr wieder zurück.“

Er entdeckte schnell, daß seine Informanden, die er für die Simulation befragte, sich für alle Fälle längst selbst Aufzeichnungen angelegt hatten. Abgegriffene, knittrige Zettel, die sie bei Bedarf hervorkramten. Mit Beschreibungen, was zu tun ist, wenn die Filter wieder ausgekratzt werden müssen, dazu eine knappe Skizze, die zeigt, wie man an die kritischen Stellen kommt.

Die Ingenieure fragt kaum einer. Worauf es ankommt, wissen die ohnehin nicht: bei welcher Waage man 10 Gramm dazurechnen muß und wo man klopft, wenn die Zentrifuge spinnt. Pütz fand eine Fabrik vor, in der das nötige Wissen wohl vorhanden ist, aber in Streubesitz, wie z.B. beim alten Maschinist Karl-Heinz Kautz, seit 10 Jahren an der Anlage. Bei Kautz blieb sie nie stehen. Der stieg in den Stockwerken herum, horchte die Rohre ab und faßte an die Pumpen, ob sie auch warm waren. Das Inbild des Anlagenfahrers, der mit einen Apparaten lebt.

> Und so beschloß Pütz, eine zweite Fabrik zu bauen, die alles Wissen als Gemeingut enthält, so anschaulich, daß jeder es versteht, und so vollständig, daß keine Frage offenbleibt.
>
> Inzwischen beinhaltet das Programm auch Trainingsmodule, kurze Übungen für die häufigsten Problemfälle, Rohrverstopfungen beispielsweise." (S. 74)

Das System basiert auf drei Grundideen:

Netzwerk an Diagnosefragen

1. Ein verzweigtes Netzwerk an Diagnosefragen unterstützt den Benutzer, die richtige Antwort zu finden. Die Diagnosefragen orientieren sich an den Fragen, die ein Experte stellen würde, wenn ein Nutzer mit einem Problem zu ihm käme (z.B. „Ist der Netzstecker eingesteckt?" oder „Leuchtet das „On"-Lämpchen?"). Es schließen sich weitere Fragen an, je nachdem ob mit „Ja" oder „Nein" geantwortet wurde, bis der Nutzer zur gewünschten Expertenantwort gelangt. An den ungeübten Benutzer werden Multiple Choice-Fragen in Textform gestellt, die er anklickt, um zur nächsten Frage zu gelangen.

Geübte Nutzer haben die Möglichkeit, sich über die Option „view tree" die Verzweigungen und Knotenpunkte im „Answer Garden" im Überblick anzeigen zu lassen, um Fragen zu überspringen und direkt zu einem Knotenpunkt zu gelangen.

Interaktion mit Experten

2. Ungewöhnliche Fragen werden automatisch an sachkundige Experten weitergeleitet und mit der entsprechenden Antwort in das System eingespeist. Wenn ein Nutzer an das Ende des Netzwerks gelangt, ohne eine befriedigende Antwort für ein Problem zu erhalten oder wenn die Beantwortung der Diagnosefragen Schwierigkeiten bereitet, kann eine neue Frage in das System eingegeben werden. Diese Frage wird dann automatisch an einen Experten weitergeleitet, der die Frage beantwortet und an den Anfrager zurücksendet. Sobald die Antwort vorliegt, wird sie an der Stelle in das Netzwerk zugefügt, an der sie auftrat. So wächst „Answer Garden" über die Zeit hinweg selbständig.

Anstöße für die Erweiterung des Netzes

3. Experten können das diagnostische Netzwerk verändern, wenn sie aufgrund einer speziellen Benutzeranfrage feststellen, daß die Diagnosefragen mißverständlich oder irreführend sind. Diagnosefragen werden dann durch die Experten umformuliert, ergänzt oder gelöscht.

Wenn der Fall eintritt, daß eine Anfrage am Ende einer Verzweigung ins Leere läuft, bestehen zwei Möglichkeiten die Datenbank zu verändern: (1) Eine neue Frage wird formuliert oder (2) Statistiken über die Nutzung spezieller Verzweigungen werden analysiert.

Zu (1)
Wenn der Anfragende mit der Antwort nicht zufrieden ist oder eine Diagnosefrage nicht verstanden hat, klickt er auf den Button „I´m unhappy“. Hat der Nutzer diesen Button angeklickt, kann er einem Experten das aktuelle Problem über E-mail schildern. Gleichzeitig wird die Frage an eine Informationsliste geschickt, die weitere Experten inner- und außerhalb der Abteilung über das Problem informiert.

Zu (2)
Statistiken über die häufige Nutzung einzelner Verzweigungen geben Aufschluß darüber, welche Fragen besonders häufig auftreten. Werden z.B. spezielle, lange Verzweigungen sehr häufig benutzt, gilt dies als Indikator dafür, daß eine spezielle Frage früher in der Verzweigung plaziert werden sollte.

Infobox: Anreize zur Nutzung des Systems „Answer Garden“

Der Erfolg eines kooperativ genutzten Systems hängt stark davon ab, ob es sich für die Nutzer lohnt, sich daran zu beteiligen.

Anreize für den Fragenden
Die Alternativen für diejenigen, die Fragen stellen, sind entweder (a) die Suche in Handbüchern oder ähnlich gedruckten Medien, oder (b) die Suche nach einer Person im Unternehmen, die die Frage beantworten kann. In den meisten Fällen sind diese Alternativen zeitaufwendiger. Mit „Answer Garden“ kann der Nutzer schnell und zu jeder Zeit Antworten auf seine Fragen finden, auch wenn kein menschlicher Experte verfügbar ist.

Anreize für die Experten
Die Experten werden durch weniger Fragen entlastet. Sie müssen deutlich weniger Routinefragen beantworten und können sich mehr auf die interessanten Probleme konzentrieren. So gelten nur ca. 10% der an Experten gerichtete Fragen als derart ungewöhnlich, daß sie neue Informationen und Lösungen benötigen (Ackerman & Malone 1990).

Anreize für die Organisation
„Answer Garden“ unterstützt einen schnelleren und einfacheren Zugriff auf Problemlösungen. Die Effektivität und Qualität der Antworten und Lösungen, die an interne und externe Kunden weitergegeben werden, nehmen zu und reduzieren die Zeit, die der Experte ansonsten benötigt, um häufig sich wiederholende Fragen zu beantworten.

Ein vergleichbares organisationales Gedächtnis ist die Datenbank von General Electric.

Beschwerden und Anfragen von Kunden

General Electric registriert alle Beschwerden und Anfragen von Kunden in einer Datenbank, so daß die Mitglieder des Entwicklungsteams auf indirekte Weise nachvollziehen können, was ihre Kollegen vom Telefondienst erlebt haben. Im Answer Center von GE beantworten über 200 Sachbearbeiter bis zu 14.000 Anrufe pro Tag. GE erfaßte mittlerweile 1,5 Millionen potentielle Probleme samt Lösungen in der Datenbank. Das System ist mit einer Funktion zur Online-Diagnose ausgestattet, die dem Sachbearbeiter binnen zwei Sekunden die Lösung zu einem aktuellen Problem liefert. Falls keine Lösung zur Verfügung steht, wird sie von zwölf Spezialisten mit mindestens vierjähriger Erfahrung im Reparaturdienst vor Ort entwickelt. Vier Vollzeitprogrammierer geben die Lösung in die Datenbank ein, so daß die neue Information in der Regel schon am nächsten Tag abrufbereit ist. Diese Informationen werden jeden Monat an die jeweiligen Produktabteilungen gesandt, aber auch die Abteilungen schicken ihre Entwickler häufig ins Answer Center, damit sie sich im Gespräch selbst ein Bild von den Erfahrungen der Sachbearbeiter oder der zwölf Spezialisten machen (Nonaka & Takeuchi 1997).

Um Kausalwissen zu Systemen wie das eigene Unternehmen zu erlangen, sind Datenbanken jedoch allein nicht ausreichend. Kausalwissen zu erwerben, umfaßt vielmehr die transparente Schilderung der Interaktionen und Erfahrungen mit dem System.

„Safety through Organizational Learning“

Der „Safety through Organizational Learning“ (SOL)-Ansatz (Baggen et al.1997) zielt darauf ab, Systemsicherheit in der Atomindustrie zu erzeugen, indem ein organisationaler Lernansatz verfolgt wird. Der SOL-Ansatz fördert bei den Beteiligten das Bewußtsein für menschliche und organisatorische Systemfaktoren, die zur Sicherheit beitragen und zum Erwerb von Kausalwissen benötigt werden.

Methode zur Analyse von Ereignissen

SOL beinhaltet eine Kombination aus Methoden zur Analyse von Ereignissen bzw. kritischen Vorfällen, Elemente eines Berichtswesens und Datenbanken, die es ermöglichen, das sicherheitsbezogene Wissen für einen späteren Abruf bereitzuhalten (Abbildung 13).

Dieser Ansatz wurde für die Atomkraftindustrie entwickelt, eignet sich jedoch auch für andere Industriezweige.

Die Ereignisanalyse verwertet „weichere“ Faktoren und will nicht nur technisches Versagen analysieren. Die Ereignisanalyse des SOL-Ansatz beinhaltet 3 Schritte:

1. Die Situationsbeschreibung,
2. das Identifizieren der beteiligten Faktoren und
3. das Generieren eines Berichts.

Die Situationsanalyse:

Der erste Schritt umfaßt die Situationsbeschreibung und Antworten auf die Fragen: Was? Wann? Wer?. In einer graphischen Form wird die verfügbare Information zusammengetragen, ohne nach verantwortlichen

Faktoren oder kausalen Zusammenhängen zu fragen. Es steht allein die Beschreibung der Situation im Vordergrund.

Identifizieren der beteiligten Faktoren:

Dieses Verfahren beantwortet Fragen des „Warum?“. Warum-Fragen werden für jeden Teil der Ereignisanalyse gestellt, um menschliche oder organisatorische Fehler zu entdecken. Die Autoren haben ausgehend von einer umfangreichen Literaturrecherche 20 Faktoren festgelegt, die in Frage kommen:

1. Die Präsentation der Informationen
2. Die Informationsweitergabe
3. Informationsverarbeitung
4. Arbeitsbedingungen
5. Individuelle Leistung
6. Zeitliche Vorgaben der Ausführung
7. Verletzung von Vorgaben
8. Verantwortlichkeiten
9. Kontrolle und Beaufsichtigung
10. Einfluß der Gruppe
11. Regeln und Prozeduren
12. Qualifikation
13. Training und Auswahlkriterien
14. Organisationale Führung und Ziele
15. Feedback der Erfahrungen
16. Sicherheitsvorschriften
17. Qualitätsmanagement
18. Wartung und Instandhaltung
19. Beratende und regulierende Stellen
20. Technische Komponenten

Durch Berichte Wissen kommunizieren

Diese Faktoren wurden durch eine Literaturrecherche sowie durch Expertenbefragungen ermittelt. Die Experten bewerteten die Wichtigkeit eines speziellen Faktors für die Ereignisanalyse in einem soziotechnischen System. Die Faktoren werden in Frageform vorgegeben (z.B. “Gibt es Hinweise für einen Einfluß der Arbeitsbedingungen auf die Leistung des Mitarbeiters in der Leitstelle?“) und durch Beispiele illustriert: (z.B. „Lärm“, „Hitze“, „Zeitdruck“). Es bestehen Links zu anderen Faktoren, die das Ereignis erklären können. Relevante Erklärungen werden dann in die graphische Darstellung der Situationsbeschreibung mit aufgenommen. Da es den Autoren besonders um die Prozedur der Ereignisanalyse geht, sind Experten aufgefordert, eigene unternehmensspezifische Faktoren zuzufügen.

Generieren des Berichts:

Statistische Auswertung und späterer Abruf

Durch den Bericht wird das durch die Ereignisanalyse gewonnene Wissen der Organisation und den regulierenden Stellen kommuniziert. Der Bericht muß alle wichtigen und essentiellen Informationen enthalten und so verfaßt sein, daß eine statistische Auswertung und ein späterer Abruf möglich sind. Um umfangreiche Papierarbeit zu vermeiden, wurde eine computergestützte Version (CSEA) entwickelt, die in Baggen et. al. (1997) beschrieben ist.

Für den Produktionsbereich könnte eine computergestützte Lösung des Corporate Memory folgendermaßen aussehen:

Das System „KONUS“

Ein Hersteller von motorbetriebenen Werkzeugen und Fahrzeugen identifizierte die Produktion von Kurbelwellen als ein Kernprodukt innerhalb der gefertigten Produkte, die weitere Design-Entscheidungen beeinflußt und selbst von diesen wiederum beeinflußt wird. Kühn und Abecker (1997) entwickelten das System KONUS, daß die Basisprinzipien des Corporate Memory beeinhaltet (Abbildung 14):

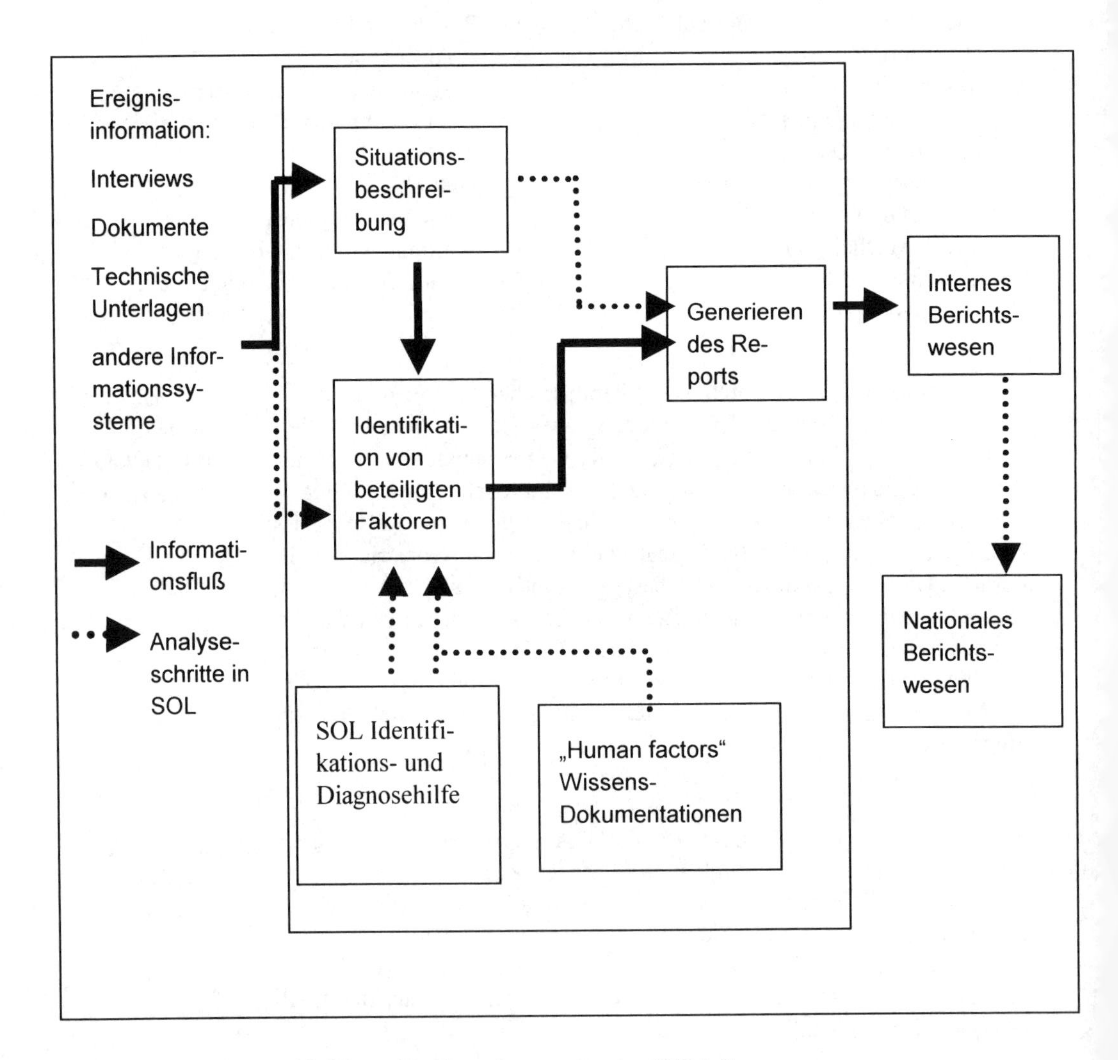

Abbildung 13: Vorgehensweise des CSEA-Systems

Design-Aid: Die „Design-Hilfe“ bietet direkte Hilfe für die Konstruktion und Modifikation von Kurbelwellen, so daß diese Tätigkeit auch von Ingenieuren, die keine Kurbelwellen-Spezialisten sind, vollzogen werden kann. Die Design-Unterstützung schlägt Strategien vor, verweist auf gehbare Lösungsalternativen und äußert Kritik, wenn Design-Prinzipien verletzt werden.

Hilfe für die Konstruktion und Modifikation

Entwicklungsteam
Kurbelwellen Experte
Qualitätssicherung

Graphisches Interface

Design Guide
Vorschläge zur Strategie
Schlägt mögliche Lösung vor
Kritisiert vorgeschlagene Lösungen

Design Informer
Bietet relevantes Wissen an
Erklärt die gegebene Lösung
Prüft Alternativen

Design Librarian
Speichert Wissen
Aktualisiert Design- Regeln
Aktualisiert Definitionen
Gültigkeitsprüfung des Wissens

Sammelung der bisherigen Entwicklungen
Kurbelwellen
Relevante Referenzobjekte
Lager und Material
Design-Regeln Voraussetzungen für gute Entwicklungen
Konzeptdefinitionen und Erklärungen

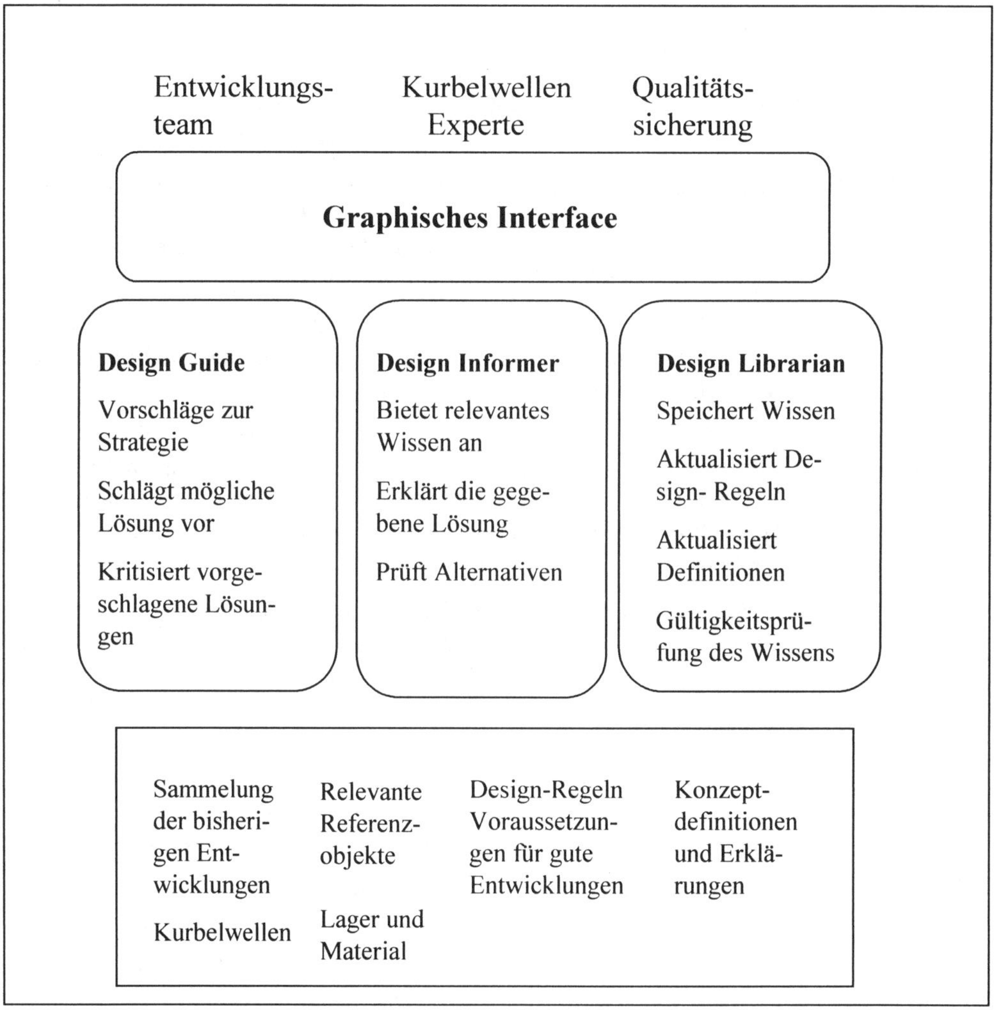

Abbildung 14: Das System KONUS

Antworten auf Fragen

Design-Informer: Der Design-Informer antwortet auf Fragen wie „Warum?“ oder „Warum nicht?“ in bezug auf bisherige Entwicklungen. Erklärt und geprüft werden Designentscheidungen hinsichtlich der Realisierbarkeit von Alternativen, die häufig von der Produktion oder der Marketing-Abteilung gewünscht sind.

Management und die Entwicklung von Design-Wissen

Design-Librarian: Der „Design-Bibliothekar“ unterstützt das Management und die Entwicklung des Design-Wissens, indem er Funktionen für das Speichern, Updating und die Gültigkeitsprüfung übernimmt.

In der Wissensdatenbank werden von Kühn und Abecker (1997) vier Wissenstypen unterschieden:

Abstrakte und qualitative Beschreibung von Design-Merkmalen

Eine *Sammlung von bisherigen Entwicklungen* beinhaltet Beschreibungen von Kurbelwellen und anderen kurbelwellengetriebenen Komponenten, die gemeinsam mit der Kurbelwelle entwickelt werden. Jede Komponente enthält eine abstrakte und qualitative Beschreibung von Design-Merkmalen, die eine zentrale Rolle spielen.

Referenzobjekte

Zu den *relevanten Referenzobjekten* zählen die Autoren Material und Lager, die zwar nicht entwickelt, aber ausgesucht und deren Merkmale in die Entwicklung mit einbezogen werden.

Design-Regeln als Essenz der Expertise

Die *Design-Regeln* beinhalten eine Essenz der organisationalen Expertise. Sie indizieren, welchen Kriterien eine gute Entwicklung in Bezug auf technische Erfordernisse, Kosteneffizienz und Herstellung genügen muß. Jede Design-Regel wird durch eine informelle Erklärung kommentiert, die deutlich hervorhebt, nach welcher Regel gearbeitet werden soll.

Metastruktur

Konzeptdefinitionen und Erklärungen formieren sich zu einer Art Metastruktur aller Begriffe und Strukturen der oben genannten Wissenstypen. Neben den formellen und informellen Begriffserklärungen und deren Beziehung zueinander, wird ebenso dargestellt, in welcher Art und Weise die Informationen dem Benutzer sichtbar gemacht werden.

Weitere Beispiele für Systeme zur Förderung des Corporate Memory für die Bereiche Qualitätsmanagement und Projektmanagement stellen Kühn und Abecker (1997), Romhardt (1997) und Shum (1997) dar.

Betrachtet man die Medien, die genutzt werden, und den Aufwand, der zur Verteilung von Wissen betrieben wird, zeigt sich deutlich, daß das Medium, das ausgesucht wird, um Wissen zu distribuieren, auch von der Haltbarkeit abhängt.

3.5.2 Informationstechnologien zum kollaborativen Lernen

„Chat-rooms", Diskussionsforen oder virtuelle „Blackboards"

Die einfache Methode, Wissen im Unternehmen zu teilen, ist das Nutzen von „Chat-rooms", Diskussionsforen oder virtuellen „Blackboards". Mitarbeiter haben die Möglichkeit, Fragen zu stellen, die dann von Kollegen, die sich diesbezüglich kompetent fühlen, (weltweit) beantwortet werden. Ein Mitarbeiter eines großen amerikanischen Computer- und Software-Herstellers berichtet, daß dies die schnellste und beste Lösung darstellt, um Informationen zu technischen Hard- oder Softwareproblemen zu bekommen. Er plaziere eine Anfrage in einem der Diskussionsforen und sei sich sicher, daß ein Mitarbeiter aus einem Entwicklungszentrum z.B. in Moskau, Los Angeles oder England in den nächsten 12 Stunden eine Lösung dazu anbiete. Suche man diesbezüglich im unternehmenseigenen Intranet, gäben die meisten nach einer Weile frustriert auf, da sie die spezielle Information zu ihrem Problem nicht finden könnten. Besonders beeindruckt zeigen sich Nutzer der Foren von der Herzlichkeit und prompten, anstandslosen Hilfsbereitschaft von Kollegen aus aller Welt, die sie bisher nicht kannten.

> **Infobox: Diskussionsforum**
>
> Fragen, die gestellt werden sind z.B. „Ich habe einen 760EL mit einem DOCK II. Dock II hat einen IBM SCSI-CD-ROM-Drive installiert, der hervorragend läuft. Ich habe das Audiokabel mit dem CD verbunden, schaffe es aber nicht, eine Musik-CD unter Windows 95 laufen zu lassen. Habe ich irgendwas vergessen zu installieren? Vielen Dank im voraus für die Hilfe!" – Mark, San Jose.
>
> „ Hat irgend jemand eine Ahnung, ob es möglich ist, NT 4.0 auf einem IBM Thinkpad 760 E mit einem externen PCMCIA-CD-ROM zu nutzen? Ich habe schon die IBM PC und Mircosoft Webseiten angeguckt, um Treiber zu finden, jedoch ohne Erfolg."– Mats, Schweden.
>
> „Wenn Dein CD-ROM ein M/T 1969-008 oder ein 1969-009 ist, ist der NT-Treiber unter ftp://ftp.ibm.co (..) erhältlich. Der Treiber funktioniert unter NT 3.51 und NT 4.0." - Shinobu, Japan.

Neben dieser informellen Wissensdiffusion, die auf Nachfrage eingeleitet wird, lassen sich vernetzte Systeme in einem Unternehmen auch zur bewußten Gestaltung von gemeinsamen Austauschräumen nutzen.

Persönliche Datenbanken von „knowledge building communities"

Eine bewußte Evolution von gemeinsam geteilten Wissensinhalten ist seit Beginn der 90er Jahre stark mit der Implementierung von Informationstechnologien verknüpft, die es ermöglichen Lernergebnisse einer Gruppe von Personen in persönlichen Datenbanken zu speichern. Der CSILE-Ansatz (Computer Supported Intentional Learning Environments) von Scardamalia und Bereiter (1992) verwendet Informationstechnologien zum Aufbau sog. wissensgenerierenden Gemeinschaften (knowledge building communities) im Sinne einer wissenschaftlich arbeitenden Forschergruppe. Wissensgenerierende Gemeinschaften arbeiten nach Prinzipien des Konstruktivismus, der davon ausgeht, daß Wissen nicht als übertragbare Größe existiert sondern individuell durch die Interaktion mit anderen konstruiert ist und insofern eine soziokulturelle Aktivität darstellt. Durch die Interaktion erfolgt eine Ausbildung (cognitive apprenticeship) der Jungwissenschaftler, indem sie mit erfahrenen Experten zusammenarbeiten und deren Denkweise erlernen. Die CSILE-Umgebung wurde nicht dazu entwickelt, spezielle Inhalte zu transportieren, sondern dient dem Aufbau netzwerkbasierter Hypermedia Systeme, deren Datenbanken durch die Lernenden gefüllt werden.

Das System basiert u.a. auf folgenden Prinzipien:

1. Objektivierung: Das System unterstützt die Lernenden dahingehend, daß sie mit dem Wissen als Objekt lernen umzugehen, indem sie es anfechten, kritisieren, vergleichen und in Beziehung setzten.
2. Synthese: CSILE fordert die Beteiligten heraus, Wissen zu integrieren und tiefer zu verarbeiten, so daß weniger oberflächlich verarbeitet Elemente erworben werden.
3. Individuelle Beiträge: Die Einzelnen sehen ihre Einträge in die Datenbank und erkennen ihren eigenen Beitrag zum Gruppenwissen.
4. Gegenseitige Anregung: Die Lernumgebung ermöglicht es, verwandte Ideen, ähnliche Gedanken und nützliche Informationen aus der Gruppe zu erhalten - unabhängig von raum-zeitlichen Beschränkungen.

Thematische Räume

Die Lernumgebung enthält nach Themen gegliederte virtuelle Räume (Abbildung 15).

Abbildung 15: Virtuelle Räume der „CSILE-Knowledge Community"

Der Nutzer kann sich horizontal bewegen, indem er sich in einem Thema bewegt und dieses für sich erarbeitet. Vertikales Navigieren beinhaltet das Verweilen in der gleichen Lernumgebung, jedoch in verschiedenen Thematiken. Die Lernenden

- integrieren selbstgesteuert Materialien (wie Texte oder Graphiken, kleine Animationen, Simulationen oder Abbildungen) die spezielle Sachverhalte beschreiben, konkurrierende Erklärungsmodelle miteinander vergleichen sowie Besonderheiten einzelner Theorien herausarbeiten (Explanation),
- ergänzen Informationen zum Prozeß des Zustandekommens (How-it works),
- argumentieren mit und manipulieren Daten, Zahlen und Fakten, die die Annahmen bestätigen (Data Exploration)
- und erstellen und bearbeiten sog. „Concept-maps" (= kognitive „Landkarten" eines Wissensbereichs), die die Fachtermini und deren Beziehung untereinander verdeutlichen. Die „Concept-map" wird automatisch durch das System erstellt, wenn es Ähnlichkeiten und ein gemeinsames Auftreten von Terminologien in einem Thematischen Raum entdeckt.
- Die Empfangsseite (Home) ermöglicht den Eintritt in das CSILE-Lernsetting.

Die individuell eingereichten Beiträge sind für alle einsichtig. Die Datenbank bildet jederzeit die Gesamtheit des Gemeinschaftswissens ab. Durch die Angabe von Schlagwörtern können Verbindungen zu anderen Beiträgen hergestellt werden, die die Beziehungen einzelner Konzepte untereinander verständlich werden lassen und „cut-and-paste" Lernfragmente in der Datenbank verhindern. In der CSILE-Datenbak besteht ergänzend die Möglichkeit, Beiträge als privat zu deklarieren. Diese sind in der Datenbank wie alle anderen Beiträge gespeichert, jedoch nur für den Autor einsehbar, damit er solange verdeckt daran arbeiten kann, bis er sie veröffentlichen will.

„POLARIS"

Ronteltap et al. (1997, vgl. Kluge et al. 1997) nutzen die Idee der wissensgenerierenden Gemeinschaft für das problembasierte Arbeitslernen von Nutzern, die räumlich getrennt voneinander arbeiten, in der Anwendung „POLARIS" (Problem-oriented Learning and Retrieval Information System). Nach der Einführung in die Problemstellung (vgl. Koschmann et al. 1994) durch einen Tutor arbeiten die Mitglieder individuell und selbstverantwortlich an Teilen der Problemlösung und fügen diese in eine gemeinsame Datenbank ein. Um das sog. Trittbrettfahren zu vermeiden, kann jeder Teilnehmer erst dann die Resulate der anderen Mitglieder einsehen, wenn er selbst einen Beitrag geleistet hat. Abbildung 16 zeigt die Oberfläche der Anwendung: Neben dem Namen des Autors eines Beitrags erscheint in Stichworten der Inhalt des Beitrags. Darunter finden sich abgesetzt und in anderer Farbe Kommentare, Fragen oder Anregungen von anderen Gruppenmitgliedern. Auch Kommentare zu Kommentaren sind möglich.

Einen ähnlichen Ansatz stellt die NESTOR-Anwendung dar (Baldewyns et al. 1997, vgl. Kluge et al. 1997).

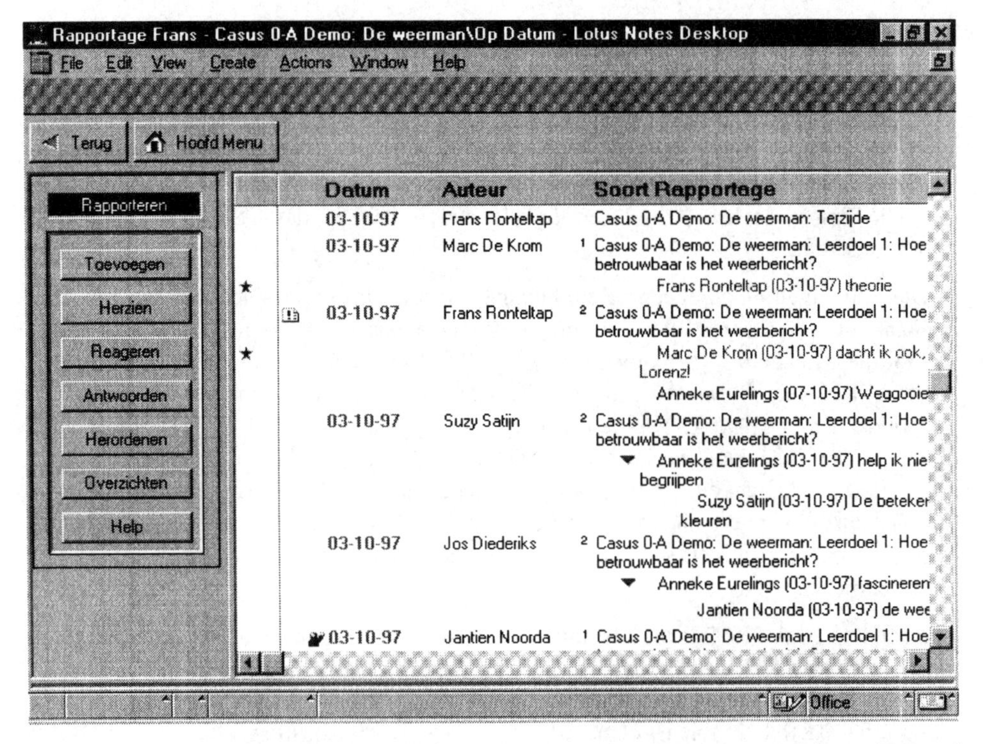

Abbildung 16: Das POLARIS-System (Problem Oriented Learning and Retrieval Information System)

Das Programm NESTOR ermöglicht die gemeinsame Nutzung einer Internet-, Intranet- oder Hyptertext-Navigationsumgebung, die durch graphische Übersichten, das Hinzufügen und Anheften von virtuellen Notizen sowie speziellen Concept-maps (kognitive „Landkarten" eines Wissensbereichs) aktive Navigationshilfe leistet (Abbildung 17). Der graphische Überblick und die Concept-map sollen die Orientierung gewährleisten und kognitive Überlastung (cognitive overload) vermeiden, damit der Lerner jederzeit erkennt, wo er sich befindet, wie er dorthin gelangte, welche Informationen in unmittelbarer Nähe zu finden sind und in welche Richtungen er sich weiterbewegen kann.

„NESTOR"

Internet-, Intranet- oder Hyptertext - Navigationsumgebung

Das Anhängen von Bemerkungen bzw. Kommentaren ermöglicht es den Nutzern untereinander Hinweise zu geben, welche Seiten lohnenswert sind oder welche speziellen Informationen durch welche Navigationspfade gefunden werden. Durch das Einfügen von Links in den Anhängen entstehen neue Pfade, die in einem „Annotation-Web" münden.

„Annotation-Web"

Weitere Beispiele für rechnergestützte kollaborative Wissensdiffusionsprozesse in Organisationen werden in Shum (1997) vorgestellt und diskutiert.

Erste formative Evaluationsergebnisse diverser Anwendungen zum kollaborativen Lernen haben ergeben, daß beim kollaborativen Lernen mit Hilfe von Informationstechnologien vor allem das „Teilen" (Sharing) von Dokumenten die größte Herausforderung darstellt (Kluge et al. 1997).

Formative Evaluationsergebnisse

Durch das System müssen individuelle Beiträge und Einträge so gemanaged werden, daß sie für alle einsehbar sind. Vorteile bestehen zum einen darin, daß durch sozialen Vergleich das eigene Wissen in Relation zu anderen Mitgliedern evaluiert wird. Zum anderen müssen Resultate plausibel erklärt werden. So reproduziert und expliziert der einzelne Informationen, die ansonsten der Gesamtgruppe verborgen geblieben wären.

Vorteile von Informationstechnologien bestehen vor allem in Groupwarelösungen zur elektronischen Unterstützung von teambezogenem Wissenstransfer, um die Produktivität der Gruppenmitglieder durch einen aufgabenbezogenen, einheitlichen Informationsstand zu verbessern (Bec-ker 1994).

Groupwarelösungen

Groupwarelösungen enthalten neben den Kommunikationsoptionen die Möglichkeiten, Daten verteilt zu speichern und trotzdem gemeinsam mit ihnen arbeiten zu können. Sie dienen dezentralisierten Arbeitsgruppen zur Erstellung von gemeinsamen Dokumenten und helfen bei der gemeinsamen Entscheidungsfindung. Groupwarelösungen können unternehmens- und entscheidungsrelevante Vorgänge speichern und Zusammenhänge zwischen diesen graphisch sichtbar machen. Nach Becker (1994) erweist sich der Einsatz von Groupwarelösungen besonders dann als sinnvoll, wenn die Mitarbeiterleistungsbewertung nicht nur personenbezogen, sondern auch teambezogen erfolgt (z.B. Honorierung der Weitergabe von Informationen über das Entlohnungssystem).

Weitere technische Möglichkeiten

Papierformate und Satellitennutzung

Wie in den vorangegangenen Abschnitten beschrieben, existieren technisch unterschiedlich aufwendige Methoden zur Wissensdiffusion. Die Bandbreite reicht von Wissensdiffusion im klassischen Papierformat bis zur Nutzung von Satelliten.

Das Diskussionsbuch

Eine ohne hohen technischen Aufwand umzusetzende Methode stellt z.B. das Diskussionsbuch der Gothaer Versicherung dar. Bevor die Manager, die in unterschiedlichen Niederlassungen in Deutschland ihr Büro haben, zusammenkommen, um spezielle Themen zu besprechen, bedienen sie sich eines Diskussionsbuches, das auf dem internen Postweg solange verschickt wird, bis die Diskussion zu einem speziellen Thema soweit gediehen ist, daß sich eine gemeinsame Abstimmung lohnt.

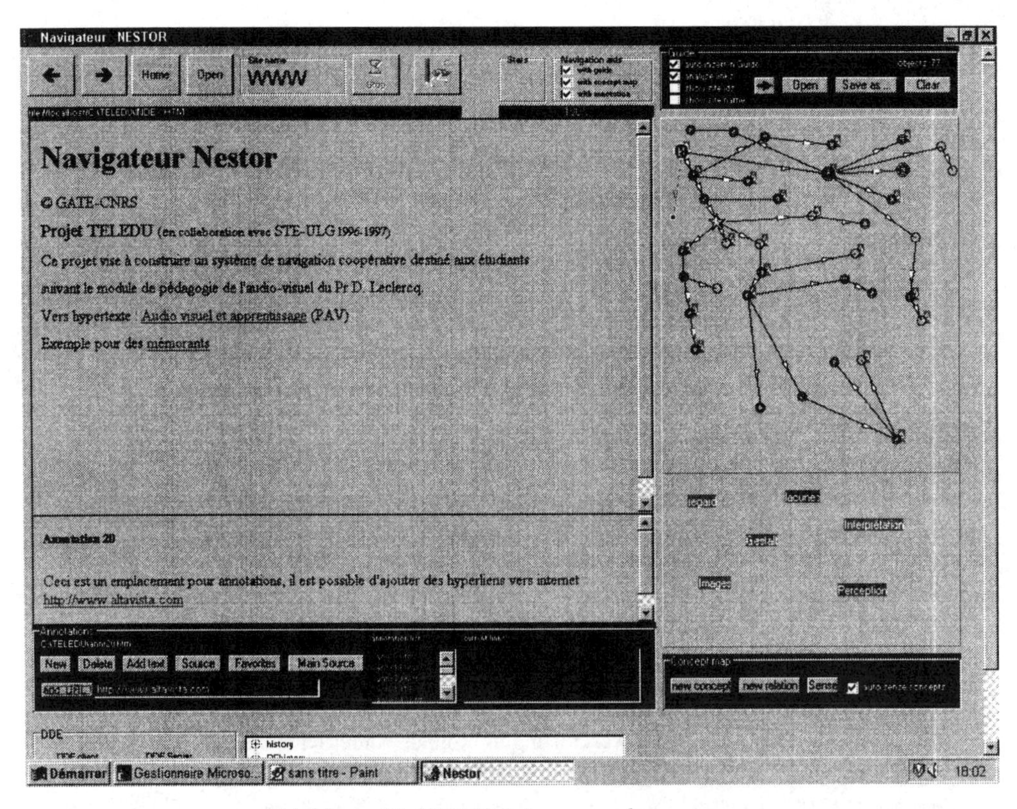

Abbildung 17: NESTOR-Lernumgebung

Ziel des Themen- und Diskussionsbuches besteht darin, die Diskussion eines oder mehrerer Themen zu ermöglichen, ohne daß deshalb die Diskussionsteilnehmer (in diesem Fall die Personalreferenten) zu einer Zeit an einem Ort zusammen kommen müssen. Die Kommunikation und „Diskussionsleitung“ wird mit Hilfe zweier Formblätter geregelt.

Die Diskussionsleitung initiiert den Diskussionsprozeß, in dem sie in der 1. Spalte Namen und Standort der Diskussionsteilnehmer einträgt. In der zweiten, dritten und folgenden Spalte ist die Teilnahme an den jeweiligen Diskussionsrunden mit Namenszeichen und Datum zu kennzeichnen. Dieses Formblatt erhält zusätzlich einen Umlaufschlüssel, der die Teilnehmer nach Standorten zusammenfaßt und die Reihenfolge des Umlaufes des Themen- und Diskussionsbuches aufführt. Jeder Personalreferent kann die Diskussion starten, nachdem gemeinsam festgelegt wurde, wer an der Diskussion teilnehmen soll.

Jeder Standort verpflichtet sich, das ausgefüllte Buch nach spätestens einer Woche an den nächsten Standort weiter zu senden. Für die Hauptverwaltung wird die Frist wegen der Vielzahl von Teilnehmern auf 14 Tage erweitert. Wenn ein Teilnehmer verreist ist oder noch keinen Eintrag vornehmen möchte, sorgt er dafür, daß das Buch sofort weitergeleitet wird.

	Runde 1		Runde 2		Runde 3		Runde 4	
Name und Standort	Namenszeichen	Datum	Namenszeichen	Datum	Namenszeichen	Datum	Namenszeichen	Datum
HV-K								
HV-G								
NL 41								
NL 42								
NL 43								
NL 44								
NL 45								
NL 46								
NL 47								
NL 48								

Kommunikationsmittel ist ein in drei Spalten gegliedertes Formblatt. Auf diesem sind das jeweilige Thema, der Name des Themenstellers, das Datum der Diskussionseröffnung und des Diskussionsendes, die Seitenzahl und die Nummer des Themas enthalten.

Die Seiten des Themas werden – beginnend mit 1 – fortlaufend numeriert. Jedes Thema erhält eine Nummer, die auf jedem zum Thema gehörenden Blatt stehen soll. Wer ein Thema vorschlägt, initiiert den Austausch durch das Ausfüllen dieses Blattes.

Wenn die Diskussion einen bestimmten Reifegrad erreicht hat, werden die TeilnehmerInnen zu einem Treffen zusammengerufen. Derzeit wird erprobt, die Diskussion per Lotus Notes, einem Groupwaresystem, durchzuführen.

Thema________________________ Thema-Nr.______________

Themensteller___________________

Eröffnungsdatum______________ Schlußdatum______________

Erläuterung und Stellungnahme des Themenstellers	**Beiträge der Diskussionsrunde**	**Hinweise zum Thema**
Diese Spalte enthält Erläuterungen des Themenstellers und seine Begründung des Themas. *Der Themensteller kann hier eigene Standpunkte darlegen.*	*Die Beiträge der Diskussionsrunde werden hier eingetragen und fortlaufend numeriert.* *Verweist ein Teilnehmer auf Anlagen, dann werden diese hinter alle Blätter eines Themas geheftet.*	*In dieser dritten Spalte fügen die Teilnehmer Literaturhinweise, eigene Erfahrungen und eigene Beitragsmöglichkeiten zum nächsten Treffen hinzu.* *Der Teilnehmer kennzeichnet seinen Beitrag mit Namen und Datum.*

Business-TV

Eine aufwendigere Methode bietet die Nutzung des Business-TV (Abbildung 18) der Deutschen Telekom AG. Aus einem Fernsehstudio in Freiburg oder Bonn werden spezielle Teleteaching-Trainings, z.B. bei der Produkteinführung einer neuen Telefonanlage für den Vertrieb und den Servicebereich, zeitgleich an alle Niederlassungen in Deutschland gesendet. Sie können mit Hilfe eines speziellen Decoders in jeder Niederlassung empfangen und auf Video aufgezeichnet werden. Die Interaktion mit den Experten im Studio findet per Fax, Telefon oder Videokonferenz statt.

Methoden-Mix aus Animationen, Filmsequenzen, Interaktion mit Experten

Um den Wissensdiffusionsprozeß zu steuern, werden schon vor Beginn der Sendung mit den Teilnehmern Fragen erarbeitet und die technische Interaktion über Telefon und Videokonferenz erläutert. Ziel der Einbindung der Standorte ist es, durch praxisrelevante Fragestellungen die Akzeptanz und die Transfer- und Umsetzungswahrscheinlichkeit der Inhalte zu erhöhen.

Die Teleteachingsendung enthält einen Methoden-Mix aus Animationen, Filmsequenzen (z.B. KundInnen im Dialog mit einem Vertriebsmitarbeiter) Zusammenfassungen, Überleitungen durch den Moderator sowie Beantwortungen der Fragen durch Experten.

Nach der Vorbereitung der Teilnehmer in den unterschiedlichen Standorten beginnt die Sendung. Für die Teleteachingsendung „Fakturierung für Interconnection" (Interconnection = Zusammenschaltung der Netze aller Mitbewerber, sog. Carrier) werden vormittags (8.00 bis 10.00 Uhr) die Niederlassungen Leipzig, Hamburg und Neustadt zu geschaltet, am Nach mittag (14.30 bis 16.30 Uhr) die Niederlassungen München, Düsseldorf und Gera.

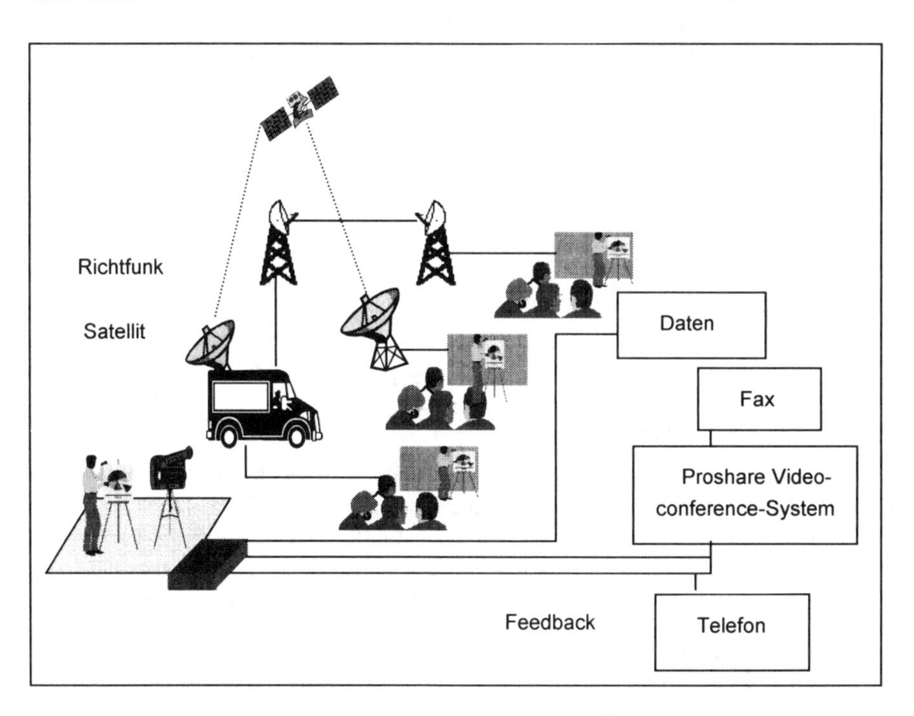

Abbildung 18: Teleteaching über Business-TV der Deutschen Telekom AG

Im folgenden Sendebeispiel geht es um die Vereinheitlichung des Wissensstandes zu den Themen: Überblick über den Kommunikationsmarkt, Interconnection-Problematik für FRD, Bedeutung der Interconnection für den Unternehmenserfolg, Überblick über die Arbeitsabläufe der Fakturierung Interconnection in den FRD-Anwendungen.

Interaktionsregeln

Der Moderator in Freiburg begrüßt zu *Sendebeginn* die Mitarbeiter an den einzelnen Standorten sowie die Expertengruppe. Er weist auf die Interaktionsregeln in der Fragerunde hin. Anschließend folgt eine kurze Einspielung zum Thema Liberalisierung 1998 und Erfordernisse der Interconnection (= Zusammenschaltung der Netze aller Mitbewerber, sog. Carrier). Danach schließt sich eine Überleitung und Zusammenfassung der zentralen Aussagen und eine Einspielung als Beispiel für das Interconnection-Prinzip an: „Telekom-Kunde Herr Fritz aus Köln telefoniert mit seiner Mutter in Dresden und nutzt mittels Call-by-Call-Selection (fallweise Auswahl des Verbindungsnetzbetreibers) den Carrier (Mitbewerber) VIATOR, da dieser einen Muttertags-Spezialtarif anbietet (...)".

Expertenrunde

Nach weiteren Wechseln zwischen verschiedenen Einspielungen, Überleitungen sowie Zusammenfassungen durch den Moderator stellt dieser die Expertenrunde vor. Die Experten beantworten in der *ersten Antwortrunde* die vorbereiteten Fragen, indem der Moderator die in die Sendung eingebundenen Standorte nach einer vorher vereinbarten Reihenfolge anspricht. In einer sich anschließenden *Pause* wird über die noch offenen Fragen gesprochen und eine erneute Auswahl getroffen. Es folgen Animationen, die den Prozeßverlauf der Fakturierung zwischen Verbindungsnetzbetreiber und Telekom verdeutlichen. Ein *zweiter Antwortblock* von ca. 25 min. erfolgt in der vereinbarten Reihenfolge mit ca. 2-3 Durchläufen.

Die nicht beantworteten Fragen werden nach der Sendung bearbeitet und die Ergebnisse auf einem vorher definierten Server zum späteren Abruf zur Verfügung gestellt.

Verweis auf Zusatzinformationen im Intranet

Die *Sendung endet* nach ca. 2 Stunden mit einem Schlußstatement der Experten und einem Verweis auf weiterführende Informationen zum Thema Interconnection im Intranet. Nach der Sendung werden die Teilnehmer aufgefordert, weitere Fragen für die Nachmittagssendung per Fax oder live über KollegInnen per Telefon oder Videokonferenz einzubringen.

Faxformblatt und Videoaufzeichnungen

Zur Vorbereitung erhalten die Teilnehmer ein Faxformblatt für Fragen sowie Informationen zur Teleteachingsendung (Beginn der Sendung, Wiederholung über Videoaufzeichnung, Testbildempfang zur Prüfung der Qualität, Zielgruppe, fachlicher Inhalt und Faxnummern, an die Fragen gesendet werden können).

Die Bandbreite der Methoden zur Wissensdiffusion beinhaltet auch technische Hilfsmittel wie Telefonanlagen und Ansagetexte wie bei der „MAGIC-Hotline" (Infobox s.u.).

Die „MAGIC-Hotline"

Das Prinzip der MAGIC-Hotline ist simpel. Die „Marketingidee der Woche" wird auf einen Ansagetext gesprochen, der unter einer speziellen Nummer abgerufen werden kann. Vernetzte Unternehmen können derartige Ideen auch per E-mail verschicken.

Informationstechnologien bieten zusammenfassend durch die Vernetzung von Abteilungen, Teams und weltweit agierend Experten zur Problemlösung die Möglichkeit, Informationen für Nachfrager zentral abzulegen, gemeinsame Wissensdatenbanken zu erstellen und Kollegen interagieren zu lassen, die zu einer Problemlösung tatsächlich gebraucht werden.

Im nächsten Abschnitt wird thematisiert, auf welche lernfördernde Organisationsvariablen besonders zu achten ist, um eine Wissensdiffusion - mit und ohne Informationstechnologien - zu unterstützen.

Infobox: „Richten Sie eine Magic-Hotline ein"

„Nehmen wir einmal an, jemand in Ihrem Unternehmen entwickelt eine bessere Methode, Geschäfte zu machen. Wie geben Sie diese Information an alle Ihre Mitarbeiter bis in die hintersten Winkel des Unternehmensreiches weiter? Supercuts, die Franchise-Friseurgruppe mit über tausend Läden in Amerika, richtete die „Magic-Hotline" ein, ein wöchentliches Management Forum, über das die Manager die besten Ideen untereinander austauschen konnte." (MAGIC = Mastery, Affordability, Graciousness, Inspired, Convenient and Clean). Auf einer Anschlagtafel in der Verwaltungszentrale sollen alle Vorschläge aus der Magic-Hotline allwöchtlich gesammelt werden, und daraus sollte wiederum die „Idee der Woche" herausgefiltert werden. Letztere sollte sodann auf Band aufgenommen werden und unter einer bestimmten Telefonnummer für die anderen Filialleiter abrufbar sein. Jener Filialleiter, der die siegreiche Idee vorgeschlagen hatte, wurde auf dem Band namentlich genannt und erhielt außerdem eine Gewinnurkunde, die er in seinem Laden aushängen konnte, sowie einen Sony-Walkman." (Weinstein 1996, S. 157)

„Die Marketingidee der Woche"

3.6 Lernfördernde Organisationsbedingungen für eine Wissensdiffusion

Offenheit, der Dokumentationsmodus und der Modus der Informationsweitergabe

Im Prozeßstadium der Wissensdiffusion gewinnen folgende Faktoren an Bedeutung: unternehmensinterne Offenheit, der Dokumentationsmodus und der Modus der Informationsweitergabe (Nevis et al. 1995). Offenheit bezieht sich auf die Möglichkeiten, Informationen abzurufen, auf die Kommunikation im Unternehmen sowie auf konfliktäre Kommunikation als Problemlösehilfe. Beim Dokumentationsmodus unterscheidet Nevis et al. (1993) zwischen persönlichen, individualisierten und öffentlichen Zugängen. Innerhalb der Wissensweitergabe differenzieren die Autoren zwischen formalen Strukturen, im Sinne einer systematischen, organisationsweit geregelten Methode zum Informations- und Wissenstransfer im Gegensatz zu einer informellen und zufällig stattfindenden Weitergabe von Wissen.

„Abschöpfen“ oder „Anzapfen“

In den eher betriebswirtschaftlich orientierten Veröffentlichungen zur lernenden Organisation stellt die gewinnbringende Nutzung des Mitarbeiterwissens die zentrale Herausforderung dar. Wissensmanagement besitzt dort häufig den Charakter des einseitigen „Abschöpfens“ oder „Abzapfens“ zu Gunsten der Organisation und zu Ungunsten der Mitarbeiter. Es geht dabei um Wissen u.a. als „Gegenstand der betrieblichen Leistungserstellung“ (Pawlowsky 1995). Ziel des Wissensmanagements ist „die Akkumulation vom Wissen und dessen Umsetzung in Wettbewerbsvorteile“ (von Krogh & Venzin 1995, S. 420). Das Wissen eines Mitgliedes soll zum Wissen der Organisation werden „und damit unabhängig von seinem bisherigen Träger“, so daß das Wissen „eines oder mehrerer Mitglieder, mit dem die Organisation bislang nicht arbeiten konnte, nun für sie abrufbar ist“ (Pautzke 1989, S. 114). Die beteiligten Mitarbeiter stehen dieser Idee skeptisch gegenüber, da sie befürchten, ihren Expertenstatus zu verlieren.

Sozialer Informationsaustausch

Derartige Reaktionen sind verständlich, schenkt man den Annahmen zum sozialen Informationsaustausch Beachtung, die Schrader (1991) im Rahmen des zwischenbetrieblichen Technologietransfers konkurrierender Unternehmen prüfte. Schrader (1991) folgert nach seiner Untersuchung, daß Mitarbeiter nur dann wesentliche Informationen an Kollegen weitergeben, wenn sie erwarten, im Gegenzug mindestens ebenso nützliche Informationen zu erhalten. Die Vorteile, die sich aus dem Zufluß von Informationen ergeben, müssen dabei die Nachteile (Kosten), die durch die Informationsabgabe resultieren, überschreiten. Kosten werden dadurch verursacht, daß der Informationsbesitzer durch den Transfer die Vorteile aufgibt, die sich für ihn aus dem Alleinbesitz der Information ergeben. Reziprozität stellt nach Schrader (1991) ein grundlegendes Prinzip des Informationstransfers dar, das verlangt, daß der Informationsaustauschpartner

Reziprozität

nicht nur willig, sondern auch fähig ist, eine nützliche Gegenleistung zu erbringen.

Infobox: Der Handel mit Wissen als „Prisoner Dilemma"

Information läßt sich charakterisieren als Gut mit besonderen Eigenschaften:

- Information wird nicht verbraucht, wenn sie gebraucht wird.
- Der Wert der Information läßt sich einem Dritten nicht verdeutlichen, ohne gleichzeitig die Information preiszugeben.

Dies führt zu besonderen Problemen beim Handeln mit Informationen: Keck (1987) sowie Hippel (1987) erklären die Probleme des Informationshandels anhand des „Prisoner's-Dilemma"-Modells. Innerhalb des Prisoner's-Dilemma ist es aus der Sicht eines jeden Spielers rational nicht zu kooperieren - unabhängig davon, welche Strategie der andere verfolgt. Hierbei wird davon ausgegangen, daß sich beide Spieler nicht absprechen und aufeinander beziehen können.

Sowohl Keck (1987) als auch von Hippel (1987) untersuchten unter Zuhilfenahme des Prisoner's-Dilemma Ansatzes Fragestellungen, die im Zusammenhang mit dem Problem des Informationstransfer stehen.

Der Informationsaustausch wird in einem von Hippel (1987) entwickelten Modell unter vereinfachten Bedingungen konzeptionalisiert: Zwei Firmen, A und B, besitzen je eine Information, die der anderen Firma unbekannt ist. Dabei entspricht der Wert der Information der Firma A dem Wert der Information der Firma B.

Der Wert einer Information wird bestimmt durch

- den *Grundwert*, d.h. den Wert der Information, wenn auch Firma B diese Information besitzt, und
- einem *Zusatzwert*, den die Information dadurch erhält, daß sie der anderen Firma unbekannt ist. Der Zusatzwert einer Information gilt als hoch, wenn die Information dem Besitzer einen größeren Wettbewerbsvorteil verschafft, der durch den Transfer verloren gehen würde. Ein Transfer führt dazu, daß die transferierende Firma den Zusatzwert der Information aufgibt. Die Information besitzt dann für die transferierende Firma nur noch den Grundwert.

Es lassen sich drei mögliche Fälle unterscheiden:

1. *Beidseitige Kooperation*: Beide Firmen tauschen ihre Informationen aus. Hier gibt jede Firma ihre Information weiter und den Zusatzwert auf. Gleichzeitig erhält sie Informationen dazu und verzeichnet einen Wertzuwachs in Höhe des Grundwerts der erhaltenen Information.
2. *Beidseitige Nicht-Kooperation*: Beide Firmen halten ihre Informationen geheim. Jede Firma bewahrt den Grund- und Zusatzwert ihrer Information, kann allerdings auch keinen Wertzuwachs verzeichnen.

3. *Kombination aus Kooperation und Nicht-Kooperation*: Eine Firma transferiert ihre Information, während die andere ihre Information geheimhält. Die transferierende Firma verliert den Zusatzwert ihrer Information, ohne etwas hinzu zu gewinnen. Die andere Firma kann sich den Grundwert der erhaltenen Information sichern, ohne selbst etwas aufzugeben.

Im Sinne des Prisoner's-Dilemmas gesprochen besteht die für jede Firma dominante Strategie darin, keine Information zu transferieren. Unter der Voraussetzung, daß der Grundwert der Information größer ist als ihr Zusatzwert, führt die dominante Strategie jedoch zu einem suboptimalen Ergebnis. Es handelt sich um ein Prisoner's-Dilemma. Dieser Fall tritt ein, wenn der Wert der Information weitgehend unabhängig davon ist, wer die Information sonst noch besitzt. D.h. nicht der Alleinbesitz bringt den Vorteil, sondern der Besitz überhaupt. In dieser Situation wäre ein Informationsaustausch günstiger.

Kooperationen werden sich nach Schrader (1990) dann ergeben, wenn es sich um ein „Spiel mit mehreren Zügen" handelt. Bei derartigen iterativen Spielen können kurzfristige und langfristige Interessen kollidieren. Während es kurzfristig durchaus angebracht sein kann, Wissen für sich zu behalten, wird es unter langfristiger Perspektive zweckmäßig sein, durch kooperatives Verhalten den Partner zu einer beiderseitig lohnenden Kooperation zu ermutigen.

Schrader (1990) gibt allerdings zu bedenken, daß sich die Annahmen in der betrieblichen Realität nicht derart vereinfacht wiederfinden. Zunächst kann nicht davon ausgegangen werden, daß die Informationen beider Parteien gleiche Wertstrukturen besitzen, so daß ein Transfer gleiche Konsequenzen nach sich zieht. Auch fällt es einer Firma, die die Information noch nicht kennt, schwer, deren Wert abzuschätzen und eine Kalkulation der Gewinnmaximierung bereitet große Mühe. Auch sind keine Mischstrategien vorgesehen, indem z.B. ein Teil der Information zwar transferiert wird, jedoch einige wesentliche Elemente geheimgehalten werden. Ebenso sind die Grenzen des „Spiels" nicht eindeutig festgelegt. Es ist möglich, daß derjenige, der Informationen transferiert hat, erst Jahre später Informationen als Gegenleistung erhält, so daß eine langfristige Verrechnung von Leistung und Gegenleistung erfolgt.

Lernerfahrungen weiterzugeben und gleichzeitig von kompetenten Kollegen ebenfalls Informationen erhalten

Lernerfahrungen als solche zu identifizieren und zu distribuieren beinhaltet unter Berücksichtigung der oben genannten Ausführungen also nur ein Teilaspekt der lernenden Organisation. Ergänzend sind attraktive Systeme oder Netzwerke zum innerbetrieblichen Informationstransfer zu beachten und zu entwickeln, in denen Mitarbeiter die Gelegenheit erhalten, eigene Lernerfahrungen weiterzugeben und gleichzeitig von kompetenten Kollegen ebenfalls Informationen zu erhalten, so daß die entstandenen Nachteile (Kosten) geringer sind als der erwartete Zugewinn.

Erste Ansätze zur Förderung der extrinsischen Motivation des Wissensaustausches zeigen IBM oder ABB, die ihre Projektmitarbeiter nach erfolgreich beendetem Projekt gemäß ihrem Wissensbeitrag zusätzlich be- und entlohnen (Davenport 1997).

Es kann bestimmten direkt konkurrierenden Abteilungen, Vertretungen oder Franchise-Partnern schwerfallen, gewinnbringende Erfahrungen auszutauschen, wenn sie den Eindruck haben, der Mitkonkurrent nutzt die mitgeteilte Idee, um Kunden abzuwerben. Dieses Phänomen läßt sich z.B. bei Geschäftsführern von Autohäusern häufiger beobachten. Aber auch hier gibt es Möglichkeiten des erfahrungsbasierten Lernens.

Am Beispiel der sog. 20er Gruppen sei dies verdeutlicht:

„20er Gruppen"

In einer „20er Gruppe" (Sieg 1997) kommen Inhaber und Geschäftsführer von Autohäusern zusammen, die Vertreter des gleichen Herstellers oder Importeurs sind, vergleichbare Betriebsgrößen und Unternehmensstrukturen haben und nicht im örtlichen Wettbewerb zueinander stehen.

Die „20er Gruppen" stellen regelmäßig ihre betriebswirtschaftlichen Daten nebeneinander und treffen sich dreimal im Jahr zu einem strukturierten Erfahrungsaustausch. Jedes Mitglied kennt die Zahlen der anderen Mitglieder. Die Geschäftsberichte werden mit Hilfe aufbereiteter Finanzberichte verglichen. Die Moderatoren erstellen auf der Basis der gelieferten betriebswirtschaftlichen Daten einen Composite (= betriebswirtschaftlichen Gruppenvergleich).

Infobox: „20er Gruppen"

Die Satzung als Herzstück

Das Miteinander in einer 20er Gruppe wird über die Satzung geregelt. Es ist das „Herz" der Gruppe, das über Regeln und gegenseitige Verpflichtungen die Zusammenarbeit spezifiziert. In der Satzung und ihren 17 Artikeln sind u.a. folgende Bereiche festgelegt:

- Was ist die Zielsetzung der Gruppe?
- Wann und wie oft trifft sich die Gruppe?
- Welche Geschäftsdaten werden von der Gruppe eingereicht?
- Welche Regelungen werden zum Datenschutz getroffen. Wer darf an den Gruppentreffen teilnehmen, wer nicht?
- Warum darf ein Mitgliedsunternehmen keine Mitarbeiter eines anderen Mitglieds abwerben?
- Wann und unter welchen Voraussetzungen endet die Mitgliedschaft?

Inhalt des Composites sind:

- Zusammenfassung der unveränderten Finanzdaten
- Bruttoertragsanalyse von Neu- und Gebrauchtwagen
- Bruttoertragsanalyse von Modellen
- Neuwagen
- Gebrauchtwagen
- Zusammenfassung von Neu- und Gebrauchtwagen
- Teile und Zubehör
- Service
- After Sales
- Fahrzeugvermietung
- Gemeinkostendeckung durch Abteilungen
- Gemeinkostenanteil am Bruttoertrag gesamt

Rangreihen- und Gruppendurchschnittsvergleich

So wird ein Rangreihen- und Gruppendurchschnittsvergleich hinsichtlich der betriebswirtschaftlichen Daten sowie ein Benchmark-Vergleich mit den Besten der Branche ermöglicht. Ziel ist es, Strategien zur Gewinnsteigerung in einer Ideenrunde zu diskutieren und zu verbessern.

Das Besondere der „20er Gruppen" besteht in der Kombination des monatlichen betriebswirtschaftlichen Gruppenvergleichs mit dem regelmäßigen, strukturierten Erfahrungsaustausch.

Persönliche, technische, organisatorische, und ökonomische Faktoren

Durch die „20er Gruppen" ergibt sich eine Möglichkeit, Lernen innerhalb eines Unternehmens oder Konzerns zu veranlassen und zu unterstützen, indem direkte Konkurrenzsituationen vermieden werden und trotzdem mit Lernpartnern agiert wird, die sich im selben Metier und vor gleichem Hintergrund bewegen.

Akzeptanzprobleme und Widerstände bei der Nutzung von Informationstechnologien zur Wissensdiffusion

Akzeptanzprobleme und Widerstände entstehen nach Antoni (1990) durch zwei Einflußgrößen: technische, organisatorische und ökonomische Faktoren auf der einen Seite und Faktoren, die mit der Person und der sozialen Interaktion zu tun haben, auf der anderen Seite. Mit der Einführung von Informationstechnologien in Organisationen wird das soziotechnische System insofern aus der Balance gebracht, als daß Ängste aufkommen, die sich auf die Nutzung des technischen Systems auswirken. Zu den technischen und organisatorischen Faktoren gehören u.a. die Wiedergabequalität von Bild und Sprache sowie die häufig eingeschränkten Zugangsmöglichkeiten zu den Systemen, die teilweise noch vorgebucht werden müssen und/oder nur über längere Anfahrtswege zu erreichen sind.

Die nach Antoni (1990), Schein (1993), Zuboff (1993) und Looss (1993) wohl entscheidendsten Einflußgrößen liegen jedoch im Bereich Person und soziale Interaktion.

Die Personenebene

Es wird angenommen, daß sich die erwarteten oder erlebten persönlichen und sozialen Folgen akzeptanzhemmend auswirken. So befürchten Führungskräfte z.B. Statusverluste durch weniger Reisetätigkeit, einen Wegfall von Dienstwagen und Fahrer, aber auch einen Autoritätsverlust durch eingeschränkte verbale Beeinflussungsmöglichkeiten.

Statusverluste

Andererseits werden emotionale Aspekte wie z.B. Verlegenheit, Schuldgefühle und Empathie in elektronisch vermittelter Kommunikation reduziert (Siegel et al. 1986), wodurch Ängste vor Zurückweisung abnehmen. Desweiteren werden soziale Hinweise innerhalb der Kommunikation gefiltert, so daß eine ungehemmtere, inhaltsbezogenere Kommunikation stattfindet, die den Status der Teilnehmer angleicht.

Emotionale Aspekte

Mitarbeiter fürchten darüber hinaus um ihre Positionen, da sie erwarten, daß bei der Einführung von Informationstechnologien, das bei ihnen vorhandene Erfahrungswissen obsolet und statt dessen kommunizierbares, konzeptionelles Wissen verlangt wird (Looss 1993). Es entstehen Unsicherheit und Vorbehalte, wie die Furcht, elektronisch durchleuchtet und kontrolliert zu werden, sowie die Sorge, immer erreichbar sein zu müssen. Es können Kommunikationsunsicherheiten dadurch entstehen, daß soziale Kontextinformationen verlorengehen, sobald nur wenige und einfache Regeln einer elektronischen Kommunikationsetikette vorgegeben sind (Siegel et al. 1986).

Kommunikationsunsicherheiten

Die Akzeptanz der Informationstechnologien wird ebenfalls dadurch erschwert, daß System-Designer häufig annehmen, die Benutzer würden denselben Denkstil pflegen wie sie (Schein 1993). Dieser Stil ist geprägt durch ein konvergent-lineares, auf Klarheit und Eindeutigkeit ausgerichtetes, logisches und auf definierte Regeln und Abläufe festgelegtes Denken. Je mehr aber Managementaufgaben zur Routine des Informationverschickens werden, desto mehr verlieren die ausführenden Manager an Bedeutung. Es bleiben damit *die* Aufgaben dem Topmanagement vorbehalten, die Intuition, Urteilsfähigkeit, Weisheit und Erfahrung erfordern. Bei der Einführung von Informationstechnologien wird nun verlangt, Entscheidungen rationell zu treffen sowie Prämissen und Annahmen offenzulegen, wogegen sich die Manager heftig wehren, die ihre Position durch den Gebrauch ihrer Intuition und ihres Urteils erreicht haben (Schein 1993).

Unterschiedliche Denkstile

Die Interaktionsebene

Je besser jemand als Einzelner im Verlauf der ersten Lernanstrengungen eine neue Technologie beherrscht, um so schwieriger wird der Umgang mit der sozialen Umgebung, die vielleicht „noch nicht so weit ist" (Looss 1993). Mit der Einführung neuen Wissens treten implizite Informationsge-

Informationsgefälle

fälle und Statusunterschiede auf, die von den Betroffenen durch intensive Beziehungsarbeit aufzuarbeiten sind.

Die Strukturebene

Neue Laufbahnen

Neue Technologien schaffen neuartige Berufe und veränderte Funktionen, die wiederum im Laufe der Zeit neue Kategorien zur Leistungsbewertung nachsichziehen. Zusätzlich sind Laufbahnen zu entwerfen, in denen sich professionelle Entwicklungen in bisher ungekannten Arbeitsfeldern vollziehen können. Zum „Managen" der Informationen werden Positionen nötig, die Informationsprodukte erstellen, vertreiben, bekannt und ausfindig machen (Büssing 1996). Die Organisation benötigt dazu neue Aufgabenfelder: Mittlerdienstleistungen zur Aufbereitung und Veredelung von Informationen, oder Funktionen wie die des „Informationsspezialisten", der fachübergreifende und auch fachspezifische Informationskompetenzen zur Aufbereitung von Wissen besitzt, um dieses später in Form aktueller Informationen dem betrieblichen Nutzer flexibel und komfortabel zur Verfügung zu stellen.

Wie lassen sich die Akzeptanzprobleme und Widerstände auflösen?

Subjektive Theorien von Entwicklern, Kunden und Projektmanagern

Kerres (1995) verweist auf unterschiedliche subjektive Theorien von Entwicklern, Kunden und Projektmanagern zur Nutzung von „computer assisted learning". Demnach lassen sich diese subjektiven Theorien auf die Einführung von Informationstechnologien im Unternehmen übertragen. Informationstechnologien können wie folgt betrachtet werden:

- in einer Stellvertreterfunktion
- als eine Bereicherung
- als eine Innovation

Informationstechnologien in einer Stellvertreterfunktion

„Kosteneffizienz"

Informationstechnologien nehmen dann im Unternehmen eine Stellvertreterfunktion ein, wenn das Unternehmen durch computervermittelte Kommunikation, sparen will (z.B. Reisezeit und Reisekosten). „Kosteneffizienz" stellt das Hauptargument dar, mit dem Informationstechnologien eingeführt werden. Außer Acht gelassen werden dabei psychologische Nebenwirkungen, wie Akzeptanzprobleme bzw. die Furcht, durchschaut und kontrolliert zu werden oder an Status und Macht zu verlieren. So gibt es eine Reihe von Unternehmen, die zwar Videokonferenz-Systeme besitzen, deren Entscheidungsträger jedoch trotzdem dieselbe Reisezeit aufwenden, um mit Kollegen Verhandlungen zu führen und Entscheidungen zu treffen (Antoni 1990).

Informationstechnologien als Bereicherung

Kombination verschiedener Medien, Interaktivität, Zugang zu einem Tutor und Überwindung von räumlichen Distanzen

Die Nutzung von Informationstechnologien im Unternehmen kann nicht nur als Ersatz, sondern auch als Bereicherung angesehen werden. So ermöglichen Videokonferenz-Systeme mit Funktionen wie „Applicationsharing" ein gemeinsames Visualisieren der Themen, was durch die reine Telefonverbindung bisher verwehrt wurde. Gerade beim selbstgesteuerten Lernen am Arbeitsplatz bieten die Informationstechnologien Vorteile durch die Kombination verschiedener Medien, durch Interaktivität, den Zugang zu Tutoren und das Überwinden von räumlichen Distanzen. So erfolgt unternehmensinterne Zusammenarbeit durch Telekooperation zwischen Forschungs- und Entwicklungsabteilungen, die an unterschiedlichen Standorten arbeiten. Dieser zusätzliche Nutzen und die daraus resultierende Motivation durch den Neuheitseffekt geht ohne dauerhafte Strategie zur Nutzung durch das Management verloren.

Informationstechnologien als Innovation

Innerbetriebliches strategisches Instrument

Informationstechnologien werden dann von dauerhaftem Nutzen und bleibendem Wert, wenn sich die Organisation die Aufgabe stellt, die Einführung von Informationstechnologien als Innovation zu betrachten, die sie als Arbeitstechnik und nicht als Selbstzweck behandelt. Das bedeutet, daß das Unternehmen Informationstechnologien nicht allein als eine neue Technologie bewertet, sondern als innerbetriebliches strategisches Instrument und Eingriff in das soziotechnische System, der Kommunikationswege neu strukturiert und Wissenstransfer forciert.

Entscheidung über die Organisationsform

Zuboff (1993) formuliert hierzu treffend: „Die Entscheidung für eine neue Technologie beinhaltet mehr als nur die Entscheidung für eine neue Technologie. Sie bedeutet auch eine Entscheidung über die Organisationsform, über ein Management und über Menschen" (S. 73). Eine informatisierte Organisation zu schaffen sei ein systemisches Projekt, das die Eigenschaft dieser Technologie, Informationen zu übersetzen, sichtbar machen und zielgerichtet zur Schaffung einer neue Organisationswirklichkeit nutzen muß. Die Einführung von Informationstechnologien erweist sich in diesem Sinne langfristig nur dann als erfolgreich, wenn die Einführung in eine Gesamtstrategie eingebettet sowie auf die innerbetrieblichen Kommunikationsfunktionen ausgerichtet wird. Die Informatisierung darf nach Zuboff (1993) nicht als Anhängsel der Technologie verstanden werden, sondern muß als bewußte Unternehmensentwicklung verstanden werden. Ein wohlüberlegter Eingriff in das soziotechnische System erfordert einige vorbereitende Schritte, die im folgenden aufgezeigt werden.

„Interkulturelles Problem"

Schein (1993) empfiehlt vor der Einführung von Informationstechnologien, die unterschiedlichen Annahmen der Designer, der Anwender und der Entscheidungsträger aus dem Management als interkulturelles Problem zu betrachten. Die unterschiedlichen Grundannahmen jeder Gruppe müßten bewußt gemacht, geprüft und diskutiert werden.

So beschreibt er die Prämissen der Informationstechnologie-Designer häufig wie folgt:

- Es sei möglich, durch elektronische Medien, Informationen sauber zu bündeln - im Gegensatz zu der Ansicht, man brauche nur „bloße Daten" übermitteln, die Information an sich entstehe in den Köpfen der Anwender.
- Informationen könnten in „valide bits" aufgeteilt werden - im Gegensatz zu der Ansicht, die Informationsbedeutung leite sich aus komplexen Mustern oder „Gestalten" ab.
- Die schnelle Übermittlung und Computerisierung sei immer besser als die langsame - im Gegensatz zu der Ansicht, daß es in manchen Fällen für Manager ungünstig sei, Informationen gleich schnell zu erhalten wie die Mitarbeiter und der pauschale Wert der Geschwindigkeit differenzierter gesehen werden muß.
- Mehr Information sei immer besser als weniger – im Gegensatz zu der Ansicht, Manager bekämen zuviel Informationen, sie bräuchten aber mehr von der richtigen Art.
- Eine papierlose Umgebung sei letztendlich effektiver und wünschenswerter - im Gegensatz zu der Annahme, die Möglichkeit, Papier vor sich zu sehen, sei für einige Aufgabenbereiche unbedingt offenzuhalten.
- Eine stärker verbundene Organisation mit offenen Kanälen nach allen Seiten sei besser - im Gegensatz zu der Annahme, eine zirkulierende Flut von Informationen werde zu mehr lokaler Kreativität führen und ermutigen.
- Das Management könne und wolle die Hierarchie aufgeben, wenn andere Koordinationsmechanismen möglich werden - im Gegensatz zu der Auffassung, Hierarchien seien als Koordinationsmechanismen unersetzlich.

Manager gehen im Gegensatz zu den Informationstechnologie-Designern von folgenden Prämissen aus:

- Informationen sind naturgemäß dynamisch, ganzheitlich sowie ungenau und können nicht elektronisch verpackt werden.
- Informationstechnologie-Systeme befassen sich bloß mit Daten. Es bedarf des menschlichen Denkens, um Daten in Information zu verwandeln.
- Der Computer begrenzt und verzerrt das Denken, da er den Benutzer nur auf jene Daten fokussiert, die gespeichert, verpack- und übertragbar sind.
- IT bedroht die Sicherheit und Ordnung der gegenwärtigen Organisationsstrukturen und Prozesse.

- Persönlicher Erfolg und Karriere werden beim Aufstieg in der Hierarchie gemessen.

Prozeßschritte

Innerhalb des Einführungsprozesses sollten deshalb nach Looss (1993) folgende Aufgaben erkannt und Prozeßschritte wahrgenommen werden, um Widerstände zu vermeiden:

1. Das *Einleiten eines Trialogs* zwischen dem Management als Auftraggeber, den Spezialisten als Inhaber des technischen Sonderwissens und den zukünftigen Anwendern. Beim Trialog geht es darum sich „Einig-zu-werden“, um zu einem handlungsorientierten Konsens zu gelangen.
2. Es muß erkannt werden, daß die Einführung von Informationstechnologien nicht in linearen Arbeitsschritten beherrschbar ist, sondern eine *Sequenz von Schleifen* und Sprüngen darstellt. Dabei ruft die Vorstellung der Undeterminierbarkeit eines Prozesses Unbehagen hervor, da das bisherige Bemühen auf die Beherrschbarkeit und Kontrolle von Abläufen ausgerichtet ist.
3. Anfangs sollte ein Wechselspiel zwischen *Reduzierung und Anreicherung von Komplexität* des Handlungsfeldes forciert werden. Eine Reduktion erfolgt, indem Pilotprozesse vorgeschlagen oder vorübergehend stufenweise Abschnitte und Meilensteine definiert werden. Komplexität anzureichern, bedeutet Ideen zu generieren, neue Alternativen zu formulieren sowie die Anzahl der Perspektiven und die der Handlungsalternativen zu erhöhen.
4. Durch ungewohnte Arbeitssysteme ausgelöste Ängste bzw. daraus resultierende Vermeidungsreaktionen sollen auf eine produktive und konstruktive Weise vermindert und in eine *energetisierende Lernmotivation* umgewandelt werden.
5. Nach einer ersten experimentellen Erprobungsphase mit der Handhabung der neuen Systeme, mit neuen Schreib- und Interaktionsstilen sowie mit Informationsabläufen, folgt das *wiederholte Einüben* und Produzieren neuer Verhaltensroutinen.

Infobox: Voraussetzungen für die erfolgreiche Einführung eines Organizational Memory Information Systems (OMIS, Kühn und Abecker 1997)

Sammlung und systematische Organisation von Informationen aus verschiedenen Quellen

Wissen, das im Arbeitsprozeß benötigt wird, findet sich in verschiedenen Quellen: in Dokumenten (in Papierform und elektronisch), in Datenbanken, Emails, CAD-Zeichnungen sowie in Privatnotizen und Wissen der Mitarbeiter. Der erste Schritt der Entwicklung des OMIS beinhaltet somit das Verbessern der Erreichbarkeit und des Zugangs zu derartigen Informationen.

Integration in existierende Arbeitsumgebungen
Um die Akzeptanz auf der Nutzerseite zu erhöhen, muß sich das OMIS in den bestehenden Kommunikationsfluß einpassen, d.h. die Mensch-Maschine-Schnittstelle muß kompatibel zu den Tools umgesetzt werden, die derzeit genutzt werden (z.B. Textverarbeitungssysteme, Simulatoren, CAD-Systeme).

Minimierung der Wissenserfassung vor Ort
Obwohl jedem die Vorteile des Wissensmanagements einsichtig sind, fällt es den Organisationen schwer, Zeit und Geld in die Technologie zu investieren, deren Gewinne erst längerfristig sichtbar werden. In diesem Sinne sollten diejenigen, die das Wissen sammeln und aufbereiten, auf bereits bestehende Informationen zurückgreifen (z.B. Datenbanken oder elektronisch gespeicherte Materialien), damit sich die ersten Erfolge zügig einstellen.

Aktive Präsentation von relevanten Informationen
Anstelle eines rein passiven Informationensspeichers sollte das OMIS die Mitarbeiter aktiv daran erinnern, daß hilfreiche Informationen zur Verfügung stehen und wie diese gefunden werden können.

Auswertung des User-Feedbacks für die Wartung und Wissensevolution
Ebenso wie bei der Wissenserfassung vor Ort sollte der Wartungsaufwand so minimal wie möglich sein. Die Benutzer sollten dazu angeregt werden, nicht korrekte, unvollständige und häufig sich verändernde Informationen rück zu melden. Nutzer-Feedback wird so ausgewertet, daß Defizite aufgezeigt und Verbesserungen vorgeschlagen werden, ohne den regulären Arbeitsfluß zu stören.

Bevor computervermittelte Kommunikation im Unternehmen gefördert und eingeführt wird, sollten sich die Unternehmen u.a. folgende Fragen stellen:

- In welchen *soziotechnischen Kontext* wird die computervermittelte Kommunikation gerückt?
- Welche Kommunikationsanforderungen entstehen zukünftig in den einzelnen Abschnitten der Prozeßkette oder in einzelnen Abteilungen?
- Welche Vorstellung von Kommunikation vertreten wir?
- Wie wird sich unsere Unternehmenskultur verändern?
- Was wird sich in den Personen-, Interaktions- und Strukturebenen verändern?
- Wird damit die Autonomie der Mitarbeiter im gewünschten Sinne gefördert?

Auf der Strukturebene

- Welche neuen Aufgaben werden sich im Unternehmen entwickeln?
- Welche Informationsdienste müssen wir den einzelnen Abteilungen abteilungsübergreifend zur Verfügung stellen?
- Welches Wissen wollen wir in der Organisation erhalten und speichern?
- Wer erweitert und pflegt unsere Wissensdatenbanken?

Auf der Interaktionsebene

- Welche neuen Führungsstile werden erwartet?
- Wie lassen sich Netzwerke und Informationsknoten und die darin eingebundenen Mitarbeiter führen und koordinieren?

Auf der Personenebene

- Wie müssen die Führungskräfte vorbereitet werden?
- Welche Qualifikationen müssen wir erwerben?
- Welchen Nutzen können wir den Mitarbeitern vermitteln, die mit den neuen Informationstechnologien umgehen sollen?

Zusammenfassung

Der Erfolg von Informationstechnologien zur Unterstützung der intraorganisationalen Wissensdiffusion hängt gerade im Blick auf arbeitende Menschen nicht allein von vorhandenen und sich entwickelnden technischen Möglichkeiten ab. Gewohnheiten der Anwender und deren Einstellungen, strategische Entscheidungen der Organisation, vor allem während der Einführungsphase sowie die Einbeziehung ergonomischer Erkenntnisse und differenzierter Organisationstheorien spielen eine Rolle (Peiró und Prieto 1994). Wissen und Informationen werden in Organisationen transportiert, um die eigene Organisationsumwelt sinnvoll zu interpretieren, um zu koordinieren, interne Aktivitäten zu kontrollieren sowie Entscheidungen zu treffen (vgl. Hedberg 1981). Vor allem aber ist technisches und zwischenmenschliches Kommunizieren auf den Zweck der Organisation gerichtet. Dabei muß das Management sicherstellen, daß das auch tatsächlich geschieht, die vereinbarten Ziele erreicht werden und niemand Schaden nimmt.

3.7 Leittext zur Wissensdiffusion

Ziele:

Die Weitergabe und das geplante Distribuieren von Lernerfahrungen im Unternehmen dienen einer Erhöhung der Anzahl der Verhaltensalternativen für Mitarbeiter in Entscheidungssituationen.

Kurzbeschreibung:

Die Wissensdiffusion wird durch formelle Wege im Produktions- und Managementbereich unterstützt, indem Lernen als gemeinsamer Problemlöseprozeß praktiziert wird. Die Diffusion kann auf Anwendungen von Informationstechnologien basieren, z.B. auf verteilten Anwendungen wie Groupwareprodukte, auf „Organisational Memory Information Systems" in denen Problemlösungen gespeichert werden, auf Prozessen der face-to-face Kommunikation wie beim Qualitätszirkel sowie auf schriftlich verfaßten Dokumenten (wie minimale Leittexte oder Lernhistorien).

Regeln:

1. *Kollaborative Problemlöseprozesse* leben von der gemeinsamen Verantwortung für den Denkprozeß, indem die Gruppe Argumentationsketten gemeinsam weiterknüpft, kognitive Konflikte als Katalysatoren für Weiterentwicklung fungieren und Lösungen verteidigt, elaboriert und spezifiziert werden. Die Interaktion mit Experten führt zu einer höheren Ebene der Problemlösung (Zone der proximalen Entwicklung).
2. Bei der Bereitstellung von Informationen in elektronischer Form sollte überlegt werden, ob der jeweils angedachte technische und zeitliche Aufwand der Kurzfristigkeit der Information gerecht wird.

Voraussetzungen:

Voraussetzungen sind Entscheidungen der Unternehmensleitung darüber, wie offen mit Informationen und Lernerfahrungen umgegangen werden soll.

Ein Trialog zwischen dem Management als Auftraggeber, den IT-Designern und den Nutzern in Form der Mitarbeiter ist anzustreben, um Akzeptanzprobleme und Widerstände zu vermeiden sowie Kommunikationsanforderungen in den einzelnen Abschnitten der Prozeßkette zu erheben.

Die Wissensdiffusion wird besonders dann erfolgreich sein, wenn bei der Mitarbeiter-Leistungsbewertung auch das Weitergeben von Informationen und Wissen flexibel entlohnt und honoriert wird.

Ergebnisse:

Die Mitarbeiter haben die Möglichkeit, bei Problemlösungen auf bestehende Erfahrungen zurückzugreifen und somit die Anzahl ihrer Verhaltensalternativen zu erhöhen. Durch Interaktionen mit anderen Experten erweitern sie ihren Erfahrungshorizont oder nutzen Datenbanken, aus denen sie bereits existierende Lösungen abrufen.

Probleme und Schwierigkeiten:

1. Es treten bei Gruppenprozessen Prozeßverluste durch Motivationsmangel auf, die sich in Phänomen des „Trittbrettfahrens" äußern können.
2. Es können bei der Nutzung von Informationstechnologien u.a. die Befürchtungen entstehen, elektronisch „durchleuchtet" zu werden, Managementaufgaben zur Routine des Informationsverschickens werden zu lassen, alle Entscheidungen rationell begründen zu müssen und Annahmen offenzulegen. Gleichzeitig kann die Einführung von Informationstechnologien die Sicherheit und Ordnung gegenwärtiger Organisationsstrukturen und –prozesse bedrohen.
3. Jemand der Informationen weitergeben soll, könnte dies unterlassen, sobald er für sich keinen Nutzen erkennt, z.B. wenn er nicht erwarten kann, im Gegenzug ebenso nützliche Informationen zu erhalten.

4. Abrufen und Anwenden von Wissen

Wenn es ausreichend wäre, den Zugang zum Wissen sicherzustellen, damit sich Menschen informieren, würden sich vor Bibliotheken lange Schlangen bilden (Davenport 1997). Weil diese Grundvoraussetzung allein jedoch nicht ausreicht, müssen auf organisationaler Ebene Bedingungen geschaffen werden, die zu einer aktiven Informationssuche auffordern und diese unterstützen.

Barriere zwischen Ist- und Sollzustand

Wissen, das in elektronisch gespeicherter Form existiert oder durch kollaborative Prozesse erarbeitet wird, stellt wichtige Grundlagen für ein effektiveres und effizienteres Problemlösen im eigenen Unternehmen dar, reicht jedoch noch nicht aus. Denn Problemlösen beinhaltet nach Frensch und Funke (1995) die effektive Auseinandersetzung mit den situativen Anforderungen und einen Suchprozeß nach Transformationen, mit derer Hilfe die Barriere zwischen Anfangs- und Zielzustand überwunden wird (Putz-Osterloh 1988, Dörner 1987).

Problem und Aufgabe

Liegt die Lösung in Form von bekannten Transformationen aus dem Gedächtnis des einzelnen Mitarbeiters vor, dann handelt es sich nicht um ein Problem, sondern um eine Aufgabe, sozusagen das „tägliche Geschäft“ oder die Routinetätigkeiten. Denn kennt der Problemlöser die Lösung, braucht er nicht mehr danach zu suchen. Kennt er die Lösungsprozedur noch nicht, muß er sich die nötigen Informationen besorgen, um diese zu einer passenden Lösung zu kombinieren.

In diesem Kapitel soll verdeutlicht werden, daß sowohl das Abrufen und Suchen von Wissen sowie dessen Transfer auf neuartige Situationen speziellen Prinzipien unterliegen, die gefördert und durch gezielte Interventionen unterstützt werden können.

4.1 Abrufen von Wissen

Der Soll- und Istzustand

Stellen Sie sich folgende Situation vor: Sie übernehmen ein imageträchtiges Projekt. Ihre Aufgabe als ProjektleiterIn besteht darin, ein neues Werk in Südamerika mit aufzubauen, in dem Produkte nach europäischem Qualitätsverständnis gefertigt werden, die im europäischen Raum schon am Markt plaziert sind. Sie werden gebeten ein Projektteam zusammenstellen, das Sie in der Planungs- und Umsetzungsphase in den nächsten 24 Monaten unterstützt.

Schlecht definierte Probleme

In diesem Fall haben Sie es mit einem sog. *schlecht definierten Problem* (ill defined problem) zu tun, denn mögliche Transformationen sind ebenso wenig vorgegeben, wie der Problemzustand klar ist. Sie werden Zustands-, Veränderungs- und Strategiewissen einsetzen, um das Problem lösen zu

Klar strukturierte Probleme

können (Putz-Osterloh 1988). *Gut strukturierte Probleme* benötigen im Gegensatz dazu meistens nur Strategiewissen, denn Ausgangs- und Zielzustand sowie die „Spielregeln" sind klar definiert.

Wenn der Problemlöser bzw. Entscheider nicht alle nötigen Informationen selbst besitzt, um das Problem zu lösen oder optimal zu entscheiden, muß er sich diese Informationen beschaffen.

Rationale Entscheidungstheorie

Um dem Anspruch nach möglichst vollständiger Informationsbe- und -verarbeitung, der nötig ist, um eine effektive Auseinandersetzung des Problemlösers mit den situativen Gegebenheiten zu gewährleisten, nachzukommen, ist gemäß der rationalen Entscheidungstheorien nun folgendes zu tun (Fisch & Wolf 1990):

Sie bemühen sich um
(1) Vollständigkeit der Informationen über die
- Alternativen,
- Auswirkungen dieser Alternativen,
- Attribute,
- Einschätzungen der Alternativen hinsichtlich dieser Attribute mit numerischen Werten;

(2) vollständige Analysierbarkeit der Informationen;
(3) eindeutige Zielkonzepte und Präferenzen mit den Eigenschaften:
- Stabilität über einen längeren Zeitraum hinweg,
- Unabhängigkeit von den zu bewertenden Alternativen,
- Konfliktfreiheit oder Vergleichbarkeit,
- eindeutige, kontextunabhängige Ordnung nach Wichtigkeit.

Hacker (1992) sowie Neubert und Tomczyk (1986) benennen zusätzlich das Wissen um die Auftretenswahrscheinlichkeiten für eine wichtige Voraussetzung des Problemlösens, um unterscheiden zu können, wann eine Routinesteuerung vorliegt und wann heuristisch vorgegangen werden muß (Walsh & Ungson 1991).

Die tägliche Praxis zeigt, daß eine ausführliche Informationsrecherche zu Beginn des Problemlöseprozesses eher die Ausnahme darstellt. Denn innerhalb der Entscheidungstheorie, so March und Sevón (1984), sind Investitionen in Informationsquellen, die getätigt werden müssen, um an Informationen zu gelangen, nur dann attraktiv, wenn die erwartete Verbesserung der Entscheidung die anfallenden Informationsbeschaffungskosten zumindest aufwiegt. Der Wert einer Information hängt von der Entscheidung ab, die getroffen werden muß, von der Genauigkeit, Reliabilität und von der Verfügbarkeit alternativer Informationsquellen.

Investitionen in Informationsquellen

Wissenslandkarten

Gemäß den Annahmen von Preissler et al. (1997) helfen hier Wissenslandkarten um zu erkennen, welche Kernerfahrungen bereits vorhanden sind (z.B. Auf welchem Hintergrund wurde die Entscheidung getroffen, in

Südamerika eine Produktionsstätte aufzubauen? Was ist bisher an ähnlichen Projekten gelaufen?). Auf der Basis von Systemsimulationen werden anschließend Modelle entwickelt, die mögliche Konsequenzen von Entscheidungen bewußt machen. Die Szenariomethode dient parallel dazu, Vorstellungen und Visionen vom Zielzustand zu entwickeln und Teilziele abzuleiten (Abbildung 19).

Die Wissensdiffusion soll sicherstellen, daß Mitarbeiter eines Unternehmens an Informationen gelangen, um Lernzeit sowie schmerzliche und teure Erfahrungen zu sparen. Im folgenden wird ausgeführt, welche Bedingungen und kritischen Elementen beim Transfer von Problemlösungen auf neue Situationen zu beachten sind und wie der Transfer unterstützt werden kann.

Informationsbeschaffung und Suchverhalten - Istzustand

Motivatoren der Informationssuche

Im folgenden geht es um Prozesse und Motivatoren der Informationssuche, um Auswahlverhalten und Filterprinzipien (von Individuen in Organisationen) sowie mögliche Problemlösestrategien und -vorgehensweisen.

Sollen Mitarbeiter die in ihrer Organisation verfügbaren Erfahrungen für zukünftige Entscheidungen nutzen, dann müssen sie einerseits Zugang zu ihnen haben, andererseits auch motiviert sein, diese Informationen aktiv zu suchen.

Beim Nutzen der organisationalen Erfahrungen begibt man sich auf eine Gradwanderung: Es konkurrieren die Erfahrungen, die Fortschritt behindern (⇒ Angst #1, Kapitel 2), und deshalb verlernt werden sollen, mit den Erfahrungen, bei denen es sich lohnt sie zu verwenden, um Fehler zu vermeiden (⇒ Angst #2).

Das Gedächtnis als „Feind“ der Organisation?

Das Gedächtnis kann zum „Feind“ der Organisation werden, wenn es Single-Loop-Lernen unterstützt und somit den Status-Quo beibehält (March 1972). Auf der anderen Seite kennzeichnet das Gedächtnis erfolgreiche Organisationen, die ihre Anpassungsprozesse in standardisierte Operationen umgesetzt und dokumentiert haben. Der Leitspruch lautet: Diejenigen, die sich nicht an Vergangenes erinnern, sind dazu verdammt, sie zu wiederholen. Die Spannung zwischen den beiden Polen des automatischen Abrufs und der Einsicht, welche der abgerufenen Routinen immer noch effektiv und effizient sind, begleitet die Diskussion um das Abrufen und Anwenden von organisationalen Gedächtnisinhalten.

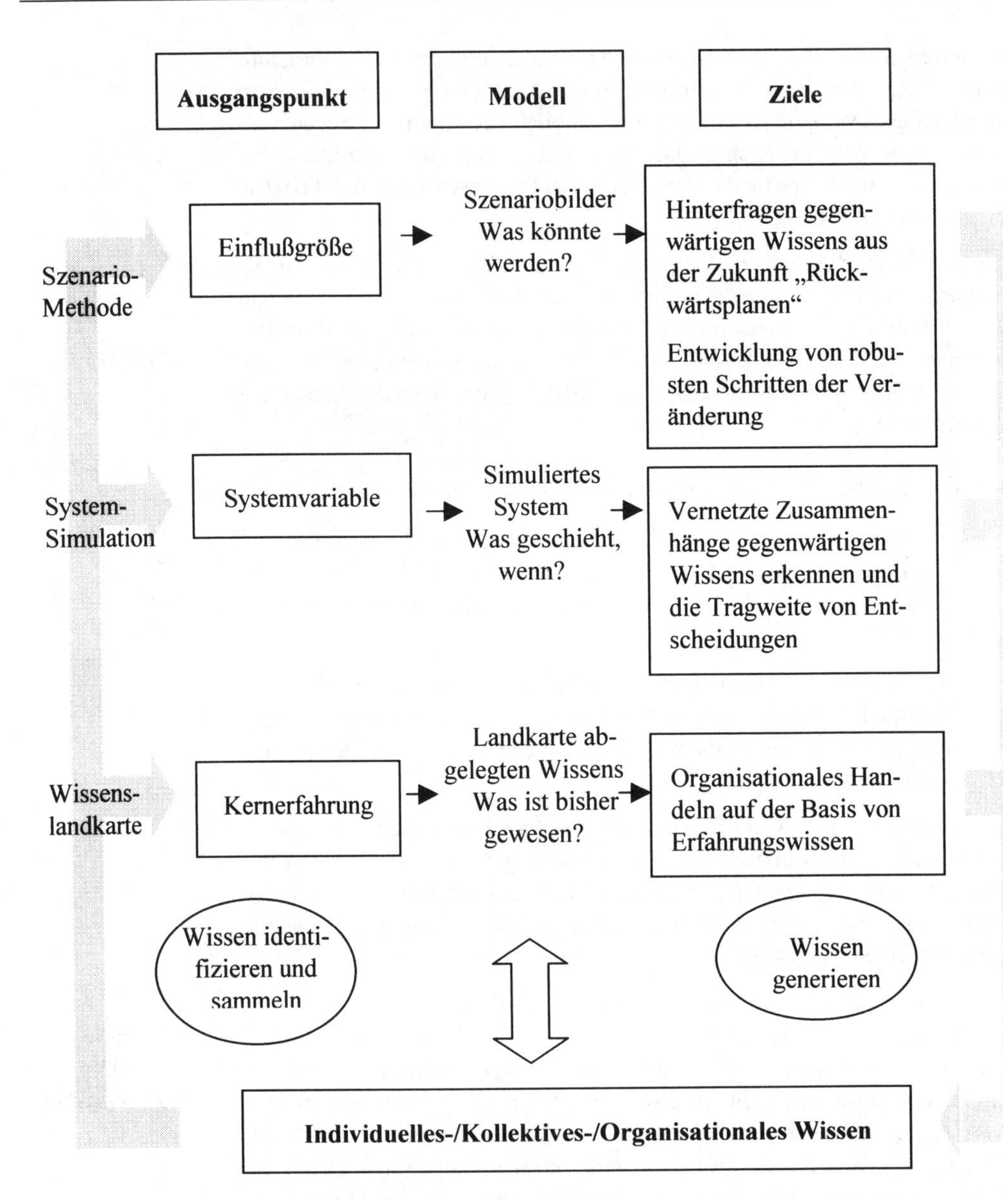

Abbildung 19: Wissenslandkarte, Systemsimulation und Szenariomethode als Werkzeuge zum Abrufen und Anwenden von Organisationalem Wissen

Speicher-Behälter

Walsh und Ungson (1991) nennen sechs „Speicher-Behälter“ für Wissen in Organisationen: (1) das Individuum, (2) die Unternehmenskultur, (3) Transformationen (d.h. Leitlinien, wie aus einem Input, z.B. Rohmaterialien, Kundenanfragen oder neue Mitarbeitern, ein Output generiert wird, sowie (4) die Organisationsstrukturen, die (5) physikalische Struktur des Arbeitsplatzes (Ökologie) und (6) externe Archive. Walsh und Ungson (1991) gehen von folgenden Annahmen aus: Werden Entscheidungen vor dem Hintergrund der organisationalen Geschichte und Entwicklung gefällt, sind sie effektiver als solche, die im historischen Vakuum getroffen werden. Erstere Entscheidungen werden durch die Verbindung zu vergangenen Entwicklungen legitimiert und bewirken durch eine Verwurzelung mit vergangenen Entscheidungen eine höhere Akzeptanz in der Organisation. Gleichzeitig kommt es zu weniger Widerstand bei der Umsetzung, da die Entscheidungen innerhalb eines gemeinsamen Rahmens stattfindet. Für gefährlich halten die Autoren sog. automatisierte Abrufroutinen, die dazu führen, daß Veränderungsversuche innerhalb der Unternehmen durch aktivierte Routine- und Standardprozeduren wirkungslos bleiben.

Entscheidungen und „Fehlertypen“

Das organisationale Gedächtnis birgt die Gefahr, unangemessen genutzt zu werden:

1. durch das Anwenden von Routinen, auch wenn eine außergewöhnliche Entscheidung getroffen werden muß (Fehlertyp 1),
2. indem ein kontrollierter, reflektierter Abruf, im Sinne von reflektiert, stattfindet und zu einer außergewöhnlichen Entscheidung führt, obwohl eine Routine-Prozedur angemessen gewesen wäre (Fehlertyp 2),
3. wenn ein kontrollierter Abruf erfolgt, um eine außergewöhnliche Entscheidung zu treffen, diese aber unzureichend ausgeführt wird.

Entscheidungsträger fürchten nach Walsh und Ungson (1991) am meisten Fehlertyp 2, d.h. nach außergewöhnlichen Lösungen suchen, obwohl eine Routine auch zum Ziel geführt hätte. Denn die Kosten, die aufgewendet werden, um die neue Lösung zu generieren, hätte besser genutzt werden können, um andere Probleme zu lösen.

Der Druck, Probleme schnell und ohne Zeitverlust zu lösen, kann in diesem Sinne dazu verleiten, sich auf Routineeingriffe zurückzuziehen und auf aufwendigere Entwicklungen neuer Prozeduren zu verzichten. An dieser Stelle müssen Vorgesetzte und Unternehmensleitung verstärkt eingreifen und verdeutlichen, welcher Nutzen für Problemlöser durch die Suche nach außergewöhnlichen Lösungen oder welche Gefahren durch das Festhalten an tradierten Lösungsschemata entstehen können.

4.2 Darf's ein bißchen mehr sein? Oder: Wie hoch dürfen Informationsbeschaffungskosten sein?

Die Qualität von Entscheidungen hängt unter anderem davon ab, wieviele Informationen dem Entscheidenden zur Verfügung stehen und inwiefern positive Modelle in der unmittelbaren Umgebung dazu beitragen, die Informationsnachfrage zu steigern. Kroh-Püschel et al. (1978) weisen darauf hin, daß Entscheidungen vielfach auf einer schmalen Informationsbasis beruhen. Es besteht zwar häufig Interesse an Informationen und das Verlangen nach Übersichten, die Eigeninitiative zur Informationsbeschaffung erweist sich jedoch als sehr gering. Auch Aufforderungen, sich stärker zu informieren, zeigen nur minimale Effekte. So belegte Witte (1972), daß spezielle Instruktionen, die die Teilnehmer eines Planspieles zur Informationsbeschaffung animieren sollten, nicht ausreichten, um deren Informationsnachfrageverhalten nachhaltig zu aktivieren.

Geringe Bereitschaft zur Informationsbeschaffung

Kroh-Püschel et al. (1978) prüften folgende Hypothesen:

Kosten und Nutzen der Informationssuche

a) Unter der Annahme rationalen Entscheidungsverhaltens wird eine Person in einer durch Unsicherheit gekennzeichneten Entscheidungssituation dann Informationen suchen, wenn der erwartete Nutzen einer auf der zusätzlichen Information basierenden Entscheidung die Kosten der Informationssuche übersteigt.

Determinanten der Informationssuche

b) Die Beobachtung der Informationsnachfrage eines Modells ist zum Zeitpunkt von Durchsicht und Prüfung des Informationsangebots wirksamer als nach der Durchsicht und Prüfung der angebotenen Informationen.

Die Versuchspersonen mußten aus drei Produkten der gleichen Preisklasse das beste herausfinden. Die Produkte wurden ihnen jedoch nicht vorgeführt, sondern sie erhielten einen Katalog von Beurteilungskriterien. Zu den im Katalog angeführten Kriterien konnten die Versuchspersonen weitere Informationen anfordern. Die Ergebnisse der Untersuchung bestätigten die Hypothese, daß die Informationskosten auf die Informationsnachfrage vor einer Entscheidung wesentlichen Einfluß haben. Die Betrachtung eines Modells vor der eigenen Informationsentscheidung beeinflußte die Informationsnachfrage signifikant. D.h. die Experimentalgruppen, die das Modell entweder vor Kenntnis der Angebote oder vor der eigenen Informationsentscheidung beobachten konnten, „bestellten" mehr Informationen als die Versuchspersonen der Kontrollbedingung. Modelling der Informationssuche konnte die Informationsnachfrage aber nur dann signifikant steigern, wenn die Informationskosten hoch waren.

Modellverhalten

Frey et al. (1976) zeigten darüber hinaus, daß die Nachfrage von Informationen nicht nur durch die Höhe der Informationskosten bestimmt wird, sondern auch davon abhängt, ob die zu treffende Entscheidung revidiert werden kann (Reversibilität der Entscheidung). Die Informationsnachfrage erweist sich bei irreversiblen Entscheidungen größer als bei reversiblen - unter der Bedingung niedriger Informationskosten. Zudem konnte beobachtet werden, daß Versuchspersonen, die mit niedrigen Kosten sehr viel mehr Informationen erhalten konnten als Versuchspersonen, die hohe Kosten hatten, dies nicht ausnutzten. Die Autoren interpretieren ihre Ergebnisse der geringen Informationsnachfrage dahingehend, daß die Informationssuchenden eine Vorstellung davon besitzen, welche Informationsmenge für eine Entscheidung ausreicht. Somit stellt der „subjektive Informationsbedarf" eine wichtige intervenierende Variable dar.

Infobox: Der Einfluß der Faktoren „Informationskosten" und „Reversiblität des Entschlusses" auf die Informationsnachfrage

Frey et al. (1976) formulierten folgende Hypothesen:

Höhe der Kosten

In einer Entscheidungssituation unter unvollkommener Information fragen die Versuchspersonen mehr Informationen nach, wenn die Kosten der Informationen gering sind, als wenn die Kosten hoch sind, sofern der Information*sertrag* die Information*skosten* nicht weit übersteigt oder unterschreitet. In diesem definierten Bereich ist der Entscheidungsträger motiviert, Informationskosten und Informationsnutzen abzuwägen. Ein derartiges Abwägen ist dann unwahrscheinlich, wenn der erwartete Nutzen derart hoch ist, daß auch sehr hohe Kosten gerechtfertigt sind, oder so niedrig, daß die Investition nicht lohnt.

Reversibilität der Entscheidung

Ist der Entscheidungsträger nach einer Entscheidung an diese gebunden und kann er vor der Entscheidung nicht alle Konsequenzen überblicken, so ist die Gefahr eines Verlustes höher, als wenn der Entschluß nachträglich aufgrund weiterer Informationen revidiert werden kann. Der Entscheider wird im Fall des endgültigen Entschlusses (irreversible Entscheidung) größere Informationsnachfragen betreiben als bei einer reversiblen Entscheidung.

Subjektiver Informationsbedarf

Diese Annahme läßt sich den Autoren zufolge mittels der Theorie der kognitiven Dissonanz stützen, sofern man davon ausgeht, daß Entscheidungsträger das Auftreten kognitiver Dissonanz erwarten: Ist der Entscheidungsträger nach einer Entscheidung auf diese festgelegt, muß er mit starker kognitiven Dissonanz rechnen, wenn sich der Entschluß nachträglich als unangemessen herausstellt, und vor dem Entschluß die Möglichkeit bestand, weitere Informationen einzuholen. Eine Vorwegnahme dieser Dissonanz wird daher bei irreversibler Entscheidung dazu führen, mehr Informationen nachzufragen.

Beide Hypothesen konnten bestätigt werden. Es zeigte sich zusätzlich, daß unter der Bedingung „niedrige Kosten" (pro Information 0,10 DM) Versuchspersonen zwar mehr Informationen abriefen (insgesamt für 0,71 DM im Durchschnitt) als unter der Bedingung „hohe Kosten" (pro Information 0,50 DM), daß sie insgesamt gesehen jedoch erheblich weniger Geld für Informationen ausgaben. Unter der Bedingung „niedrige Kosten" hätten die Versuchspersonen alle Informationen für einen Betrag von 1,50 DM erhalten können. Das sind ca. zwei Drittel des Betrags (2,35 DM), den die Versuchspersonen unter der Bedingung „hohe Kosten" durchschnittlich auszugeben bereit waren.

Frey et al. (1976) erklären dieses Phänomen wie folgt: Die Entscheidungsträger scheinen sich an einer individuellen Norm zu orientieren, wieviele und welche der bekannten Informationen (in diesem Fall Informationen über Radiogeräte wie Zahl der Wellenbereiche, Empfangsqualität, Klang, Verarbeitung, Garantiezeit, Netzanschlußmöglichkeiten) erforderlich sind, um eine gute Entscheidung zu treffen. Sie wählen unter subjektiven Relevanzkriterien aus und beschränken sich auf die für sie wichtigen Informationen –unter der Annahme, daß eine über diese Mindestmenge hinausgehende Informationsnachfrage die Qualität der Entscheidung nicht erhöht. Dies bedeutet für die Autoren, daß in die Überlegungen von vornherein nicht alle angebotenen Informationen einbezogen werden, sondern nur die als unbedingt notwendig erachteten.

Die Ergebnisse lassen die Tendenz erkennen, daß Individuen Informationen erbitten und für diese Investitionen tätigen, wenn

- der erwartete Nutzen der Informationsbeschaffung die zu erbringenden Kosten übersteigt,
- soziale Modelle in der Umgebung beobachtet werden, die aktiv Informationen erfragen - wenn die Kosten hoch sind,
- es sich um irreversible Entscheidungen handelt und kognitive Dissonanz vermieden werden soll - wenn die Kosten niedrig sind.

Hemmende Wirkungen

Auf eine Informationsnachfrage hemmend wirken die Höhe der Informationsbeschaffungskosten sowie unangemessene subjektive Relevanzkriterien, die dazu führen, sich auf ausgewählte und als wesentlich erachtete Bewertungskriterien zu beschränken.

Die Informationskosten und Modellbeobachtungen sind wichtige Hinweise dafür, unter welchen Umständen Informationen erfragt und gesucht werden. Erklärungsversuche für die Nutzung von Informationen in Organisationen müssen desweiteren ebenfalls Faktoren wie Micropolitik, Macht- und Ressourcenverteilung, Ziele der Organisation sowie Belohnungssysteme berücksichtigen. Diese Faktoren hat O'Reilly (1983) in seine Begründung für die Informations(-Nicht-)Nutzung einbezogen, die im folgenden Abschnitt erläutert wird (Abbildung 20).

Informationsnutzung in Organisationen

O'Reilly (1983) kommt nach einer Auswertung diverser Studien zur Informationsnutzung in Organisationen zu folgendem Ergebnis: Der Informationsgebrauch in einer Organisation ergibt sich durch das systemische Zusammenspiel von Macht, Zielen und dem verdeckten und öffentlichen Belohnungssystem in der Organisation. Für Organisationen ist der kontinuierliche Druck nach Einheitlichkeit, Konformität und Vorhersagbarkeit charakteristisch. Diese drei Merkmale werden sowohl durch die Festlegung von Zielen für Abteilungen und Mitarbeiter als auch durch eine Hierarchie und ein Belohnungssystem, das die Koordination und Konformität sicherstellt, durchgesetzt.

Macht, Ziele und Belohnungsstrukturen

Macht und Informationsnutzung

Macht, d.h. relevante Ressourcen zur Reduzierung von Unsicherheit zu besitzen, beeinflußt die Informationssuche insofern, daß z.B. erfolgreiche Abteilungen besonders die Informationen suchen, auswählen und zur Verfügung stellen, die ihnen den Erfolg bestätigen. So geben die mächtigeren Entscheider vor, auf welcher Basis sie evaluiert werden.

Reduzierung von Unsicherheit

O'Reilly (1983) leitet aus diesen Erkenntnissen ab, daß MitarbeiterInnen Informationen suchen und nutzen,

- wenn die Informationsquelle mächtiger ist als der Informationsnutzer selbst und dadurch Evaluationskriterien preisgibt,
- wenn die Information dazu beiträgt, Unsicherheiten zu reduzieren,
- wenn die Information zentral für Evaluation der Leistung des Benutzers ist.

Die Informationen nutzen, die den eigenen Erfolg festigen

Die Nutzung von Informationen ergibt sich aus einer Vorwegnahme möglicher positiver und preferierter Konsequenzen. In einer Organisation sind die Anzahl der möglichen sowie die erwünschten und bevorzugten Entscheidungsresultate und -ergebnisse beschränkt. Diese Einschränkungen drücken sich in Zielvereinbarungen, Kontrollsystemen und Belohnungsmodellen aus.

Zielvereinbarungen und Kontrollsystem

Ziele haben dem Autor zufolge den motivierenden Effekt, daß sie Entscheidungsverhalten Richtung geben und somit das erstrebenswerte Resultat vorbestimmen. Die Entscheidungsträger besorgen sich dann Informationen, wenn diese für die Zielerreichung hilfreich sind, eine Zielverfehlung sanktioniert bzw. eine Zielerreichung belohnt wird.

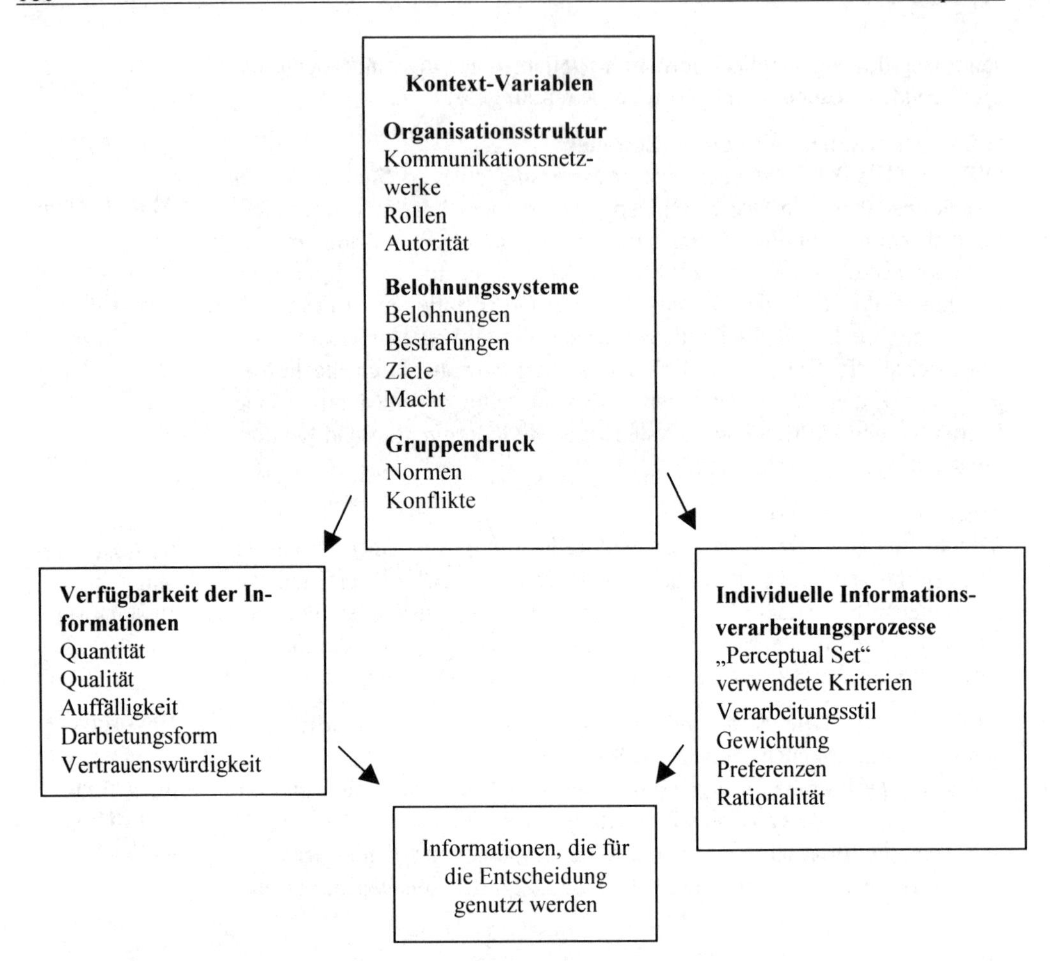

Abbildung 20: Kontextbezogene und individuelle Variablen, die die Nutzung von Information in Organisationen beeinflussen

Zusätzlich sollte die Informationssuche mit dem existierenden Kontrollsystemen und dessen Auswertungsweise kompatibel sein. Die Informationssuche wird bei den Entscheidungsträgern intensiviert, wenn diese an der Weiterführung ihres Projektes großes Interesse haben.

Vertrauenswürdigkeit vor Expertise

Trend zu schnellen und leicht zugänglichen Informationen

Entscheidungsträger ziehen leicht zugängliche Information geringerer Qualität der schwer erhältlichen Information vor. Der Trend zur schnelleren und leichter zugänglichen Information zeigt sich u.a. darin, daß Manager mündliche Information eher nutzen als schriftliche und sie schätzen die Validität der Information danach ein, wie glaubwürdig und vertrauenswürdig die Quelle ist. Diese Tendenzen legen die Vermutung nahe, daß ExpertInnenmeinungen weniger genutzt werden als Informationen von „sicheren" Informanden, die weniger Wissen besitzen. Aufgrund dieser Tendenzen bevorzugen Entscheidungsträger Informationen aus ihnen bekannten Kanälen, die ihnen zugänglich und vertrauenswürdig sind und kompakte Informationen über komplexere Sachverhalte beinhalten. Diese können vom Problemlöser einfacher assimiliert werden, die Qualität spielt dabei für den Entscheider eine untergeordnete Rolle. Aufgrund dieser Tatsache schlagen March und Sevón (1984) vor, die informellen Kanäle der Informationsbeschaffung auszubauen und in krisenfreier Zeit zu intensivieren, um sie im Notfall zu aktivieren. So kann das Üben der „irrelevanten Informationsweitergabe" (bei March und Sevón, 1984, konkret Gerüchte und „Tratsch") - im Sinne eines preiswerten Ersatzes einer Notfall-Übung - zur erhöhten Kommunikationseffektivität beitragen.

„Sicheren" Informanden wird eher geglaubt als Experten

Im Vergleich zu direkt an den Entscheidungsträger ausgelieferten Informationen werden Informationen, die schon mehrere Weitergabestationen hinter sich haben, weniger genutzt. An manche brisante Information wird ein Suchender gar nicht gelangen, da diejenigen, die Informationen weitergeben, ebenso abwägen, ob die Weitergabe der Informationen ihnen selber schaden könnte.

Anzahl der Weitergabestationen

Aufbereitung von Datenmaterial

Nicht nur die Glaubwürdigkeit der Quelle, sondern auch die Aufbereitungs- und Darbietungsform ist für die Nutzung der Information entscheidend. O'Reilly (1983) weist auf diverse Untersuchungen hin, die zeigen, daß Entscheidungsträger, die mit Statistiken vertraut sind, Basisraten außer acht lassen und eher Schlußfolgerungen aus kleinen ihnen bekannten Stichproben ziehen. Entscheider zeigen sich wenig beeindruckt von „trockenen" Informationen und Berichten, statistischen Auswertungen und Zahlenkolumnen zur Wahrscheinlichkeit eines Produktionsausfalls oder einer Fehlentwicklung in der Kundenbetreuung. Erst ein persönlich relevantes, sehr konkretes und lebendiges Ereignis, das emotionale Beteiligung auslöst, führt zu einer Verhaltensänderung (Troutman & Shanteau 1977). Abstraktes Wissen wird häufig nicht ernst genommen. Es wird vielmehr auf das eigene abstrahierte und erworbene Wissen bzw. persönlich geschilderte Kurzberichte zurückgegriffen.

Statistiken versus lebendige Berichte mit emotionaler Beteiligung

Abstraktes und abstrahiertes Wissen

Ein weiterer interessanter Befund ergibt sich aus Untersuchungen von Bierhoff (1991). Bierhoff zeigte, daß Personen dazu tendieren, möglichst einfache kausale Erklärungen zu erhalten. Informanden überzeugten dann weniger, wenn sie mehrere plausible Argumente verwendeten. Dadurch besteht die Gefahr, daß sich Einbußen an Überzeugungskraft ergeben. Es reichte in der Untersuchung aus, die stärkste Ursache zu nennen, um einen möglichst hohen Überzeugungseffekt zu erzielen.

Infobox: Abstraktes und abstrahiertes Wissen

Adams (1989) sieht den Grund für das seltene Auftreten von spontanem Informations- und Wissenstransfer aus schriftlichen, meist anonymen Quellen darin, daß Problemlöse- und Denkstrategien immer im Kontext spezifischer Inhalte erworben und dabei in inhaltsspezifische Schemata eingebunden werden, aus denen Sie nur schwer wieder herauszulösen sind (Funktionale Gebundenheit, Duncker 1935). Adams (1989) unterschiedet zwischen abstraktem und abstrahiertem Wissen. Abstraktes, dekontextualisiertes Wissen kann zwar generell auf verschiedene Aufgaben transferiert werden, wurde aber vom Individuum nicht in eigener Erfahrung gewonnen, sondern fremdvermittelt. Abstrahiertes Wissen bildet sich dagegen dann, wenn Wissen, Prinzipien, Prozesse und Strategien in vielen unterschiedlichen Situationen erprobt und erlernt wurden und somit unabhängig von der spezifischen Einbettung in eine Problemgeschichte ist. Eine sinnvolle und transferfördernde Abstrahierung beinhaltet das Herausbilden einer Hauptidee, eines Prinzips, einer Strategie oder Vorgehensweise, die sich über die Beschäftigung mit vielen ähnlichen Situationen herausbildete.

Einfache plausible Erklärungen, bitte!

Der Wunsch nach der stärksten Ursache

Die Überlegenheit einer sehr plausiblen Einzelerklärung, die die plausibelste Einzelursache beinhaltete, gegenüber mehreren plausiblen Ursachen, kann darin liegen, daß bei mehreren Erklärungen leicht der Eindruck der Widersprüchlichkeit oder der Inkonsistenz - oder aber auch bei hoher Korrelation der Einzelargumente untereinander - der Eindruck der Redundanz entsteht. Im Gegensatz dazu kann festgestellt werden, daß mehrere Argumente, die einen niedrigen Erklärungswert besitzen, nicht mehr oder weniger bewirken als das schlechteste Argument allein.

Persönliche Gespräche vor Statistiken, Basisraten und Abweichungen

Wie bedeutsam persönliche Kurzberichte für die Informationsnutzung sind, zeigten u.a. Borgida und Nisbett (1977). Sie händigten den Versuchspersonen Evaluationsbögen von Kommilitonen aus, aus denen die empfehlenswerten Kurse hervorgingen. Diese schriftlichen Informationen hatten nur geringen Einfluß auf die Kurswahl der Studenten, im Gegensatz zu einer hoher Beeinflussung durch kurze persönliche Gespräche. Daraus läßt sich folgern, daß übliche Berichte über statistische Analysen, Basisraten und Abweichungen von Entscheidungsträger nicht ausreichend genutzt werden, da diese Schwierigkeiten haben, die abstrakte Information in konkretes Verhalten umzusetzen. Konkrete und lebendige Beispiele, die die zugrundeliegenden Ergebnisse spezieller Schlußfolgerungen korrekt wiedergeben, werden von Informationssuchenden eher akzeptiert.

Infobox: „Lebendige" und „trockene" Aufbereitung von Informationen

Salomon (1984) geht davon aus, daß die investierte mentale Anstrengung eines Lerners in der Auseinandersetzung mit dem Lernmaterial in einer ausgeprägten positiven Beziehung zum Lernerfolg steht. Es wird des weiteren ein Zusammenhang zwischen der investierten mentalen Anstrengung und Einstellung der Lerner gegenüber den verwendeten Medien und medialen Präsentationsfrage angenommen. Manche Medien (wie z.B. das Fernsehen) gelten als „leicht". Die Nutzer dieses Mediums sind daher eher überzeugt, daß es weniger Anstrengung bedarf, um Informationen zu extrahieren. Printmedien wie Bücher und Texte dagegen gelten als „schwierig" und lösen deshalb vermehrte kognitive Anstrengung aus.

Bei der Nutzung von als attraktiv empfundenen Videoclips könnte daher das Phänomen auftreten, daß Filme/Videos als „leicht" erlebt werden, und deshalb weniger Anstrengung investiert wird, ein persönliches Lernresümee zu erstellen, als bei verbalem Material wie Texten (Salomon 1984, Weidenmann 1995). Diese Aussage gilt jedoch bisher nur für explizite Lernhandlungen im schulischen oder universitären Kontext.

„TV is easy and print is tough"

Informationen, die unerwünscht sind

Vermeiden von Informationen bei Konflikten

Wie schon in Kapitel 2 berichtet und ebenso bei Kiesler und Sproull (1982) dargestellt, tendieren Individuen dazu, die Information gemäß ihrer Hypothesen oder Schemata zu interpretieren bzw. nur die Informationen wahrzunehmen, die in ihr mentales Modell passen. Dies führt dazu, daß Mitglieder in Organisationen die Informationssuche vermeiden, wenn antizipierte Suchergebnisse nicht präferierte Resultate andeuten oder die Suchergebnisse zu Konflikten zwischen Beteiligten führen können. So vergessen Informationsnachfrager nicht gewünschte Information mit der Zeit oder beurteilen sie als weniger relevant. O'Reilly (1980) konnte zudem feststellen, daß Entscheider für ihre Sicherheit mehr Informationen suchen als sie tatsächlich brauchen und verarbeiten können. So nimmt die Entscheidungsqualität ab und die Sicherheit zu.

Ausblendung unerwünschter Informationen

Frey (1994) faßt seine Forschungsergebnisse zur Ausblendung unerwünschter Informationen wie folgt zusammen: Im Prozeß der Problemlösung oder Entscheidungsfindung bevorzugen Personen solche Informationen, die eine bereits getroffene oder vorläufige Entscheidung bestätigen.

Dissonanztheorie und Konfirmationsbias

Als Kernaussage läßt sich aus seinen Befunden ableiten, daß der von der Dissonanztheorie vorhergesagte Konfirmationsbias (entscheidungsunterstützende Informationen werden eher gesucht als widersprechende) tatsächlich auftritt, sofern mit der Entscheidung ein hoher Grad an persönlicher Beteiligung (Commitment), Entscheidungsfreiheit (Choice) und Wichtigkeit verbunden sind.

Infobox: Dissonanztheorie und Informationsnachfrage

„Entsprechend der Theorie der kognitiven Dissonanz nehmen Personen, nachdem sie eine vorläufige oder endgültige Entscheidung getroffen haben, wahr, daß zum einen mit der gewählten oder bevorzugten Alternative auch negative Aspekte und zum anderen mit der abgelehnten oder nicht bevorzugten Alternative ebenso positive Aspekte verbunden sind. Dieses Kognitionsgefüge erzeugt einen unangenehmen Spannungszustand, der als kognitive Dissonanz bezeichnet wird. Individuen sind entsprechend der Theorie bestrebt, diesen Spannungszustand abzubauen. Kognitive Dissonanz, so prognostiziert die Theorie, wird u.a. dadurch reduziert, daß vermehrt jene Informationen gesucht werden, die die gewählte oder bevorzugte Entscheidungsalternative als besser erscheinen lassen (Konfirmationsbias), während diejenigen, die ihr widersprechen, vermieden werden.“ (Frey 1994, S. 45 f)

Der Konfirmationsbias trat verstärkt auf bei

- ängstlichen Personen,
- wenn die Entscheidungssuche mit finanziellen Kosten verbunden war.

Selektive Informationssuche unter Zeitdruck und in Gruppen

Für Frey (1994) liegt der Schluß nahe, daß gerade unter wenig optimalen Bedingungen bei der Entscheidungsfindung, wie z.B. bei Entscheidungsproblemen in Organisationen, ein stärkerer Informationsbias auftritt: Die Entscheidungsträger vermeiden dissonante Informationen und versuchen, die Alternative, für die sie sich schon entschieden haben, durch eine extrem selektive Informationssuche abzusichern. In Gruppen scheint sich der Konfirmationsbias noch zu verstärken. Zu der vorhandenen Motivation zur Dissonanzreduktion tritt zusätzlich der informelle Druck der Gruppe, sich der Gruppenmeinung anzuschließen oder anzunähern, wodurch die selektive Informationssuche noch begünstigt wird. Weitere Erklärungsansätze lassen sich im Zusammenhang des Phänomens des „Groupthink“ (⇒ Kapitel 3) finden. Die Folgen des beschriebenen Gruppendenkens sind:

- eine unvollständige Suche nach Alternativen oder Zielen,
- Ignoranz der Risiken der präferierten Alternative,
- Verzicht auf die Neubewertung von Alternativen,
- keine Erarbeitung von Plänen für unvorhergesehene Fälle und
- ein Beharren auf der zuerst vorgelegten Sichtweise des Problems.

Verringerung des Konformationsbias

Der Konfirmationsbias wird reduziert durch

- eine heterogene Gruppenbildung,

- eine große Anzahl von „Abweichlern“, die die Meinung der Minorität vertreten oder durch eine hohe Sicherheit der Minorität, die konsequent ihre abweichende Meinung vertritt,
- egalitäre Gruppenstrukturen,
- niedrige Gruppenkohäsion,
- niedrige Illusion der Unanfechtbarkeit,
- niedrige Selbstzensur,
- schwache Dominanz eines formellen oder informellen Führers,
- schwaches Harmoniestreben,
- niedrige Verantwortungsdiffusion und
- Subgruppenbildung bei Diskussionen.

Interindividuelle Unterschiede

Auch interindividuelle Unterschiede spielen eine Rolle. Vor dem Hintergrund der sozialpsychologischen und kognitionspsychologischen Forschungsergebnisse zur selektiven Verarbeitung, z.B. des „Self-serving Bias“ und der beschränkten Verarbeitungskapazität kommt O'Reilly (1983) zu der Ansicht, daß Informationen je nach Vorwissen, individuellen Schemata und Verarbeitungsstilen individuell verschieden selektiert und gewichtet werden.

Zusammenfassung

Hinsichtlich des Lernerfolgskriteriums für organisationales Lernen, dem Abrufen und Anwenden von Wissen, ergibt die Betrachtung der oben dargestellten Einzelergebnisse ein vernetztes Bild verschiedenster Faktoren, die sich auf dieses Kriterium auswirken: Informationsbeschaffungskosten, Modellverhalten in der Organisation, Verfügbarkeit, Macht- und Ressourcenbeziehungen, Belohnungssysteme und individuelle Informationsverarbeitungsprozesse. Auch Glaubwürdigkeit, Vertrauenswürdigkeit sowie die Lebendigkeit der Darstellung nehmen Einfluß auf die Bereitschaft und die Umsetzung des Abrufens und Nutzens verfügbarer Wissenselemente und Informationen.

Im folgenden soll dargestellt werden, wie mit dem Wissen optimal verfahren werden kann, um eine zielorientierte Anwendung zu unterstützen. Dazu werden Problemtypen und Operatoren, die den Problemraum verändern können, vorgestellt. Es folgen Erklärungen für einen geglückten und mißglückten Transfer sowie eine Darstellung von Problemlösehilfen wie z.B. das Abstrahieren und Analysieren, die Analogiesuche oder der Wechsel der Codierung.

4.3 Die Phasen nach der Informationssuche: Wissen zur Problemlösung nutzen

Den Problemraum erfassen

Den Problemraum erfassen

Das Lernziel innerhalb lernender Organisationen besteht darin, den Mitarbeitern eine effektive Auseinandersetzung mit situativen Anforder-ungen, unter Einbeziehung früherer Erfahrungen, zu ermöglichen. Im folgenden wird davon ausgegangen, daß eine Organisation als lernend bezeichnet werden kann, wenn es ihr gelingt, dem einzelnen Problemlöser oder einer Gruppe von Problemlösern, eine größere Anzahl von Entscheidungs- und Verhaltensalternativen zur Verfügung zu stellen, als diese in ihrem individuellen Verhaltensrepertoire gehabt hätte.

Operatoren

Transformationen

Interpolationsbarriere

Synthesebarriere

Dialektische Barriere

Probleme beim Problemlösen

Infobox: Problemtypen

Dörner (1995, 1987) spricht von einer *Interpolationsbarriere*, wenn der Ausgangs- und der Zielzustand sowie mögliche einzelne Operatoren (eine Operation ist alles das, was eine Konstellation verändern kann) zur Transformation zwar bekannt sind, die Operatoren zur Problemlösung jedoch neu kombiniert werden müssen.

Um ein *Syntheseproblem* zu lösen, müssen die Operatoren erst gefunden und entwickelt werden, d.h. sie sind dem Problemlöser noch unbekannt. Die Operatoren werden z.B. mit Hilfe von Analogien identifiziert. Es handelt sich um *dialektischen Probleme*, wenn der Zielzustand selbst unbekannt ist und erst Vorstellungen über den Zielzustand zu entwickeln sind.

Was ist zu tun?

Zunächst muß das Problem mit seinen Herausforderungen als solches erkannt werden. Das Ziel sollte definiert und der Ist-Zustand analysierbar sein. Anschließend wird nach möglichen Lösungsschritten gesucht, die den Ist-Zustand in den Soll-Zustand überführen. Eine Quelle für Informationen, die zur Vollständigkeit beitragen, Auftretenswahrscheinlichkeiten einschätzen lassen und Auswirkungen von Alternativen benennen können, stellt Erfahrungswissen dar, das in anderen Projekten erworben wurde.

Der Problemlöser kann nun auf folgende Schwierigkeiten stoßen:

Er nimmt das Problem nicht als Problem wahr, er definiert den Sollzustand falsch, mögliche Lösungswege sind zwar vorhanden, werden aber nicht von ihm erinnert, die möglichen Lösungswege müssen aufgrund von Einzelerfahrungen neu zusammengesetzt werden oder er macht zwar den richtigen Lösungsweg aus, führt ihn aber fehlerhaft aus.

Gedächtnis als Materiallieferant und Formgeber

Suche im Problemraum

D.h. die Fähigkeit, Probleme zu lösen, besteht aus verschiedenen Subprozessen die korrekt ausgeführt werden müssen (Dörner 1995). Zum Problemlösen entnimmt ein Mitarbeiter oder Entscheidungsträger Material aus dem Gedächtnis, z.B. aus einer Datenbank der Organisation, und verändert dessen Inhalte unter Zuhilfenahme seines Arbeitsgedächtnisses. Das menschliche Gedächtnis übernimmt dabei die Rolle des Materiallieferanten und des Formgebers zugleich. Die Tätigkeiten, die der Problemlöser ausführen muß, lassen sich in die Bereiche ‚Suche in einem Problemraum' und ‚Änderung des Problemraums' gliedern.

Konstellationen und Ist-Zustand

Operationen verändern die Konstellation

Ein Problemraum besteht aus einer Menge von *Konstellationen*, die durch einzelne *Operationen* miteinander verbunden sind. Als Konstellation bezeichnet man den für einen Problemlöser gegebenen Ist-Zustand (z.B. der Auftrag, ein Unternehmen/Produktionsstätte in Südamerika aufzubauen, indem die Gegebenheiten vor Ort, die Anzahl und Qualifikation der Mitarbeiter, Anzahl der Produktionslinien und Fertigungsstraßen, eingeplante Geldmittel). Eine *Operation* umfaßt alles das, was eine Konstellation verändern kann (z.B. die Entscheidung die Mitarbeiter anzulernen und zu qualifizieren). Es gibt einfache *Konstellationen* (z.B. die Situation, wie der Gabelstablerfahrer mit seinem Gabelstapler durch das verschlossene Hallentor kommt) sowie umfangreiche Konstellationen, die aus vielen Bestandteilen bestehen (z.B. wenn eine Fertigungseinheit auf Gruppenarbeit umgestellt werden soll). Diese umfangreichen Konstellationen ähneln komplexen, vernetzten, intransparenten und dynamischen Problemen ($\Rightarrow$ Kapitel 1).

Charakteristika von Operatoren

Operatoren lassen sich in verschiedener Weise charakterisieren. Sie unterscheiden sich in ihrer *Bedingtheit*, *Wirkungssicherheit*, *Wirkungsbreite* und *Reversibilität.*

Bedingtheit

Als *bedingt* gilt ein Operator dann, wenn man ihn nur unter bestimmten Bedingungen anwenden kann. Mit hochgradig bedingten Operatoren wird das Planen schwieriger, sie verlangen in hohem Maße eine Zwischenzielbildung. Die Belastung des Arbeitsgedächtnisses nimmt zu, da die jeweils erforderlichen Bedingungen berücksichtigt werden müssen.

Wirkungssicherheit

Wirkungssicher sind solche Operatoren, die mit Sicherheit zu einer bestimmten Folge oder Konsequenz führen, im Gegensatz zu stochastischen Operationen, die verschiedene Konsequenzen auslösen können.

Wirkungsbreite

Reversibilität

Operatoren mit *breiter Wirkung* beeinflussen viele Charakteristika der Konstellation, während ein Schmalbandoperator nur wenige Ausprägungen beeinflußt. *Reversible* Operatoren können leicht rückgängig gemacht werden, so daß sich ein Versuch-und-Irrtum-Verhalten nicht besonders folgenreich auswirkt. Der Umgang mit irreversiblen Operatoren birgt dagegen Risiken in sich, da die Entscheidungen nicht rückgängig zu machen sind.

Der Transfer - Anwenden von Wissen in Problemlösesituationen

Das Anwenden von Erfahrungen als Evaluationskriterium

Das Managen von Erfahrungswissen und das Distribuieren von Informationen sind sinnvolle Investitionen, wenn sichergestellt wird, daß die Anwendung des Erfahrenen zum entscheidenden Evaluationskriterium wird.

„Source"- und „Target"-Problem

Ein Transfer zeichnet sich dadurch aus, daß in einem Zusammenhang gelerntes auf einen anderen Zusammenhang übertragen wird (Mandl, Prenzel & Gräsel 1992). Lerntransfer hat den Status eines Konstrukts, das verschiedene Phänomene subsumiert und verwendet wird, wenn in einem Zusammenhang (source) ein Lernprozeß stattgefunden hat und der Lerner in einem zweiten, veränderten Zusammenhang (target) mit einer Aufgaben- oder Problemstellung im Funktionsfeld (d.h. dem konkreten Arbeitsbereich des Problemlöser) konfrontiert wird, für die eine Anwendung des Gelernten oder Erfahrenen sinnvoll oder hilfreich erscheint.

In Fall des Erfahrungslernens beschäftigt man sich mit Erfahrungen, die, durch andere vermittelt, als relevant für die eigene Problemlösung erkannt werden müssen. Eine Voraussetzung stellt zunächst ein Zuwachs an Kompetenz durch die Erfahrung oder das Wissen, das in gemeinsamen Problemlöseprozessen, durch Recherchieren in den eigenen Datenbanken oder Beobachtungslernen erworben wurde. Nach dem Erwerb von Erfahrungen und Wissen anderer Organisationsmitglieder kehrt der Lernende in seinen Arbeitsbereich zurück.

Vierstufiger Prozeß

Transfer wird in der kognitiv-experimentellen Forschung als vierstufiger Prozeß modelliert (Mandel, Gruber & Renkl 1994):

1. Zunächst erfolgt eine Konstruktion einer mentalen Repräsentation der betreffenden Probleme,
2. es schließt sich eine Auswahl geeigneter Ausgangsprobleme an, von denen aus Transfer stattfinden kann,
3. es folgt ein Übertragungsprozeß vom Ausgangsproblem zum Zielproblem hinsichtlich verschiedener Komponenten der Probleme und
4. ein Generieren von Lösungen durch die Übertragung.

High-road-Transfer und Low-road-Transfer

Vorwärts- & rückwärts-gerichteter Transfer

Im Zusammenhang mit Erfahrungswissen, das durch die Auseinandersetzung mit der Arbeitstätigkeit, durch Beobachten oder durch gedankliche Vorwegnahme erworben wird, sollte hier auch die Unterscheidung von Salomon und Perkins (1989) nach High-road- und Low-road-Transfer thematisiert werden. Sie erklärt, wie beim Lösungsprozeß eines ungewöhnlichen Problems in natürlichen Umgebungen vorwärtsgerichteter Transfer (forward-reaching) bzw. rückwärtsgerichteter Transfer (backward-reaching) von Nutzen sein kann und welche Lern- und Abstraktionsprozesse beteiligt sind.

Infobox: Die steinigen Wege zum Transfer: Low-road-Transfer und High-road-Transfer (Salomon & Perkins 1989)

Lernen und Transfer unterschieden sich nach Salomon und Perkins (1989) wie folgt: Lernen führt (meistens) zu einer später zu beobachtenden Leistung, die in einem ähnlichen oder identischen Kontext erbracht wird. Wenn allerdings Geschichtsdaten des Unternehmens auswendig gelernt und diese hinterher abgefragt werden, spricht man nicht von Transfer, sondern von Lernen. Es handelt sich um Transfer, wenn ein überspannendes Prinzip im Lernprozeß abstrahiert und in der Transfersituation auf ein neues Problem angewendet wird. Dazu drei Beispiele:

„Vom PKW zum LKW“
Sie haben gelernt wie man einen PKW fährt. Nun erfordert es die Situation, daß Sie einen LKW fahren müssen und Sie fragen sich, ob Sie das können. Obwohl die Fahrgastzelle ungewöhnlich erscheint, kommt Ihnen vieles bekannt vor. Also fahren Sie den LKW. Natürlich werden Sie in einigen Situationen Überraschungen erleben, z.B. wenn Sie mit einem Anhänger fahren. Trotzdem verläuft das Steuern des Fahrzeugs reibungslos und automatisch. Ihre Fähigkeiten benötigen lediglich etwas Feinabstimmung.

„Von Studierstunden zu ständigen Stunden“
In einem Zeitmanagementseminar während Ihrer Traineeausbildung haben Sie gelernt, daß es wichtig ist, den Tag in Abschnitte einzuteilen und sich spezielle Studierstunden einzuplanen: Das Prinzip lautete: Wenn Sie etwas schaffen wollen, z.B. einen Bericht vorbereiten, dann setzen Sie sich einen Zeitpunkt definitiv fest und halten Sie auf alle Fälle daran fest. Der Trainer hat Sie im Seminar darauf hingewiesen, daß Sie dieses Prinzip ebenso im privaten Bereich z.B. für Ihre Hobbies verwenden sollten (z.B. eine Stunde Mountainbiken jeden Freitag um 18.30 Uhr). Einige Jahre später sind Sie obere Führungskraft in einem großen Unternehmen. Ihre Arbeit besteht in der Durchführung einer Vielzahl von kleinen Projekten. Jedesmal, wenn ein Projekt eine hohe Priorität erhält, erinnern Sie sich daran, eine spezielle Zeit dafür vorzusehen (z.B. „Das Erste, was ich morgens mache“), so daß der Fortgang der wichtigsten Projektes sichergestellt ist, was auch immer im weiteren Verlauf des Tages passieren mag.

„Von der Fähigkeit, sein Temperament zu zügeln – 'Zähle bis 10' “
Als Sie noch in der Ausbildung waren, ist manchmal Ihr Temperament mit Ihnen „durchgegangen“. Ihr Ausbilder hat Ihnen folgenden Tip gegeben: „Zähle bis 10!“. Ihr Ausbilder hat Sie so häufig daran erinnert, daß Sie tatsächlich gelernt haben, bis 10 zu zählen, wenn Sie kurz davor waren „zu explodieren“.

Jetzt, nachdem einigen Jahre vergangen sind, sind Sie häufiger unzufrieden mit sich selbst. Sie müssen häufig „aus dem Bauch raus" schnelle Entscheidungen treffen, da Mitarbeiter und Vorgesetzte diese von Ihnen verlangen und Sie den Druck verspüren, eine Problemlösung parat zu haben. Sie erinnern sich jetzt an das „Zähle bis 10"-Prinzip und finden heraus, daß es zumindest häufig hilft.

Transfer von automatisierten Prozessen - Low-road-Transfer

Transfer findet in allen drei Geschichten statt, da in einem speziellen Kontext Erlerntes in einem anderen Kontext zur Anwendung kommt. Die drei Geschichten unterscheiden sich jedoch: In der ersten Geschichte basiert der Transfer auf automatisierten Prozessen. Den Transfer von automatisierten, hoch geübten Prozessen nennen Salomon und Perkins (1989) *Low-road-Transfer.*

Formulieren von Abstraktionen – High-road-Transfer

Die Erzählung mit der Aufforderung, feste Studierzeiten einzuplanen beinhaltet das Erlernen eines generellen Prinzips und eine spontane Anwendung in einer neuen Situation zu einem späteren Zeitpunkt. Bei der „Zähle bis 10"-Darstellung geht es bei der Definition des Problems darum zu erkennen, das es um das Unterbinden spontaner Entscheidungen geht. Nun sucht der Problemlöser nach einer Lösung, mit der er ein ähnliches Problem hat lösen können. In den beiden letzten Fällen handelt es sich um *High-road-Transfer.* Bei dieser Form des Transfers wird eine bewußte Abstraktion formuliert, die eine Verbindung zu einer anderen Abstraktion erlaubt.

High-road-Transfer – vorwärts gerichtet

Beim High-road-Transfer kann erneut zwischen zwei Formen unterschieden werden: Im Beispiel der festen „Studierzeit" ist das generelle Prinzip derart gut erlernt worden, daß es sich zu einem späteren Zeitpunkt als angemessen anbietet. Die Formulierung des generellen Prinzips erfolgt beim Lernen und erfährt eine spätere Anwendung. Die Autoren sprechen davon, daß beim ursprünglichen Lernen das abstrahierte Prinzip für den späteren Gebrauch vorbereitet wurde, so daß man von einem *forward-reaching*-Transfer sprechen kann.

High-road-Transfer - rückwärts gerichtet

In der „Zähle bis 10"- Geschichte wurde ein spezielles Verhalten für einen speziellen Kontext erlernt. Zu einem späteren Zeitpunkt wird das Bedürfnis, die eigene Entscheidungsspontanität zu zügeln, als ein abstraktes Prinzip formuliert und anschließend danach gesucht, welches schon erlernte Prinzip diesem ähnelt. Hierbei wird die vom Kontext gelöste Abstraktion nicht schon beim ursprünglichen Lernen entwikkelt, sondern erst als die Suche nach einer Lösung in einer anderen Situation initiiert. Bei diesem Fall sprechen Salomon und Perkins (1989) von einem *backward-reaching* Transfer.

Variierte Anwendung

Low-road Transfer ergibt sich auf der Basis von *variierter Anwendung* und Automatisierung. Bei der variierten Anwendung wird ein kognitives Element dazu gezwungen, sich in verschiedenen Situationen anzupassen, so daß die Fähigkeit erweitert wird und sich vom ursprünglichen Lernkontext loslöst. Automatisierung bedeutet, daß eine Fertigkeit derart hochgeübt ist, daß sie durch den Stimulus ausgelöst wird und ohne bewußte Steuerung oder analytische Reflexion abläuft (⇒ prozedurales Wissen, Kapitel 2).

Bewußte Abstraktion

High-road Transfer beinhaltet eine *bewußte Abstraktion* als Kernelement. Abstraktionen werden durch folgenden Prozeß gebildet: (1) Vernachlässigen von Details einer verbalen Beschreibung oder einer graphischen Darstellung und *Bilden von Schemata* (wie „Verkaufsabteilung" oder „Dienstleistung"), (2) Bilden von *stellvertretenden Oberkategorien* und „Variabilisieren" von speziellen Merkmalsausprägungen (wie Farbe, Länge, Branche, Produkt etc.). Zunächst werden die gelernten Prinzipien *dekontextualisiert* und anschließend als neue Repräsentation in einer generellen Form abgelegt (re-repräsentiert), so daß diese auch auf andere Fälle zutreffen können.

Bewußt gesteuerte Abstraktionen zu bilden, bedeutet, daß *volitionale* (willensbezogene), metakognitive und nicht automatisierte Prozesse involviert sind.

Soll Erfahrungswissen in einer dekontextualisierten Form in eine neue Situation transferiert werden, können vier unterschiedliche Transfereffekte klassifiziert werden (Mandl, Prenzel & Gräsel 1992):

Negativer Transfer

- Die erworbenen Kompetenzen erweisen sich bei der Problemlösung vor Ort als beeinträchtigend oder störend, da die neuen Wissenselemente mit den bisher praktizierten Problemlösungsmustern nicht harmonieren. Indem die Problemlöser versuchen, beide Lösungsprozesse gleichzeitig anzuwenden, wird die Lösung insgesamt schlechter als die Routineprozedur, so daß ein negativer Transfer vorliegt (vgl. Anderson 1987).

Null-Transfer

- Obwohl der Lerner neues Wissen erworben hat oder abrufen konnte, greift er nicht auf die erworbene Kompetenz zurück, sondern entschließt sich, die früher vorhandene Kompetenz weiter zu nutzen. Er verhält sich so, als hätte gar kein Lernen stattgefunden. In diesem Fall handelt es sich um einen Null-Transfer.

Horizontaler Transfer

- Nutzt der Lerner die erworbenen Informationen im Problemlöseprozeß vor Ort, kann von einem horizontalen oder lateralen Transfer gesprochen werden. Die Problemlöseinformation wird auf verschiedene ähnliche Situationen übertragen.

Vertikaler Transfer

- Die durch Wissensdiffusion erworbene Problemlösekompetenz erlaubt es dem Lerner nicht nur diese Fertigkeiten anzuwenden, sondern auch darüber hinaus, sukzessiv dazuzulernen (vertikaler Transfer).

Im Sinne von effizientem Lernen in der Organisation sollte nur dann gesprochen werden, wenn Gelerntes horizontal und vertikal transferiert wird.

Niedrigere Transferraten durch Übersehen von Analogien

In grundlagenorientierten Versuchsreihen wurde mehrfach gezeigt, daß Transfer leider seltener auftritt als erwartet (Mandl, Gruber & Renkl 1994). Beim Lösen von Problemen können nur wenige Versuchspersonen aus früheren Erfahrungen einen Nutzen ziehen. Niedrige Transferraten (vgl. die weiter unten aufgeführten Experimenten von Gick & Holyoak 1983) und das Ausbleiben spontaner Transfers scheinen dabei vor allem darauf zurückzuführen zu sein, daß mögliche Analogien nicht bemerkt werden. Der analoge Schluß selbst schlägt selten fehl.

Kritische Bedingungen für den Transfer

Identische Elemente

Gemeinsame Produktionsregeln

Je nachdem wie ähnlich oder verschieden die Aufgaben beim Wissenserwerb bzw. –diffusion und bei der Anwendungssituation sind, wird ein Transfer leichtert oder erschwert. Vorschläge zu Transfer unterstützenden Maßnahmen zielen darauf ab, im Sinne von identischen Elementen eine möglichst optimale Übereinstimmung zwischen Lern- und Problemlöseaufgabe herzustellen (Baldwin & Ford 1988). Das Prinzip der identischen Elemente geht in seiner theoretischen Begründung auf die Transfertheorie von Thorndike und Woodworth (1901) zurück.

Identische Elemente beziehen sich auf die Anzahl identischer Stimulus- und Responseelemente zwischen Lern- und Realsituation. Anderson (1987) präzisiert, daß die Stärke des Transfers anhand der Anzahl gemeinsamer Produktionsregeln zwischen Übungs- und Transferaufgabe vorhergesagt werden kann („common-product-ions-model of transfer“).

Nach Franzke (1996) spricht Anderson in neuen Veröffentlichungen auch von der Möglichkeit des deklarativen Transfers, der durch den interpretativen Mechanismus des analogen Schließens gesteuert und optimiert wird, wenn der Problemlöser auf eine elaborierte deklarative Wissensbasis zurückgreifen kann.

Wahrgenommene Ähnlichkeiten

Im Zusammenhang mit identischen Elementen oder Produktionen wird zwischen physikalischen und psychologischen Faktoren unterschieden. Die psychologischen Faktoren, die sich auf die subjektive Bedeutung von Training und Arbeitswelt beziehen, scheinen bedeutsamer für den Transfer zu sein als die physikalischen (Holling & Liepmann 1995). Mandl, Prenzel und Gräsel (1992) ergänzen, daß ein Transferproblem darin besteht, daß nicht die oberflächliche objektive Ähnlichkeit der Elemente ausschlaggebend ist, sondern die vom Problemlöser wahrgenommene.

Das Lernen allgemeiner Prinzipien wie das Lernen mit heuristischen Regeln erleichtert ebenfalls den Transfer im Gegensatz zu spezifischen, unmittelbar anzuwendenden Fertigkeiten. Des weiteren werden Konzepte und Prinzipien eher verstanden und auf die Arbeitssituationen transferiert, wenn sie anhand mehrerer unterschiedlicher Beispiele erlernt wurden. Gick und Holyoak (1983) konnten zeigen, daß die Transferwahrscheinlichkeit durch die Bearbeitung zweier Analogien im Gegensatz zu einer Beschreibung ansteigt, so daß ein schemabasierter Analogieschluß möglich wird.

Lernen allgemeiner Prinzipien

Schemabasierter Analogieschluß

Auch die Qualität des Schemas, das durch die Vorgabe von Analogien erworben wird, wirkt sich auf den spontanen und gezielt unterstützten Transfer aus (Catrambone & Holyoak 1989). Nach Kiesler und Sproull (1982) ist es deshalb eine notwendige Voraussetzung für das „Problemsensing", daß Schemata für Veränderungen und Krisen entwickelt werden. Wenn Mitarbeiter Veränderungen erwarten und abweichende Informationen antizipieren, ist es leichter für sie, erste Anzeichen von Abweichungen zu erkennen. Die Autoren gehen von folgenden Grundannahmen aus: Eine besonders kritische Komponente von Managementverhalten in einer sich schnell verändernden Welt, ist das Problemerkennen. Informationen, die Veränderungen ankündigen und zum Handeln auffordern, müssen wahrgenommen und interpretiert werden.

Qualität des Schemas und ‚Problemsensing'

Um das Problemerkennen zu verbessern, schlagen Kiesler und Sproull (1982) vor, daß Manager, Mitarbeiter und Organisationen
1. aus Erfahrungen lernen,
2. aktiver planen,
3. die Geschwindigkeit, mit der Manager Informationen erhalten, erhöhen und
4. die Informationsmenge steigern.

Aus den Erfahrungen lernen bedeutet für die Autoren, aus den eigenen Fehlern Konsequenzen ziehen. Ähnliche Bedingungen, wie die, die zur Fehlentscheidung geführt haben, müssen erkannt und diesmal die korrekte Entscheidung gefällt werden. Planung unterstützt das Erkennen von Problemen insofern, daß Kriterien entwickelt werden, die es zulassen, Abweichungen zu erkennen. Die Informationsgeschwindigkeit zu erhöhen, hat den Vorteil, daß mögliche Probleme früher erkannt werden und mehr Zeit verbleibt, um korrigierend einzugreifen. Die Informationsspannweite zu erhöhen, erlaubt es, Probleme ausfindig zu machen, die bei einem verengten Blick übersehen worden wären. Daß vollständige Information noch keine richtige Interpretation derselben bedingt, wurde bereits in Kapitel 3 erläutert. Die Autoren ergänzen vor dem Hintergrund der Annahmen zur sozialen Kognition:

Kriterien zum Erkennen von Abweichungen

Informationsgeschwindigkeit

Informationsspannweite

Phänomene sozialer Kognition

- Manager agieren auf der Basis ihrer mentalen Modelle, die jedoch eher Zustände der Vergangenheit abbilden als Zustände der Gegenwart.
- Manager tendieren dazu, nur mittelmäßig abweichende/diskrepante Informationen in ihre mentalen Modelle einzugliedern. Große Veränderung in der Umwelt werden weniger wahrscheinlich inkorporiert.
- Wenn sich Manager in speziellen Situationen stark emotional beteiligt fühlen, neigen sie dazu, Informationen unberücksichtigt zu lassen, die andeuten, daß die tatsächlichen Veränderungen der Umwelt nicht mit ihrer eigenen Situationswahrnehmung übereinstimmen oder diesen entgegenstehen.
- Nur wenn Manager Schemata für extreme Umweltbedingungen entwickelt haben, sind sie in der Lage, die extremen Veränderungen in diese mit einzubeziehen.
- Nur wenn Manager erkennen, daß sie in sich schnell wandelnden Umwelten operieren, werden sie in der Lage sein, auch stark abweichende Umweltereignisse in ihre Modelle einzugliedern.

Schemata für Veränderungen und diskrepante Information

Die Schlußfolgerung, die Kiesler und Sproull (1982) daraus ziehen, lautet: Ein Weg, um die Aufmerksamkeit auf diskrepante Informationen zu lenken, die Veränderungen andeuten, stellt die Entwicklung von Veränderungsschemata dar. Wenn Manager Schemata für alternative Umwelten erworben haben, sind sie eher in der Lage, diese zu erkennen. Insofern sollte es die Organisation belohnen, wenn Mitarbeiter Schemata für extreme Veränderungen aufbauen, die sie ermutigen, nach extremen Informationen zu suchen, da das Problemerkennen eine notwendige Voraussetzung für organisationales, adaptives und sich anpassendes Handeln darstellt.

Träges Wissen

Träges Wissen

Zwischen Wissen und Verhalten besteht häufig eine große Diskrepanz. In der Organisation ist das notwendige Wissen zur Problemlösung meistens vorhanden. Mit einem gewissen Aufwand und eigener Initiative ist es wahrscheinlich sogar möglich, an dieses Wissen heranzukommen. Dennoch ist oft zu beobachten, daß es eine Form des trägen Wissens gibt, d.h. Wissen, das in instruierter Form „verabreicht wurde“, im Alltags-kontext aber nicht angewandt wird (Renkl 1996). Der Autor konnte mit seiner Arbeitsgruppe zeigen, daß z.B. Studenten wenig erfolgreich agierten, wenn es gilt, theoretisches Wissen auf komplexe Problemstellungen anzuwenden. Dies galt für fortgeschrittene Studenten der Betriebswirtschaft, die in einem ökonomischen Planspiel schlechter abschnitten als Studenten der Pädagogik und Psychologie. Renkl (1996) bietet für dieses Phänomen unterschiedliche Erklärungen:

Metaprozeß-erklärungen

Zu den *Metaprozeßerklärungen* zählt er Erklärungen, die davon ausgehen, daß das notwendige Wissen zwar vorhanden, aber nicht genutzt wird,

Meta-kognitive Defizite

- weil metakognitive Defizite vorliegen, d.h. die Anwendungsbedingungen des „Wann" und „Warum" nicht mit erlernt wurden,

Motivationale Defizite

- weil motivationale Defizite vorliegen aufgrund von mangelnden Selbstwirksamkeitserwartungen oder geringem Interesse,

Kosten-Nutzen-Abwägungen

- weil Kosten-Nutzen-Abwägungen zu der Ansicht führen können, daß z.B. umweltfreundliches Verhalten und damit ein Verzicht auf das eigene Auto mit erheblichen Unannehmlichkeiten verbunden ist und das eigene Verhalten nur geringe Auswirkungen haben wird. So sind sog. Low-Cost-Entscheidungen zu beobachten, in denen umweltfreundliches Verhalten nur dann gezeigt wird, solange es keine zu hohen persönlichen Kosten oder Unannehmlichkeiten verursacht.

Die sozial-kognitive Lerntheorie (Bandura 1986) unterscheidet ebenfalls zwischen Wissenserwerb und Ausführung. Diskrepanzen zwischen dem Lernen und dem Ausführen treten auf, wenn das erworbene Verhalten wenig Wert besitzt oder ein hohes Bestrafungsrisiko mit sich bringt. Die Ausführung wird beeinflußt durch direkte Belohnung, stellvertretende Belohnung und selbstproduzierte Belohnungen.

Volitionale Ursachen

Träges Wissen kann jedoch auch volitionalen (willensbezogene) Ursachen haben: Damit Absichten zur Ausführung kommen, bedarf es einer Abschirmung gegenüber konkurrierenden Alternativangeboten. So mag sich eine Person zwar vornehmen, an der Problemlöserunde zum Thema „Verringerung des Ausschusses in der Produktion" teilzunehmen, gerade heute aber hat er sich mit einem Kollegen zum Sport verabredet. Auch persönliche (epistemologische) Überzeugungen wie z.B. „Ich bin kein kreativer Kopf" oder „Controlling ist nur etwas für Genies" führen dazu, daß Lerner in ungewöhnlichen Situationen, in denen nicht auf Standardlösungen zurückgegriffen werden kann, nicht auf vorhandenes Wissen zurückzugreifen. Die einzelnen Erklärungen sind wiederum miteinander verwoben. Ungünstige persönliche Überzeugungen führen z.B. wiederum zu motivationalen Defiziten.

Persönliche Überzeugungen

Struktur-defizit-erklärungen

Im Rahmen der *Strukturdefiziterklärungen* wird davon ausgegangen, daß die Defizite im Wissen selbst liegen, d.h. das Wissen selbst ist nicht in einer Form vorhanden, die einen Transfer erlaubt. Zu den Strukturdefiziterklärungen gehört z.B. die Annahme, daß Defizite im Verständniswissen vorhanden sind (wenn ein Mitarbeiter immer genau der Verfahrensanweisung des QM-Handbuches folgen muß, weil er den Sinnzusammenhang nicht versteht).

Defizite im Verständnis-wissen

Fehlende Wissenskompilierung

Schwache Prozeduren

Auch eine fehlende Wissenskompilierung kann ein Grund sein für das Nicht-Anwenden von Wissen, d.h. Wissen wird zunächst in deklarativer Form erworben (⇒ Kapitel 2) und durch schwach ausgeprägte Probelmlöseprozeduren mit Sinn gefüllt und interpretiert (Anderson 1987). Bei wiederholter Nutzung deklarativen Wissens durch schwache Prozeduren kommt es zu einer zweiten Phase der Wissenskompilierung, d.h. es entwickelt sich eine prozedurale Präsentation (⇒ Kapitel 2) einer Fertigkeit und damit eine zunächst eingeschränkte Anwendbarkeit des Wissens. In der dritten Phase vollzieht sich die Feinabstimmung (tuning), die Generalisierungsprozesse (die Anwendungsbreite wird erweitert), Diskriminierungsprozesse (die Anwendungsbreite wird eingeschränkt) und Stärkungsprozesse (erfolgreiche Prozeduren werden gestärkt, weniger erfolgreiche geschwächt) enthält.

Während Anderson (1987) davon ausgeht, daß deklaratives Wissen vor Handlungswissen erworben werden muß, besteht ebenso die Beobachtung, daß Handlungswissen vor dem expliziten (deklarativen) Wissen vorhanden sein kann. In der komplexen Problemlöseforschung zeigte sich vielfach, daß das Ausmaß des expliziten Wissens über ein System nicht unbedingt mit der Steuerleistung übereinstimmen muß (Berry & Broadbent 1984).

Wissens-„Schubladen“

Desweiteren kann mangelnder Transfer durch unterschiedliche „Schubladen“ (Wissenskompartmentalisierung) erklärt werden, in denen Alltagswissen und ausbildungsbezogenes Wissen abgelegt zu sein scheinen. Zwischen diesen Schubladen kommt vielen Beobachtungen zufolge keine Verbindung und somit auch kein Transfer zustande.

Renkl (1996) gibt zu bedenken, daß die Erklärungen der Strukturdefizite Gefahr laufen, zu Zirkelschlüssen zu gelangen, d.h. wird Wissen nicht angewendet, kann dies als Beweis dafür gesehen werden, daß das Wissen nicht kompiliert wurde. Die Kompilierung erfolgt jedoch erst durch die Anwendung.

Situiertheitserklärungen

Die *Situiertheitserklärungen* basieren auf der Grundannahme, daß es generell kein Wissen als dekontextualisierte Repräsentation gibt, das in einem Kontext erworben und in einer anderen wieder angewandt werden kann (Greeno et al.1993). Wissen wird als Fähigkeit angesehen, mit Dingen oder Personen in einer Situation zu interagieren.

Authentische Lernsituationen

Wissen entsteht in natürlichen und authentischen Lernsituationen als Verbindung zwischen Person und Situation. Die Situation zeichnet sich durch bestimmte Handlungsangebote und -beschränkungen aus, so daß Wissen nur unter Einbeziehung der Situation, in der das Individuum handelt, charakterisiert werden kann. Transfer findet statt, wenn eine Aktivität, die in einer Situation gelernt wurde auf eine andere erfolgreich übertragen wird. Der Transfer hängt von der strukturellen Ähnlichkeit (Invarianz) der neuen Situation zu schon gelernten Handlungsschemata, von Transformationen der Handlungsschemata durch die Vorwegnahme (Antizipation) von möglichen Problemzuständen oder durch analoges mentales Simulieren, ab. Eine kritische Diskussion der Situiertheitserklärungen im Vergleich zu Annahmen des Instruktionsdesigns der zweiten Generation findet sich bei Merrill (1991).

Problemlösehilfen

Beim Problemlösen gibt es unterschiedliche Möglichkeiten, um vom Ausgangs- zum Zielzustand zu gelangen. Grob unterschieden läßt sich eine vorwärts- oder eine rückwärtsgerichtete Suche (Dörner 1995). Bei vorwärtsgerichteter Suche bewegt sich der Problemlöser vom vorgegebenen Standpunkt aus. Es wir diametral durchgespielt, was verändert wird, wenn man diesen oder jenen Weg einschlägt. Bei rückwärtsgerichtetem Problemlösen geht man vom Zielzustand aus und überlegt sich, welche Zustände direkt vor dem Zielzustand erreicht sein müßten, um mit einem speziellen Operator zum Zielzustand zu gelangen. Vorwärts- und rückwärtsgerichtetes Suchen kann nach verschiedenen Maximen realisiert werden: „Breite zuerst“ oder „Tiefe zuerst.“ Wer nach der Maxime „Breite zuerst“ vorgeht, probiert zunächst möglichst viele Operatoren aus, die auf eine spezielle Ausgangskonstellation hin anwendbar sind. So entsteht ein Überblick über die Vielzahl möglicher Verzweigungen, die von einer Konstellation ausgehen. Ein Agieren nach dem Prinzip „Tiefe zuerst“ bedeutet ein schrittweises Voranschreiten von einer Konstellation zur nächsten.

Vorwärtsgerichtete Suche

Rückwärtsgerichtete Suche

Breite zuerst

Tiefe zuerst

Das vorwärtsgerichte Vorgehen hat den Vorteil, daß man sich auf das vorbereiten kann, was in nächster Zukunft zu erwarten ist. Vorwärtsgerichtes Arbeiten mit der Maxime „Breite zuerst“ ermöglicht ein Absuchen der möglichen Gefahren der näheren Zukunft. Bei komplexen Problemen wird ein In-die-Tiefe-gehen erforderlich, da nur dieses Vorgehen die Entwicklung eines Plans erlaubt. Als nachteilig kann sich erweisen, daß man sich bei unvorhersehbaren Ereignissen nicht auf mögliche Alternativpläne vorbereitet hat.

Absuchen möglicher Gefahren und Alternativpläne

Beim Rückwärtsplanen ergibt sich der Vorteil, daß der Problemlöser ein System von Zwischenzielen entwickelt, auf die das eigene Handeln ausgerichtet werden kann. Für Dörner (1995) spielt das Wissen über Vor- und Nachteile des Vorwärts- oder Rückwärtsplanens nach dem Prinzip „Breite zuerst“ oder „Tiefe zuerst“ sowie die Nutzung von Mischformen eine große Rolle. Von Natur aus seien beide Verhalten eher selten anzutreffen. Das Prinzip „Vorwärts!“ ist wohl leider die übliche Vorgehensweise.

Systeme von Zwischenzielen

„Vorwärts!“

Den Problemraum verändern

Zusätzlich zur Nutzung von Problemlösestrategien läßt sich der Problemraum verändern, so daß sich die Sichtweise auf das Problem verändert. Erweiterungen oder Veränderung des Problemraums sind häufig notwendig, um zum Ziel zu gelangen. Es gibt nicht den Problemraum, sondern nur eine eigene geschaffene Definition desselben. Eine berühmte Problemraumveränderung stellt z.B. das „Ei des Kolumbus“ dar oder das Lösungsprinzip des sog. 9 Punkte-Problems, bei dem neun Punkte entweder mit vier oder drei geraden Strichen verbunden werden sollen, ohne den Stift abzusetzen. Sehr kreative Lösungen finden sich in der Veröffentlichung von Adams (1984), in dem Problemlöser die Punkte auseinander geschnitten haben, anschließend nebeneinander geklebt und mit einem Strich verbunden haben. Eine besondere Falttechnik ermöglicht das Verbinden mit zwei Strichen, oder ein entsprechend dicker Filzschreiber übermalt die neun Punkte gleich mit einer Handbewegung.

„Das Ei des Kolumbus“

9 Punkte-Problem

Zur Erweiterung des Problemraums wird geraten, wenn man lange vergeblich nach einer Lösung in den bisherigen Problemgrenzen gesucht hat. Für die Erweiterung von Problemräumen empfiehlt Dörner (1995) folgende Verfahren: Abstrahieren oder Rekonkretisieren, Analyse, Analogiensuche oder Wechsel der „Codierung“.

Abstrahieren

Weiträumiges Durchstöbern der Ober- und Unterbegriffshierarchien

Das *Abstrahieren* beinhaltet ein weiträumiges Durchstöbern der Ober- und Unterbegriffshierarchien im Gedächtnis. Man kann sagen, „Ich brauche ein Lineal, um eine Linie zu ziehen“, oder „Ich benötige etwas Stabiles, Gerades, um eine Linie zu ziehen“ - dazu eignet sich dann ein Buchrücken, ein Bleistift, eine Diskette, ein Stapel Blätter, der Fuß eines Hefters etc. Die Bündelung aller Dinge, die zumindest eine gerade Kante haben, an der entlang man einen Strich ziehen kann, ermöglicht diese Form von Problemraumerweiterungen. Eine elaborierte Oberbegriffs-/Unterbegriffsschachtelung der Begriffe gibt dem Denken eine neue Dimension und macht es flexibler durch Übergänge, die ohne diese Schachtelung nicht möglich gewesen wären.

Analysieren

Erhöhung des Auflösungsgrades

Bei der *Analyse* beinhaltet die Erhöhung des Auflösungsgrades das wirkungsvolle Element. Man trennt die Einzelteile von der Gesamtfigur und zerlegt die Figur in ihre Bestandteile. Mit den Einzelteilen läßt sich anschließend leichter operieren. Bei der Aufgabe, ein Werk in Südamerika aufzubauen, ist es ratsam, den Gesamtauftrag in seine Einzelteile zu zerlegen, z.B. das Verhandeln mit den Behörden vor Ort, die Qualifizierung der Kräfte, die Überwindung der Sprach- und Kulturprobleme durch spezielle interkulturelle Managementprogramme.

Analogien

Analogien können genutzt werden, um Strukturähnlichkeiten zu entdekken. Die Verwendung von Analogien beim Problemlöseprozeß besteht darin, daß man ein schlecht oder unklar strukturiertes Gebilde probeweise so strukturiert wie ein besser bekanntes. Eine Methode, die konsequent Analogien zur Problemlösung nutzt, stellt die Methode „Synectics" nach Gordon (1961) dar (⇒ Infobox).

Strukturähnlichkeiten entdecken

Analoge Problemlösungen suchen

Das Essentielle an der Problemlösung durch Analogien betrifft den Wissenstransfer von einer Situation auf eine andere durch das sog. „Mapping" (Gick & Holyoak 1983). Beim Mapping wird ein Suchprozeß gestartet, bei dem eine ‚eins-zu-eins-Korrespondenz' zwischen Aspekten der Ursprungsinformation und einer weiteren Information gesucht wird. Schlußfolgerungen durch Analogien beinhalten den Vergleich von zwei Konzepten auf derselben - meist konkreten - Abstraktionsebene (z.B. der Vergleich zwischen dem menschlichen Herz und einer Wasserpumpe). Das Mapping kann auch auf einem abstrakteren Niveau stattfinden (z.B. der Vergleich des menschlichen Herzens mit dem Konzept Pumpe generell). Des weiteren ist das Mapping auch beteiligt, wenn ein Schema durch verschiedene Beispiele herausgebildet werden soll, z.B. das Schema ‚Pumpe', indem Herz und Wasserpumpe verglichen werden.

„Mapping"

Vergleich von zwei Konzepten

Die Struktur der Analogie wird durch ihre Funktion vorgegeben. Beim Problemlösen mit Hilfe von Analogien ist bereits ein Problem und seine Lösung bekannt. Der Problemlöser bemerkt die korrespondierenden Elemente zwischen dem unbekannten und bekannten Problem und entwickelt auf dieser Basis eine analoge Lösung. Durch die Analogie wird eine neue Lösung, eine Hypothese oder Vorhersage entwickelt, in dem zunächst teilweise Überlappungen der Problemelemente entdeckt werden und anschließend das Schlußfolgern stattfindet. Der erste Schritt beinhaltet das horizontale Mapping zwischen *Aspekten* der Analogien. Der zweite Schritt des vertikalen Mappings vollzieht sich zwischen zwei Elementen ein und derselben Analogie und deckt Antezendenzbedingungen und die damit zusammenhängenden Konsequenzen auf. Die vertikalen Beziehungen korrespondieren meistens mit *Kausalbeziehungen* des mentalen Modells des Problemlösers. Die Herausforderung beim analogen Problemlösen besteht nun darin, durch Mapping nur die identischen Elemente herauszufiltern, die für die Kausalstruktur wichtig sind. Sie werden jedoch nicht explizit benannt. Der Problemlöser muß aktiv unterschiedliche Perspektiven des Problems betrachten, um mögliche Analogien zu entdecken. Die Problemlösung erfolgt aufgrund eines direkten Vergleichs zwischen den beiden Analogien, indem direkte Gemeinsamkeiten und Unterschiede festgestellt werden, die zur Lösung in Betracht kommen.

Korrespondierende Elemente

Horizontales Mapping

Vertikales Mapping

Herausfiltern der Kausalstruktur

Untersuchungsergebnisse zeigen, daß Problemlöser große Mühe haben, identische Systemstrukturen, die in unterschiedliche inhaltliche Szenarien eingebettet sind, als analog zu erkennen (Huber 1989, Kluwe 1990, Müller & Funke 1995, Beckmann 1995, Funke 1995, Gick & Holyoak 1983, Bakken et al. 1991). Der Analogieschluß fällt dagegen leichter, wenn zuvor durch Erfahrungen mit mehreren Analogien ein Schema aufgebaut wurde, das generelle Prinzipien der Lösung beinhaltet. Das Suchen nach identischen Elemente erlaubt, die Unterschiede zunächst zu vernachlässigen. Das Schema enthält auf einem abstrahierten Niveau alle Ähnlichkeiten zwischen verschiedenen Analogien und erleichtert so den Zugriff beim Abrufen aus dem Gedächtnis.

Schemaaufbau durch mehrere Analogien

Darbietungsweisen von Analogien

Gick und Holyoak (1983) experimentierten mit unterschiedlichen Darbietungsweisen von Analogien, die die Problemlösung eines zum Testen dargebotenen Problems enthielten. So wurde in den Versuchsbedingungen

- nur eine Analogie allein dargeboten, die nacherzählt oder zusammengefaßt werden sollte,
- die Analogie zusätzlich mit einem Nachsatz versehen, der das generelle Lösungsprinzip enthielt,
- und mit graphischen Darstellungen bereichert.

Diese Bedingung haben den Autoren zufolge nicht wesentlich dazu beigetragen den spontanen Transfer zu erhöhen, obwohl die verdeckten Prinzipien der Lösung expliziert wurden.

Induzieren von Schemata

In einer zweiten Versuchsreihe mußten die Versuchspersonen zwei Analogien bearbeiten, bevor die Testaufgabe präsentiert wurde. Hier stellten die Autoren fest, daß zwei Analogien sehr viel eher in der Lage sind, ein generelleres Lösungsschema zu induzieren, das noch durch die Darbietung eines Nachsatzes, der das generelle Prinzip enthielt, oder durch eine graphische Darstellung des Problems, gesteigert werden konnte.

Instruktionen zur Analogiebildung

Cantrambone und Holyoak (1989) ergänzen, daß eine intensive Unterstützung durch Fragen, die zur Analogiebildung anregen, in Ergänzung mit drei weiteren Analogien einen zuverlässigen Transfer von einem Problem auf das Zielproblem zulassen, das, von der Oberflächenstruktur betrachtet, unterschiedlich erscheint. Sie schließen: je mehr Beispiele, je mehr direkte Instruktionen zum Vergleichen anregen und je mehr Problemlöseerfahrung vorliegt, desto eher werden generalisierbare Problemschemata erworben, die flexibel zur Problemlösung nutzbar sind.

Die Ergebnisse von Gick und Holyoak (1983) sowie Cantrambone und Holyoak (1989) machen deutlich, daß die alleinige Bereitstellung von Analogien, die z.B. aus Erfahrungswissen bestehen können, nicht ausreicht, um einen spontaner Transfer auf ein neues Problem zu gewährleisten.

Strukturelle Ähnlichkeit und Oberflächenstruktur

Auch die strukturelle Ähnlichkeit der Quell-Analogie sowie die Oberflächenstruktur, d.h. die semantische Einbettung, beeinflußen den spontanen Transfer. Aufgrund ihrer Untersuchungsergebnisse kommen Holyoak und Koh (1987) zu dem Schluß, daß die strukturelle (kausal relevante) und oberflächenbezogene Ähnlichkeit der Quellanalogien zur summierten Aktivationausbreitung beim Wissensabruf beiträgt und somit den spontanen Transfer unterstützt.

Infobox: Synectics (Gordon 1961)

Synectics – abgeleitet aus dem griechischen Verb "synechein" – bedeutet das Zusammenfügen von verschiedenen, scheinbar unzusammenhängenden Elementen. Die von Gordon entwickelte Methode zur Ideenfindung verfolgt den Anspruch, die Wahrscheinlichkeit erfolgreichen Problemdefinierens und –lösens zu erhöhen. Voraussetzungen sind der spielerische Umgang mit Fakten, Worten und Gesetzen, die Nutzung von Irrelevantem, Einfühlung und die Möglichkeit der Loslösung vom eigentlichen Problem. Die für den kreativen Prozeß benötigten Prozesse sind nicht direkt, sondern nur indirekt über Analogien und Metaphern abrufbar. Der synectische Prozeß arbeitet mit zwei Prinzipien:

1. Mache Dir das Fremde vertraut, und 2. Verfremde das Bekannte.

‚Mache Dir das Fremde vertraut' beinhaltet die Verantwortung des Problemlösers, das Problem verstehen zu wollen. Dies stellt die grundlegende analytische Phase dar, in der die fundamentalen Prinzipien des Problems verstanden werden müssen, um die Analogiesuche erfolgreich zu gestalten: Drei Prinzipen stehen zur Verfügung (Prince 1970):

- Analyse, in dem die Komplexität in ihre Komponenten zerlegt wird,
- Generalisierung, um signifikante Muster zu identifizieren, die die enthaltenen Problemkomponenten charakterisieren,
- Modellsuche der Analogie, die mit der Frage initiiert wird: Was in meinem Wissen oder meiner Erfahrung ist so wie das gestellte Problem?

Das Bekannte zu verfremden, initiiert der Versuch, den sicheren und familiären Betrachtungsweisen der Welt zu entkommen, um eine nicht offensichtliche oder naive, ungewöhnliche Betrachtungsweise zu erreichen. Für Gordon (1961) vollzieht sich dieser Verfremdungsprozeß als disziplinierte Kreativität durch vier Analogieformen:

- Direkte Analogie
- Persönliche Analogie
- Symbolische Analogie und
- Fantastische Analogie.

Bei der Suche nach der *Direkten Analogie* (DA) geht es um ein sachliches Vergleichen und Finden von Analogien aus anderen Wissensbereichen (z.B. Welche Beispiele gib es in der Volkswirtschaft? Wie macht es die Betriebswirtschaft? Welche Prinzipien gibt es in der Biologie?).

Bei der *Persönlichen Analogie* (PA) besteht die Aufgabe der Problemlöser darin, sich mit dem Prinzip der direkten Analogie oder dem Prinzip des Problems zu identifizieren (z.B. Wie empfinde ich als brasilianischer Facharbeiter, wenn eine europäische Firma in meinem Land ein Automobilwerk aufbauen und mich als Arbeitnehmer gewinnen will? Welche Probleme entstehen für mich, welche Wünsche hätte ich?).

Die *Symbolische Analogie* (SA) besteht aus einem Substantiv und einem Adjektiv. Im Substantiv wird das Wesentliche der persönlichen oder fantastischen Analogie erfaßt, das Adjektiv soll dazu im Widerspruch stehen oder eine Überraschung enthalten. (z.B. maßgeschneiderte Serienfertigung, verschwenderischer Geiz, multikultureller Nationalismus). Die Symbolischen Analogien erlauben nun wiederum eine Suche nach weiteren Direkten Analogien.

Die *Fantastischen Analogien* (FA) sind nicht an Realitäten gebunden. Die Teilnehmer äußern alle Lösungen, die sie sich wünschen, unabhängig davon, ob sich diese realisieren lassen.

Die Vorgehensweise beim Synectics ist die folgende (Kluge & Zysno 1992):

Problem as given (PAG):
Das Problem wird für alle verständlich von einem Experten vorgestellt und erklärt. Rückfragen werden aufgegriffen und besprochen.

Problem as understood (PAU):
Die übrigen Teilnehmer stellen das Problem dar, wie sie es verstanden haben. Dabei geht der Experte, der das Problem vorstellte, auf Verständnisfragen ein. Die beiden ersten Schritte dienen dazu, sich mit dem Fremden vertraut zu machen.

Purge:
Während der Analyse des Problems fallen den Teilnehmern meistens schon spontan Lösungen ein. Diese Lösungen sollen direkt geäußert werden, um unbelastet in den Synectic-Prozeß einzusteigen. Der Gruppensupervisor stellt nun sogenannte herausfordernde Fragen nach direkten, fantastischen, symbolischen und persönlichen Analogien.

Examination:
Hier wird die Analogie, die das gesuchte Prinzip beinhaltet, unter der Perspektive untersucht, inwieweit ihre Strukturen als Lösungsansätze tauglich sind und zur Lösung des Problem beitragen.

Force Fit:
Die ausgewählten Lösungen werden auf das Problem übertragen und eine detaillierte Lösung erarbeitet. Gordon (1961) weist besonders darauf hin, daß das zentrale Prinzip von Synectics in der Analogiesuche besteht, die Methode aber erst erfolgreich ist, wenn diese Analogien sinnvoll auf das Ursprungsproblem angewendet wird.

Codewechsel

Graphische und verbale Darstellung der Information

Ein *Codewechsel* bedeutet, eine Information, die z.B. in Zahlen vorliegt, in graphischer oder verbaler Form darzustellen. Codierung bedeutet nach Weidenmann (1995) eine Kennzeichnung, Verkürzung und Umwandlung häufig wiederkehrender Informationen z.B. in nonverbale, piktorale Codes und Zahlensysteme. Botschaften sind absichtsvoll codierte und strukturierte Inhalte, die von dem Informationssuchenden als bedeutungsvolle Information wahrgenommen und verarbeitet werden. Ein Codewechsel verlangt vom Problemlösers eine Umkodierung. So bietet es sich an, Tabellen und deren Informationen in numerischer Codierung in einen Kurvenverlauf, d.h. in eine piktorale Codierung, umzucodieren, damit Entwicklungsverläufe nachvollzogen werden können (Tabelle 6, Abbildung 21). Dörner (1995) unterscheidet propositionale sowie analoge Codierungsformen. Folgende Tabelle entspricht einer propositionalen Codierung:

Tabelle 6: Maschinenauslastung 1997

Maschinennummer	Verpackungsart	Arbeitstage	Januar 20	Februar 16	März 19	April 22	Summe 77	Vorjahr
1 + 2	0,5 kg Pakete	t	1.004	795	1.014	1.133	3.946	4.013
		%	68	67	73	74	71	72
3	1 kg Großpack	t	1.335	1.087	909	494	3.825	3.709
		%	85	86	76	64	80	78
4	1 kg Großpack	t	623	220	472	263	1.578	1.549
		%	68	76	73	66	70	69
5	1 kg Einzelpakete	t	548	0	0	0	548	502
		%	71				71	65
6	10 kg Industriepakete	t	1.620	1.118	955	251	3.944	3.254
		%	91	85	85	82	87	72

Die gleiche Information läßt sich ebenfalls mit Hilfe von Kurvendiagrammen darstellen:

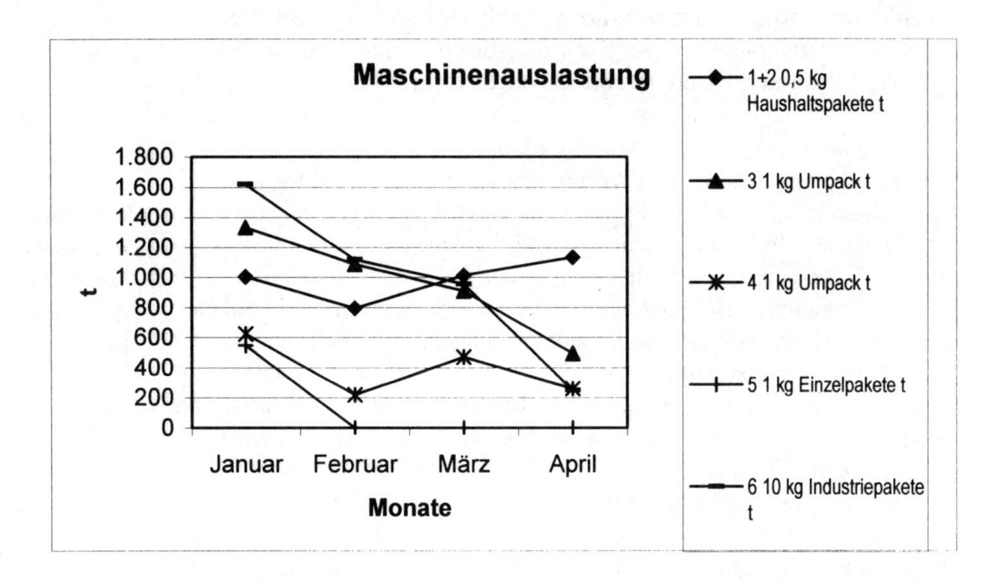

Abbildung 21: Maschinenauslastung im Zeitraum von Januar bis April

Dörner (1995) weist darauf hin, daß es sich bei beiden Formen der Codierung nicht um austauschbare Äquivalenzen handelt. Bei der propositionalen Codierung muß die Bedeutung der Begriffe und Zahlen bekannt sein, sie werden ohne Interpretation nicht verstanden.

Vorteile der analogen Codierung

Eine analoge Darstellung dagegen kann unmittelbar verstanden werden. Die analoge Codierung erlaubt, von einem Aspekt der Betrachtung zu einer anderen überzugehen. Bilder werden plastischer betrachtet, indem Blickpunkte gewechselt werden.

Vorteile der propositionalen Codierung

Die propositionale Codierung hat den Vorteil, daß sie sich leichter ändern läßt, sie erweist sich als flexibler. Sie besteht aus Wortmarken, die den Komponenten eines Sachverhaltes und den Relationen, in denen die Komponenten eines Sachverhaltes zueinander stehen, einzeln zugeordnet sind. Propositionale Codierungen lassen sich leichter verändern, da man sich z.B. anstatt von „Tor 1 liegt südlich von Tor 3“ ebenso „Tor 1 liegt nördlich von Tor 3“ oder „Tor 3 liegt südlich von Tor 1“ merken kann.

Für das Problemlösen hat die propositionale Codierung folgenden Vorteil: Da es beim Problemlösen um eine neue Kombination von bestehenden Operatoren geht, läßt sich der Problemraum so umorganisieren, daß man ihn zunächst sprachlich faßt und in viele kleine Einheiten zerlegt.

Diese Einheiten können leicht rekombiniert werden. Nach Dörner (1995) ist es gerade der analytische Charakter der Sprache, der das Denken über die Realität hinausgehen läßt. Die Kombination von Worten ist entsprechend den Regeln der Grammatik und der Syntax in beliebiger Weise möglich, so daß Sprachspiele neue Realitäten erzeugen können: „Amöbenartig bewegen sich die Teameinheiten mit der Fließgeschwindigkeit des Bandes". Solche Sprachspiele ermöglichen den flexiblen Umgang mit Sachverhalten und somit eine Umorganisation des Problemraums.

Die propositionale Darstellung hat den Nachteil, daß sie unökonomischer und Speicherplatz aufwendiger gestaltet ist als eine analoge Darstellungsweise, vor allem dann, wenn es um unregelmäßige Muster geht.

Zusammenfassung

Zur Zusammenfassung der von Dörner (1995) aufgezeigten Problemlösehilfen dient an dieser Stelle die Infobox: Hinweise zur Verbesserung des Problemlöseverhalten.

Infobox: Hinweise zur Verbesserung des Problemlöseverhalten (Aebli 1981)

1. Wenn das Problem noch nicht klar und präzise formuliert ist: Definieren Sie die Schwierigkeit, fassen Sie diese sprachlich, begrifflich und vergegenwärtigen Sie sich diese in anschaulicher Form.
2. Benutzen Sie die weiteren und reicheren Begriffe der Alltagssprache, so daß Sie zu breiteren Bereichen des Denkens und Handelns Zugang gewinnen. Sonst wird durch eine sehr spezialisierte Sprache (z.B. einer wissenschaftlichen Disziplin) das Denken auf entsprechende Denkschemata eingeschränkt.
3. Formulieren Sie das Problem mit Hilfe der schärfsten begrifflichen Mittel, die Ihnen zur Verfügung stehen. Hier geht es um die möglichst klare Definition des Ziel- und Anfangszustandes.
4. Verschaffen Sie sich den bestmöglichen Überblick über die Konstellation des Problems. Machen Sie sich klar, welche Ressourcen Ihnen zur Verfügung stehen, wie Sie Informationen beschaffen können, welches problemrelevante Wissen schon verfügbar ist und welches noch gesucht werden muß.
5. Kennzeichnen Sie das Problem, um herauszufinden, um welchen Problemtyp es sich handelt.
6. Präzisieren Sie Ihre Frage: Die Präzisierung hilft beim Abruf von Lösungsstrategien und Heuristiken und bei der Konstruktion einer Lösung.
7. Arbeiten Sie nicht nur vom Anfangszustand aus vorwärts, sondern auch rückwärts vom Zielzustand zum Ausgangszustand.
8. Überprüfen Sie den Fortschritt Ihrer Lösung. Die bewußte Kontrolle auf der Metaebene hilft, das eigene Problemlöseverhalten zu analysieren, zu kritisieren und zu verbessern.

9. Gehen Sie auf Holzwegen nur soweit zurück als nötig. Verwerfen Sie bei einer falschen Lösung nicht sofort alles, um wieder von ganz vorne zu beginnen. Auch ein insgesamt falscher Lösungsweg kann sehr brauchbare Teile enthalten.
10. Benutzen Sie alle Daten.
11. Wenn Sie eine Aufgabe nicht lösen können, suchen Sie eine verwandte Aufgabe, eine speziellere oder allgemeinere. Es geht hier um das Nutzen von Analogien und um den Transfer von Lösungswegen.
12. Wenn Sie ein Problem gelöst haben, dann gehen Sie nicht zur Tagesordnung über, sondern blicken Sie zurück auf die Problemlösung und versuchen Sie aus ihr zu lernen. Dies kann für den Transfer von Lösungswegen bei späteren Problemen nützlich sein.

Wie läßt sich die Problemlöseleistung durch Training verbessern:

Dörner (1987, vgl. auch Hager & Hasselhorn 1995, Putz-Osterloh 1988) benennt drei Formen des Trainings:

Taktiktraining

1. *Taktiktraining*, d.h. Zerlegen des Denk- und Problemlöseprozesses in seine Komponenten und deren Training. Darunter versteht man Trainingsformen, in denen Individuen Teilprozesse eines komplexen Denkaktes erlernen oder üben wie z.B. das Abstrahieren, den Hypothesenwechsel, Konkretisieren etc. Geübt werden einzelne Taktiken der Informationsverarbeitung, die gewöhnlich nicht isoliert auftreten, sondern Teile eines umfassenderen Denkprozesses darstellen.

Strategietraining

2. *Strategietraining* versteht Dörner (1987) als eine Form der Einflußnahme auf die heuristische Struktur, in dem in gezielter Weise versucht wird, den Gesamtablauf des Denkens, die Gesamtstrategie zu beeinflussen. Für Hager und Hasselorn (1995) beinhaltet das Strategietraining eine Kategorisierung von Problemen, das Kennen-lernen von Heurismen und heuristischen Prinzipien sowie das Kennenlernen der Strukturmerkmale von Heurismen. Beim Strategietraining soll (1) die Wirksamkeit einer bereits (rudimentär) vorhandenen Strategie zur Behandlung von Problemen verbessert, (2) eine neue Strategie gelernt oder (3) eine vorhandene, aber nicht ausreichende oder defizitäre Strategie durch eine bessere Strategie ersetzt werden.

Übungstraining

3. *Übungstraining*, d.h. Anwendung der Inhalte von Taktik und Strategietraining in einer Vielzahl von Problemsituationen unter Betonung von Prozessen der Selbstreflexion. Man gibt Personen eine Reihe von Problemen vor, läßt sie diese lösen und hofft, daß sich dadurch die allgemeine Problemlösefähigkeit verändert.

Individuelle Motivation zur Informationssuche, Nutzungsverhalten sowie kritische Bedingungen des Transfers waren Themen des bisher Beschriebenen. Es soll nun übergeleitet werden zu den Maßnahmen, die die Organisation ergreifen kann, um diese Prozesse zu fördern und zu unterstützen.

Informationeller Mehrwert

Neben dem Bereitstellen von Wissen ist es Aufgabe der wissenschätzenden Organisation, die Mitarbeiter in die Informationssuche, Informationsbeschaffung und persönliche Archivierung einzuführen. Dabei entsteht ein „informationeller Mehrwert“ (Kuhlen 1995): Informationsarbeit erzeugt dann einen "informationellen Mehrwert", wenn vorhandenes und auch (weitgehend) ungenutztes Wissen für neue Anwendungsbereiche zugänglich gemacht wird. Erzielt wird dieser durch Informationsarbeiten wie Sammlung, Verdichtung, Selektion oder Präsentation von Wissen. Um diese organisational gestaltbaren Faktoren zum Abrufen und Anwenden von Wissen geht es im folgenden Abschnitt.

4.4 Lernfördernde Organisationsbedingungen für ein Abrufen und Anwenden von Wissen

Problemlösekapazitäten von Organisationen

Organisationen können mehr oder weniger gut in der Lage sein, Probleme zu lösen und Wissen anzuwenden (Huber 1989). Die Problemlösekapazität von Organisationen hängt dem Autor zufolge von einer Reihe von Faktoren ab:

- Problemlösekapazität der Mitarbeiter
- Auswahl und Zusammensetzung von Problemlösegruppen (z.B. möglichst breite Streuung von Wissen, Einstellung etc.)
- Art des Informationsflusses
- Verstärkersysteme (beabsichtigte und tatsächliche: z.B. Werden Mitarbeiter, die Vorschläge machen, mit Mehrarbeit ‚bestraft?‘)
- Freiraum der Problemlöser zum Simulieren möglicher Entscheidungen, Einholen von Informationen – z.B. Sind problemrelevante Aktivitäten zugelassen, deren Rentabilität nicht unmittelbar einsichtig ist?
- Verwendung von Problemlösehilfen, z.B. Brainstroming, Synectics, Morphologischer Kasten sowie parallel arbeitende Problemlösegruppen.

Die Ergebnisse der von O'Reilly (1983), Kroh-Püschel (1978), Frey et al. (1976), Walsh und Ungson (1991) und der im vorherigen Abschnitt zitierten Autoren lassen zusätzlich folgende Gestaltungshinweise als maßgeblich erkennen:

Datenbankrecherchen vom Arbeitsplatz aus

Die Kosten, die investiert werden müssen, um Informationen zu beschaffen, sollten gering gehalten werden. Ob sich die in Geldwerten operationalisierten Kosten der experimentellen Anordnung auf den betrieblichen Kontext mit dem gleichen Ergebnis übertragen lassen, ist bisher noch nicht geklärt. Hier läßt sich nur vermuten, daß die Möglichkeiten vom Arbeitsplatz aus Datenbankrecherchen durchzuführen, das Intranet nach Informationsträgern zu durchsuchen und Erfahrungswissen zu identifizieren, die Motivation zur Informationssammlung und –nutzung fördern können.

Modellverhalten der Führungskräfte

Belohnungssystem für die Informationssuche

Messen von intellektuellem Kapital

Mitarbeiterzentrierte Vermögenswerte

Eine weitere Fördermöglichkeit stellt das Modellverhalten dar. Wenn die Kosten zur Informationsbeschaffung hoch sind, zeigt sich ein positiver Effekt. Für den betrieblichen Bereich sollte überlegt werden, wie soziale Modelle (z.B. die eigenen Führungskräfte) Informationssuche modellieren können (z.B. indem sie ihren Mitarbeitern demonstrieren, daß sie selbst in die Informationsbeschaffung investieren). Es sollten komplementär dazu Belohnungssysteme entwickelt werden, die die Informationsbeschaffung als ein wesentliches Kriterium für Erfolg mit einbeziehen. Voraussetzung dafür müßte der Zusammenhang von ausführlicher Infomationssuche, Qualität der eigenen Entscheidung und Zielerreichung - auch in Bezug auf immaterielle Vermögenswerte – deutlich gemacht werden. Das Messen von intellektuellem Kapital rückt damit in eine zentrale Position (Brooking & Motta 1996), da stärker als bisher die bislang vernachlässigten immateriellen Vermögenswerte wie die Expertise der Mitarbeiter, Geschäftsprozesse, Wissensbesitz sowie Marktwert im Sinne von Kundenloyalität kalkuliert werden sollen. Diese immateriellen Vermögenswerte bezeichnen die Autoren als geistiges Kapital (Intellectual Capital = IC). Innerhalb von IC lassen sich die mitarbeiterzentrierten Vermögenswerte, der Wissensbesitz, die infrastrukturbezogenen Vermögenswerte sowie die marktbezogenen Vermögenswerte unterscheiden.

Infobox: Messung von immateriellen Vermögenswerten

Wissensbesitz

Infrastrukturbezogene Vermögenswerte

Der mitarbeiterzentrierte Ansatz vereinigt die gemeinsame Expertise, das kreative Potential, Führungsfähigkeit, Unternehmertum und Managementfähigkeiten. Bezogen auf diese Komponenten wird es für wichtig erachtet, das individuelle Potential im Hinblick auf die Ausübung diverser Funktionen im Unternehmen zu messen und zu dokumentieren. Dazu gehören z.B. Ausbildung und Fertigkeiten, funktionsbezogene Expertise und persönlichkeitsbezogene Eigenschaften.

Zum Wissensbesitz gehören das Know-how, Copyrights, Patente, Design-, Wiederverkaufs- sowie Namensrechte. Diese Werte können am Retun-on-Investment, Absatzerwartung, wettbewerbsbezogener Vorsprung etc. gemessen werden.

Als infrastrukturbezogene Vermögenswerte bezeichnet man solche Technologien, Methodologien und Prozesse, die eine Organisation funktionsfähig halten (z.B. Vertriebsmanagement, Methoden zur Risikoabschätzung, Datenbanken über Markt und Kunden, sowie Kommunikationssysteme wie E-mail und Videoconferencing). Vermögenswerte bezogen auf den Markt beinhalten Marktanteile, Wiedererkennung der Markennamens, Wachstum, Wiederholungsgeschäfte, Kundenbeziehungen und Beziehungen zu den Investoren.

Hinsichtlich der genannten Vermögenswerte sind Systeme zu entwickeln, die Transparenz dahingehend schaffen, wie die Nutzung von Informationen und vorhandenem Wissen zu den materiellen und nicht materiellen Vermögenswerten der Organisation beiträgt.

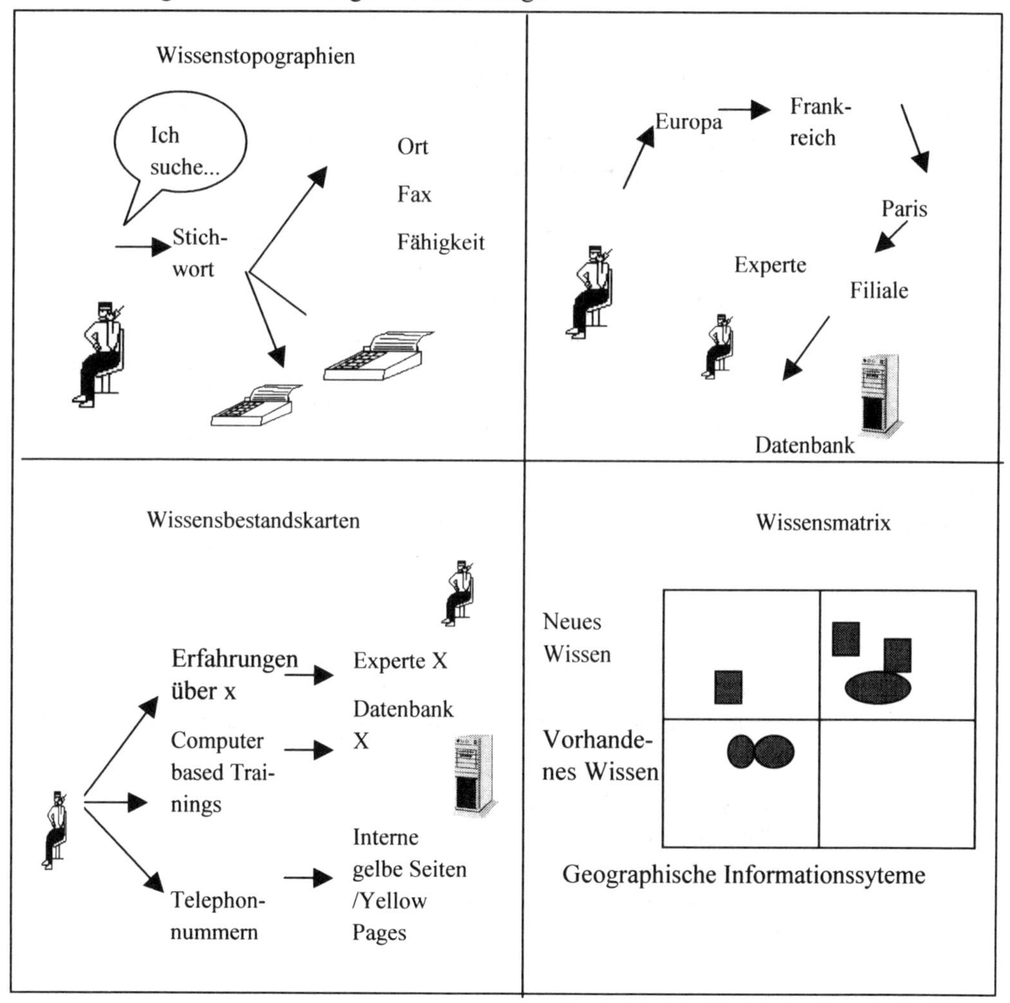

Abbildung 22: Formen von Wissenslandkarten (Bullinger et al. 1997)

Gestaltung von Informationen für Experten oder Novizen

Die Gestaltung der Informationen kann nach O'Reilly ebenfalls eine Auseinandersetzung oder ein Ignorieren von Informationen anregen. Insofern sollte überlegt werden, ob unterschiedliche Darstellungsformen für Experten und Novizen eingeführt werden sollten, um eine Informationsnutzung zu forcieren. Experten werden eher in der Lage sein, umfangreiches Daten- und Zahlenmaterial zu interpretieren, um daraus zu schlußfolgern, während Novizen wahrscheinlich einen lebendigeren Bericht im narrativen Stil zum Einstieg benötigen.

Informelle Netze

Wissenslandkarten

March und Sevón (1984) zufolge sollten trotz aller schriftlichen Berichte die informellen Netzwerke als Informationskanäle gepflegt und gefördert werden. Eine Kombination aus informellen Gesprächen und gespeicherten Daten bieten die Wissenslandkarten nach Preissler, Roehl und Seemann (1997). In der Gestaltung und Unterstützung des Wissensflusses liegt die Hauptaufgabe der wissensbasierten Organisation. Ein erster Schritt zum ganzheitlichen Umgang mit der Ressource ‚Wissen' ist damit getan, organisationale Probleme als Wissensprobleme zu definieren. Wissenslandkarten bilden abgelegtes Wissen im Text- oder Bildformat ab (Abbildung 22). Sie geben Orientierung und ermöglichen es, im Erfahrungswissen der Firma zu navigieren (Preissler, Poehl & Seemann 1997). Beim Anfertigen von Wissenslandkarten greift die Organisation auf Personen zurück, die einen speziellen Erfahrungsschatz aufweisen. In jeder Organisation gibt es diese Mitarbeiter, die Geschichten erzählen können, auf neue Wissensquellen hinweisen und neue Kontexte für den Fragenden schaffen. Wissenslandkarten bestehen aus folgenden Wissenselementen:

Ermittelte Kundenbedürfnisse

- Ermittelte Kundenbedürfnisse und Fragen

Im intensiven Dialog mit den Kunden werden Kundenbedürfnisse gewonnen, die über explizit genannte Wünsche hinausgehen. Diese bilden den Ausgangspunkt der Wissenslandkarte.

Erfahrungswissen

- Identifizierte Erfahrungen

Wurden die Kundenbedürfnisse ermittelt, besteht die Aufgabe darin zu kodifizieren, welche Erfahrungen die Organisation im Umgang mit den Kundenbedürfnissen bereits gesammelt hat und wie diese in Zukunft erfüllt werden können.

Im Vordergrund steht ein Nachdenken über Markt, Kunden und Anforderungen. Die Mitarbeiter gewinnen Erkenntnisse über die in der Vergangenheit gewonnen Erfahrungen, um anschließend besser urteilen und entscheiden zu können. Informanden, die mit der Vergangenheit vertraut sind, wissen, wo relevantes Wissen in der Organisation verborgen ist.

Gekuppeltes Wissen

- Gekuppelte Wissensinseln

Das in der Organisation häufig inselartig existierende Wissen wird nun verbunden. Wissen kuppeln bedeutet, Zusammenhänge zwischen den Wissensinseln herzustellen. Verkuppeltes Wissen wird in Diskussionen identifiziert, wirkt wie Hinweistafeln und zeigt, wann Informationen wie zu teilen, zu interpretieren und anzuwenden sind.

- Notwendige Ressourcen

Eingaben durch Experten

Mehrere hundert Experten geben in den bis zu zwei Jahren dauernden Prozessen die Wissensbestandteile ein. Für das kontinuierliche Umwälzen ist eine fortwährende Interaktion zwischen den Karten-Erstellern und den -Verwaltern von großer Bedeutung.

- Probleme bei der Umsetzung:

Umsetzungsprobleme

- Probleme ergeben sich durch strukturelle und persönliche Machtzusammenhänge. Die Wissenslandkarte verändert diese, indem Wissen popularisiert wird: Sie „enteignet Wissen". Es wird zum Werkzeug für viele anstatt Privileg für wenige.
- Beim Erstellen einer Wissenslandkarte besteht die Gefahr, eine Flut von Prozeßordnungen und Vorschriften zu erstellen, so daß diese zu einer „Mega Standard Operating Procedure" werden. Es kommt auf ein maßvolles Ausbalancieren von empfohlenen/vorgeschlagenen Prinzipien an in Verbindung mit Offenheit und Unschärfe, die Entfaltungsraum für eigene Interpretationen läßt.
- Mitarbeiter werden weniger wahrscheinlich ihr Wissen in Phasen massiven Arbeitsplatzabbaus in eine Wissenslandkarte einbringen, da die eigene Qualifikation „aufgegeben" wird.
- Wissenslandkarten gelten als lebende Dokumente, die niemals fertig gestellt sind. Es findet eine permanente Umwälzung statt.

Expertengruppen sollten näher an die Entscheidungsträger heranrücken, damit die Experten als sichere, vertrauenswürdige Quellen gelten. Denn wenn Entscheidungsträger eher die ihnen vertrauten Kollegen anhören, auch wenn diese weniger fachliche Kompetenz besitzen, sollte die fachliche Kompetenz über die psychologische und räumliche Nähe den Entscheidungsträgern zugetragen werden (Nähe schafft Sympathie).

Die Annahmen von Kiesler und Sproull (1982) lassen zusätzlich die Vermutung zu, daß Entscheidungsträger Unterstützung bei der Assimilation und Akkomodation der Daten in ihre persönlichen Schemata benötigen. Es besteht sonst die Gefahr, daß von den eigenen Hypothesen abweichende Informationen ignoriert oder mißinterpretiert werden.

Benutzerforschung und Qualifizierungsmaßnahmen

Informationsbeschaffung und -archivierung

Die Organisation kann in zweierlei Hinsicht unterstützend agieren: 1. durch Benutzerforschung und 2. durch Qualifizierungsmaßnahmen im Bereich der Informationssuche, -beschaffung und -archivierung.

Angewandte Benutzerforschung trägt in einem ersten Schritt nicht nur zur größeren Zufriedenheit der Benutzer und zur steigenden Effektivität der informationsanbietenden Stellen bei, sondern die gewonnenen Erkenntnisse können auch zu gezielterer Beratung/Training der Nutzer herangezogen werden. Der im Rahmen einer entsprechenden Benutzerforschung entstehende Zeit- und Kostenaufwand wird als gerechtfertigt erachtet, da aufgrund der Ergebnisse von Nachfrage-, Produkt- und Service-Analysen organisatorische Strategien und Investitionsentscheidungen überprüft und mit Blick in die Zukunft marktorientiert formuliert werden können.

Suchlogiken

Der Umgang mit Datenbanken wurde bislang, insbesondere im deutschsprachigen Raum, wenig erforscht. Bei speziellen Datenbankschulungen (z.B. LIM= Literatur-Informations-Management) konnte beobachtet werden, daß die zukünftigen Benutzer Suchlogiken kaum beherrschen und generell dazu neigen, mit relativ großvolumigen „Retrievalergebnissen" (Abrufergebnisse) zufrieden zu sein, anstatt spezifische Recherchestrategien auszuarbeiten und anzuwenden, die die Suche einschränken und ökonomisieren (Ropers 1997). Bei der Suche nach Informationen zum Thema „Entlohnungsmodelle für Gruppenarbeitsformen" werfen die unterschiedlichen wirtschaftswissenschaftlichen Datenbanken oder Datenbanken psychologischer Forschung einige hundert Einträge aus, die es zu sortieren gilt.

Eine genauere Untersuchung des Benutzerverhaltens erscheint daher notwendig, um den Informationsbedarf und die Informationsgewinnung in der eigenen Organisation besser abschätzen und unterstützen zu können.

Lehr-Lernziele eines Personalentwicklungskonzeptes

Als zweiter Schritt bietet sich eine Qualifizierungsmaßnahme zum Informationsmanagement an, um den zwei gegensätzlichen Phänomenen *Überflutung* und *Mangel* auf der Suche nach Information zielorientiert entgegenzuwirken.

Auswahlstrategien

Beschaffungsstrategien

Aus wissenschaftlicher Sicht ist dies für jeden Suchenden von elementarer Bedeutung. Die stetig zunehmenden Informationen innerhalb eines Fachgebietes erfordern sowohl unter quantitativen als auch unter qualitativen Aspekten angemessene Such- und Auswahlstrategien. Der in diesem Zusammenhang notwendige Dreischritt [Suche - Beschaffung - Archivierung von Literatur/gewonnener Information] läßt sich unter dem Begriff „Informations-**M**anagement" subsumieren.

Aufgrund dieser Ausgangssituation entwickelte Ropers (1997) ein neuartiges Seminarkonzept mit dem Ziel, zum einen neue Informationsquellen (vorwiegend Datenbanken) zu erschließen und zum anderen altbekannte und eingefahrene 'Such- und Beschaffungsstrategien' zu überprüfen und zu erweitern. Die teilnehmerorientierte Ausrichtung mit praktischen Anwendungen vor Ort verfolgte den Zweck, den Lern- und Erfahrungsprozeß zu beschleunigen, und auch zur zukünftigen Nutzung der erworbenen

Kenntnisse anzuregen. Nach der Teilnahme an drei Blockveranstaltungen sollte daher jeder Teilnehmer in der Lage sein,

- mit ausgefeilten Strategien relevante Informationen aus verfügbaren Datenbanken herauszufiltern,
- sich die ausgewählten Quellen - auch mit Computereinsatz - zu beschaffen und
- ein eigenes Archivsystem für Informationsangaben aufzubauen.

Ein weiteres Ziel des Informations-Management-Seminars bildete die gezielte Verknüpfung der unterschiedlichen Informationsquellen in der Organisation. Aufgrund der Beobachtung, daß komplexe Informationszugänge zu unsystematischer Nutzung derselben führen können, beruhte das didaktische Konzept dieses Seminars vorwiegend auf einem Sensibilisierungs- und Reflexionsansatz, angereichert mit praxisorientierten Informationseinheiten. D.h., innerhalb von Kleingruppen sollten verschiedene Recherche-Aufgaben – basierend auf den intuitiven Denk-Mustern der Teilnehmer - durchgeführt werden. Im Anschluß hieran wurden die angewandten Vorgehensweisen gemeinsam analysiert und durch eine Reihe von optimierenden Informations-Such- und Beschaffungs-Strategien erweitert. Die folgende Übersicht enthält wesentliche Elemente einer effektiven Literaturrecherche:

Leitfaden für eine erfolgreiche Literatursuche

Leitfaden für die erfolgreiche Datenbankrecherche

1. Entwerfen Sie einen Titel Ihrer Forschungsfrage (Thema, Forschungsprogramm) und wählen Sie eine vorläufige Formulierung. Als Methode kann hier das Brainstorming dienen.
   z.B.: Lerninselkonzepte in der Montage
2. Überprüfen Sie, inwieweit Sie bereits über Informationen, Berichte, Literatur zu diesem Gebiet verfügen. Wenn Sie bereits Informationen besitzen, prüfen Sie, welche weiterführenden Hinweise, Literatur, Informationsquellen Sie in den Literaturverzeichnissen finden.
3. Welche Nachschlagewerke, Lexika und Handbücher, Annual Reviews, Citation Indezes, Rezensionsbibliographien, Abstracts wollen/können Sie als Informationsquellen nutzen?
4. Suche Sie auch nach Kollegen-Namen, Abteilungen und möglichen Autoren.
5. Listen Sie mögliche Suchbegriffe für die inhaltliche Suche (Stichwörter oder Schlagwörter) auf. Verwenden Sie Kernbegriffe: Lerninseln - Montage - Ausbildung - dezentrales Lernen.
6. Generieren Sie eine Topologie (Begriffs-Landkarte) der einzelnen Suchbegriffe (evtl. mittels Mindmapping). In der Mind-Map sollten Oberbegriffe, Unterbegriffe, Synonyme, alternative Schreibformen, Stammformen (Trunkierung) enthalten sein.

7. Bereiten Sie Suchanfragen mit Boole'schen Operatoren (and, or, not, near) vor.
8. Üben Sie sich in Eingrenzungen: z.B. Suche nach Titel, Untertitel, Publikationszeitraum, Publikationsform (Dissertation, Aufsatz, etc.), Publikationssprache, Klassifikationen, Stich-/Schlagworte.
9. Entscheiden Sie anschließend, welche Datenbanken für Ihr Thema geeignet und verfügbar sind.
10. Führen Sie die Suche in der Datenbank/im Internet unter Berücksichtigung von 1.-9. durch.
11. Legen Sie ein Recherche-LOGBUCH als schriftliche Dokumentation der Suche an. Speichern Sie Suchprofile für eine spätere Wiederverwendung bzw. Anpassung ab.

Der Informations- und Wissenstransfer wurde durch unmittelbare Umsetzung des neu erworbenen Wissens, durch die Überlassung von spezifischem Informations-Material sowie durch jeweilige Aufgaben für den nächsten Block gesichert.

Selbst- und Gruppenreflexion

Besonders die Möglichkeit, das neu erworbene Wissen anzuwenden und somit zuvor wahrgenommene Defizite zu minimieren bzw. Erfolgserlebnisse zu erzielen, wirkte sich positiv auf die Lernmotivation der Teilnehmer aus. Der regelmäßige Wechsel zwischen kritischer Selbst-/Gruppenreflexion und konkreter Anwendung des Gelernten festigte das neu erworbene Wissen über die Dauer des Seminars hinaus.

Erlernen von Spezialfällen

Entsprechend den Erfahrungen der Teilnehmer wurden eine Reihe von Spezialfällen und Besonderheiten im Umgang mit den vorgestellten Datenbanken präsentiert. Den Abschluß des zweiten Blocks bildete ein offener Erfahrungsaustausch, bei dem ein Schwerpunkt auf der Strategieentwicklung und -auswahl lag.

Infobox: Ausschnitt aus dem Seminar „Informationsmanagement"

Jede Gruppe erhielt als Vorgabe eine Übersicht über die von ihr zu nutzenden Informationsquellen und Beschaffungswege (ON- und OFF-Line). In einem ersten Schritt sollte die dem Thema (Wissensmanagement) entsprechende Literatur gesucht werden. Nach umfassender Suche und kritischer Auswahl waren die fünf (5) 'besten' Artikel / Bücher zu beschaffen.

Jede Gruppe sollte bei der Ergebnisdarstellung folgende Punkte dokumentieren:

- Wie wurde das Thema (der Suchbegriff) eingeschränkt / erweitert?
- Welche Suchstrategien wurden bei welcher Quelle angewendet?
- Welcher der vorgegebenen Beschaffungswege wurde gewählt und weshalb?

- Welche Probleme sind bei der Suche / Beschaffung aufgetaucht?
- Übersicht über alle thematisch relevanten Literaturangaben (als Suchergebnis)
- Begründung für die Auswahl der 5 geeigneten Artikel/Bücher

Die Präsentation der Recherche-Ergebnisse bot reichhaltigen Informations- und auch Diskussionsstoff. Auf dem zuvor vermittelten Seminarinhalt aufbauend, beleuchteten die Teilnehmer die Gemeinsamkeiten und Unterschiede der gewählten Strategien. Bislang unberücksichtigt gebliebene Quellen bzw. Suchstrategien wurden ausführlich erläutert. Unter Beteiligung der Teilnehmer durch schriftliche Kurzberichte zu Such- bzw. Beschaffungsquellen erfolgte eine Abstimmung der Script-Inhalte.

Nach einer Einführung in bestehende Datenbank-/Literatur-Archivierungs-Systeme sollten die von jedem Teilnehmer gesammelten Literaturangaben in ein entsprechendes Archiv (hier: LITERAT) überführt werden. In diesem Zusammenhang demonstrierte der Trainer die Probleme im Umgang mit unterschiedlichen Datenbankformaten und erörterte Datenmasken und weitere praktikable Lösungen (Macro-Programmierung u.a.).

Die Reaktionen der Teilnehmer während und im Anschluß an die Veranstaltung belegen nach Ropers (1997), daß mit der geschilderten Durchführung ein Weg gefunden wurde, nicht nur Wissens- und Informationslücken der Informationssuchenden zu schließen, sondern auch Interesse und Begeisterung für die Nutzung der bereits in der Organisation möglichen Such- und Beschaffungswege zu wecken. Als Informationsmedium der Wahl erwiesen sich besonders die computerunterstützten Wege (CD-ROM-Nutzung, Internet-Anbindung) als attraktiv.

4.5 Leittext zum Abrufen und Anwenden von Wissen

Ziele:

Abrufen und Anwenden von organisationalem Wissen dient der effizienten und effektiven Intervention in komplexen Systemen bezogen auf die situativen Erfordernisse.

Kurzbeschreibung:

Das Wissen kommt nach der Informationssuche durch das Organisationsmitglied im aktuellen Problemlöseprozeß zur Anwendung. Dazu gehört die Bereitschaft, Informationen einzuholen, sie zu nutzen sowie zu entscheiden, welche Informationen bei der zu lösenden Aufgabe besonders berücksichtigt werden müssen. In einem nächsten Schritt müssen die Informationen auf das Problem angemessen übertragen werden.

Regeln:

Informationssuche und -verwendung: Individuen zeigen eher Bereitschaft Informationen einzuholen, wenn die Beschaffungskosten gering sind und sie Modelle beobachten, die als Vorbilder agieren. Bei der Frage, welche Informationen eingeholt werden, orientieren sich Mitarbeiter an den Macht-und Ressourcenverteilungen in der Organisation sowie am Belohnungssystem. Informationen werden dann genutzt, wenn die Quelle vertrauenswürdig erscheint und persönlich bekannt ist.
Statistiken werden weniger beachtet als lebendige persönliche Berichte.
Informationen, die inkompatibel sind mit den eigenen Schemata, werden leichter ignoriert.

Problemlöseprozesse: Zum Problemlösen gehört das Erfassen des Problemraums und das Kombinieren von Operatoren, um den Ist- in den Sollzustand zu transformieren. Kritische Bedingungen für transfergeeignete Lösungen stellt das Erkennen von identischen Elementen zwischen der Quellinformation (source) und dem Zielproblem (target) dar.

Als Problemlösehilfen bieten sich an: vorwärts- oder rückwärtsgerichtetes Suchen, Erweitern des Problemraumes durch Abstraktion, Analyse, Analogiebildung oder Wechsel der Codierung. Die Problemlöseleistung läßt sich mit Taktiktraining, Strategietraining oder Übungstraining verbessern.

Voraussetzungen:

Es bietet sich an, in der Organisation Wissenslandkarten zu erarbeiten, damit die Mitarbeiter einen Überblick erhalten, wo sie welches Wissen abrufen können. Weitere Voraussetzungen bilden das Messen immaterieller Vermögenswerte, Benutzerforschungen zu bisher genutzten Datenbanken sowie Qualifizierungsmaßnahmen zum Informations-Management, d.h. Informationssuche und –archivierung.

Ergebnisse:

Die Mitarbeiter suchen die in der Organisation vorhandenen Wissenselemente aktiv und nutzen diese bewußt bei der Bearbeitung neuartiger Probleme.

Probleme und Schwierigkeiten:

Schwierigkeiten treten auf,

- wenn die Entscheidungsträger keine Schemata für Krisen entwikkelt haben und deshalb Informationen, die Gefahren ankündigen, ignorieren;
- wenn es den Mitarbeitern schwerfällt zwischen den Erfahrungen, die den Fortschritt behindern und Erfahrungen, die genutzt werden, um Fehler zu wiederholen, zu unterscheiden;
- wenn das Wissen lediglich als träges Wissen vorliegt;
- wenn der Mapping-Prozeß beim Analogieschluß nicht gelingt;
- wenn sich die Organisation nicht als Wissensdienstleister versteht, der Informationen günstig zur Verfügung stellen sollte.

5. Reflexion - Ende und Wiederneubeginn des Lernprozesses

„Das eindeutigste Merkmal von Inkompetenz bei Organisationen ist die fortwährende Verursachung unbeabsichtigter Konsequenzen. Die organisationalen Aktionen erscheinen insoweit als inkompetent, als sie verursachen, was sie nicht beabsichtigen, und als sie das zum wiederholten Mal tun, obwohl sie niemand dazu zwingt" (Argyris 1993, S. 130).

5.1 „Auch wir machen Fehler" – Eine Einführung

„Auch wir machen Fehler"

Stellen Sie sich folgendes vor: Der Betriebsleiter der Verpackung eines Nahrungsmittelherstellers hat gerade 18 Monate des Einführungsprozesses von Teilautonomer Gruppenarbeit hinter sich (eine Kurzfassung dieses Beispiels haben Sie schon in Kapitel 2 zum Wissenserwerb beim „Lernen durch Tun" gelesen).

Er war zu Beginn des Prozesses im Januar vergangenen Jahres davon ausgegangen, daß er die TAG (Teilautonome Gruppenarbeit) über drei Schichten einführen kann und somit eine Gruppengröße von 33 MitarbeiterInnen eine angemessene Größe darstellt. Ein kleiner Teil von 9 Personen arbeitet dreischichtig, die übrigen arbeiten zweischichtig.

Januar- Mai, 1. Jahr

Auf Teamentwicklungsmaßnahmen wurde verzichtet, da die Geschäftsleitung nicht bereit war, die Produktion für einen Tag auszusetzen bzw. einen Samstag dafür zu nutzen.

Proklamation der Gruppenarbeit

Der Betriebsleiter begann mit der „Proklamation" der Gruppenarbeit zum 1. Januar, d.h. es wurde den MitarbeiterInnen gesagt, daß sie jetzt als Gruppe über drei Schichten gemeinsam arbeiten und die Handwerker in die Gruppe integrieren sollen. Es gab 2 Gruppensprecher, d.h. ehemalige Meister, die die Gruppe koordinieren sollten.

Am 2. Januar, 24 Stunden später, ist der Frust groß. Die MitarbeiterInnen erklären die Gruppenarbeit für „tot", da ihnen kein Freiraum gelassen wird, sich selbst zu organisieren, d.h. die Maschineneinteilung vorzunehmen, Papier abzurufen und sich mit den Handwerkern aus der Instandhaltung zu besprechen. Die versprochene frühzeitige Urlaubsplanung wird bis April zurückgehalten.

Einrichten einer Projektgruppe

Der Betriebsleiter richtet eine Projektgruppe ein, die aus 2 Vertretern der technischen und der kaufmännischen Betriebsleitung, einem Betriebsratsmitglied, 2 Mitarbeiterinnen aus der Verpackung, 2 Meistern und einem Prozeßbegleiter bestehen. Hier thematisieren diese die Umsetzungsprobleme und schreiben Aktionspläne nieder. Die Umsetzung gestaltet sich aber aufgrund der wahrgenommenen Arbeitsbelastung als sehr schwierig.

Hoher Krankenstand

Verzicht auf Qualifizierungsmaßnahmen

Eine Einweisung der Mitarbeiterinnen an anderen Maschinen, um rotieren zu können, ist aufgrund von Personalengpässen und einem Krankenstand von 15% nicht möglich. Die Gruppensprecher und Meister der angrenzenden Bereiche werden nicht auf ihre neuen Aufgaben vorbereitet, es findet kein Führungstraining o.ä. statt. Gleichzeitig fühlen sich die Meister mit den zunehmenden organisatorischen Aufgaben „im Hintergrund" unwohl. Wenn sie den Schicht- und Maschinenbesetzungsplan erstellen, müssen sie sich Kommentare anhören wie: „Ach - dürft Ihr wieder am Computer spielen, während wir die Arbeit machen?"

Mai - Dezember, 1. Jahr

Ideenworkshop

Im Mai findet ein Ideenworkshop statt, bei dem die Mitarbeiterinnen technische Probleme, die regelmäßig auftreten, mit den Handwerkern besprechen. Sie hoffen, daß diese die Vorschläge auch umsetzen. Die Umsetzung zieht sich über weitere 12 Monate hin. Der Frust der Mitarbeiterinnen nimmt weiter zu.

Gruppengespräche

Im Juli des vergangen Jahres werden auf Anregung des Prozeßbegleiters Gruppengespräche initiiert. Alle zwei Wochen sollen auf freiwilliger Basis zum Schichtwechsel zwischen 13.30 und 14.30 Uhr alle MitarbeiterInnen und Handwerker zusammenkommen. Das gestaltet sich als sehr schwierig, da die MitarbeiterInnen schnell nach Hause wollen, um ihre Familie zu versorgen und die Handwerker „keinen Sinn darin sehen".

Die Selbstorganisation und (Urlaubs-)Planung der MitarbeiterInnen werden in vielen Fällen durch unvorhergesehene Produktionsumstellungen auf andere Verpackungen oder Sorten erschwert.

„Meckerstunden"

Am Ende des ersten Jahres werden die Zeitarbeitsverträge einiger Mitarbeiterinnen nicht verlängert. Es geht das Gerücht, daß die TAG nur eingeführt wurde, um Personalabbau zu betreiben. Der Personalengpaß nimmt zu. Anlernphasen konnten immer noch nicht realisiert werden. Die Gruppengespräche schlafen fast ganz ein, weil sich keiner findet, der sie moderieren will. Sie haben sich zur „Meckerstunde" entwickelt, in der keine Lösungen erarbeitet werden.

Das vor 12 Monaten angekündigte Entlohnungssystem ist immer noch nicht mit dem Betriebsrat besprochen worden, so daß die MitarbeiterInnen weiterhin im Einzelakkord entlohnt werden und keine Notwendigkeit oder Anreiz zur Kooperation besteht.

Januar- Juli, 2. Jahr

Im Januar diesen Jahres entschließt sich die Geschäftsleitung, einen Informationsvormittag zur Gruppenarbeit durchzuführen, der an einem Samstagmorgen stattfinden soll. Dazu muß lediglich die Freitags Nachtschicht auf Sonntag verschoben werden.

Fehlende Betriebsvereinbarung

Es werden dort noch einmal Sinn und Zweck der Gruppenarbeit erläutert. Das angedachte Entlohnungssystem wird skizziert, ein Arbeitszeitmodell grob entworfen. Betriebsrat und Geschäftsleitung werfen sich gegenseitig vor, die Betriebsvereinbarung zur Gruppenarbeit durch die Verweigerung der Unterschrift unnötig zu verzögern. Dann läuft alles wie gehabt.

Neue Gruppenzusammensetzung

Die Gruppe wird im Mai auf Wunsch der Mitarbeiterinnen in zwei Gruppen aufgeteilt, da sich die Maschinentypen, die dort bedient werden, aufgrund der räumlichen Nähe besonders dafür eignen und die Gruppen übersichtlicher sind.

Erst im Juli findet eine weitere Sitzung statt, in der über die Gruppenprämien gesprochen und unterschiedliche Modelle simuliert werden. Man einigt sich schließlich darauf, daß die zwei Gruppen der Mitarbeiterinnen und Handwerker pro Prozentpunkt Leistungsgraderhöhung einen gewissen Betrag als Prämie erhalten. Da der Betriebsrat aufgrund der noch fehlenden Betriebsvereinbarung dem nicht zustimmt, bezahlt die Geschäftsleitung die Prämie monatlich als einmalige Sonderzahlung aus.

Der Betriebsleiter wird nun zur Zentrale gerufen, um anderen Betriebsleiter-Kollegen von seinen Erfahrungen bei der Einführung von Gruppenarbeit zu berichten...

Erfahrungen auswerten

Warum kann es an dieser Stelle sinnvoll sein, Reflexionsprozesse zu nutzen? Bisher stellt die oben genannte Schilderung eine Auflistung von Aktionen des Betriebsleiters dar sowie die Reaktionen der MitarbeiterInnen, die sich direkt oder zeitverzögert einstellten. Es handelt sich um konkreten Erfahrungen, die die Betriebsleitung erlebt hat.

Absicht und Wirkung vergleichen

Um aus diesen Erfahrungen zu lernen, reicht es nicht aus, nur Erfahrungen zu machen. Sie müssen auch ausgewertet, mit den eigenen Annahmen verglichen, die gewählten Prozeßschritte auf ihre Wirkung hin geprüft und das eigene Kausalmodell erweitert, fein abgestimmt und auf Schwachstellen untersucht werden. Denn im skizzierten Fallbeispiel besaß der Verantwortliche ein Konzept, wie TAG in der eigenen Produktion/Verpackung aussehen könnte und entwickelte aus diesem subjektiven Kausalmodell (das er vielleicht aus Fachzeitschriften, Fernsehberichten, Kollegenerzählungen etc. aufgebaut hat) eine persönliche Handlungsstrategie zur erfolgreichen Einführung von Gruppenarbeit. Diese Handlungsstrategie beinhaltete die angedachten Anlernphasen, Ideenworkshops, Prämiensysteme, Arbeitszeitmodelle und Selbstorganisation. Das Ergebnis bestand in einem stark schwankenden Leistungsgrad sowie einem immer noch hohen Krankenstand und einem schlechten Betriebsklima.

Dysrationalität

Unterlassungstendenzen

Perkins und Grotzer (1997) summieren die Phänomene des Planens und Schlußfolgerns mit unbeabsichtigten Konsequenzen in Anlehnung an Stanovich (1994) unter dem Begriff der Dysrationalität. Dysrationalität spiegelt sich in Denkergebnissen wider, die unter der eigentlichen Leistungsfähigkeit liegen. Diese „Unterlassungstendenzen" im Denkprozeß sind nach Perkins (1995) gekennzeichnet durch:

- Hastiges Denken und Urteilen, d.h. impulsive, ungenügende Investitionen in eine sog. tiefe Verarbeitung und ein ungenügendes Untersuchen von Alternativen,
- Eingeschränktes Denkens, d.h. Versäumnisse, Annahmen herauszufordern oder alternative Standpunkte zu untersuchen,
- Unscharfes, sorgloses und unpräzises Analysieren,
- Desorganisiertes Schlußfolgern und Versäumen sich einen Überblick zu verschaffen.

Reflexionsprozesse beugen innerhalb einer Reihe von anderen Maßnahmen diesen Unterlassungstendenzen vor (Perkins & Grotzer 1997).

Eigenevaluation

Mit Hilfe von Reflexionsprozessen im Sinne einer Eigenevaluation könnte sich der Betriebsleiter z.B. fragen: Wie haben wir begonnen? Warum habe ich damals die Gruppe in dieser Weise so eingeteilt? Welche Einzelschritte hätte ich in einer anderen Reihenfolge wählen sollen? Was würde ich heute anders machen? Wieso sind die Meister unzufrieden mit der PC-Arbeit? Wieso entstand der Wunsch der Gruppe, diese zu teilen? Worauf beruht das Desinteresse an den Gruppengesprächen?

Handlungsresultate mit dem Urspungsziel vergleichen

Erkenntnis eigener Handlungsfolgen

Während konkrete Erfahrungen, wie die einzelnen Interventionen und die Reaktionen der MitarbeiterInnen, als Lernstimulus dienen, ermöglicht erst das absichtsvolle Reflektieren dieser Erfahrungen das Lernen aus Erfahrungen (Osterman 1990). Dabei erarbeitet sich der Lernende abstrahierte, konstruierte Wissenselemente für potentielle Anwendungssituationen, von denen jetzt noch gar nicht gewiß ist, welche das sein können. Ohne Reflexion erfolgt keine Prüfung der eigenen Handlungstheorien und deren –erfolg, das Handlungsresultat mit dem angestrebten Ziel nicht verglichen. Denn bevor persönliche Handlungstheorien und –annahmen verändert werden können, müssen sie erst bewußt identifiziert werden. Reflexion führt zu einer größeren Erkenntnis eigener Handlungsfolgen und zu einem weitreichenderen Verständnis der Probleme, mit denen sich

Mitarbeiter, Abteilungsleiter und Geschäftsführer jeden Tag auseinandersetzen.

Infobox: Für die Selbstreflexion wichtiger Fragen
(Berardi-Colletta et al. 1995):

Problemorientiert:
Welche Ziele wollte ich erreichen?
Wie ist der derzeitige Status-quo?
Welche Prozeßdynamik liegt dem Einführungsprozeß zugrunde?
Inwieweit habe ich das Ziel erreicht?

Prozeßorientiert:
Wieso hatte ich mich entschieden, einen Ideenworkshop durchzuführen?
Warum hat es 12 Monate gedauert, bis alle Ideen umgesetzt wurden?
Nach welcher Entscheidungsregel haben wir entschieden, Gruppengespräche beim Schichtwechsel durchzuführen?
Woher wußten wir, daß dies eine gute Entscheidung sein würde?

Aus der Reflexion im Sinne einer problem- und prozeßorientierten Vogelperspektive heraus entstehen neue Bedeutungsmuster und alternative Einsichten über Kausalstrukturen. Diese neuen Perspektiven und Ein-Sichten bieten ein Rational für weitere bewußt initiierte Experimente im Gegensatz zu einem planlosen „Trial-and-Error-Verhalten". Der organisationale Lernprozeß endet und beginnt mit der Reflexion, indem neue Ideen in Verhaltensmuster integriert werden und somit jedem einzelnen eine größere Anzahl von Verhaltensalternativen zur Verfügung steht (⇒ Sterman 1994, Kapitel 3).

Selbstgesteuertes Lernen

Prozeßorientierte Vogelperspektive

Reflexion innerhalb des Erfahrungslernens in Organisationen ist ein Teilprozeß des selbstgesteuerten Lernens. Selbstgesteuertes Erfahrungslernen auf individueller Ebene erfordert von den Lernenden (in Anlehnung an Friedrich & Mandl 1997),

1. Lernprozesse schon vor Beginn eines Projektes als solche zu definieren, zu erkennen und vorzubereiten, d.h. Vorwissen zu aktivieren, sich Ziele zu setzen
2. den Lernprozeß durchzuführen und die für das Verstehen, Behalten und den Transfer erforderlichen Strategien und Prozesse zu aktivieren.
3. das Projekt und die Lernerfahrungen mit Hilfe von Kontroll- und Eingriffsstrategien zu regulieren.
4. die Ergebnisse bzw. die eigene Leistung zu bewerten (z.B. durch Selbstevaluation des Lernerfolgs) sowie
5. die Motivation und Konzentration während der Durchführung aufrechtzuerhalten.

Im folgenden geht es nun im speziellen um den vierten Prozeßschritt: die Selbstevaluation mit Hilfe von Selbstreflexionsprozessen. Dazu wird zunächst die Bedeutung der sich ergänzenden Prozesse der konkreten Erfahrung und der Reflexion thematisiert und anschließend auf das Erfahrungsmanagement in Organisationen bezogen.

5.2 Der dialektische Prozeß[1] von konkreter Erfahrung und Reflexion

Hier-und-Jetzt-Erfahrung und deren Analyse

Wie schon im integrativen Modell des organisationalen Lernzyklen (⇒ Kim 1993, Kapitel 1) vorgestellt, beinhaltet der Single-Loop-Prozeß das Formulieren von Hypothesen, den Eingriff in das System, die Beobachtung der Wirkungen sowie die Reflexion und Auswertung der Beobachtung, damit die Hypothesen bestätigt oder abgelehnt werden können. Der Ansatz von Kim (1993) integriert die Annahmen von Kolb (1984). Kolb wiederum stützt sich auf Ideen von Lewin (1951), Dewey (1938) und Piaget (1970). Nach Lewin (1951) haben Lernen, Entwicklung und Wachstum ihren Ursprung in einer konkreten Hier-und-Jetzt Erfahrung, gefolgt von einer Datensammlung und Beobachtung der eigenen Erfahrungen (Abbildung 23). Die Daten werden anschließend analysiert und rückgemeldet, so daß sie für die weitere Nutzung und für bewußte Entscheidungen bei neuen Erfahrungen zur Verfügung stehen.

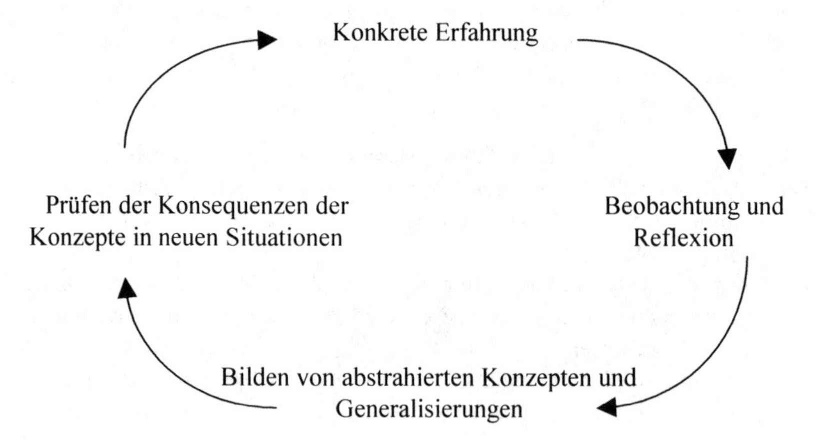

Abbildung 23: Das Modell des erfahrungsorientieren Lernens nach Lewin (1951)

---

[1] Dialektik = innere Gegensätzlichkeit; dialektisch = in Gegensätzen denkend (aus: Duden „Fremdwörterbuch", Band 10, 1982)

Dewey's Modell des Lernens (Dewey 1938) ähnelt den Annahmen Lewins. Er konkretisiert, wie Feedback genutzt wird, um spontane Handlungsimpulse und konkrete Erfahrungen in absichtsvolles, geplantes Verhalten höherer Ordnung zu transformieren (Abbildung 24). Die absichtsvoll geplante Handlung beinhaltet komplexe kognitive Operationen:

Geplantes Verhalten höherer Ordnung

Sie beinhaltet:

1. Die Beobachtung der Umgebungsvariablen und -bedingungen.
2. Das Wissen darüber, was in ähnlichen Situationen in der Vergangenheit passierte und
3. ein Urteil über die Handlungskonsequenz im Vergleich zu dem, was als Ergebnis vorhergesagt wurde.

Eine absichtsvoll geplante Handlung unterscheidet sich von einem originären, spontanen oder intuitiven Handlungsimpuls insofern, daß eine Übersetzung in einen Plan stattfindet. Sie basiert auf der Vorwegnahme möglicher Konsequenzen der Handlung unter den gegebenen situativen Bedingungen.

Bloße Voraussicht reicht daher nicht aus. Das Antizipieren von möglichen Konsequenzen der absichtsvollen Handlung erweist sich als die treibende Kraft.

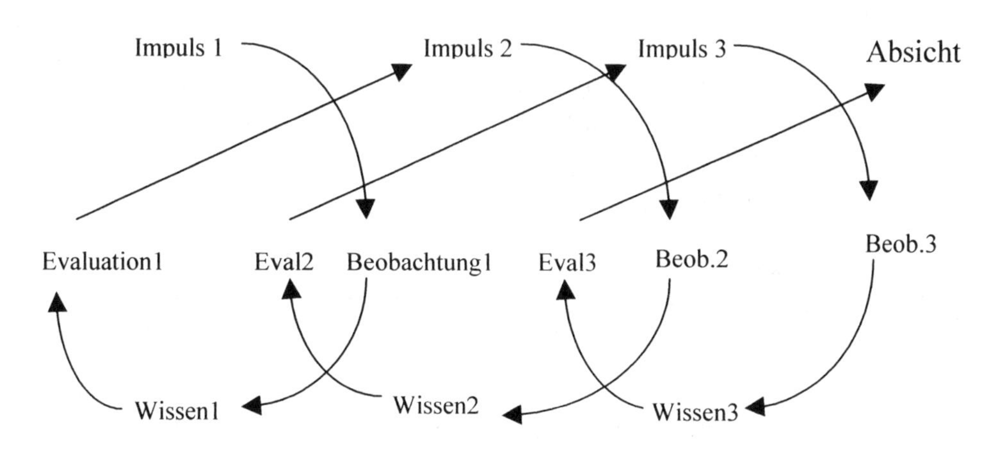

Abbildung 24: Das Lernmodell nach Dewey (1938)

Beiden Konzepten ist gemeinsam, daß sie den dialektischen Prozeß von konkreten Erfahrungen und Konzepten sowie Beobachtungen und Handlungen betonen. Die konkrete phänomenologische Betrachtungsweise und die reflektierend konstruktivistische Perspektive stellen auch für Piaget (1970) die Grundlage menschlicher Entwicklung dar.

Akkomodation

Assimilation

Imitation und spielerisches Verhalten

Lernprozesse werden durch die Auseinandersetzung des Einzelnen mit der Umwelt initiiert. In Piagets Terminologie liegt der Schlüssel der Entwicklung in den Prozessen der Akkomodation und Assimilation. Akkomodation (= sich neu ergeben/neu herausbilden) ermöglicht das Entwikkeln und Aufbauen von Konzepten und Schemata, die von konkreten Erfahrungen in der Umwelt ausgehen, während Prozesse des Assimilierens (= sich angleichen, aufnehmen, absorbieren) Erfahrungen in bestehende Schemata integrieren. Lernen erfolgt nach Lewin (1951) in einer ausgehaltenen Spannung zwischen diesen beiden Prozessen. Dominieren Akkomodationsprozesse, handelt es sich überwiegend um Imitationsprozesse, mit denen sich der Lerner einem Abbild der Umweltkontouren und -grenzen anpaßt. Dominiert die Assimilation, handelt es sich eher um spielerisches Verhalten, bei dem die eigenen Schemata und Konzepte angewendet werden, ohne Einschränkungen durch die Umwelt zu berücksichtigen.

Stellenwert der Reflexion bei Problemlöseprozessen

Der Stellenwert der Reflexion innerhalb der bisherigen Ausführungen wie Wissenserwerb und Problemlöseprozesse innerhalb des Erfahrungslernens wird im nun folgenden Abschnitt dargestellt. Die einzelnen Teilprozesse, ihre Verbindung zum experimentellen Lernen und die Auseinandersetzung mit konkreten Erfahrungen werden in Abbildung 25 miteinander verknüpft: Die Interaktion mit einem System zum Zweck des Wissenserwerbs (⇒ Teil 2), die gemeinsame oder individuelle Problemlösung (⇒ Teil 4) sowie der Transfer mit anschließender Beobachtung des Wirkungsgrades charakterisieren Subprozesse des erfahrungsbasierten Lernens. Obwohl die gewählten Terminologien unterschiedlich sind, zeigt sich doch eine bemerkenswerte Ähnlichkeit der Grundideen, die sich in einem holistischen Lernmodell des erfahrungsbasierten Lernens zusammenfügen lassen.

Kontinuierliches „Relearning“

Aufgrund der Annahme, daß die eigenen Annahmen durch das Beobachten der aktiven Erfahrung revidiert, ergänzt und neu organisiert und kontextualisiert werden, betrachtet Kolb (1984) alle Lernprozesse als kontinuierliches „Relearning“. Denn ein bewußt erfahrungsbasiert Lernender begibt sich in eine Lernsituation mit speziellen Vorannahmen, die in der neuen Situation einer Gültigkeitsprüfung unterzogen werden. Inwieweit sich die eigenen Vorannahmen, mentalen Modelle oder Schemata im nachhinein als richtig herausstellen, kann mit dem Prozeß des Reflektierens geprüft werden.

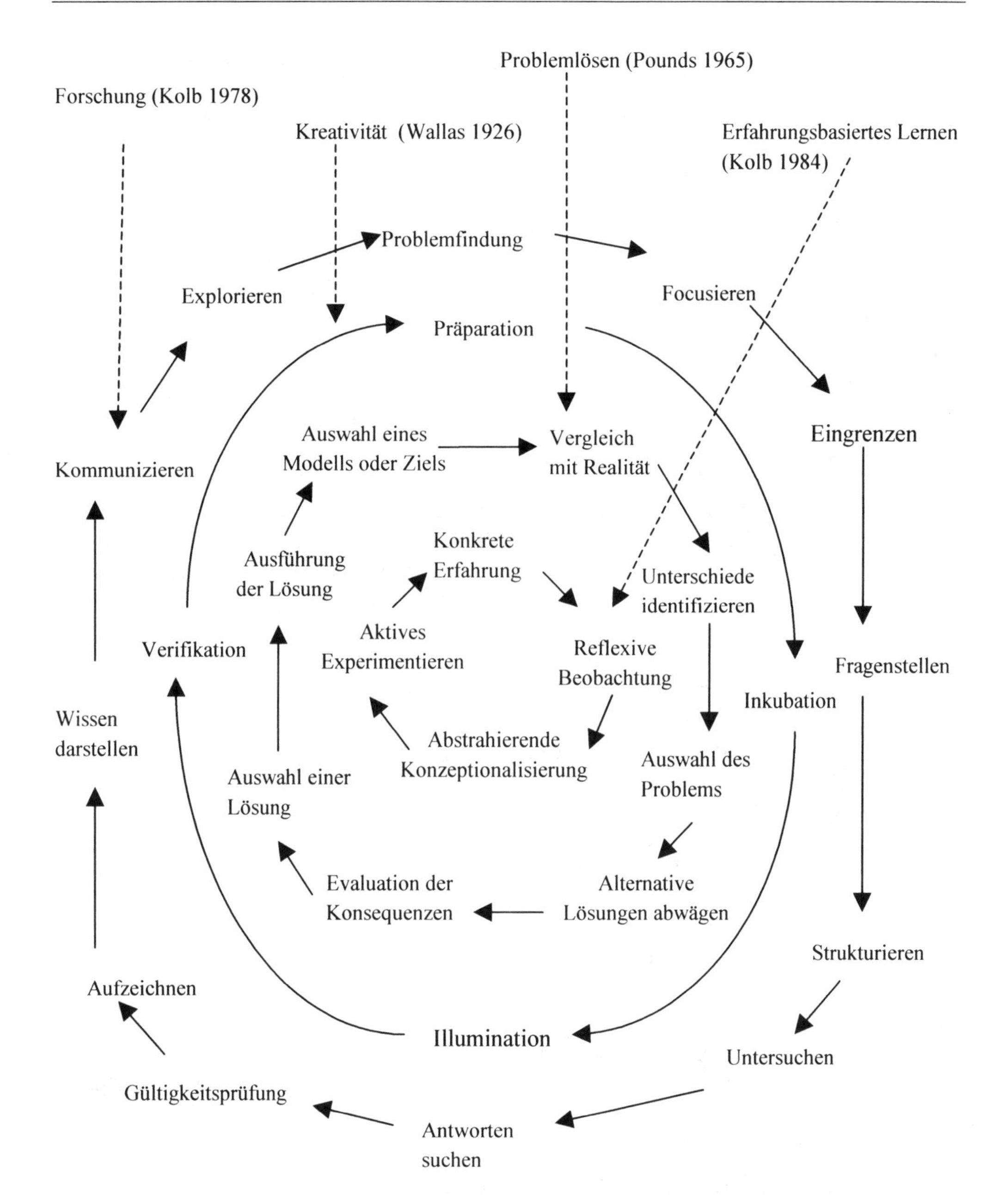

Abbildung 25: Das holistische Lernmodell nach Kolb (1984) sowie Gemeinsamkeiten zwischen erforschendem Verhalten (Kolb 1978), Kreativität (Wallas 1926), Entscheidungsfindung (Simon 1947), Problemlösen (Pounds 1965) und Lernen (Lewin 1951)

5.3 Involvierte Prozesse bei der Selbstreflexion auf individueller Ebene

Metakognitive Prozesse

Nachdenken über das eigene Problemlösen

Die Selbstreflexion beinhaltet ein Nachdenken über die Angemessenheit und den Erfolg der vorher ausgeführten sowie aktuellen (für die Phase der Selbstreflexion unterbrochenen) Denk- und Problemlöseprozesse. Selbstreflexion findet als *metakognitiver* Prozeß auf einer anderen Ebene statt als die eigentlich Problemlösung und hat anstelle einer externen Aufgabe Teile des eigene Problemlösens zum Gegenstand (Brown 1984, Flavell 1984).

Metagedächtnis

Der Begriff der Metakognition als „Kognition zweiter Ordnung" (als Kognition über Kognition, Wissen über Wissen und Reflexion über Handeln) entwickelte sich aus dem Begriff des Metagedächnisses (Flavell 1970/71). Unter Metagedächtnis versteht Flavell (1971) das Wissen eines Menschen über die allgemeinen Regelhaftigkeiten des Gedächtnisses und über die Besonderheiten seinen eigenen Gedächtnissystems. Es zeichnet sich durch Sensibilität gegenüber Erfahrungen beim Einprägen, Speichern und Abrufen unterschiedlicher Informationen in variablen Situationen aus und schließt ein Systems von Fertigkeiten zur zieladaptiven Planung, Steuerung, Überwachung und Bewertung des eigenen Verhaltens beim Lernen und Erinnern (Weinert 1984) ein.

5.3.1 Selbstreflexion und Problemlösen

Beim Problemlösen geht es nach Dörner (1987/95) um die Umwandlung von Ist-Zuständen mit Hilfe spezieller Operatoren (⇒ Kapitel 4) in einen gewünschten Soll-Zustand. Beispiel:

Kognitive Struktur

Epistemische Struktur

Für das Problem der Umstellung der Fertigung auf Teilautonome Gruppenarbeit zu lösen, ist eine spezielle Ausstattung notwendig, die Dörner kognitive Struktur nennt. Der Problemlöser (z.B. der Fertigungsleiter) benötigt Wissen über den Realitätsbereich, in dem das Problem zu lösen ist (Wissen über die Fertigungsabteilung, Wissen über technische Zusammenhänge, Gruppenarbeits-, Entlohnungs- und Arbeitszeitmodelle sowie deren Wirkung auf das kooperative Verhalten von MitarbeiterInnen). Diesen Teil der kognitiven Struktur nennt Dörner (1987) *epistemische Struktur (ES)*.

Konstruktionsverfahren zur Herstellung von Heurismen

Aufgabe und Problem unterscheiden sich (wie in ⇒ Kapitel 4 beschrieben) darin, daß der Problemlöser noch keine Algorithmen besitzt, die er aus dem Gedächtnis abrufen kann. Der Problemlöser benötigt vielmehr ein Konstruktionsverfahren zur Herstellung der Transformation von einem Ist- zu einem Soll-Zustand. Im einfachsten Fall kann ein solches Verfahren im systematischen Probieren bestehen, wie dies von Miller, Galanter und Pribram (1960) als TOTE (Test-Operate-Test-Exit)-Einheit beschrieben wurde. Es handelt sich hier um die Abfolge von Veränderungs- und Prüfprozessen. Beispiel: Wenn das Ziel darin besteht, den Krankenstand zu senken, geht eine Führungskraft z.B. folgendermaßen vor: Ist der Krankenstand unter 15 % (Test)? Wenn nein: Vorgesetzte anhalten Rückkehrgespräch zu führen (Operate). Dann (nachfolgender) erneuter Test. Wenn jetzt ja: Abbruch weiterer Lösungsversuche und Beibehalten der Rückkehrgespräche.

Die ES ist vergleichbar mit dem deklarativen Wissen (Anderson 1987) bzw. dem Struktur- und Bereichswissen (Kluwe 1997 ⇒ Kapitel 2).

Heuristische Struktur

Die Konstruktionsverfahren gelten als mehr oder weniger präzise festgelegte Pläne für die Konstruktion von Transformationen eines gegebenen Sachverhaltes in den gewünschten Zielzustand. *In der heuristsichen Struktur (HS)* des kognitiven Apparates finden sich derartige Heurismen als Gesamtmenge dieser Lösungspläne und ihrer Organisation im Gedächtnis. Heurismen garantieren keinen Problemlöseerfolg, können jedoch durch bewußte Neukombinationen von Lösungsschritten ausdifferenziert und verbessert werden Die bewußte Neukombination setzt voraus, daß man sich über sein Denken Gedanken macht. Die Operationen der heuristischen Struktur verändern und prüfen die Inhalte der ES. Sie gelten als *Metaoperationen* im Hinblick auf die Operationen der jeweiligen ES. Dabei wird das Denken mittelbar beobachtet. Beim Nachdenken über das eigene Denken ist das Objekt nicht das Denken selbst, sondern ein Protokoll der vergangenen Denkabläufe. Da jeder Denkablauf Spuren hinterläßt, können kann diese zum Objekt des Denkens gemacht werden. Hier setzt die Selbstreflexion an, denn diese Spur kann kritisch betrachtet werden: es gilt festzustellen, wo unnötige Abläufe, Kreisprozesse, zu komplizierte Abläufe usw. vorhanden sind, indem man sie mit anderen Spuren vergleicht. Solche Betrachtungen dienen dazu Teile aus der heuristischen Prozedur zu entfernen, neue einzusetzen oder „Weichen" anders zu stellen.

Über sein Denken Gedanken machen

Meta-operationen

Protokoll der eigenen Denkverläufe

Die HS erlaubt es

- Eigenschaften von Problemen und Aufgaben zu analysieren,
- Lösungsmethoden (Heurismen) zu speichern und
- den Erfolg oder Mißerfolg der Anwendung von Lösungsverfahren zu kontrollieren.

War die Anwendung eines ausgewählten Lösungsverfahren wenig erfolgreich war, besteht die Möglichkeit, sich im Lösungsprozeß umzuorientieren. Möglichkeiten der Umorientierung bei nicht erfolgreichen Heurismen sind Zwischenzielbildung, erneute Operatorsuche, Absichtswechsel, Zielwechsel, Startpunktwechsel und Wechsel des Heurismus.

Infobox: Möglichkeiten der Umorientierung bei Mißerfolgen während des Lösungsprozesses (Dörner 1987)

Zwischenziel-bildung

Zwischenzielbildung:
Diese Technik ist an die „Nichtanwendbarkeit" eines Operators gebunden. Die Zwischenzielbildung besteht darin, daß der Problemlöser versucht, die Anwendungsbedingungen für einen nicht anwendbaren Operator zu schaffen. Wenn Zwischenzielbildungen mehrfach erfolgen, indem Zwischenziele von Zwischenzielen von Zwischenzielen gebildet werden, dann kann sich aus einer solchen Zwischenzielschachtelung eine Vorstrukturierung des Lösungsweges ergeben.

Beispiel: Im Management-Flight Simulator „Peoples Express" (Bakken et al. 1991) besteht das Spielziel darin, eine Fluggesellschaft erfolgreich wachsen zu lassen. Dazu können folgende die Größen verändert werden: Anzahl der Flugzeuge, Marketingausgaben, Anzahl Neueinstellungen, Qualitätsindex und Preis pro Flugmeile. Das Spielziel kann nicht durch Erhöhung des Flugpreises oder die Marketingausgaben erreicht werden, sondern nur dann, wenn der Spieler zuerst jeweils Personal einstellt, dieses „anlernt" (damit wird die „Rookiefraktion"[2] verringert), erst nach ca. zwei weiteren Spielperioden ein Flugzeug dazu erwirbt, gleichsam die Marketingausgaben erhöht, darauf achtet, daß die wöchentliche Arbeitszeit nicht mehr als 45 Stunden beträgt weil sonst.....

Erneute Suche nach Operatoren

Erneute Suche nach Operatoren:
Statt bei einem nicht anwendbaren Operator ein Zwischenziel zu bilden, sucht der Problemlöser nach einem anderen Operator, mit dem er seine Absicht erfüllen kann. Diese Suche kann intern, d.h. im Gedächtnis, erfolgen oder extern, d.h. in öffentlich zugänglichen Archiven.
Beispiel: Beim Steuern von „Peoples Express" ist es kurzfristig möglich, den Flugpreis drastisch zu senken und somit mehr Passagiere „anzulocken".

Absichts-wechsel

Absichtswechsel:
Meist sind mehrere Absichten zu erfüllen, wenn ein Startobjekt in ein Zielobjekt transformiert werden soll. Ein Absichtswechsel führt bei der Beibehaltung der aktuellen Start- und Zielkonstellation zu einem anderen Blickwinkel bei der Operatorwahl. Durch Neuformulierung der Absicht kommen weitere Operatoren in Betracht, die bisher unberücksichtigt geblieben sind.

[2] Die Anzahl der Mitarbeiter, die noch nicht angelernt ist bzw. unerfahren sind.

So kann man sich bei Peoples Express das Ziel setzen die Passagierzahlen zu halten., indem der Qualitätsindex minimal nach oben korrigiert wird.

Zielwechsel

Zielwechsel:
Ein Operator, der im Hinblick auf ein Ziel ungeeignet ist, erweist sich für ein anderes Ziel sehr wohl als geeignet. Wenn verschiedene Ziele zur Auswahl stehen, dann ist es denkbar, daß man mit einem Operator zwar nicht dem aktuellen Ziel aber einem anderen näher kommt.
So kann ein neues Ziel bei Peoples Express heißen: „Anzahl der Flugzeuge erhöhen", oder „Wöchentliche Arbeitszeit senken".

Startpunktwechsel

Startpunktwechsel:
Um sich aus den Lösungsschwierigkeiten zu befreien, geht der Problemlöser zum Ausgangspunkt zurück, beginnt erneut oder er geht zu einem früheren Punkt des Lösungsweges zurück, der ungleich dem Ausgangspunkt ist. So schlägt er von diesem Punkt aus eine andere Richtung als die vorherige ein.

Wechsel des Heurismus

Wechsel des Heurismus:
Während die bislang genannten Techniken sich innerhalb der gleichen heuristischen Prozedur bewegen, wird beim Heurismenwechsel die Informationsverarbeitung auf einer anderen Ebene fortgesetzt. Es ist z.B. der Übergang zu einer Versuch- und Irrtum-Strategie denkbar, „einfach drauflos klicken" und „Extremwerte eingeben".

Bisher wurden wirkungsvolle Prozesse der Reflexion dargestellt, die die eigenen Denkprozesse auf Verbesserungen prüfen. Im folgenden wird beleuchtet, welche Arten von Wissen resultierten und gleichzeitig vorausgesetzt werden, wenn ein Problemlöser selbstreflexiv vorgeht.

5.3.2 Elemente der Metakognition, die Selbstreflexion ermöglichen

Metakognitives Wissen

Metakognitive Empfindung

Flavell (1984) unterscheidet als Schlüsselbegriffe der Metakognition *metakognitives Wissen* und *metakognitive Empfindung.*

Metakognitives Wissen enthält Wissen über Personen-, Aufgaben- sowie über Strategievariablen, die miteinander interagieren:

Wissen, wie ich im Vergleich zu anderen bin

Zunächst kann man über sich als Person reflektieren. Es resultiert dabei **Wissen zur eigenen Person**: Dieses Wissen beinhaltet Wissen bezogen auf Merkmale von Personen als denkende Organismen. Hier ergibt sich eine weitere Unterteilung in drei Untergruppen: *Intraindividuelles* Wissen enthält z.B. die Überzeugung einer Führungskraft, daß sie hoch komplexe Aufgaben, die vernetztes Denken erfordern, besser bewältigen kann als hochstrukturierte, sich häufig wiederholende Tätigkeiten. Bei *interindividuellen* Unterschieden handelt es sich um Vergleiche zwischen Personen, z.B. daß sich die Führungskraft für kompetenter hält die Produktion zu leiten als den Kollegen. Zum *universellen Wissen* gehört das Wissen über die Organisation des eigenen Denkens, wie z.B. Wissen über Funktionsweisen des Ultrakurzzeitgedächtnisses, des Kurzzeitgedächtnisses und des Langzeitgedächtnisses.

Wissen, wie schwierig/ einfach Aufgaben sind

Aufgabenwissen: Durch Reflexion über Aufgabenvariablen erlernt ein problemlösender Mitarbeiter, in welcher Weise die Art der Aufgaben, die er bearbeitet, die Auseinandersetzung mit ihnen beeinflußt. So haben Produktionsmitarbeiter Erfahrungen darüber, daß Listen in Tabellenform mit umfangreichen und komprimierten Informationen über Produktionsdaten nur mit großer Anstrengung zu verarbeiten sind. Um solche Informationen zu verstehen und zu verarbeiten, ist es erforderlich, langsam und sorgfältig vorzugehen, genau zu kontrollieren und zu arbeiten.

Wissen, wie ich meine Ergebnisse verbessern kann

Die Reflexion ermöglicht ebenso Wissenserwerb zu **Strategien der Problemlösung**: Hier wird Wissen über kognitive Strategien oder Prozeduren benötigt, um einen gegeben Zustand zu verändern und um Ziele anzustreben. Dabei unterschiedet Flavell (1984) *kognitive Strategien* von *metakognitiven Strategien.* Wenn es das Ziel ist, daß ein Produktionsmitarbeiter die Ausschußteile zählt und auf eine Liste überträgt, dann besteht die kognitive Strategie darin, die Zahlen zu addieren (es ist Absicht das Ziel zu erreichen) Wenn er die Zahlen ein zweites und drittes Mal addiert, um auch ganz sicher zu sein, daß er richtig gerechnet hat, weil der Produktionsvorstand heute im Hause ist und eventuell die Zahlen sehen will, dann handelt es sich um eine metakognitive Strategie (er will Gewißheit darüber erlangen, daß er das Ziel auch wirklich erreicht hat).

Bewußte Empfindungen kognitiver und affektiver Art

Als Begleiterscheinungen metakognitiver Prozesse gelten metakognitive Empfindungen. Diese sind bewußte Empfindungen sowohl kognitiver als auch affektiver Art. Sie haben speziell mit kognitiven Bemühungen zu tun, die gerade ablaufen. So kann ein Mitarbeiter die bedrückende Empfindung haben, etwas nicht zu verstehen, was er aber verstehen will oder muß. Metakognitive Empfindungen äußern sich darin, etwas schwer zu verstehen, zu erinnern oder zu lösen. So fühlt sich ein Gruppensprecher mit der Aufgabe, gemeinsam mit seiner Gruppe die Gemeinkosten zu senken entweder überfordert oder er hat die Empfindung, dem Ziel ganz nah zu sein, weil er sich bereits dazu Gedanken gemacht hat. Diese Formen von Empfindungen spielen nach Flavell (1984) eine bedeutende Rolle und man lernt im Laufe seiner Entwicklung angemessen darauf zu reagieren und sie in lernförderliche metakognitive Strategien umzusetzen. Wie sich Emotionen auf Lernen auswirken, fassen Pekrun und Schiefele (1996) zusammen ($\Rightarrow$ Kapitel 2).

Infobox: Metakognitive Empfindungen

Metakognitive Empfindungen treten dann auf (Flavell 1984):

- ...wenn eine Situation sie explizit verlangt oder auslöst (z.B. der Vorgesetzte verlangt eine Rechtfertigung, Begründung oder Hintergrundinformationen zu einer Behauptung oder Entscheidung).
- ...wenn eine kognitive Anforderung nicht ganz neu ist, der Problemlöser sich aber auch nicht vertraut damit fühlt. Der Mitarbeiter hat zwar einige Informationen, um nicht gänzlich verunsichert zu sein, aber er kennt sich wiederum nicht so gut aus, daß er vollkommen automatisch und ohne Anstrengung Informationen verarbeitet.
- ...wenn es in Situationen darauf ankommt, korrekte und sorgfältige Schlußfolgerungen, Beurteilungen und Entscheidungen zu treffen.
- ...wenn die eigenen Bemühungen auf Schwierigkeiten stoßen, z.B. die plötzliche Empfindung, sich selbst zu widersprechen oder in einer geistigen Sackgasse gelandet zu sein.
- ...wenn das Gedächtnis nicht durch dringendere subjektive Empfindungen wie Schmerz, Angst oder Depression in Anspruch genommen ist.

Zusammenfassend beinhaltet Metakognition nach Brown (1984) die Begriffe Wissen über Kognition und Steuerung der Kognition. Beide Formen sind eng miteinander verknüpft, da sie sich gegenseitig verstärken. Metakognition beinhaltet:

Planungsaktivitäten

Planungsaktivitäten, d.h. Vorhersage von Resultaten, Entwerfen von Strategien und Durchspielen unterschiedlicher Möglichkeiten,

Überwachungsaktivitäten

Überwachungsaktivitäten während des Lernens, wie Steuerung, Prüfung, Abänderung oder Neuplanung von Lernstrategien und

Ergebnisüberprüfung

Ergebnisüberprüfung, d.h. Überprüfung des Ergebnisses der Strategieanwendung nach Effizienz und Effektivitätskriterien.

5.3.3 Sind Metakognitionen gleichzusetzen mit „Protokollen des lauten Denkens“?

„Monitoring“

Der reflexive Zugang schließt nach Gardner (1978) sowohl die Fähigkeit, Bestandteile des kognitiven Systems mitzuteilen und zu verwenden als auch eine Fähigkeit, über seine eigenen Aktivitäten nachzudenken, ein. Innerhalb der Metakognition ist deutlich zu trennen zwischen Effekten einer reinen Verbalisierung des Denkprozesses, einer Problem- und einer Prozeßorientierung, da nur die letztere Leistungsverbesserungen bewirkt (Bernardi-Coletta, Buyer, Dominowski & Rellinger 1995). Die Autoren gehen davon aus, daß verbalisierende, ‚laut-denkende‘ Problemlöser lediglich nur benennen, was sie gerade im Arbeitsgedächtnis verarbeiten. Eine leistungssteigernde metakognitive Aktivität setzt erst dann ein, wenn Problemlöser aufgefordert werden, die Aufmerksamkeit auf die ablaufen-

„Evaluation“

den Prozesse ihrer Informationsverarbeitung zu lenken. Bei den von Bernardi-Coletta et al. (1995) durchgeführten Untersuchungen wurden prozeßorientierte metakognitive Aktivitäten dadurch hervorgerufen, daß sich die Versuchspersonen Fragen beantworteten, *wie* sie vorgehen („monitoring“) und den Wert von Lösungsschritten bestimmen („evaluation“). Es ging u.a. um den „Der Turm von Hanoi“.

Infobox: Der Turm von Hanoi

Das Problem besteht darin, eine Pyramide, bestehend aus unterschiedlich vielen hölzernen Scheiben, die auf einem Holzstab aufgetürmt sind, von einem Startpunkt mit möglichst wenigen Schritten zu einem Zielstab zu bewegen. Zwischen Start- und Zielstab befindet sich ein dritter Stab. Zwei Regeln sind zu beachten: Es darf nur eine Scheibe pro Schritt bewegt werden. Es darf keine größere auf einer kleineren Scheibe plaziert werden. Die Schwierigkeit nimmt mit der Anzahl der Scheiben zu.

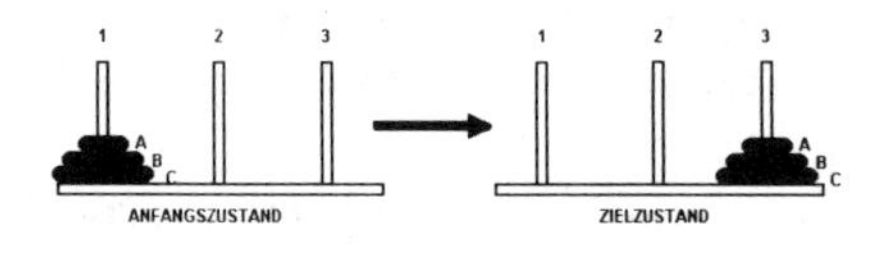

Folgende Fragen wurden der metakognitiven *prozeßorientierten* Gruppe gestellt:

- Wie entscheiden Sie, welche Scheibe als nächstes bewegt werden muß?
- Wie entscheiden Sie, wohin diese bewegt wird?
- Woher wissen Sie, daß dies ein guter Schritt ist?
- Was kommt Ihnen zunächst in den Sinn, um das Problem zu lösen?
- Wie entscheiden Sie, in welcher Weise Sie die Reihenfolge bestimmen?
- Wonach haben Sie entschieden, daß dieser Weg geändert werden muß?
- Wie haben Sie entschieden, was nicht richtig war?

Eine zweite *prozeßorientierte* Versuchsgruppe arbeitete nach der Aufforderung, vor jedem Schritt in Form von Wenn-Dann-Aussagen zu benennen, wohin sie die Scheibe bewegen wollen und warum.

Prozeß-orientierung

Die *problemorientierten* metakognitiven Aktivitäten wurden dadurch induziert, daß die Versuchsteilnehmer sich mit den Problemelementen befassen sollten, z.B. durch Fragen wie: Was ist das Ziel des Problems? Wie lauten die Regeln des Problems? Wie ist der derzeitige Stand des Problems?

Problem-orientierung

Die *Verbalisierungsgruppe* wurde lediglich gebeten, nach der Methode des lauten-Denkens, während der Problembearbeitung zu benennen, was sie tun.

Verbalisie-rung

Die Leistungsverbesserung der prozeßorientierten Gruppen zeigte sich gegenüber den laut denkenden Versuchsgruppen in der Anzahl benötigter Schritte bis zur Problemlösung in einer - im Vergleich zu den in den kontinuierlich in der Schwierigkeit ansteigenden Trainingsbedingungen - komplexeren Transferaufgabe. Die metakognitive prozeßorientierte Gruppen machte in allen Experimenten signifikant weniger Fehler bzw. unnötige Schritte als die lediglich laut denkenden und problemorientierten Gruppen.

Infobox: Denkinhalte der drei Versuchsbedingungen von Bernardi-Coletta, Buyer, Dominowski & Rellinger (1995)

Die Protokollanalysen der aufgezeichneten Verbalisierungen ergaben folgende Kategorien:

Prozeßebene:
Planen - einen Schritt voraus
Planen – zwei (oder mehr) Schritte voraus
Zwischenzielbildung – „Ich muß die größte Scheibe als erstes bewegen“; „Ich muß Platz machen für die nächst größere Scheibe“
Evaluation – „Das war ein Fehler“; „Dies scheint zu funktionieren“
Strategieentwicklung – Modifikation: „Das bedeutende ist, daß man immer Platz macht für die nächste Scheibe und dann die Pyramiden form beibehält.

Problemebene:
Sich mit den Regeln des Problem auseinandersetzen
Sich mit dem Ziel auseinandersetzten
Bericht über die aktuellen Aspekte des Problems („Ich habe A, B und C auf der linken Seite“)
Evaluation – negativ: „Das Problem ist zu schwer“
Evaluation – positiv: „Das Problem ist einfach zu lösen“

Persönliche Ebene:
Evaluation – negativ „Ich bin zu dämlich dafür"
Evaluation – positiv: „Das ist einfach für mich"
Prozeßreflexion: „Ich bin an diesem Punkt immer verwirrt"
Fragen: „Was soll ich jetzt tun?"

Durch die Protokollauswertungen konnte gezeigt werden, daß 61% der Gruppenmitglieder der metakognitiven Versuchsgruppe Aussagen auf der Prozeßebene machten, während diese von keiner Person der problemorientierten Versuchsgruppe und nur von 5 % der laut-denkenden Versuchspersonen gemacht wurden. 94 % der Aussagen der problemorientiert denkender Versuchspersonen, sowie 79% der laut-denkenden Versuchsteilnehmer-Äußerungen fielen in die Kategorien der Problemebene.

Die Ergebnisse konnten in insgesamt 4 unterschiedlichen Experimenten bestätigt werden. Die Autoren gehen davon aus, daß die Fragebedingungen, die für die Leistungssteigerung verantwortlich sind, Erklärungen für Lösungs*prozeduren* verlangen.

„Meta-cognitive Shift"

Eine wichtige Erkenntnis für die Autoren war, daß keine spontane metakognitive Aktivität auf dem Prozeßlevel stattfindet, diese jedoch durch Fragen gezielt angeregt werden kann und bei Transferaufgaben zu positiven Effekten führt. Es zeigte sich, daß die Versuchspersonen, die aufgefordert wurden ihre Schritte zu erklären, Strategien, Fehler und die erwarteten Konsequenzen ihrer Handlungen zu thematisieren, die erfolgreicheren Problemlöser waren. Die Autoren führen diesen Umstand auf einen sog. „metakognitiven Shift" zurück, der entsteht, wenn Warum-Fragen dazu anleiten, die eigenen Schlußfolgerungen zu untersuchen und so alle fünf Elemente der Prozeßebene (⇒ Infobox) mit einbeziehen. Dies wird deutlich im Vergleich der metakognitiven prozeßorientierten Gruppe mit der „Wenn-dann-Gruppe", die in erster Linie die Kategorien des ein, bzw. zwei Schritte Vorausplanens benutzt, während die erste alle fünf Strategien nutzt.

Focus: Lösungsprozeß

Bernardi-Coletta, Buyer, Dominowski und Rellinger (1995) kommen zu dem Schluß, daß die metakognitive Aktivität, die den Lösungsprozeß fokussiert, indem Erklärungen für einzelne Lösungsschritt benannt werden müssen, für die Leistungssteigerung verantwortlich ist. Metakognitive Verarbeitungsstrategien während des Problemlösens können in diesem Sinne proaktives und forschendes Verhalten auslösen, das nicht natürlicherweise im Repertoire des Problemlösers vorhanden ist.

Weitere Hinweise für die Wirkung metakognitiver Strategien zur Lösung komplexer Probleme finden sich u.a. bei Reither (1979). Reither (1979) konnte zeigen, daß die Gruppe, die Selbstreflexionstechniken benutzt, nicht nur schneller und mit weniger Lösungsschritten eine Transformationsaufgabe löst, sondern auch ihr Vorgehen in zunehmendem Maße effektiver gestaltete.

> **Infobox: Induktion des Selbstreflexionsprozesses** nach Reither (1979)
>
> Im Anschluß an jede Analysephase innerhalb der Problemlösung wurden eine Reihe von Fragen gestellt, die eine Rekapitulation und eine Begründung des eigenen Vorgehens verlangten, wie z.B.: „Beschreiben Sie bitte kurz, nach welchen Prinzipien Sie bei der Formulierung von Hypothesen über die Knopffunktionen vorgegangen sind und welche Absichten dabei Schwerpunkte bildeten.
> Begründen Sie bitte, warum Ihnen gerade die von Ihnen gewählte Vorgehensweise erfolgversprechend erscheint". (S. 28)

Komplexere Handlungsketten

Hierarchisch tiefere Gliederung

Dies galt sowohl für die strategische Gesamtorganisation des Problemlöseprozesses als auch für einzelne mentale Operationen wie Abstraktion, Differenzierung, Hypothesenbildung und –prüfung sowie Zielbildung. Mit zunehmendem Einfluß der Selbstreflexion bildeten die Mitglieder der Trainingsgruppe längere und komplexere Handlungsketten, d.h. die Verhaltensorganisation war hierarchisch tiefer gegliedert. Als Konsequenz für den Problemlöseprozeß ergab sich daraus, daß bei auftretenden Schwierigkeiten neue Verhaltenselemente, wie z.B. die Formulierung falsifizierbarer Hypothesen, in die bisherige Vorgehensweise eingeflochten und so den veränderten Umständen Rechnung getragen wurde.

Differenzierung der heuristischen Struktur

Die dabei auftretenden Hierarchien dieser Elemente haben die Form von Heurismen, die je nach wechselnden Anforderungen der Probleme flexibel veränderbar sind. Im Gegensatz dazu trat bei der Kontrollgruppe eine Zersplitterung des Problemlöseprozesses in viele kurze und wenig flexible Einzelansätze auf, die bei Schwierigkeiten nicht mehr modifizierbar waren. Die indizierte Selbstreflexion hatte über die bessere und schnellere Lösung der Transformationsaufgabe hinaus eine generellere Differenzierung der heuristischen Struktur zufolge. Dies ermöglichte es, auf viele verschiedene Anforderungen mit der Aktivierung einer Vielzahl heuristischer Prozesse zu reagieren statt eine Standardprozedur auf alle Situationen anzuwenden.

In Untersuchungen von Hesse (1979), Schwarck (1986) und Putz-Osterloh (1983/1985) zeigten sich unterschiedliche, eindeutig belegbare Ergebnisse über Leistungsverbesserungen beim komplexen Problemlösen durch Reflexionstechniken. In der Untersuchung von Putz-Osterloh (1983) wurde trotz mangelnder Signifikanz deutlich, daß ein systematischer Zusammenhang zwischen dem Umfang selbstreflexiver Äußerungen und dem Problemlöseerfolg nachweisbar ist: Diejenigen Versuchspersonen, die am häufigsten reflektierten und ihr Verhalten beurteilten, waren auch die erfolgreichen.

Ebenso führte die induzierte Selbstreflexion zu einer realistischeren Einschätzung des eigenen Erfolgs. Die Aufforderung zur Selbstreflexion erhöhte die Flexibilität des Verhaltens und ermöglichte es den Versuchspersonen, unabhängig von anfänglichen Fehlern erfolgreich zu sein.

5.3.4 Reflexion und Expertentum in Organisationen – eine Grundhaltung

„Espoused-theory"

„Theory-in-use"

Durch das systematische und systemische Reflektieren von Handlungsergebnissen wird es möglich, Widersprüche in den eigenen Annahmen („espoused-theory") und tatsächlichen Handlungsmustern („theory-in-use", Argyris 1990) zu identifizieren. Indem sich die Organisationsmitglieder ihre theories-in-use vor Augen führen, werden die Widersprüche zwischen dem, was sie erreichen wollten, und dem, was sie erreicht haben, deutlicher, so daß sie neue Handlungsalternativen erarbeiten können. Reflexives Verhalten fordert die Handelnden auf die erfolgreichen und weniger erfolgreichen Strategien zu identifizieren, um festzustellen, an welcher Stelle Verbesserungen angebracht sind.

Reflexive Grundhaltung

Dabei wird nicht nur ein Bewußtsein des eigenen Expertentums erwartet, sondern darüber hinaus die Fähigkeit, diese Form von Erfahrungswissen zur artikulieren. Dies führt zu einer verstärkten öffentlichen Diskussion von Problemen, Schwierigkeiten, Sackgassen und nicht zutreffenden Hypothesen innerhalb eines geschützten organisationalen Forums. Gemäß der *reflexiven Grundhaltung* innerhalb der lernenden Organisation wird davon ausgegangen und akzeptiert, daß Experten sehr wirkungsvoll mit Problemen umgehen können und Probleme zum alltäglichen Teil des Arbeitshandelns gehören. In Sinne der reflexiven Arbeitsstile gelten Probleme nicht als Zeichen persönlicher Unfähigkeit, sondern als eine Herausforderung, mit der Chance zum Dialog und zur Entwicklung nach neuen und besseren Wegen zu suchen.

Autonomie und Selbstreferenz

Die Organisationsmitglieder und die Organisation als Ganzes erlangt durch die Selbstreflexion eine Lernfähigkeit, die die Kriterien der Autonomie und Selbstreferenz (s.u.) berücksichtigt, die für Reinhardt (1995) zur Lernfähigkeit der Organisation beitragen.

Organisationale Lernfähigkeit setzt für Reinhardt voraus,

- daß strukturbildende und sich selbst einschränkende Kommunikationsstrukturen im Sinne einer Aufhebung eigener Blockierungen erkannt werden und

- daß Mechanismen eingeführt werden, mit deren Hilfe das System die Angemessenheit dieser Strukturbildung überprüft, Abweichungen wahrnimmt und in das jeweilige System rückkoppeln kann.

Infobox: Unterschiede zwischen der sich selbst schützenden und der reflektierend Grundhaltung beim Auswertung von Lernerfahrungen

Die Auswertung von Lernerfolg kann nach zwei unterschiedlichen Arten erfolgen: sich selbst schützend oder b) reflektierend (Isaacs & Senge 1992):

„Sich selbst schützend“	„Reflektierend“
• Prüfe jede Angelegenheit!	• Verstärke praktisches Experimentieren!
• Halte eigene Annahmen geheim!	• Stelle bei Nachforschungen immer die Frage „Warum“!
• Erkläre eigene bevorzugte Sichtweisen für richtig!	• Erkläre deinen bevorzugten Sichtweisen den Kampf! Fordere sie heraus!
• Suche nur ganz bestimmte Daten aus, die du betrachtest!	• Unterstütze offenes Umgehen mit den Daten und setze öffentliche Maßstäbe zur Prüfung ein!
• Gib Antworten, die bereits vorher festgelegt sind, ohne daß du merkst, daß du so vorgehst!	• Entwickle inneres Commitment für objektive, aktive und unterstützende Nachfragen der eigenen Sichtweisen!
• Handle so wie ein „Orakel“!	• Erfahre dich selbst und deine Annahmen als Grund für Verhalten!

5.3.4 Involvierte Prozesse bei der Selbstreflexion auf organisationaler Ebene

Nach Schön (1983) ergib sich die Forderung nach einer Reflexion im Arbeitshandeln als notwendige Konsequenz aus dem Umstand, daß sich die tradierte Ziel-Mittel-Analyse des Spezialistentums in den letzten Jahrzehnten nicht mehr als die erfolgreiche Vorgehensweise erwiesen hat. Denn Komplexität, Instabilität und Unsicherheit werden nach Schön (1983) nicht dadurch gelöst, daß Spezialwissen für gut strukturierte Probleme zur Anwendung gelangt. Um das reflexive Denken dem traditio-

Technische Rationalität

nellen Denken gegenüberzustellen, erläutert Schön (1983) zunächst die Denkweise der technischen Rationalität.

Professionalität nach der bisher dominierenden Maßgabe der *technischen Rationalität* bedeutet Problemlösen durch die Anwendung einer wissenschaftlichen Theorie oder Technik. Die Wissensbasis von Experten eins Fachgebietes ist typischerweise hoch spezialisiert, wissenschaftlich fundiert, standardisiert und deutlich abgegrenzt. Beim Expertentum wird davon ausgegangen, daß es Ähnlichkeiten zwischen Problemen gibt, die durch generelle Lösungsprinzipien, auf der Basis von standardisiertem Wissen und die Anwendung wissenschaftlicher Erkenntnisse gelöst werden können. Die Frage „Was ist zu tun?", läßt sich nach der Annahme der technischen Rationalität lösen, indem nach wissenschaftlichen Beweisen gesucht wird, die die eine oder andere Lösungsstrategie als richtig darstellen. Technische Rationalität hängt jedoch von der übereinstimmenden Definition der Ziele ab. Wenn Zielzustände stabil und deutlich definiert sind, geht es lediglich darum, das Expertenwissen anzuwenden. Wenn die Zielzustände jedoch konfus und konfliktär sind, besteht keine Problemdefinition, die durch klar definierte Ursache-Wirkungszusammenhänge erklärt und gelöst werden könnte (⇒ Infobox).

„Name" und „frame"

Aus der Perspektive des technischen Rationalität ist die Arbeitstätigkeit des Experten ein Prozeß des Problemlösens bzw. eine Entscheidung und Selektion darüber, welche Mittel die besten für eine definierte Zielerreichung darstellen. Schön (1983) merkt an, daß dabei wichtige Prozesse wie ‚Das Problem benennen' („name") und ‚Den Problemraum definieren' („frame") übersehen werden (zu den Prozessen ‚Den Problemraum definieren und verändern' ⇒ Kapitel 4).

Um den komplexen Situationen gerecht zu werden, wird laut Schön (1983) in der lernenden Organisation der sich reflektierende Experte benötigt.

Schön (1983) unterscheidet diesbezüglich unterschiedliche Ebenen der Reflexion:

- Wissen-in-der-Tätigkeitsausführung (knowing-in-practice, vergleichbar mit dem sog. „tacit knowledge" oder prozeduralem Wissen ⇒ Kapitel 2),
- Reflektieren-in-der-Handlung (reflection-in-action) im Sinne eines Adjustierens des eigenen Handelns in einer speziellen Situation wie z.B. Koordination und Absprachen von Gruppenmitgliedern, die gemeinsam ein Werkstück fertigen oder verbauen,
- Reflektieren-in-der-Tätigkeitsausführung (reflection-in-practice). Hier werden ganzheitliche/vollständige Problemfälle bzw. -einheiten ausgewertet, die für die jeweilige Tätigkeit typisch sind. Die Reflexionen

dienen als ein Korrektiv des Überlernens (= bezeichnet die Fortsetzung des Übens nach dem Zeitpunkt der ersten fehlerfreien Reproduktion, wird stetig unökonomischer, da seine relative Wirkung auf das Behalten immer mehr abnimmt). Durch die Reflexionen werden implizite und automatisierte Annahmen kritisiert, die sich durch eine wiederholende Problemlösung gebildet haben. Wenn jemand die eigene Tätigkeitsausführung reflektiert, dann betrachtet er implizite Normen, Vorlieben, Strategien und Theorien sowie seine Intuition und sein „Gefühl" für die Situation, die ihn dazu veranlaßt hat, sich für eine spezielle Handlung zu entscheiden.

Jedes Problem als einmalig betrachten

Die Grundlagen des Reflektierens der eigenen Tätigkeitsausführung beinhalten, daß jedes Problem als einmaliger Fall betrachtet wird. (Das bedeutet nicht, daß sich so verhalten wird, als hätte man kein relevantes Vorwissen). Man verhält sich erstens so, als ob man die speziellen Merkmale der problematischen Situation erforschen und entdecken will. Zum zweiten ist sich der Reflektierende bewußt, daß es mehrere Möglichkeiten gibt, wie er vorgegangen kann oder wie hätte vorgegangen werden können. Und letztendlich handelt der Reflektierende, indem er ein reflexives Gespräch (⇒ Infobox) mit sich selbst beginnt, um der Komplexität zu begegnen, Interventionen mit langfristigen Auswirkungen zu planen und im Arbeitsgedächtnis gleichzeitig alle relevanten Informationen zu verarbeiten.

Wissen in der Tätigkeitsausführung

Reflektieren in der Handlung

Reflektieren in der Tätigkeitsausführung

Infobox: Prozesse im reflexiven Gespräch (Schön 1983)

Der Ausführende plant seine Interventionen als Experiment, indem zunächst die problematische Situation neu gerahmt wird. Der Problemlöser stellt sich folgende Fragen: „Wie evaluiere ich das Experiment? Gibt es eine objektive Funktion, an der ich meine Problemlösung evaluieren kann? Wie muß das Problem definiert werden, damit ich diese optimale Funktion festsetzen kann? Sein Vorgehen kann *explorativ* sein, d.h. eine spielerische Aktivität, bei der man ein Gefühl für die Dinge bekommt (Was kann ich hier in Nachbarbereichen finden?). Das *Experiment* kann Einzelschritte testen, d.h. es wird jeweils ein Schritt mit einem speziellen Ziel unternommen. Die Angemessenheit des Schrittes wird angenommen, wenn er zum gewünschten Ziel führt und abgelehnt, wenn dies nicht der Fall ist (Ist das eingetroffen, was ich wollte? Hab ich das erreicht, was ich wollte?). Beim *Hypothesentesten* kommt es darauf an, konkurrierende Annahmen zu unterschieden und zu sondieren (Wodurch wird die Struktur stabil?). Wie im klassischen Experiment werden die Hypothesen angenommen oder abgelehnt.

Nach dem der Problemlöser die Einmaligkeit der Situation entdeckt hat, fragt er sich, wie er bereits vorhandenes Wissen nutzen kann.

„Welche Erfahrungen stehen mir zur Verfügung, nachdem ich die Situation als einmalig charakterisiert haben? Wenn ich keine bestehende Lösung verwenden kann, wie kann ich meine Erfahrungen nutzen, um die Problemräume oder Strategien des Vorgehens zu definieren?“

Reflexion in der Auseinandersetzung mit der eigenen Tätigkeit ist eine Form des Experimentierens, ohne daß experimentelle Bedingungen geschaffen werden können. Fragen im reflexiven Gespräch lauten in dieser Phase: „Wie kann ich die Einschränkungen, die ich vor Ort habe, trotzdem nutzen?“ Welche Möglichkeiten habe ich Feedbackinformationen einzuholen?“

Reflektieren bedeutet letztendlich auch Neugierde sowie den Wunsch nach Erkundung und Nachforschung mit dem Ziel die Qualität des eigenen Reflexionsprozesses zu erhöhen. Das reflexiven Gespräch beinhaltet Fragen wie „Was habe ich aus den Möglichkeiten gemacht? Hätte ich das Problem auch anders definieren können?"

Infobox: Gegenüberstellung der Technischen Rationalität und des Reflexiven Expertentums in Anlehnung an Gomez & Probst (1987)

Technische Rationalität	Reflexives Expertentum	Vorbehalte und Widerstände
1. Probleme sind objektiv gegeben und müssen nur noch klar formuliert werden.	Probleme sind perspektivenabhängig und interpretationsgebunden.	Ambiguitäten ausdrücklich zu thematisieren führt zu Konflikten.
2. Jedes Problem ist die direkte Konsequenz einer Ursache.	Die Problemfaktoren interagieren durch Feedbackschleifen und wirken selbst verstärkend oder ausbalancierend.	Interaktionen zu berücksichtigen verkompliziert Entscheidungen und führt zu Verzettelung.
3. Um eine Situation zu verstehen, genügt ein genaues Abbild des Ist-Zustands.	Eine Situation kann man nur verstehen, wenn man die zeitliche Dynamik untersucht.	Zeitverzögerungen verlangsamen Entscheidungen und führen zu erhöhtem Zeitbedarf.
4. Verhalten ist prognostizierbar. Notwendig ist nur eine ausreichende Informationsbasis.	Verhalten ist nicht ausreichend prognostizierbar, sondern prinzipiell ungewiß.	Ungewißheit führt zur Verunsicherung.

5. Problemsituationen lassen sich beherrschen, es ist lediglich eine Frage des Aufwands.	Es gibt Grenzen der Beherrschbarkeit, die man herausfinden und an denen man sich orientieren muß.	Die Vorstellung von Unbeherrschbarkeit veranlaßt zur Vertagung von Entscheidungen und zur Untätigkeit.
6. Ein "Macher" kann jede Problemlösung in der Praxis durch setzen.	Die zu verändernden Faktoren besitzen Eigendynamik und widersetzen sich einer Steuerung.	Die Vorstellung von Eigenaktivität führt zu Zaghaftigkeit und Halbherzigkeit.
7. Mit der Einführung einer Lösung kann das Problem endgültig ad acta gelegt werden.	Probleme bestehen nach ihrer Lösung fort und werden durch eine schnelle Lösung oft nur verschoben.	Diese Auffassung verkennt die Notwendigkeit, sich immer neuen Problemen stellen zu müssen und führt zur Fixierung auf bestimmte Probleme.

Maximaler Lerngewinn

Reflexives Verhalten in der Organisation bezweckt ein Lernen über sich selbst, über eigene Annahmen sowie tatsächliche Handlungsresultate und versucht, einen maximalen Lerngewinn aus Problemlöseprozessen zu ziehen. Die Organisation kann unterstützend durch

a) eine förderliche Unternehmenskultur wirken, die signalisiert, daß die Organisation sich selbst und ihre Grundsätze in Frage stellen darf,
b) durch Personalentwicklungsmaßnahmen auf der Gruppenebene, in dem die Organisation Modelle bietet und metakognitive Fertigkeiten mit in ihr Repertoire aufnimmt
c) sowie in Form von Organisationsstrukturen und -abläufen, die Zeit gewähren, das erworbene Wissen für neue Anwendungskontexte aufzubereiten.

Diese Möglichkeiten werden im folgenden thematisiert.

5.4 Lernfördernde Organisationsbedingungen für eine Selbstreflexion

Aufgrund der Komplexität, Intransparenz, Vernetztheit, Eigendynamik und Polytelie des Systems „Organisation“ und der zeitverzögerten Wirkung einzelner Entscheidungen sind Ursache-Wirkungs-Zusammenhänge schwer identifizierbar und die damit verbundenen klar definierten Handlungsstrategien der Mitarbeiter, wie sie sich die technische Rationalität wünscht, begrenzt.

Mitarbeiter und Manager in Unternehmen greifen trotzdem mit ihren Entscheidungen täglich in komplexe (Sub-)Systeme ein, häufig ohne die Beziehung der Variablen im System zu (er-)kennen (z.B. bei einem Führungsproblem, bei der Einführung einer neuen Form der Arbeitsorganisation oder bei der Entwicklung und Verwendung neuer Werkstoffe).

Zu den Fähigkeiten, die ein Unternehmen braucht, um Probleme in komplexen Situationen erfolgreich zu bewältigen, gehören: offene und kontinuierliche Kommunikation, Experimentierfreude, Wahlmöglichkeiten, Reflexion und offener Umgang mit Konflikten (Sonntag 1996). Gerade die Offenheit der Kommunikation ist eine der Voraussetzungen, die darüber entscheiden, welchen Reflexionsgrad eine Organisation erlangen kann, wenn sie über sich selbst Erfahrungen einholen möchte.

Reflexionsebenen in der Organisation

Reflexionsebenen

Nach Einschätzung von Reinhardt (1995) lassen sich innerhalb seines Konzeptes der organisationalen Lernfähigkeit vier bzw. fünf Reflexionsebenen am Beispiel der symbolischen Führungsansätze unterscheiden:

Stufe 0: Eine Führungskraft legt innerhalb des Paradigmas der symbolischen Führung die Bedeutung der Symbole fest, um das Verhalten der Mitarbeiter auf diese Bedeutung hin zu orientieren. Da hier keine gemeinsame, reflektierte Realitätserzeugung vorliegt, spricht Reinhardt (1995) nicht von Lernen.

Stufe 1: Um die erste Stufe zu erreichen, muß der Bedeutungszuweisungsprozeß von Symbolen – durch Vorgesetzte und Mitarbeiter gemeinsam - reflektiert werden.

Stufe 2: Diese Stufe ist erreicht, wenn der Prozeß, der zur Erzeugung von Symbolen führt, der Führungsprozeß selbst, einer gemeinsamen Reflexion unterzogen wird.

Stufe 3: Entsprechend resultiert die dritte Ebene organisationalen Lernens aus der gemeinsamen Reflexion von Führung, im Sinne der Gestaltung, Lenkung und Entwicklung der Organisation.

Stufe 4: Es werden die Vorannahmen reflektiert, die zur Festlegung des Zweckes und damit der Existenz von Organisationen führen sowie die Prinzipien diskutiert, durch die Organisationen erzeugt werden: Kultur, Gesellschaft und Sprache.

Triple-loop-Lernen

In Anlehnung an die Terminologie von Argyris und Schön (1978) kann dieser letztgenannte Prozeß als Triple-loop-Lernen aufgefaßt werden (Abbildung 26): In Ergänzung zum Deutero-Lernen, bei dem Single-loop und Double-loop-Lernprozesse reflektiert werden, bedeutet das Triple-loop-Lernen eine Reflexion des Deutero-Lernens nach den Kriterien der Autonomie und Selbstreferenz. Beim Triple-loop-Lernen wird dann gesprochen, wenn die Meta-Kriterien der Selbstreferenz und Autonomie erfüllt sind.

Infobox: Selbstreferenz und Autonomie (Reinhardt 1995)

Selbstreferenz tritt sowohl auf individueller als auch auf organisationaler Ebene auf: Zunächst wird eine lernende Organisation von Individuen geschaffen, die per definitionem in der Lage sind, die Lernfähigkeit ihrer Mitglieder zu fördern (= individuelle Selbstreferenz). Parallel dazu besitzt das System selbst die Fähigkeit zur kontinuierlichen Selbsttransformation (= organisationale Selbstreferenz).

Eine **autonome** Organisation wählt ihren Zweck bzw. ihre Ziele selbst. Innerhalb der neueren systemtheoretischen Sichtweise entspricht Autonomie der Fähigkeit des Systems, die Systemgrenzen selbständig herzustellen und somit die eigene Identität aufrechterhalten bzw. ändern zu können.

Organisationale Abwehrroutinen

Die vier Reflexionsstufen setzen von der Unternehmensleitung bis zu jeder einzelnen Führungskraft Offenheit voraus sowie ein sich selbst in Frage stellen lassen. Beobachtet wird allerdings häufig das gegenteilige Verhalten (Selbstschutzes oder Verschlossenheit). Diese sich selbst schützenden Verhaltensweisen bezeichnet Argyris (1993) als organisationale Abwehrroutinen oder persönliche Abwehrmechanismen. Als organisationsbezogene Abwehrroutinen bezeichnet Argyris (1993) jegliche Handlung oder Politik, die Menschen vor negativen Überraschungen, Gesichtsverlust oder Bedrohung bewahren und gleichzeitig die Organisation daran hindert, die Ursachen der Überraschungen, Gesichtsverluste und Bedrohungen zu reduzieren oder zu beseitigen. Sie gelten als eine der wirkungsvollsten Methoden gegen potentielle Demütigungen, erweisen sich als lernwidrig und (übermäßig) protektionistisch.

Vermischte Botschaften

Organisationsmitglieder agieren in diesem Sinne mit dem Senden „vermischter“ Botschaften, d.h. eine absichtlich zweideutige Botschaft wird so ausgesendet, daß sie beim Empfänger (dem Vorgesetzten, Mitarbeiter, Kollegen) so ankommt, als ob sie es nicht wäre.

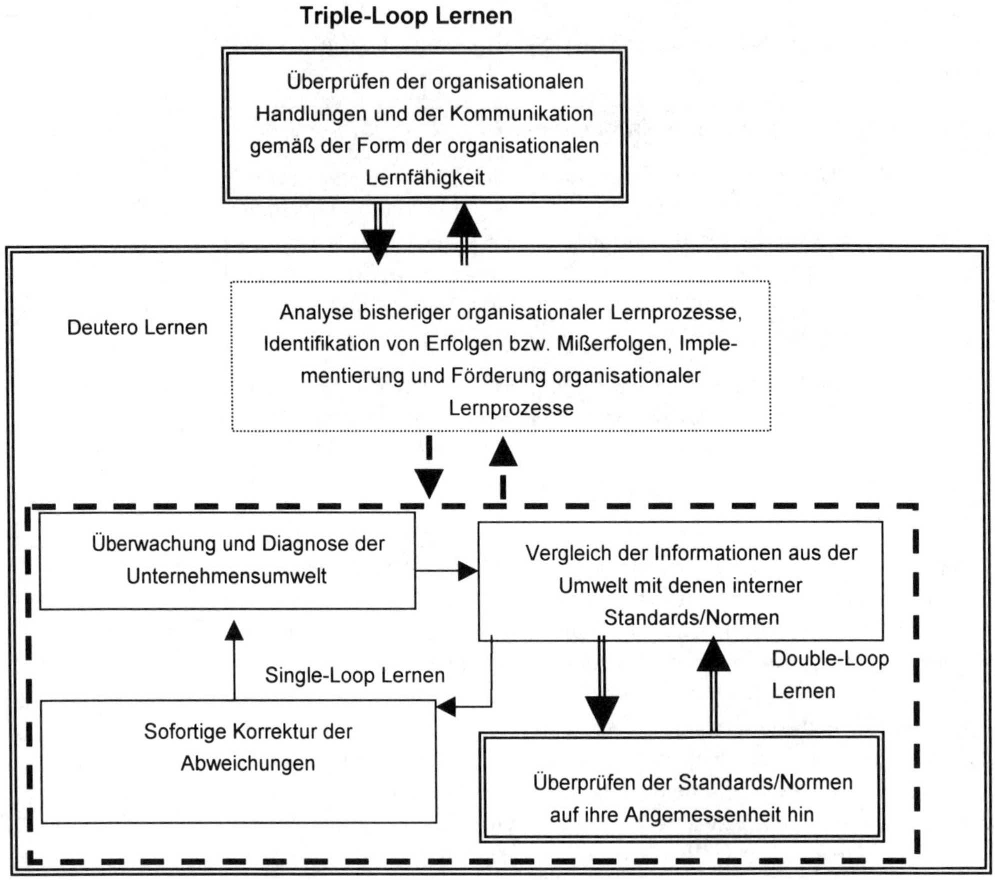

Triple-Loop Lernen

Überprüfen der organisationalen Handlungen und der Kommunikation gemäß der Form der organisationalen Lernfähigkeit

Deutero Lernen

Analyse bisheriger organisationaler Lernprozesse, Identifikation von Erfolgen bzw. Mißerfolgen, Implementierung und Förderung organisationaler Lernprozesse

Überwachung und Diagnose der Unternehmensumwelt

Vergleich der Informationen aus der Umwelt mit denen interner Standards/Normen

Single-Loop Lernen

Double-Loop Lernen

Sofortige Korrektur der Abweichungen

Überprüfen der Standards/Normen auf ihre Angemessenheit hin

Abbildung 26: Triple-Loop-Lernen als Prozeß zur Generierung und Aufrechterhaltung organisationaler Lernfähigkeit.

Infobox: Regeln zum Entwerfen vermischter Botschaften

Der Sender muß hinsichtlich Entwurf und Übermittlung vermischter Botschaften folgende vier Regeln beachten:

1. *Entwirf eine Botschaft, die ganz klar zweideutig und ganz präzise unpräzis ist.* Bsp.: „Seien Sie innovativ und risikofreudig, aber sei vorsichtig, daß Sie andere nicht gegen sich aufbringen.“ D.h.: „Bring Dich nicht in Schwierigkeiten!“

2. *Handle so, als sei die Botschaft nicht widersprüchlich.* Seien Sie selbstbewußt in der Formulierung und lassen Sie keinen Zweifel an der Ernsthaftigkeit der Aussage. Schüchtern Sie den Empfänger der Botschaft zusätzlich durch rhetorisches Geschick ein.

3. *Stelle die Zweideutigkeit und Widersprüchlichkeit der Botschaft als undiskutierbar hin.* Fragen Sie nicht nach Feedback und lassen Sie durchblicken, daß Sie auch kein unaufgefordertes Feedback wünschen.

4. *Enthebe die Undiskutierbarkeit des Undiskutierbaren ebenso jeder Diskussion.* Unterbinden Sie aufkeimende Versuche, die beabsichtigen, in Frage zu stellen, daß Ihr Kommunikationsstil tabuisiert wird!

Argyris (1993) schlägt vor, den Organisationsmitgliedern diese eigenen organisationalen Abwehrroutinen vor Augen zu führen und sie langsam über Organisationsentwicklungs- und Coachingmaßnahmen (wie z.B. die Techniken des Rollenverhandeln) abzubauen sowie durch konstruktivere Verhaltensmuster zu ersetzen (z.B. nach der Methode der „linken Spalte").

Die Methode der linken Spalte

Infobox: Die Methode der „linken Spalte"

Themen sind Fallbeschreibungen der Teilnehmer aus dem Management. Die Fälle lassen durch eine Art Fenster in die herrschenden Regeln und Routinen blicken, die von den Führungspersonen verwendet wurden. Die Form der Fallbeschreibungen sah folgendermaßen aus:

„1. Beschreiben Sie in einem Absatz ein organisationales Schlüsselproblem, so wie Sie es wahrnehmen.

2. Nehmen Sie an, Sie könnten sprechen, mit wem immer sie es wünschen, und das Problem zu lösen beginnen. Beschreiben Sie in etwa einem Absatz die Strategie, die sie bei diesem Gespräch benützen würden.

3. Unterteilen Sie Ihre Seite in zwei Spalten. In der rechten Spalte schreiben Sie auf, wie Sie das Gespräch führen würden, was sie tatsächlich sagen würden. Danach schreiben Sie auf, was Sie glauben, daß die (der) andere(n) sagen würde(n). Dann schreiben Sie Ihre Anwort auf deren Antwort auf. Führen Sie dieses Szenario auf ca. zwei mit Schreibmaschinen im doppelten Zeilenabschnitt beschriebenen Seiten durch.

4. In die linke Spalte schreiben Sie alle Gedanken oder Gefühle, die Sie haben, aber nicht mitzuteilen pflegen, aus welchen Gründen auch immer." (Argyris 1993, S. 138)

Diese Fallbeispiele illustrieren lebhaft die Geschicklichkeit, mit der jeder einzelne versucht, den anderen nicht zu irritieren, aber gleichzeitig bestrebt ist, ihn dazu zu überreden, seine Position zu verändern. Sie illustrieren die Komponente der Inkompetenz, da gerade diese Strategie den anderen verärgern wird und die Chance, die eigenen Ansichten durchzusetzen, verringert.

Die „linken Spalten" machen folgendes deutlich: „Die einzelnen verschleiern nicht nur, daß sie etwas unterdrücken und zensieren, sondern sie sind auch noch bestrebt, die Verschleierung selbst zu verbergen. Die Ironie besteht darin, daß die anderen das spüren, sie aber ihre Gefühle auch verbergen und auch die Verbergung ihrer Gefühle verschleiern." (Argyris 1993, S. 139)

„Wenn wir innehalten, sind wir tot"

Weitere Barrieren für das Reflektieren in der Tätigkeit, sind die von Schön (1983) beschriebenen Denkweisen:

1. „Es ist keine Zeit da, um nachzudenken, wenn man in der Schußlinie steht. Wenn wird aufhören zu agieren, sind wir tot."
2. „Wenn wir aufhören zu handeln und anfangen nachzudenken, nehmen wir die Komplexität wahr. Das stört und unterbricht den Handlungsfluß. Die Komplexität, die wir unbewußt handhaben können, lähmt uns, wenn sie uns bewußt wird."
3. „Wenn wir mit der Reflexion in der Tätigkeit beginnen, dann entsteht ein Prozeß des Reflektierens des Reflektierens des Reflektierens und so weiter."
4. „Die angemessene forschende Haltung zur Reflexion ist nicht kompatibel mit der Haltung gegenüber der Tätigkeitsausführung selbst."

Wenn Organisationen reflektierendes Lernen in der Arbeit unterstützen wollen, dann sollten sie eine Atmosphäre schaffen, in der Kommunikation, Partizipation und die Fähigkeit gefördert wird, Probleme offen und ohne Furcht vor Scham und Verlegenheit zu besprechen und mit den Mitarbeitern metakognitive Strategien near-the-job zu trainieren. Im Sinne von Reinhardt (1995) ist es deshalb Aufgabe der Organisation sich der eigenen Blockierung durch die gelebte Kultur und Kommunikationsstruktur bewußt zu werden, diese zur Diskussion zu stellen und gemeinsam zu verändern.

Ansätze in der Personalentwicklung

Wie können MitarbeiterInnen angeleitet werden, sich selbst mit ihrer Vorgehensweise zu reflektieren, ihre Annahmen und metakognitiven Vorgehensweisen kontinuierlich zu hinterfragen? Ein Veränderungsansatz im Bereich Personalentwicklung besteht in direkter Förderung. Direkte Förderung erfahrungsbasierten Lernens in Kombination mit einer Anleitung zur Selbstreflexion kann folgende Formen annehmen (in Anlehnung an Friedrich & Mandl 1997):

Kognitives Modellieren

Kognitives Modellieren

Da motivationale und kognitive Komponenten selbstgesteuerten Lernens zumeist nicht offen beobachtbar sind, müssen sie bewußt benannt werden, damit die Lernenden ein inneres (kognitives) Modell der jeweiligen Lösungsstrategie aufbauen können. Dazu „veröffentlicht" ein (soziales) Modell seinen Denk- und Problemlöseprozeß handlungsleitend. Bsp.: Wenn ein Abteilungsleiter in der Produktion z.B. möchte, daß seine Mitarbeiter unternehmerisch denken und handeln, kann er dazu unterstützt durch die PE (=Personalentwicklung) gemeinsam mit seinen MitarbeiterInnen exemplarisch Entscheidungen durchsprechen. D.h.:

- Er spricht aus, welche Strategie er ausgewählt und warum,
- er benennt Erfolgsmaße, die deutlich machen, an welchen Kriterien sich seine Strategiewahl mißt.
- Er erklärt, wann er bei der Umsetzung der Strategie bei welchen (Not-) Signalen wie eingreift, um nachzusteuern,
- welche Alternativpläne er verfolgt,
- welche Heurismen er benutzt etc.

Während er den Entscheidungsfall erläutert, faßt er seine Denkprozesse in Worte und macht dabei deutlich, was er unter unternehmerischem Denken und Handeln versteht.

Informiertes Training

Informiertes Training
Es genügt nicht, die jeweiligen metakognitiven Strategien nur zu üben (blindes Training). Die Lernenden müssen auch über Wirkungen, Vorzüge und Nachteile der jeweiligen Strategie und über Anwendungsmöglichkeiten informiert werden. Hier geht es darum, den Lernenden das für einen angemessenen Strategieeinsatz erforderliche Aufgaben- und Strategiewissen („Wie?", „Wann?", „Wo?", „Warum?") zu vermitteln.

Bsp.: Bei der Einführung von Teil-Autonomen Gruppen (TAG) soll für die Meister in der Produktion ein Führungstraining im Sinne eines informierten Trainings zum Thema „Prozeßorientiertes Führen" durchgeführt werden. Dabei geht es nicht darum Handlungsrezepte (wie offene Frageformen) zu trainieren, sondern über die zugrundeliegenden Strategien von Prozeß- bzw. Ergebnisorientierung zu informieren. So erkennen die Teilnehmer, daß beide Strategien in verschiedenen Situationen unterschiedlich effektiv und effizient sein können und nicht die eine durch die andere Form ersetzt werden soll. Sie lernen zu reflektieren, in welcher Situation sich eine eher prozess- oder eher ergebnisorientierte Führung als zielführend erweist.

Vermitteln von Kontroll- und Selbstreflexionsstrategien

Das *Vermitteln von Kontroll- und Selbstreflexionsstrategien* stellt einen integralen Bestandteil des direkten Trainings von Lernstrategien dar. Dabei werden den Lernenden Planungsstrategien, Strategien für die Verstehensüberwachung oder Techniken für die prozeßbegleitende Verbalisierung vermittelt. Solche Selbstkontrollen gewinnen beim Erfahrungslernen besondere Wichtigkeit, da hier externe Kontroll- und Regulationsinstanzen durch Experten fehlen. Als Beispiel dient hier die Leittextmethode (⇒ Kapitel 3) in der gewerblich-technischen Ausbildung. Durch die Leitfragen zur Vorbereitung, Durchführung und Bewertung des Lernergebnisses und –prozesses werden die Auszubildenden angeregt, ihren Lernprozeß kontinuierlich zu reflektieren.

Aufgaben-variationen

Üben unter variierter Aufgabenbedingung trägt dazu bei, ein verinnerlichtes Modell in eine flexible Prozedur zu überführen, die auch unter veränderten Bedingungen zum Erfolg führt und damit den Transfer unterstützt. Zu diesem Zweck werden die zu vermittelnden Strategien zunächst an einfachen und prototypischen und dann zunehmend schwierigeren, komplexeren und unterschiedlichen Aufgaben geübt. Das beschriebene NOVEM-Konzept des problemorientierten selbstorganisierten Lernens im Team (⇒ Kapitel 3) und das explorative Fehlertraining (⇒ Kapitel 2) sind Ansätze, die z.B. die Reflexionstechnik der Kausalitätsdiagramme nutzen, um Systemzusammenhänge von abgeschlossenen Projekten im nachhinein zu verdeutlichen. Durch die Anwendung dieser Technik bei unterschiedliche komplexen Fällen können Gemeinsamkeiten und Unterschiede deutlicher herausgearbeitet werden.

„Fading out"

Abbau anfänglicher externer Unterstützung: Zu Beginn einer Personalentwicklungsmaßnahme wird zumeist versucht, durch externe Hilfen (Auswahl einfacher Aufgaben, Coaching, Rückmeldung, Korrektur) die kognitive Belastung der Lernenden gering zu halten. Mit zunehmendem Trainingsfortschritt können diese Hilfen verringert und die Verantwortung verstärkt in die Hand der Lernenden gegeben werden, z.B. in dem sich ein Coach oder Supervisor aus einer Lerngruppe schrittweise zurückzieht („Fading out"), um kooperative Selbstqualifikation zu ermöglichen (⇒ Kapitel 3).

Förderung reflexiver Prozesse – ein Beispiel

Diagnose-training

Problemlöser nutzen prozeßorientierte Reflexionen in der überwiegenden Anzahl der Fälle nicht automatisch, sondern führen erst dann zu Leistungssteigerungen, wenn sie gezielt induziert und bewußt ausgeführt werden (Berardi-Coletta et al 1995). Daß metakognitiven Fertigkeiten trainiert werden können zeigten Schaper und Sonntag (1997, Sonntag 1996). Sie entwickelten ein Diagnosetraining (für elektro-pneumatische Schaltungen) auf der Basis eines Strategietrainings mit Selbstreflexionstechniken im Vergleich zu einem Alternativtraining mit heuristischen Regeln. Bei der ersten Form handelt es sich um eine Art des indirekten Trainings, bei dem die Auszubildenden angeleitet werden, ihre strategische Fähigkeiten bei der Fehlersuche selbständig zu entwickeln. Der Lernende erhält dabei die Anweisung, seinen Denkprozeß und seine Lösungsbemühungen beim Lösen komplexer Probleme zu reflektieren. Der Selbstreflexionsprozeß wird durch Fragen angeleitet, die dem Problemlöser helfen sollen, sein Denken und Handeln wahrzunehmen, zu bewerten und zu modifizieren. In dem Training der Autoren waren fünf Fragen nach Beendigung der Fehlersuche zur individuellen Selbstreflexion zu beantworten (Infobox). Zur Verstärkung des Selbstreflexionsprozesses müssen die Lernenden außerdem ihr Vorgehen in Stichworten protokollieren. Am Ende der Übungssitzungen stellen sie sich gegenseitig ihre diagnostischen

Strategien vor und erklären ihr Vorgehen. Dabei wurden sie im Rahmen einer gruppenbezogenen Reflexion gebeten, ihre Vorgehensweisen anhand von drei zentralen Fragen zu diskutieren.

Infobox: Strategietraining mit Selbstreflexion und heuristischen Regeln nach Schaper und Sonntag (1997)

„Leitfragen zur Selbstreflexion
1. Welche(n) Fehler habe ich vermutet?
2. Warum?
3. Wie bin ich vorgegangen, um ihn zu finden?
4. Was habe ich gut gemacht? Was habe ich schlecht gemacht?
5. Was kann ich beim nächsten Mal besser machen?

Leitfragen zur gruppenbezogenen Reflexion
1. Beschreibe bitte charakteristische Vorgehensweisen bei der Fehlersuche. Worin unterscheiden sie sich?
2. Welche Vorgehensweisen bzw. Teile davon sind störungsübergreifend? Welche sind störungsspezifisch?
3. Gibt es eine optimale Vorgehensweise?“ (Schaper & Sonntag 1997, S. 201)

Ausschnitte aus dem Strategietraining mit heuristischen Regeln:
„(...)
5. Fehlerort eingrenzen
- Mache Dir den Schaltungsablauf klar und ermittle den nächstfolgenden Schritt!
- Beachte dabei, daß bestimmte Schaltstellungen der Zylinder mehrfach im Zyklus auftreten.
- Prüfe den Status, ob das Ausgangssignal für den nächsten Schritt gebildet wird!
6. Fehlermöglichkeiten erkennen
- Mache Dir den Signalverlauf am Fehlerort klar!
- Notiere, wo die Störung liegen könnte!
- Gibt es noch weitere Möglichkeiten?“

(Schaper & Sonntag 1997, S. 199)

Unter Zuhilfenahme der Metaplantechnik entwickeln die Lernenden auf diese Weise gültige Vorgehensweisen zur Diagnose der Störungen.

Posttestergebnisse der Untersuchung von Sonntag und Schaper (1997) ergaben, daß 90% der Trainingsgruppenteilnehmer, aber lediglich 63% der Kontrollgruppenteilnehmer in der Lage waren, die Störungsursache bei einer Diagnoseaufgabe korrekt zu bestimmen. Deutlich reduziert werden konnte bei den Trainingsgruppen die Anzahl der Prüfhandlungen und die Anzahl der irrelevanten Schritte. Dieses Ergebnis spricht (gemäß der Autoren) für ein verbessertes systematisches Vorgehen bei der Störungsdiagnose. In der Transferaufgabe, in der es galt eine praktische Diagnoseaufgabe einer elektrohydraulischen Schaltung zu lösen, zeigte sich hinsichtlich der Anzahl der Prüfhandlungen nur noch zwischen der Kontrollgruppe und der Gruppe, die die heuristischen Regeln erlernt hatten, ein signifikanter Unterschied. Ein signifikanter Unterschied zur Reflexionsgruppe konnte nicht mehr nachgewiesen werden. Diese Ergebnis wiederholte sich bei der Anzahl irrelevanter Prüfschritte. Ein erfolgreicher Transfer ließ sich also nur bei der Trainingsgruppe mit den heuristischen Regeln nachweisen, nicht dagegen beim Reflexionstraining. Die Autoren vermuten diesbezüglich, daß das indirekte Training der Selbstreflexion in enger Bindung zu einem speziellen Inhaltsbereich erfolgt, was den Transfer erschwert. Besonders die Reflexionsgruppe benötigt weitere Lernphasen (in Form von Trainings mit transferförderlichen Elementen), um Transferaufgaben lösen zu können, bei dem transferförderlichen Elemente bei diesem zweiten Training besondere Beachtung geschenkt werden sollte.

Prinzipien zum Erwerb von Metakognitionen

Zusammenfassend weist Mayer (1989) auf drei übergeordnete Prinzipien zum Erwerb von Metakognitionen im Training bzw. in der Personalentwicklung hin:

- Versuche, viele spezielle metakognitive Kenntnisse und Fertigkeiten zu vermitteln und nicht eine allgemeine Fähigkeit des ‚Lernen lernens' zu fördern.
- Konzentriere Dich dabei stärker auf die Lernprozesse als auf die Lernergebnisse.
- Vermittle Strategien und Metastrategien des Lernens nicht in Form separater Kurse über ‚Lernen lernen', sondern in Verbindung mit der Erarbeitung wichtiger Lerninhalte (Weinert & Schrader 1997)

Die Personalentwicklung als eine Keimzelle organisationaler Veränderungsprozesse wird dadurch aufgefordert, ihre Inhalte und Aktivitäten im Hinblick auf die Vernetzung von Inhalten der Fach-, Methoden- und Sozialkompetenz und die genannten metakognitiven Reflexionsprozessen umzustellen.

Auswahl der Instruktionsform

Mögliche Schwierigkeiten, die bei der Auswahl der geeigneten Instruktionsform auftreten, haben nach Weinert und Schrader (1997) vor allem drei Ursachen:

- Je allgemeiner und dekontextuierter eine Lernstrategie ist, umso geringer ihr Beitrag zur Bewältigung schwieriger Lernaufgaben.
- Deklarative Kenntnisse über das Lernen sind im Vergleich zu prozeduralen Fertigkeiten der Lernsteuerung nur von begrenzter Wirksamkeit.

- Je intelligenter jemand ist und/oder je mehr Expertenwissen er/sie in einer bestimmten Domäne besitzt, desto effektiver ist auch das weitere Lernen und die wirksame Nutzung des Gelernten.

Zusätzlich zur Einbeziehung metakognitiver Strategien in die Personalentwicklungsaktivitäten sollte die Organisation prüfen, ob sie reflexive Prozesse formal unterstützen kann (wie z.B. in Form der Hypertextorganisation).

Die Hypertextorganisation als organisationsbezogene Maßnahme zur Förderung reflexiven Verhaltens der Mitglieder

Miteinander verbundene Schichten

Zusätzlich zu den durch die Personalentwicklung unterstützten und eingeleiteten Prozessen zur Förderung der Reflexionsfähigkeit der Organisationsmitglieder kann die Organisation Strukturen schaffen, damit reflektierendes Verhalten wichtig und fördernswert erscheint. Eine derart förderliche Organisationsform ist die Hyptertextorganisation. Wie ein Hypertextdokument setzt sich die Hypertextorganisation aus miteinander verbundenen Schichten zusammen: Geschäftssystem, Projektteam und Wissensbasis (Nonaka & Takeuchi 1997, Abbildung 27).

Geschäftssystemschicht

Auf der zentralen Schicht des *Geschäftssystems* werden normale Routinearbeiten erledigt. Diese Schicht hat die Form einer hierarchischen Pyramide, da sich eine bürokratische Struktur für Routinetätigkeiten besonders eignet.

Projektteamschicht

Auf der oberen *Projektteamschicht* befassen sich mehre Projektteams mit wissenschaffenden Arbeiten, so z.B. mit der Entwicklung von Neuprodukten. Die Teams werden mit Mitarbeitern aus verschiedenen Bereichen des Geschäftssystems besetzt, die bis zum Projektabschluß ausschließlich in diesem Rahmen tätig sind. Die Mitglieder des Projektteams befassen sich mit wissenschaffenden Tätigkeiten, indem sich ihre Arbeiten an der Vision der Unternehmensführung orientieren. Hat das Team seine Aufgabe beendet, begeben sich die Mitglieder auf die Schicht der Wissensbasis und machen eine Bestandsaufnahme über das im Zuge ihrer Projektarbeit geschaffene und erworbene Wissen. Dabei dokumentieren sie sowohl Fehlschläge als auch Erfolge.

Wissensbasis

Auf der unteren *Schicht der Wissensbasis* wird das in den darüberliegenden Schichten erzeugte Wissen neu klassifiziert und in weitere Kontexte eingebunden. Es wird überlegt, in welchem Rahmen das geschaffene Wissen von Nutzen sein und sinnvoll verwendet werden kann. Hier finden Prozesse statt wie z.B. das von Reinhardt (1995) definierte Triple-Loop Lernen, das von Schön (1983) beschriebene Reflektieren in der Tätigkeitsausführung oder das Auswerten der eigenen Denkprotokolle nach Dörner (1987).

Nach der Klassifizierung des neuen Wissens kehren die Mitglieder zur Schicht des Geschäftssystems zurück und befassen sich mit Routinearbeiten, bis sie in ein neues Projekt berufen werden.

Die Wissensschicht orientiert sich an der Vision, Kultur oder Technologie des Unternehmens. Die Vision gibt die Richtung vor, in die das Unternehmen Technologie und Produkte entwickeln soll und schafft den angestrebten Aktionsradius.

Koexistenz von drei Kontexten

Die Hypertextorganisation zeichnet sich durch die Koexistenz von drei verschiedenen Schichten oder Kontexten innerhalb einer Organisation aus. Hauptkennzeichen der Hypertextorganisation ist die Fähigkeit ihrer Mitglieder, den Kontext zu wechseln. Sie können sich zwischen den drei Kontexten hin- und herbewegen, um sich auf wechselnde Anforderungen innerhalb und außerhalb der Organisation einzustellen.

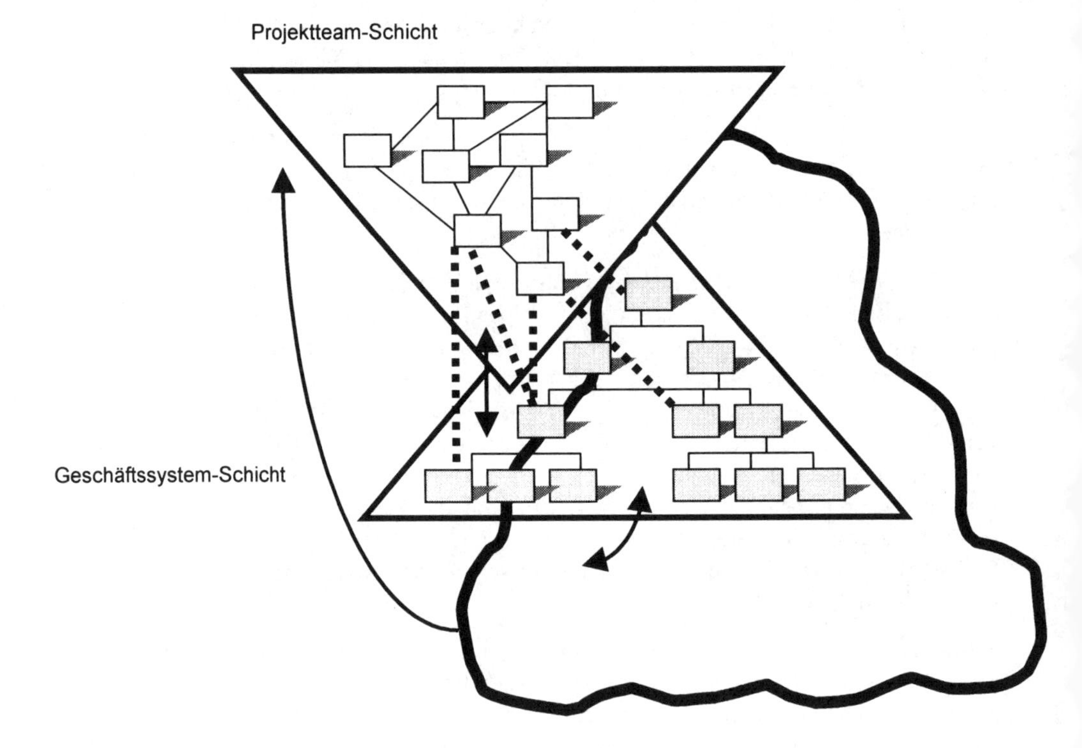

Abbildung 27: Die Hypertextorganisation nach Nonaka und Konno (1993, in Nonaka & Takeuchi 1997)

Infobox: Unterschiede zwischen Hypertext- und der Matrixorganisation (Nonaka & Takeuchi 1997)

1. In der Matrixstruktur muß ein Organisationsmitglied gleichzeitig zwei Strukturen angehören oder berichten. In der Hypertextstruktur berichten Mitglieder zu einem bestimmten Zeitpunkt nur einer Struktur. Sie werden einem Projektteam oder in normalen Zeiten dem Geschäftssystem zugeteilt. Projektmitglieder können sich so ausschließlich auf das laufende Projekt und die anschließende Reflexion konzentrieren.
2. Wissen zu schaffen, ergibt sich in einer Hypertextorganisation als natürlicher Prozeß, weil jede Struktur neues Wissen erzeugt und sammelt. Demgegenüber orientiert sich die Matrixstruktur nicht primär an der Wissensumwandlung.
4. In der Hyptertextorganisation werden Wissensinhalte von Schicht zu Schicht flexibel verbunden.
5. Durch die zeitliche Befristung von Projekten kann die Hypertextorganisation Ressourcen und Kräfte konzentrierter für die Einhaltung von Projektzielen einsetzen.
6. Da die Projektziele der direkten Kontrolle der Unternehmensleitung unterstehen, kann die Kommunikationszeit vom oberen über das mittlere zum unteren Management verkürzt werden. Dies fördert einen tiefergehenden Dialog zwischen den Managementebenen.

Das Wissen, das in der Wissensschicht erarbeitet wurde, kann nun in den Prozeß der Wissensdiffusion überführt werden. Die erkannten Systemzusammenhänge, die gesammelten Erfahrungen über Problemlöseprozeduren, über Veränderungs- oder Marketingstrategien, die Richtigkeit von Hypothesen, die Zusammenhänge von eigenen Entscheidungen und dem Grad der Zielerreichung werden nun wieder durch die Phase des Wissenserwerbs in der Organisation diffundieren, so daß ein Folgeprozeß der organisationalen Lernzyklen initiiert werden kann.

5.5 Leittext zum Reflektieren des eigenen Lernprozesses

Ziele:

Ziel ist es, Deutero-Lernprozesse im Sinne einer kontinuierlichen Transformation des Wissens zu implementieren und Wissen über eigene Problemlöseprozesse zu erwerben. Der organisationale Lernprozeß endet und beginnt mit der Reflexion, indem neu gefundene Lösungen in bisherige Verhaltensmuster integriert werden und somit jedem einzelnen eine größere Anzahl von Verhaltensalternativen zur Verfügung steht.

Kurzbeschreibung:

Während konkrete Erfahrungen als Lernstimulus dienen, ermöglicht erst das absichtsvolle Reflektieren des Lernprozesses das Lernen aus Erfahrungen. Dabei werden abstrahierte, konstruierte Wissenselemente für potentielle Anwendungssituationen erarbeitet, von denen jetzt noch nicht gewiß ist, welche das sein können. Ohne Reflexion werden die eigene Handlungstheorien und deren –erfolg nicht überprüft, das Handlungsresultat mit dem angestrebten Ziel nicht verglichen. Selbstreflexion kann als Problemlöseprozeß verstanden werden, der statt einer externen Aufgabe Teile des eigenen Problemlösens zum Gegenstand hat.

Regeln:

Denkobjekte sind Protokolle vergangener Denkabläufe.
Die Spuren des Problemlöseprozesses werden zum Objekt des Denkens gemacht werden.
Durch das Vergleichen mit anderen Spuren wird festgestellt, wo unnötige Abläufe, Kreisprozesse, zu komplizierte Abläufe usw. vorhanden sind. Die Erkenntnisse können verwendet werden, um Teile aus der heuristischen Prozedur zu entfernen, neue einzusetzen oder „Weichen" anders zu stellen:
Verstärke praktisches Experimentieren.
Stelle bei Nachforschungen immer die Frage „Warum?".
Fordere Deine bevorzugten Sichtweisen heraus.
Entwickle inneres Commitment für objektives, aktives und unterstützendes Nachfragen der eigenen Sichtweisen.
Erfahre Dich selbst und Deine Annahmen als Grund für Verhalten.

Voraussetzungen:

- Ein reflektierende Grundhaltung
- Die Offenheit der Organisation über Entscheidungen und Lösungsprozeduren zu diskutieren
- Die Fähigkeit, defensive Abwehrroutinen abzubauen

- Autonomie und Selbstreferenz
- Einbeziehung von Selbstreflexionstechniken in die Personalentwicklung durch: Kognitives Modellieren, informiertes Training, Vermittlung von Kontroll- und Selbstreflexionsstrategien
- Organisationsstrukturen, die Raum und Zeit für reflexive Auswertungen zulassen → Hypertextorganisation

Ergebnisse:

Die Mitarbeiter sind in der Lage, ihre eigenen Lernprozesse und –ergebnisse auf einer Metaebene zu analysieren und Wissen in bezug auf Problemlöse- und Entscheidungsprozesse in Systemen zu generieren.

Probleme und Schwierigkeiten:

können auftreten, wenn...

- Projekte nicht bis zur Reflexionsphase geführt werden, sondern vorher beendet werden.
- eine sich selbst schützende Grundhaltung gefördert wird.
- Angst vor Verzettelung und zu hohem Zeitbedarf besteht.
- Aus Angst vor Repressalien nicht offen über Teilmißerfolge gesprochen wird.

6. Ausblick

Die vorangegangenen Kapitel bieten eine Fülle von Hinweisen und wissenschaftlichen Ergebnissen, Modellen und Annahmen der Kognitions-, Sozial-, Lern- und Organisationspsychologie. Zum Schluß dieser Ausführungen soll ein Ausblick zeigen, welche weiteren Forschungstätigkeiten in Theorie und Praxis notwendig erscheinen, um das Thema des Erfahrungsmanagements in den Organisationen zum Erfolg werden zu lassen.

Weitere Forschungsfragen

Dazu gehören u.a.

- klarere Definitionen oder inhaltliche *Eingrenzungen von Wissensformen* und *–arten*, die sich hinsichtlich unterschiedlicher Branchen, Produkten, Dienstleistungen und Kernkompetenzen für eine Organisation als lernens- und erhaltenswert sowie transferwürdig erweisen,
- *Meßverfahren* zur Erhebung von vorhandenem Wissen, Wissensprodukten sowie Operationalisierungen erfolgreichen Erfahrungsmanagements,
- Evaluationsforschung zu geeigneten gestaltbaren *Wissensspeichern* in elektronischer und sozial kollaborativer Form hinsichtlich Wissensart, Einsatzzweck und Transferpotential ergeben,
- Möglichkeiten *Metawissen* über vorhandenes Wissen zu visualisieren oder zu Verfügung zu stellen.
- Entwicklung von *Anreizsystemen*, um persönliches Wissen weiterzugeben, Informationen aktiv zu suchen (auch wenn diese Dissonanz auslösen), Informationen anzuwenden sowie Transferleistung selbst zu evaluieren (⇒ Kapitel 2 und 3).

Wissensformen

Meßverfahren

Wissensspeicher

Metawissen

Anreizsysteme

Folgende Schwierigkeiten können auftreten:

1. Anworten zu finden auf die Frage, welches Wissen als wissens- und speichernswert in bezug auf zukünftige Problemlösungen.

Was ist wissenswert?

Das Paradox des Zusammenhangs von Wissens und Zukunft beinhaltet nach Bolz (1998), daß man noch nie so wenig von der Zukunft wußte wie heute. Obwohl die westliche Kultur mehr als je zuvor auf Wissen beruht, verhält es sich so, „daß wir nichts von künftigem Wissen wissen können – sonst wüßten wir es ja schon heute. Und daraus folgt: Je mehr Zivilisation auf Wissen basiert, um so unvorhersehbarer wird sie. Mit anderen Worten, je mehr das Wissen die Zukunft prägt, desto weniger kann man von der Zukunft wissen. Wenn man wüßte, was morgen in der Zeitung steht, würde es nicht geschehen. Dieses Nichtwissen von der Zukunft ist aber gerade kein Grund zur Resignation, sondern im Gegenteil Ausdruck unserer Freiheit. (...). Wir bewegen uns auf ein Ziel zu, das sich selbst bewegt. Deshalb gilt: Die Zukunft kann man nicht prognostizieren, sondern nur provozieren.“ (Bolz 1998, S. 340 f).

Das Nichtwissen von der Zukunft

Die Zukunft provozieren

Erfahrungsmanagement soll dazu beitragen, Zukunft zu provozieren und sich im Gegenzug nicht provozieren zu lassen. Erkenntnisse über individuelles Verhalten in Organisationen, Organisationsstrukturen, technischen Möglichkeiten sowie deren Interaktionen sollten dazu beitragen Disziplinen zusammenzuführen, die sich sinnvoll befruchten und ergänzen können. Dazu sollten die wissensbezogenen Prozesse der eigenen Unternehmung sensibel untersucht werden, um sich bewußt für eine auf die Kernkompetenzen ausgerichtete Form des unternehmenseigenen Wissensmanagements zu entscheiden.

2. die Aufmerksamkeit muß als knappste Ressource und zusätzlich als Managementproblem betrachtet werden

Aufmerksamkeit als knappste Ressource

Neben dem Wissen tritt die *Aufmerksamkeit gegenüber der Informationsflut als knappste aller Ressourcen* in den Vordergrund: Aufmerksamkeit gegenüber den eigenen Lernerfahrungen, gegenüber den Erfahrungen anderen, gegenüber den Diffusionsprozessen, gegenüber Transferprozessen sowie den Metabetrachtungen all dieser Prozesse. Die Ressource ‚Aufmerksamkeit' gilt es zu managen und Aufmerksamkeitslenkung als Führungsaufgabe zu verstehen.

3. das Meßproblem

Evaluieren von Lernerfolgen

Der Erfolg von Wissens- und Erfahrungsmanagementkonzepten wird davon abhängen, ob es weiterer Forschungsarbeiten gelingt, Kriterien eines erfolgreichen Wissens- und Erfahrungsmanagement. zu entwickeln. Anhand derer muß sich ein erfolgreiches von einem weniger erfolgreichen Wissensmanagement unterscheiden lassen und eine Evaluation der wissensbezogenen Aktivitäten möglich sein

Als erste Ansätze lassen sich nennen: Lernkurven (Stata 1989), Anzahl der Wiederholungsfehler, die Nutzung von und der Zugriff auf Datenbanken, die Verkürzung der Zeit für die Entwicklung von Prototypen und Vorserien, die Anzahl der durch KVP (Kontinuierliche Verbesserungsprozesse) gewonnenen Verbesserungsvorschläge und deren Umsetzung und Verbreitung, Rückgang der Reklamationen, Verbesserung der Servicequalität und Lösungsdauer bei Kundenproblemen (⇒ Kapitel 1).

Der Leser könnte in Anbetracht der Fülle von noch offenen Problemen im Vergleich zum ursprünglich erhofften Nutzen nun geneigt sein, „die Flinte ins Korn" zu werfen. Ohne den Begriff überzustrapazieren sei jedoch allen Zögernden Mut gemacht und geraten, sich auf den „Prozeß" einzulassen.

Gefahren des Simplifizierens

Der erste Schritt ist dabei die Erkenntnis, daß eine unangemessene Vereinfachung und Simplifizierung des Gegenstandbereiches „Erfahrungsmanagement" möglicherweise kurzfristig das Denken (bounded rationality/ imperfect rationality, ⇒ Kapitel 2) erleichtert, aber meistens langfristig die Probleme von morgen herbeiführt. Durch die Simplifizierung geht man das Risiko ein, erforderliche Teilprozesse auszuklammern, die das Wirkprinzip des Wissensmanagements darstellen.

Es ist wichtig, den Faden an einer Stelle aufzunehmen und einen Lernzyklus zu entwickeln, der als Spin-off für viele weitere Prozesse und Zyklen wirken kann. Insofern bietet sich folgende Vorgehensweise an:

Gemeinsamer Wissenserwerb und Problemraumerkundung durch das Management als Auftraggeber, den derzeitigen und potentiellen Wissenssammlern und -nutzern, den Verantwortlichen für die technische Unterstützung sowie den Organisationsstrukturgebern gemäß der Vorgehensweise von Loos (1993):

Den Anfang könnte die Bildung und der Entwurf zukünftig antizipierter Problemdefinitionen bilden, aus denen sich in operationalisierter Form Wissensziele ableiten lassen (in Analogie zu Lehr-Lernzielen der pädagogischen Psychologie). Des weiteren sollten Kernkompetenzen bewußt benannt und die dazu benötigte Wissensstruktur ausfindig gemacht werden. Dazu gehören die Fragen wie:

- Welches Wissen wollen wir in zukünftigen Problemlösungen wiederfinden?
- Welches Wissen brauchen wir für künftige Problemlösungen?
- Wie wollen wir dieses Wissen pflegen?

Quadralog aufnehmen

Ziel des „Quadralogs" ist das „Einig-Werden", um gemeinsam zu einem handlungsorientierten Konsens zu gelangen.

Sequenzen von Schleifen und Sprüngen

Es bedarf weiterer Überlegungen, wie der Prozeß des Erfahrungsmanagements, der nicht linear abgearbeitet werden kann sondern als eine Sequenz von Schleifen und Sprüngen zu verstehen ist, in der Anfangsphase gestaltet werden kann. Es ist zu thematisieren, wie mit der Vorstellung, ein Prozeß sei undeterminierbar, verfahren werden soll, da der Begriff Management das gesamte Bemühen auf die Beherrschbarkeit/Kontrolle von Abläufen ausrichtet.

Reduzierung und Anreicherung der Komplexität

Es empfiehlt sich ein Wechselspiel zwischen Reduzierung und Anreicherung der Komplexität des Handlungsfeldes. Eine Reduktion wird forciert, indem Pilotprozesse vorgeschlagen oder vorübergehend stufenweise Abschnitte und Meilensteine definiert werden. Komplexität ergibt sich durch das Generieren von einer Vielzahl von Umsetzungsideen, indem die Anzahl der Perspektiven und die der Handlungsalternativen erhöht wird.

Grundsätze der Hermeneutik

Zusätzlich zum Wechselspiel von Reduzierung und Anreicherung von Komplexität wird vorgeschlagen, sich im Sinne der Grundsätze der Hermeneutik einer der Grundvorgehensweisen zum qualitativen Denken (Mayring 1996) zu bedienen. Diese empfehlen, die eigenen Annahmen kontinuierlich und prozeßbegleitend zu prüfen, da das eigene Vorverständnis - so der Grundsatz der Hermeneutik - die Interpretation von Zwischenergebnissen in starkem Ausmaß beeinflußt (Abbildung 28). Die Gestaltungsempfehlung für das Erfahrungsmanagement lautet in Anlehnung an dieses Prinzip, das eigene Vorverständnis aller Beteiligten zu Beginn und im Verlauf des Prozesses offenzulegen, am Gegenstand weiterzuentwickeln und so den Einfluß des Vorverständnisses auf Entscheidungen für oder gegen Alternativen überprüfbar zu machen.

Der hermeneutische Zirkel beinhaltet im Sinne des Erfahrungsmanagements eine kontinuierliche Reflexion und Messung gemäß der durch das eigene Vorverständnis geprägten und definierten Wissensanwendungen bei Problemlösungen nach Kriterien der Autonomie und Selbstreferenz. Unsicherheiten, die durch ungewohnte Lernerfahrung über Lernerfahrungen ausgelöst wurden, sollen auf eine produktive und konstruktive Weise vermindert und Vermeidungsreaktionen verhindert werden. D.h. es geht um eine Umwandlung von Unsicherheiten in energetisierende Lernmotivation.

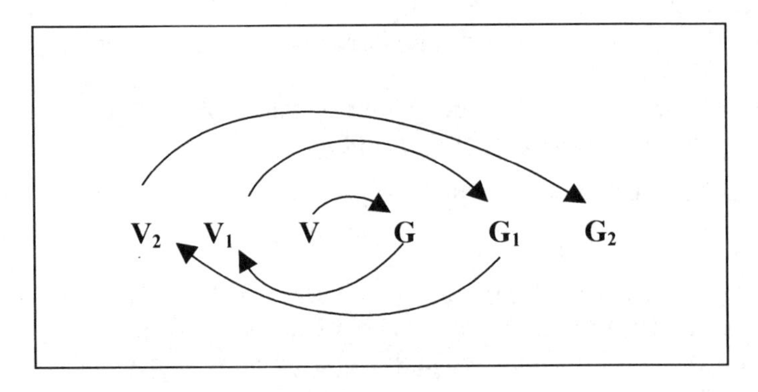

Abbildung 28: Die hermeneutische Spirale nach Danner (1979, aus Mayring 1996. S. 18). V = Vorverständnis, G = Gegenstandsverständnis, V^1 = erweitertes Vorverständnis, G^1 = erweitertes Gegenstandsverständnis, etc.

Experimentieren, Einüben und Produzieren von Lernzyklen

Nach einer ersten Erprobungsphase, in der mit neuen Systemen, neuen Aufmerksamkeits-, Informations- und Wissensbeschaffungs-Stilen, Interaktionsstilen sowie Informationsabläufen experimentiert wurde, geht es nun um das wiederholte Einüben und Produzieren neuer Lernzyklen.

Ziel dieses Buches war es die Komplexität, die Fülle der Teilprozesse und deren Interaktion, die Unzulänglichkeiten der menschlichen Informationsverarbeitung beim Wissenserwerb und Transfer sowie die Prozeßverluste in der Gruppeninteraktion etc. mit ihren Chancen und Risiken aufzuschlüsseln und konkrete Ansatzpunkte für eine konstruktive Nutzung dieser Prozesse aufzuzeigen. Grundgedanke des erfahrungsbasierten Lernens in der Organisation besteht darin, die Anzahl der „bösen Überraschungen“ zu reduzieren, indem die MitarbeiterInnen bzw. Mitarbeitergruppen oder Teams die Chance erhalten, aus den Erfahrungen der KollegInnen, Vorgesetzten, MitarbeiterInnen zu lernen. Nur so können Handlungsresultate eher abgeschätzt und Zukunft antizipiert werden.

Dankeschön.....

Daß dieses Buch verwirklicht werden konnte, verdanke ich Prof. Siegfried Greif und Herrn Hans-Jürgen Kurtz, die sich für die Idee des Erfahrungsmanagements begeistert haben und ihre Erfahrungen als Denkanstöße mit einbrachten, sowie Herrn Prof. Lutz F. Hornke, der mir den ideellen und zeitlichen Freiraum einräumte und gewährte, die Grundgedanken der lernenden Organisation weiter zu konkretisieren und mit mir zu diskutieren.

Einen herzlichen Dank an die Unternehmensvertreter der Gothaer Versicherung, der Deutschen Telekom AG, der Firma Wilkhahn und weiteren anynomisierten Fallgebern, die bereit waren, mir Materialien zum Erfahrungsmanagement zur Verfügung zu stellen und einen Beitrag zur „Bebilderung" der theoretischen Modelle und Konzepte zu leisten.

Die Gespräche und Projekterfahrungen mit der Gruppenleitern und Einsatzlenkern, den „Geschichtenerzählern" sowie Interviewpartnern der DeTeImmobilien, NL Düsseldorf, die bereit waren ihre persönlichen Erfahrungen mit mir zu teilen und mich bei der Evaluation von Methoden zu unterstüzten, bildeten wichtige Grundlagen, um Chancen verschiedener Interventionsformen und deren Realisierbarkeit zu erproben.

Die intensiven und tiefen Einblicke in die menschlichen wissens- und ablaufbezogen Prozesse, ermöglichte mir die Führungscrew der Bereiche Personal und Facility Management, die sich konstruktiv risikofreudig und kreativ experimentierend auf die unterschiedlichen Lern- und Wissensdiffusionswege eingelassen hat.

Ihnen allen möchte ich meine besondere Wertschätzung aussprechen.

Literaturverzeichnis

Acker, H.B. (1977). Organisationsanalyse. Baden-Baden: Gehlen

Ackerman, M.A. & Mallone, T.W. (1990). Answer Garden: A Tool for Growing Organizational Memory. In: Proceeding of the ACM Conference on Office Information Systems. Boston: MIT, 31-39

Adams, J.L. (1984). Ich hab's. Wie man Denkblockaden mit Phantasie überwindet. Braunschweig/Wiesbaden: Vieweg & Sohn.

Adams, M.J. (1989). Thinking skills curricula: Their promise and progress. Educational Psychologist, 24, 25-77

Aebli, H. (1981). Denken: Das Ordnen des Tuns. Band 2: Denkprozesse. Stuttgart: Klett

Alen, M. (1996). Performance Support Technology for Learning Organisation. Documentation of the Conference „Multimedia for Training in Trade and Industry", Amsterdam

Anderson, J.R. (1987). Skill Acquisition: Compilation of Weak Method Problem Solutions. Psychological Review, 94, 192-210

Anderson, J.R., Reeder, L.M. & Simon, H.A. (1996). Situated learning and cognition. Educational Researcher, Vol 25, 4, 5-11

Antal, A.B., Dierkes, M. & Helmers, S. (1993). Unternehmenskultur: Forschungsagenda aus Sicht der Handlungsperspektive. M. Dierkes, L. von Rosenstiel & U. Steger (Hrsg.). Unternehmenskultur in Theorie und Praxis. Konzepte aus Ökonomie, Psychologie und Ethnologie. Frankfurt: Campus, 200-218

Antoni, C. (1990). Video-Konferenzen. Zeitschrift für Arbeits- und Organisationspsychologie, 34, 125-134

Antoni, C.H. (1994) Gruppenarbeit – mehr als ein Konzept. Darstellung und Vergleich unterschiedlicher Formen der Gruppenarbeit. In: Antoni, C.H. (Hrsg.) Gruppenarbeit in Unternehmen: Konzepte Erfahrungen, Perspektiven. Weinheim: Belz, 19-49

Argote, L. (1993). Group and Organizational Learning Curves: Individual, System and Environmental Components. British Journal of Social Psychology, 32, 1, 31-51

Argyris, C. (1990). Overcoming Organizational defenses. Boston: Allyn and Bacon

Argyris, C. (1993). Eingeübte Inkompetenz – ein Führungsdilemma. In: Fatzer, G. (Hrsg.) Organisationsentwicklung für die Zukunft: ein Handbuch. Köln: Ed. Humanistische Psychologie. 129-145

Argyris, C. & Schön, D. (1978). Organisational Learning. A Theory of Action Perspective. Reading, Mass.: Addison-Wesley

Ausburn, L.J. & Ausburn, F.B. (1978). Cognitive styles: Some information and implications for instructional design. Educational Communications and Technology Journal, 26, 337-354

Badke-Schaub, P. (1993) Gruppen und komplexe Probleme. Strategien von Kleingruppen bei der Bearbeitung einer simulierten Aidsausbreitung. Frankfurt/M: Peter Lang

Baggen, R., Wilpert, B., Fahlbruch, B. & Miller, R. (1997). Computer supported event analysis in industry with high hazard potential. Beitrag der ESREL '97 International Conference on Safty and Reliability, Lisbon

Bailey, C.D. (1989). Forgetting and the learning curve: a laboratory study. Management Science, 35 (1), 340-352

Bakken, B., Gould, J. & Kim, D. (1991). Experimentation in learning organizations: A Management Flight Simulator Approach. Cambridge: MIT Sloan School of Management, D-4203

Baldewyns, L, Reggers, T., Poumay, M., Orban, M. & Denis, B. (1997). Functional Specifications of TELEDU. ELECTRA-Projekt. European Commission, DG XIII-C, Telematics Application Programm. Liege: Service de Technologie de l `Education

Baldwin, T.T. & Ford, J.K. (1988). Transfer of Training: A Review and Directions for future Research. Personnel Psychology, 41, 63-105

Ballstaedt, S.-P. (1997). Wissensvermittlung. Die Gestaltung von Lernmaterial. Weinheim: Beltz

Bandura, A. (1986). Social Foundations of thought and action. A social cognitive theory. Engelwood cliffs, N.J.: Prentice Hall

Barrows, H.S. & Tamblyn, R.M. (1980). Problem-Based Learning. An Approach to Medical Education. New York: Springer

Becker, J. (1994). Informationsmanagement und –controlling. Würzburg: Vogel Verlag

Beckmann, J.F. (1995). Lernen und komplexes Problemlösen. Ein Beitrag zur Validierung von Lerntests. Bonn: Holos

Berardi-Coletta, B., Buyer, L.S., Dominowski, R.L. & Rellinger, E.R. (1995). Metacognition and Problemsolving: A Process-Oriented Approach. Journal of Experimental Psychology: Learning, Memory and Cognition, 21 (1), 205-223

Berry, D.C. & Broadbent, D.E. (1984). On the relationship between task performance and associated verbalizable knowledge. Quaterly Journal of Experimental Psychology, 36A, 209-231

Bierhoff, H.W. (1991). Schema der hinreichenden Ursache als Maxime der Kausalerklärung: Was sind informative und ausreichende Erklärungen? Zeitschrift für Sozialpsychologie, 1991, 112-122

Blackler, F. (1995) Knowledge, knowledge work and organisations: An overview and interpretation. Organization Studies, 16, 6, 1021-1046

Bolz, N. (1998). Der Professor als Held. Gedanken über den Hochschullehrer der Zukunft. Forschung und Lehre, 7/98, S. 340-343

Bonamy, J. & Haugluslaine-Charlier, B. (1995). Supporting professional learning: beyond technological support. Journal of Computer Assisted Learning, 11, 196-202

Borgida, E. & Nisbett, R.E. (1977). The differential impact on abstract vs. concrete information on decisions. Journal of Applied Social Psychology, 7, 258-271

Brandstätter, H. (1989). Problemlösen und Entscheiden in Gruppen. In: Roth, E., Schuler, H. & Weinert, A.B. (Hrsg.). Organisationspsychologie. Enzyklopädie der Psychologie, D/III/3, Göttingen: Hogrefe, 505-528

Bridges, F.J. & Chapmann, J.E. (1977). Critical incident in organizational behavior and administration with selected readings. Englewood Cliffs: Prentice Hall

Brooking, A. & Motta, E. (1996). A Taxonomy of Intellectual Capital and an Methodology for Auditing it. 17th Annual National Business Conference. McMaster University, Hamilton, Ontario, Canada: January 1996. http://kmi.open.ac.uk/~simonb/org-knowledge/ic-paper.html

Brown, J.S., Collins, A. & Duguid, P. (1989). Situated cognition and the culture of learning. Educational Researcher, 18 (1), 32-42

Brown, A.L. & Palincsar, A.S. (1989). Guided, Cooperative Learning and Individual Knowledge Acquisition. In: Resnik, L.B. (Ed) (1989). Knowling, Learning and Instruction. Hillsdale, N.J.: Erlbaum, 393-453

Brown; A.L. (1984). Metakognition, Handlungskontrolle, Selbsteuerung und andere, noch geheimnisvollere Mechanismen. In: Weinert, F.E. & Kluwe, R.H. (Hrsg.). Metakognition, Motivation und Lernen. Stuttgart: Kohlhammer, 60-109

Brown, R. (1965). Social Psychology. New York: Free Press

Budner, S. (1962). Intolerance of ambiguity as a personality variable. In: Journal of Personality, 30, 29-50

Büssing, A. (1996). Informations- und Wissensmanagement im Bildungsbereich aus Sicht der Arbeits- und Organisationspsychologie. In: Mandl, H. & Höfling, S. (Hrsg.) Informationsmanagement im Bildungsbereich. München: Beck

Bullinger, H.-J., Wörner, K. & Prieto, J. (1997). Wissensmanagement heute. Daten, Fakten, Trends. Stuttgart: Frauenhofer Institut für Arbeitswirtschaft und Organisation

Bundesinstitut für Berufsbildung (Hrsg.) (1987). Leittexte – ein Weg zu selbständigem Lernen. Berlin: BIBB

Bungard, W. & Hofmann, K. (1995). Innovationsmanagement in der Automobilindustrie: mitarbeiterorientierte Gestaltung von Modellwechseln. Weinheim: Beltz

Camtrambone, R. & Holyoak, K.J. (1989). Overcoming contextual Limitations on problem-Solving transfer. Journal of Experimental Psychology: Learning, Memory, and Cognition, 15 (6), 1147-1156

Carmona, S. & Perez-Casanova, G. (1993). Organizational Forgetting and Information Systems. Scandinavian Journal of Management, 9, 1, 29-44

Carroll, W.R. & Bandura, A. (1987). Translating Cognition into Action: The Role of Visual Guidance in Observational Learning. Journal of Motor Behavior, Vol 19 (3), 385-398

Cavaleri, S. & Sterman, J.D. (1997). Towards evaluation of systems thinking interventions: a case study. System Dynamics Review, 13 (2), 171-186

Chambers, B. & Abrami, P.C. (1991). The relationship between student team learning outcomes and achievement, causal attributions, and affect. Journal of Educational Psychology, 83, 140-146

Chapman, L. J. (1967). Illusory correlation in observational report. Journal of verbal learning and verbal behavior, 6, 151-155

Collins, A., Brown, J.S. & Newman, S.E. (1989). Cognitive Apprenticeship: Teaching the Crafts of Reading, Writing and Mathematics. In: Resnik, L.B. (Ed.). Knowling, Learning and Instruction. Hillsdale, N.J.: Erlbaum, 453-495

Cropley, A.J. (1976). Some psychological reflections on lifelong learning. In: Dave, R.H. (Ed.). Foundations of lifelong education. Oxford: Pergamon, 186-233

Dave, R.H. (1976). Foundations of lifelong eduaction: Some methodological Aspects. In: Dave, R.H. (Ed.). Foundations of lifelong education. Oxford: Pergamon, 10-57

Davenport, T.H. (1997). Some Principles of Knowledge Management. In: Strategy and Business, 1 / 2, 34-40

Dewey, J. (1938). Experience and Education. Kappa Delta Pi

Dodgson, M. (1993). Organizational Learning: A Review of some Literature. Organization Studies, 14, 3, 375-394

Dörner, D. (1987). Problemlösen als Informationsverarbeitung. Stuttgart: Kohlhammer, 3. Aufl.

Dörner, D. (1992). Die Logik des Mißlingens. Strategisches Denken in komplexen Situationen. Reinbek bei Hamburg: Rowohlt

Dörner, D. (1995). Problemlösen und Gedächtnis. Dörner, D. & van der Meer, E. (Hrsg.). Das Gedächtnis. Probleme – Trends – Perspektiven. Göttingen: Hogrefe, 295-320

Dörner, D., Kreuzig, H.W., Reither, F. & Stäudel, T. (1983). Lohhausen. Vom Umgang mit Unbestimmtheit und Komplexität. Bern: Huber

Doyle, J.K. (1997). The Cognitive Psychology of Systems Thinking. System Dynamics Review, 13 (3), 253-265

Drucker, P. (1993). Post-capitalis society. Oxford: Butterworth-Heinemann

Duncker, K. (1935). Zur Psychologie des produktiven Denkens. Berlin: Springer

Dutton, J. & Duncan, R. (1982). Sense-making and organizational adaption. Working Paper, Northwestern University: J.L. Kellogg Graduate School of Management

Dworschak, M. (1996). Liebling ich habe die Firma geschrumpft. Die Zeit, 13.12.96, 51, S. 74

Einhorn, H.J. & Hogarth, R.M. (1978). Confidence in Judgment: Persistence of the Illusion of Validity. Psychological Review, 85, 395-416

Einsiedler, W., Neber, H. & Wagner, A.C. (1978). Selbstgesteuertes Lernen im Unterricht. In: Neber, H. (Hrsg.). Selbstgesteuertes Lernen. Psychologische und pädagogische Aspekte eines handlungsorientierten Lernens. Weinheim: Beltz, 13-33

Ekvall, G. (1971). Creativity at the Place of Work. A Study of Suggestors and Suggestion Systems in the Swedish mechanical industry. Stockholm: The Swedish Council for Personnel Administration

Engelkamp, J. (1997). Das Erinnern eigener Handlungen. Göttingen: Hogrefe

Engelkamp, J. & Pechmann, T. (1988). Kritische Anmerkungen zum Begriff der mentalen Repräsentation. Sprache und Kognition, 7, 1-12

Feldmann, D.C. & Brett, J.M. (1983). Coping with new Jobs: A comparative study of new hires and job changers. Academy of Management Journal, 26, 258-272

Feldmann, J. (1986). On the Difficulty of Learning from Experience. In: Sims, H.P. & Gioia, D.A. (Eds.) The Thinking Organization. San Francisco: Jossey-Bass. 263-293

Fiol, C. M. & Lyles, M. A. (1985). Organizational Learning. Academy of Management Review, 10, 803-813

Fisch, R. & Wolf, M.F. (1990). Die Handhabung von Komplexität beim Problemlösen und Entscheiden. In: Fisch, R. & Boos, M. (Hrsg.). Vom Umgang mit Komplexität in Organisationen. Konzepte-Fallbeispiele-Strategien. Konstanz: Universitätsverlag, 11-41

Flanagan, J.C. (1954) The Critical Incident Technique. Psychological Bulletin, Vol 51 (4), 327-358

Flavell, J.H. (1970). Developmental studies of mediated memory. In: Reese, H.W. & Lipsitt, L.P. (Eds.). Advances in child development and behavior, 5. New York: Academic Press

Flavell. J.H. (1971). First discussant´s comments: What is memory development the development of? Human Development, 14, 272-278

Flavell, J.H. (1984). Annahmen zum Begriff Metakognition sowie zur Entwicklung von Metakognition. In: Weinert, F.E. & Kluwe, R.H. (Hrsg.). Metakognition, Motivation und Lernen. Stuttgart: Kohlhammer, 23-31

Franzke, M. (1996). Transfer kognitiver Fertigkeiten. In: Hoffman, J. und Kintsch, W. (Hrsg.). Lernen. Enzyklopädie der Psychologie. C/2/7, Göttingen: Hogrefe, 355-387

Frei, F., Duell, W. & Baitsch, C. (1984). Arbeit und Kompetenzentwicklung. Schriften zur Arbeitspsychologie (Hrsg. E. Ulich) Band 39, Bern: Huber

Freimuth, J. & Haritz, J. (1997). Personalentwicklung auf dem Weg zum Wissensmanagement?. In: Freimuth, J., Haritz, J. & Kiefer, B.U. (Hrsg.). Auf dem Wege zum Wissensmanagement. Personalentwicklung in lernenden Organisationen. Göttingen: Verlag für Angewandte Psychologie, 9-25

Frensch, P.A. & Funke, J. (1995). Definitions, Traditions and a General Framework for Understanding Complex Problem Solving. In: Frensch, P.A. & Funke, J. (Hrsg.). Complex Problemsolving. The European Perspective. Hillsdale, N.J.: Erlbaum, 3-27

Frey, D., Kumpf, M., Raffée, H., Sauter, B. & Silberer, G. (1976). Informationskosten und Reversibilität des Entschlusses als Determinanten der Informationsnachfrage vor Entscheidungen. Zeitschrift für experimentelle und angewandte Psychologie, 23 (4), 569-585

Frey, D. (1994). Über die Ausblendung unerwünschter Informationen. Sozialpsychologische Befunde zum Entscheidungsverhalten. In: Rösler, F. & Florin, I. (Hrsg.). Psychologie und Gesellschaft. Stuttgart: Hirzel, 45-57

Friedrich, H.F. & Mandl, H. (1997). Analyse und Förderung selbstgesteuerten Lernens. In: Weinert, F.E. & Mandl, H. (Hrsg.). Psychologie der Erwachsenenbildung. Enzyklopädie der Psychologie. D/I/4, Göttingen: Hogrefe, 237-296

Funke, U. (1993). Microworlds based on linear equation systems: A new approach to complex problem solving and experimental results. In: Strube, G. & Wender, K.F. (Eds.). The cognitive psychology of knowledge. Amsterdam: Elsevier Science, 313-330

Funke, J. (1995). Experimental Research on Complex Problem Solving. In: Frensch, P.A. & Funke, J. (Eds.). Complex Problem solving: The European Persepctive. Hillsdale, N.J.: Erlbaum Ass., 243-268

Funke, J. & Müller, H. (1988). Eingreifen und Prognostizieren als Determinanten von Systemidentifikation und Systemsteuerung. Sprache und Kognition, 1988 (7) 176-186

Funke, U. (1993). Computergestützte Eignungsdiagnostik mit komplexen dynamischen Szenarios. Zeitschrift für Arbeits- und Organisationspsychologie. 37 (3), 109-118

Funke, U. (1995). Szenarien in der Eignungsdiagnostik und im Personaltraining. In: Strauß, B. & Kleinnmann, M. (Hrsg.). Computersimulierte Szenarien in der Personalarbeit. Göttingen: Verlag für Angewandte Psychologie, 145-216

Gardner, H. (1978). Commentary on animal awareness papers. Behavioral and Brain Science, 4, 572

Geißler, H. (1991). Vom Lernen in der Organisation zum Lernen der Organisation. In: Sattelberger, T. (Hrsg.). Die lernende Organisation: Konzepte für eine neue Qualität der Unternehmensentwicklung. Wiesbaden: Gabler, 79-97

Geißler, H. (1995). Grundlagen des Organisationslernens. Weinheim: Deutscher Studien Verlag

Gentner, D. & Gentner, D. (1983). Flowing waters or teeming crowds: mental models of electricity. In: Gentner, D. & Stevens, A. (Eds.). Mental Models. Hillsdale, N.J.: Erlbaum, 90-130

Gick, M.L. & Holyoak, K.J. (1983). Schema Induction and Analogical Transfer. Cognitive Psychology, 12, 1-38

Glasl, F. & de la Houssaye, L. (1975). Organisationsentwicklung. Bern: Haupt Verlag

Gomez, P. & Probst, G.J.B. (1987). Vernetztes Denken im Management. Die Orientierung. Bern

Gordon, W.J.J. (1961). Synectics – Development of Creative Capacity. London: Collier Books

Greeno, J.G., Smith, D.R. & Moore, J.L. (1993). Transfer of situated learning. In: Dettermann, D.K. & Sternberg, R.J. (Eds.) Transfer on tral: intelligence, cognition and instruction. Norwood, N.J.: Ablex, 99-167

Greif, S. (1987). Soziale Kompetenzen. In: Frey, D. & Greif, S. (Hrsg.). Sozialpsychologie: ein Handbuch in Schlüsselbegriffen. München: PVU, 312-321

Greif, S. (1994). Fehlertraining und Komplexität beim Softwaredesign. Zeitschrift für Arbeitswissenschaft, 48 (20 NF), 44-53

Greif, S. (1996). Lernen aus Fehlern. In: Greif, S. & Kurtz, H.-J. (Hrsg.)(1996). Handbuch selbstorganisierten Lernens. Göttingen: Hogrefe, 313-329

Greif, S. (1996). Minimale Informations- und Leittexte. In: Greif, S. & Kurtz, H-J. (Hrsg.). Handbuch selbstorganisiertes Lernen. Göttingen: Verlag für Angewandte Psychologie. 255-266

Greif, S. & Kurtz, H.-J. (Hrsg.)(1996). Handbuch Selbstorganisiertes Lernen. Göttingen: Verlag für Angewandte Psychologie

Greif, S. & Kurtz, H.-J. (1998). Angstkontrolle in turbulenten Innovationsprozessen. Über Desperados, Betonköpfe und Schwarzer-Peter-Spiele. In: Greif, S. & Kurtz, H.-J. (Hrsg.). Die Angst der Manager. Göttingen: Hogrefe

Grief, M. (1991). The visual factory: building participation through shared information. Portland: Productivity Press

Hacker, W. (1992). Expertenkönnen. Erkennen und Vermitteln. Göttingen: Verlag für Angewandte Psychologie

Hacker, W. (1996). Diagnose von Expertenwissen: Von Abzapf-(broaching-) zu Aufbau-([re-]construction-)Konzepten. Berlin: Akademie Verlag

Hacker, W. (1986). Arbeitspsychologie. Schriften zur Arbeitspsychologie (Hrsg. E. Ulich) Band 41, Bern: Huber

Hacker, W. & Iwanowa, A. (1984). Zur psychologischen Bewertung von Tätigkeitsmerkmalen, Zeitschrift für Psychologie: 192, 103-121.

Hacker, W. & Jilge, S. (1993). Vergleich verschiedener Methoden zur Ermittlung von Handlungswissen. Zeitschrift für Arbeits- und Organisationspsychologie. 37 (2), 64-72

Hacker, W. & Skell, W. (1993). Lernen in der Arbeit. Berlin: Bundesinstitut für Berufsbildung

Hager, W. & Hasselhorn, M. (1995). Konzeption und Evaluation von Programmen zur kognitiven Förderung: theoretische Überlegungen. In: Hager, W. (Hrsg). Programme zur Förderung des Denkens bei Kindern. Konstruktion, Evaluation und Metaevaluation. Göttingen: Hogrefe, 41-87

Hammerl, M. & Grabitz, H.-J. (1994). Unbewußtes Lernen: Ein bewußter Vorgang. Bemerkungen zur Hoffmann-Markowitsch-Debatte. Psychologische Rundschau, 45 (1), 37-39

Harkins, S.G. & Szymanski, K. (1988). Social loafing and self-evaluation with an objective standard. Journal of Experimental Social Psychology, 24, 354-365

Hastorf, A.H. & Cantril, H. (1954). They saw a game: A case study. Journal of Abnormal and Social Psychology, 49, 129-134

Heath, C. & Gonzales, R. (1995). Interaction with others increases decision confidence but not decision quality: Evidence against information collecting views of interactive decision making. Organizational behavior and human decision processes. 61 (3), 305-326

Heberer, J. & Grap, R. (1996). Betriebliche Weiterbildung in kleinen und mittelständischen Unternehmen. Methoden und Vorgehensweisen. Grüne Reihe. Aachen: GOM-Verlag

Hedberg, B. (1981). How Organizations Learn and Unlearn. In: Nystrom, P.C. and Starbuck, W.H. (Eds.). Handbook of Organizational Design. Oxford: Oxford University Press, 3-27

Heidack, C. (1993). Kooperative Selbstqualifikation als geistige Wertschöpfungskette im Prozeß der Organisationsentwicklung eines ganzheitlichen, wechselseitigen Lernprozesses. In: Heidack, C. (Hrsg.). Lernen der Zukunft: kooperative Selbstqualifikation - die effektivste Form der Aus- und Weiterbildung im Betrieb. München: Lexika, 21-43

Heinrich, D. (1990). Personal-Protfolio-Analyse. Personal. Mensch und Arbeit, i990 (6), 228-231

Henderson, R.W. (1986). Self-regulated learning: Implications for the design of instructional media. Contemporary Educational Psychology, 11, 405-427

Herkner, W. (1986). Einführung in die Sozial Psychologie. Bern: Huber

Hesse, F.W. (1979). Trainingsinduzierte Veränderungen in der heuristischen Struktur und ihr Einfluß auf das Problemlösen. Dissertation, Aachen: Institut für Psychologie der RWTH Aachen

Hippel, E. von, (1987). Cooperation between rivals: Informal know-how trading. Research Policy, 16, 291-302

Hodgson, V. & McConnell, D. (1995). Cooperative learning and development networks. Journal of Computer Assisted Learning, 11, 210-224

Höpfner, H.-D. (1983). Untersuchung zum Einsatz heuristischer Regeln beim Üben im berufspraktischen Unterricht. Forschung der sozialistischen Berufsbildung. 17, 8-33

Höpfner, H.-D. & Skell, W. (1983). Zur Systematisierung von Formen der Übung kognitiver Prozesse – Klassifikationsgesichtspunkte und Darstellung entscheidender Variablen. Forschung der sozialistischen Berufsbildung, 17 (4), 161-166

Hoffmann, J. (1993). Unbewußtes Lernen – eine besondere Lernform? Psychologische Rundschau, 44, 75-89

Hofstätter, P.R. (1986, Auflage 1993). Gruppendynamik. Kritik der Massenpsychologie. Reinbek: Rowohlt

Holling, H. & Liepmann, D. (1995). Personalentwicklung. Schuler, H. (Hrsg.). Lehrbuch Organisationspsychologie. Bern: Huber, 285-317

Holyoak, K.J. & Koh, K. (1987). Surface and structural similarity in analogical transfer. Memory and Cognition, 15 (4), 332-340

Huber, G. P. (1991). Organizational Learning: The Contributing Process and the Literature. Organization Science, 2 (1), 88-115

Huber, O. (1989). Organisationspsychologisch relevante Aspekte der Kognitionspsychologie. In: Roth, E., Schuler, H. & Weinert, A.B. (Hrsg.). Organisationspsychologie. Enzyklopädie der Psychologie, D/III/3, Göttingen: Hogrefe, 321-347

Hussy, W. (1989). Intelligenz und komplexes Problemlösen. Diagnostica, 35, 1-16

Isaacs, W. & Senge, P. (1992). Overcoming limits to learning in computer-based learning environments. European Journal of Operational Research, 59, 187-190. North-Holland

Isenberg, D.J. (1986). Group polarization: A critical review and meta-analysis. Journal of Personality and Social Psychology, 50, 1141-1151

Janis, I.L. (1982). Counteracting the adverse effects of concurrence-seeking in policy-planning groups: Theory and research perspectives. In: Brandstätter, H., Davis, J.H. & Stocker-Kriechgauer, G. (Eds.) Group decisions making. London: Academic Press, 477-501

Janis, I.L. (1972). Victims of Groupthink. A psychological study of foreign-policy decisions and fiascoes. Boston: Houghton Mifflin

Jennings, D.L., Amabile, T.M. & Ross, L. (1982). Informal covariation assessment: Databased versus theory based judgements. In: Kahneman, D., Slovic, P. & Tversky, A. (Eds.). Judgement under Uncertainty: Heuristics and biases. Cambridge: Cambridge University Press

Johnson-Laird, P. N. (1983). Mental Models. Towards a Cognitive Science of Language, Inference, and Conciousness. Cambridge: Cambridge University Press

Jonasson, D.H., Beissner, K. & Yacci, M. (1993). Structural Knowledge: Techniques for Representing, Conveying, and Aquiring Structural Knowledge. Hillsdale, N.J.: Erlbaum

Jonasson, D.H. & Grabowski, B. (1993). Handbook of Individual Differences, Learning, and Instruction. Hillsdale, N.J.: Erlbaum

Karau, S.J. & Williams, K.D. (1993). Social Loafing: A Meta-Analytic Review and Theoretical Integration. Journal of Personality and Social Psychology, 65 (4), 681-706

Katz, D. & Kahn, R.L. (1966). The Social Psychology of Organizations. New York: Wiley & Sons

Keck, O. (1987). The information dilemma: Private information as a cause of transaction failure in markets, regulation, hierarchy, and politics. Journal of Conflict Resolution, 31 (1), 139-163

Keller, P. (1996). Segmentierung der Fertigung. Kanban und Gruppenarbeit in einem Unternehmen der optoelektronischen Industrie. In: Antoni, C.H., Eyer, E. & Kutscher, J. (Hrsg.). Das flexible Unternehmen: Arbeitszeit, Gruppenarbeit, Entgeltsysteme. Wiesbaden: Gabler, Kapitel 3.03

Kerr, N.L. & Brunn, S.E. (1983). Dispensability of member effort and group motivation losses: Free-rider effects. Journal of Personality and Social Psychology, 44, 78-94

Kerres, M. (1995). Intergrating CAL into the organizational context as an instructional design task. Journal of Computer Assisted Learning,11, 2, 79-89

Kiesler, S. & Sproull, L. (1982). Managerial Response to changing environments: Perspectives on problemsensing from social cognition. Administrative Science Quaterly, 27, 548-570

Kim, D. (1993). The Link between Individual and Organizational Learning. Sloan Management Review, 35, 1, 37-50

Kim, D. (1993b). Creating Learning Organizations: Understanding the link between Individual and Organizational Learning. MIT Sloan School of Management, 3, 20, 1-33

Klix, F. (1996). Lernen und Denken. In: Hoffmann, J. & Kintsch, W. (Hrsg.). Lernen. Enzyklopädie der Psychologie (C/II/7), Göttingen: Hogrefe, 529-583

Kluge, A. & Zysno, P.V. (1992). Teamkreativität. Eine Untersuchung zum Training der Ideenfindung mit klassischen Kreativitätsmethoden. München: Minerva

Kluge, A. (1999 im Druck). Lernen und Wachsen an den eigenen Projekten: Problembasiertes selbstorganisiertes Lernen im Team. In: Goorhius, H., Hanse, H., Landholt, H. & Sigrist, B. (Hrsg.). Bildung und Arbeit – Das Ende einer Differenz? Aarau: Sauerländer.

Kluge, A. (1999). Training der sozialen Handlungskompetenz mit angeleiteter Selbstreflexion zur Transfersicherung. In: Hannover, B., Kittler, U. & Metz-Göckel, H. (Hrsg.). Sozialkognitive Aspekte der Pädagogischen Psychologie. Bd 1. Essen: Die blaue Eule.

Kluge, A., Hornke, L.F., Denis, B., Eurelings, A., Daniels, J. & Egyedi, T. (1997). Evaluation report. D02.05. ELECTRA-Projekt. European Comission, DG XIII: Brussels

Kluwe, R.H. (1997). Informationsverarbeitung, Wissen und mentale Modelle beim Umgang mit komplexen Systemen. In: Sonntag, Kh. & Schaper, N. (Hrsg.). Störungsmanagement und Diagnosekompetenz. Leistungskritisches Denken und Handeln in komplexen technischen Systemen. MTO Band 13. Zürich: vdf, 13-39

Kluwe, R.H. (1982). Kontrolle eigenen Denkens und Unterricht. In: Treiber, B. und Weinert, F.E. (Hrsg.). Lehr-Lernforschung. Ein Überblick in Einzeldarstellungen. München: Urban und Schwarzenberg, 113-133

Kluwe, R. H. (1990). Problemlösen, Entscheiden und Denkfehler. In: Graf Hoyos, C. & Zimolong, B. (Hrsg.). Ingenieurpsychologie. Enzyklopädie der Psychologie. D/III/2. Göttingen: Hogrefe, 121-147

Kluwe, R.H. & Haider, H. (1990). Modelle der internen Repräsentation komplexer technischer Systeme. Sprache und Kognition, 4, 173-192

Kluwe, R.H., Misiak, C. & Haider, H. (1989). Modelling the process of system control. In: Milling, P. & Zahn, E. (Hrsg.). Computer based management of complex systems. Berlin: Springer, 335-342

Kogan, N. & Carlson, J. (1969). Group risk taking under competitive conditions in adults and childern. Journal of Educational Psychology, 60, 158-167

Kolb, D. A. (1984). Experiential Learning. Experience as the Source of Learning and Development. Englewood Cliffs: Prentice-Hall

Kolb, D.A. (1978). Applications of Experiential Learning Theory to the Information Sciences. Paper delivered at the National Science Foundation Conference on contributors of the behavioral sciences to research in information science, December 1978

Koschmann, T.D., Myers, A.C., Feltovich, P.J. & Barrows, H.S. (1994). Using technology to assist in realizing effective learning and instruction: a principle approach to the use of computers in collaborative learning. The Journal of the Learning Sciences, 1994, 3 (3), 227-264

Krapp, A (1993). Die Psychologie der Lernmotivation. Zeitschrift für Pädagogik, 39 (2), 187-206

Kreitler, S., Maguen, T. & Kreitler, H. (1975). The three faces of intolerance of ambiguity. Archiv für Psychologie, 127 (3), 238-250

Krippendorff, K. (1975). Some principles of information storage and retrieval in society. In: Rapoport, A. (Ed.). General Systems. Yearbook of the Society for General Systems Research, 20, 15-37

Krogh, van G. & Venzin, M. (1995). Erhaltende Wettbewerbsvorteile durch Wissensmanagement. Die Unternehmung, 6, 417-436

Kroh-Püschel, E., Rennert, M. & Siberer, G. (1978). Soziale Beeinflussung und Informationskosten als Determinanten der Informationsnachfrage vor Entscheidungen. Zeitschrift für experimentelle und angewandte Psychologie, 25 (4), 617-630

Kühn, O. & Abecker, A. (1997). Corporate Memories for Knowledge Management in Industrial Practice: Prospects and Challenges. Journal of universal computer sciences, 3 (8), 929-954

Kuhl, J. (1992). A Theory of Self-regulation: Action vs. State orientation, self-discrimination, and some applications. Applied Psychology: International Review, 41, 95-173

Kuhlen, R. (1995). Informationsmarkt. Chancen und Risiken der Kommerzialisierung von Wissen. Konstanz: Universitätsverlag

Lamm, H. & Kogan, N. (1970). Risk taking in the context of intergroup negotiation. Journal of Experimental Psychology, 6, 351-363

Latané, B., Williams, K. & Harkins, S. (1979). Many hands may light the work: The Causes and Consequences of Social Loafing. Journal of Personality and Social Psychology, 37, 822-832

Laughlin, P.R. & Early, P.C. (1982). Social combination models, persuasive arguments theory, social comparison theory, and choice shift. Journal of Personality and Social Psychology, 42, 273-280

Lave, J. (1993). The practice of learning. In: Chaiklin, S. & Lave J. (Eds.). Understanding practice: Perspectives on activity and context. Cambridge: Cambridge University Press, 3-32

Levine, J.M. (1989). Reaction to opinion deviance in small groups. In: Paulus, P. (Ed.) Psychology of Group Influence (2nd ed.) Hillsdale, NJ: Erlbaum, 187-231

Levine, J.M. & Moreland, R.L. (1991). Culture and Socialisation in work Groups. In: Resnick, L.B., Levine, J.M. & Teasley, S.D. (Eds.). Perspectives on socially shared cognition. APA: Washington, 257-283

Lewicki, R.J. (1981). Organizational seduction: Building commitment to organizations. Organizational Dynamics, 10, 42-21

Lewin, K. (1951). Field Theory in Social Sciences. New York: Haper & Row

Lewis, R. (1996). Sharing professional knowledge: organisational memory. Dokumentation. Conference „Multimedia for Training in Trade and Industry“. Amsterdam

Lompscher, J. (1972). Das Lernen als Grundvorgang der Persönlichkeitsentwicklung. In: Lompscher, J. et al. (Hrsg.). Psychologie des Lernens in der Unterstufe. Berlin, 13-76

Looss, W. (1993). Alltägliche Organisationsberatung bei der Einführung neuer Technologien. In: Fatzer, G. (Hrsg.) (1993). Organisationsentwicklung für die Zukunft: ein Handbuch. Köln: Humanistische Psychologie, 79-97

Mandl, H., Fiedrich, H.F. und Hron, A. (1988). Theoretische Ansätze zum Wissenserwerb. In: Mandl, H. und Spada, H. (Hrsg.). Wissenspsychologie. München: PVU, S. 123-161

Mandl, H., Gruber, H. & Renkl, A. (1994). Zum Problem der Wissensanwendung. Unterrichtswissenschaft, 22 (3), 233-243

Mandl, H., Gruber, H. & Renkl, A. (1995). Situiertes Lernen in multimedialen Lernumgebungen. In: Issing, L.J. & Klimsa, P. (Hrsg.). Information und Lernen mit Multimedia. Weinheim: PVU

Mandl, H., Prenzel, M. & Gräsel, C. (1992). Das Problem des Lerntransfers in der betrieblichen Weiterbildung. Unterrichtswissenschaft, 20 (2), 126-143

March, J.G. (1972). Model bias in social action. Review of Educational Research, 44, 413-429

March, J. G. & Olson, J. P. (1975). The Uncertainty of the Past: Organizational Learning under Ambiguity. European Journal of Political Research, 3, 147-171

March, J.G. & Sevón, G. (1984). Gossip, information and decision making. In: Sproull, L.S. & Crecine, J.P. (Eds). Advances in information processing in organizations, 1, 95-107

March, J.G., Sproull, L.S. & Tamuz, M. (1991). Learning from Samples of One and Fewer. Organization Science, 2 (1), 1-13

Marquis, D.G. (1962). Individual responsibility and group decisions involving risk. Industrial Management Review, 3, 8-23

Mayer, R.E. (1989). Models for understanding. Review of Educational Research, 59, 43-64

Mayring, P. (1996). Einführung in die qualitative Sozialforschung. Weinheim: PVU

Merrill, M.D. (1991). Constructivism and instructional design. Educational Technology, 31(5), 45-53

Merten, K. (1990). Wissensveränderung durch Medien. In: Böhme-Dürr, K., Emig, J. & Seel, N. (Hrsg.). Wissensveränderung durch Medien. Theoretische Grundlagen und empirische Analysen. München: Sauer, 21-40

Messick, S. (1984). The nature of cognitive styles: Problems and promise in educational practice. Educational Psychologist, 19, 59-74

Meyer, A. (1982). Adapting to environmental jolts. Administrative Science Quaterly, 27, 515-537

Meyer, W.U. (1988). Die Rolle von Überraschung im Attributionsprozeß. Psychologische Rundschau, 39, 136-147

Miller, G.A., Galanter, E. & Pribram, K.H. (1960). Plans and Structure of Behaviour. New York: Holt

Morecroft, J.D.W. & Sterman, J. (Eds.) (1994). Modeling for Learning Organizations. Portland: Productivity Press

Moreland, R.L. & Levine, J.M. (1989). Newcomers and oldtimers in small groups. In: Paulus, P. (Ed.) Psychology of Group Influence (2nd ed.) Hillsdale, NJ: Erlbaum, 143-186

Morgan, G. (1995). Images of Organization. Thousand Oaks: Sage

Morris, L.E. (1993). Learning Organizations: Settings for Developing Adults. In: Demick, J. & Miller, P. M. (Eds.). Development in the Workplace. Hillsdale: Erlbaum, 179-197

Müller, B. & Funke, J. (1995). Das Paradigma „Komplexes Problemlösen". In: Strauss, B. & Kleinmann, M. (Hrsg.). Computersimulierte Szenarien in der Personalarbeit. Göttingen: Verlag für angewandte Psychologie, 57-105

Neber, H. (1978). Selbstgesteuertes Lernen (lern- und handlungstheoretische Aspekte). In: Neber, H. (Hrsg.). Selbstgesteuertes Lernen. Psychologische und pädagogische Aspekte eines handlungsorientierten Lernens. Weinheim: Beltz, S. 33-45

Neuberger, O. (1994). Personalentwicklung. Stuttgart: Enke

Neuberger, O. (1989). Mikropolitik als Gegenstand der Personalentwicklung. Zeitschrift für Arbeits- und Organisationspsychologie, 1989, 33 (N.F.7), 1, 40-46

Neuberger, O. & Kompa, A. (1987). Wir die Firma. Weinheim: Beltz

Neubert, J. & Tomczyk, R. (1986). Gruppenverfahren der Arbeitsanalyse und Arbeitsgestaltung. Berlin: Springer Verlag

Nevis, E.C., DiBella, A.J. & Gould, J. (1995). Understanding Organizations as Learning Systems. Sloan Management Review, 36 (2) 73-85

Nonaka, I. & Takeuchi, H. (1997). Die Organisation des Wissens. Wie Japanische Unternehmen eine brachliegende Ressource nutzbar machen. Frankfurt: Campus

Olson, M. (1965). The logic of collective action: Public goods and the theory of groups. Cambridge, MA: Harvard University Press

O'Reilly, C.A. (1980). Individuals and information overload in organizations: Is more necessarily better? Academy of management Journal, 23, 684-696

O'Reilly, C.A. (1983). The use of information in organizational decision making: a model and some propositions. In: Cummings, L.L. & Staw, B.M. (Eds.) Research in Organizational Behavior, 5, Greenwich: JAI Press, 103-139

O'Reilly, C.A. & Pondy, L.R. (1979). Organizational Communication. In: Kerr, S. (Ed.). Organizational behaviour, OH Grid: Columbus, 119-150

Osterman, K.F. (1990). Reflective Pratice. A New Agenda for Education. Education and Urban society, 22 (2), 133-152

Pautzke, G. (1989). Die Evaluation der organisatorischen Wissensbasis. Herrsching: Kirsch.

Pawlowsky, P. (1995). Von betrieblicher Weiterbildung zum Wissensmanagement. In: Geißler, H. (Hrsg.). Organisationslernen und Weiterbildung. Die strategische Antwort auf die Herausforderungen der Zukunft. Neuwied: Luchterhand, 435-457

Pea, R.D. (1992). Augmenting the discourse of learning with computer-based learning environments. In: de Corte, E., Linn, M.C., Mandl, H.,

Verschaffel, L. (Eds.). Computer-Based Learning Environments and Problem Solving. Berlin: Springer, 313-345

Pedler, M., Burgoyne, J. & Boydell, T. (1994). Das lernende Unternehmen: Potentiale freilegen, Wettbewerbsvorteile sichern. Frankfurt: Campus

Peiró, J.M. & Prieto, F. (1994). Telematics and Organizational structure and Processes: an Overview. In: Andriessen, J.H.E. & Roe, R.A. (Eds.). Telematics and Work. Erlbaum: Hillsdale, 175-209

Pekrun, R. & Schiefele, U. (1996). Emotions- und motivationspsychologische Bedingungen der Lernleistung. In: Weinert, F.E. (Hrsg.). Psychologie des Lernens und der Instruktion. Enzyklopädie der Psychologie D/I/2 (154-181). Göttingen: Hogrefe

Perkins, D.N. (1995). Outsmarting IQ: The emerging science of learnable intelligence. New York: Free Press

Perkins, D.N. & Grotzer, T.A. (1997). Teaching Intelligence. American Psychologist, 52 (19), 1125-1133

Perrig, W.J. (1996). Implizites Lernen. In: Hoffmann, J. & Kintsch, W. (Hrsg.). Lernen. Enzyklopädie der Psychologie, C/2/7, Göttingen: Hogrefe, 203-235

Piaget, J. (1970) Genetic Epistemology. New York: Columbia University Press

Piaget, J. (1967). Biologie et connaissance. Paris: Gallimard

Pounds, W. (1965). On problem finding. Sloan School Working Paper No.145-65, MIT Slaon School of Management, Cambridge MA

Preissler, H., Poehl, H. & Seemann, P. (1997). Haken, Helm und Seil: Erfahrungen mit Instrumenten des Wissensmanagements. Organisationsentwicklung, 16 (2), 4-18

Prince, G.M. (1970). The operational Mechanism of Synectics. In: Davis, G.A. & Scott, J.A. (1970). Training creative Thinking. New York: Holt, Rinehart and Wiston

Pritchard, R.D. (1990). Measuring and improving organizational productivity – a practical guide. New York: Praeger

Przygodda, M., Beckmann, J., Kleinbeck, U. & Schmidt, K.-H. (1995). Produktivitätsmessung und -management. Eine Überprüfung des Managementsystems Partizipatives Produktivitäsmanagement (PPM). Zeitschrift für Arbeits- und Organisationspsychologie, 37 (4), 157-167

Putz-Osterloh, W. (1988). Wissen und Problemlösen. In: Mandl, H. & Spada, H. (Hrsg.). Wissenspsychologie. München: PVU, 247-263

Putz-Osterloh, W. (1985). Selbstreflexion, Testintelligenz und interindividuelle Unterschiede bei der Bewältigung komplexer Probleme. Sprache und Kognition, 4, 203-216

Putz-Osterloh, W. (1983). Über Determinanten komplexer Problemlöseleistungen und Möglichkeiten zu ihrer Erfassung. Sprache und Kognition, 2, 100-116

Putz-Osterloh, W. (1981). Über die Beziehung zwischen Testintelligenz und Problemlöseerfolg. Zeitschrift für Psychologie, 189, 79-100

Reason, J. (1987). A preliminary classification of mistakes. In: J. Rasmussen, K. Duncan & J. Leplat (Eds.). New technology and human error. Chichester: Wiley, 15-22

Reimer, U. (1996). Veränderung der Führungsaufgaben von Meistern durch Gruppenarbeit. In: Antoni, C.H., Eyer, E. & Kutscher, J. (Hrsg.) Das flexible Unternehmen. Arbeitszeit. Gruppenarbeit. Entgeltsysteme. Wiesbaden: Gabler

Reinhardt, R. (1995). Das Modell Organisationaler Lernfähigkeit und die Gestaltung Lernfähiger Organisationen. Frankfurt: Peter Lang

Reither, F. (1979). Über die Selbstreflexion beim Problemlösen. Unveröffentlichte Dissertation. Universität Giessen

Renkl, A. (1996). Träges Wissen: Wenn Erlerntes nicht genutzt wird. Psychologische Rundschau, 47, 78-92

Rescorla, R.A. & Wagner, A.R. (1972). A theory of Pavlovian conditioning: Variations in the effectiveness of reinforcement and nonreinforcement. In Black, A.H. & Prokasy, W.E. (Eds.). Classical conditioning II: Current research and theory. New York: Appleton-Century-Crofts, 64-99

Rim, Y. (1965). Leadership attitudes and decisions involving risk. Personnel Psychology, 18, 423-430

Rohmhardt, K. (1997). Process of knowledge Presevation: Away from a technology Dominated Approach. Geneva Knowledge Group, Zürich: University of Geneva

Ronteltap, C.F.M., Eurelings, A.M.C. & Boulanger, M.A.P. (1997). Functional Specifications of POLARIS. D10.01. ELECTRA-Projekt. European Commission, DG XIII-C, Telematics Application Programm. Maastricht: Universität Maastricht.

Ropers, K.-U. (1997). LiteraturInformationsManagement. Abschlußbericht: Wissenschaftlicher Gebrauch von Datenbanken für die betriebs- und organisationspsychologische Forschung. Aachen: Institut für Psychologie

Rose, H. (1992). Erfahrungsgeleitete Arbeit als Fokus für Arbeitsgestaltung und Technikentwicklung. Zeitschrift für Arbeits- und Organisationspsychologie, 36 (N.F. 10), 22-29

Rosenbaum, R.M. (1972). A dimensional analysis of the percieved causes of success and failure. Unpublished doctoral dissertation. Los Angeles: University of California

Roth, G.L. (1996). Learning Histories: Using Documentation to assess and facilitate organizational learning. MIT-Sloan School of Management, Cambridge, Ma: (http://www.learning.mit.edu /res/wp/ 18004htm)

Rotter, J.B. (1966). Generalized expectancies for internal versus external control of reinforcement. Psychological Monographs, 80 (1).

Rumelhart, D.E. & Norman, D.A. (1978). Das aktive strukturelle Netz. In: Norman, D.A. & Rumelhart, D.E. (Hrsg.). Strukturen des Wissens. Stuttgart: Klett-Cotta, 51-77

Salomon, G. (1984). Television is „easy“ and print is „tough“: The differential investment of mental effort in learning as a function of perceptions and attributions. Journal of Educational Psychology, 76, 647-658

Salomon, G. & Perkins, D.N. (1989). Rocks Roads to transfer: Rethinking Mechanisms of a Neglected Phenomenon. Educational Psychologist, 24 (2), 113-142

Salvin, R.E. (1980). Cooperative Learning. Review of Educational Research, 50 (2), 315-342

Salvin, R.E. (1998). Research on Cooperative Learning and Achievement: A Quater Century of Research. Newsletter Pädagogische Psychologie, 1/1998. Landau: Verlag Empirische Pädagogik, 13-46

Sattelberger, T. (1991). Die lernende Organisation im Spannungsfeld von Strategie, Struktur und Kultur. In: Sattelberger, T. (Hrsg.). Die lernende Organisation: Konzepte für eine neue Qualität der Unternehmensentwicklung. Wiesbaden: Gabler, 11-57

Scardamalia, M. & Bereiter, C. (1992). An Architecture for Collaborative Knowledge Building. In: de Corte, E. (Ed). Computer-based Learning Environments and Problemsolving. New York: Springer, 41-66

Schaper, N. & Sonntag, Kh. (1997). Kognitive Trainingsmethoden zur Förderung diagnostischer Problemlösefähigkeiten. In: Sonntag, Kh. & Schaper, N. (Hrsg.). Störungsmanagement und Diagnosekompetenz. Leistungskritisches Denken und Handeln in komplexen technischen Systemen. Zürich: vdf Hochschulverlag der ETH Zürich, 193-211

Scheele, B. & Groeben, N. (1984). Die Heidelberger-Struktur-Lege-Technik. Eine Dialog-Konsens-Methode zur Erhebung subjektiver Theorien mittlerer Reichweite. Weinheim: Beltz

Schein, E.H. (1968). Organizational socialization and profession of management. Industrial Management Review, 9, 1-15

Schein, E. H. (1993). How can Organizations Learn Faster? The Challenge of Entering the Green Room. Sloan Management Review, 34, 2, 85-92

Schein, E.H. (1993). Informationstechnologie und Management - passen sie zusammen? In: G. Fatzer (Hrsg.). Organisationsentwicklung für die Zukunft: ein Handbuch. Köln: Humanistische Psychologie, 41-59

Schmidt-Hackenberg, B., Höpke, I., Lemke, I. G., Pampus, K. & Weisker, D. (1990). Neue Ausbildungsmethoden in der betrieblichen Berufsausbildung. Berlin: Bundesinstitut für Berufsbildung, Heft 107

Schön, D.A. (1983). The Reflective Practitioner. New York: Basic Books

Schrader, S. (1990). Zwischenbetrieblicher Informationstransfer. Eine empirische Analyse kooperativen Verhaltens. Berlin: Duncker & Humboldt

Schrader, S. (1991). Informaler Informationsaustausch: Zwischenbetrieblicher Technologietransfer in der U.S. Stahlindustrie. Zeitschrift für Arbeits- und Organisationspsychologie, 35 (4), 159-169

Schulz, W. (1974). Bedeutungsvermittlung durch Massenkommunikation. Publizistik, 2, 148-164

Schwarck, J.C. (1986). Transfereffekte beim Lösen komplexer Probleme. Frankfurt: Peter Lang

Senge, P.M. (1990). The Fifth Discipline. New York: Doubleday

Senge, P.M. (1996). Die fünfte Disziplin. Kunst und Praxis der lernenden Organisation. Stuttgart: Klett-Cotta

Shepperd, J.A. (1993). Productivity Loss in Performance Groups: A Motivation Analysis. Psychological Bulletin, 113 (1), 67-81

Shum, S.B. (1997). Negotiating the construction and reconstruction of organizational memories. Journal of universal computer sciences, 3 (8), 899-928

Sieg, C. (1997). Concept c2. 20er Gruppen. Bonn: Concept c2 training & beratung GmbH

Siegel, J., Dubrovsky, V., Kiesler, S. & McGuire, T.W. (1986). Group processes and computer mediated communication. Organizational Behaviour and Human Decision Process, 37, 157-187

Simon, H.A. (1947). Administrative Behavior. New York: Macmillan

Skell, W. (1996). Eigenaktivität und heuristische Regeln. In: Greif, S. & Kurtz, H.-J. (Hrsg.). Handbuch selbstorganisierten Lernens. Göttingen: Hogrefe, 83-93

Snyder, E.C. (1958). The Supreme Court as a small group. Social Forces, 36, 232-238

Sonntag, Kh. (1998). Personalentwicklung „on the job“. In: Kleinmann, M. & Strauss, B. (Hrsg.). Potentialfeststellung und Personalentwicklung. Göttingen: Verlag für Angewandte Psychologie, 175-199

Sonntag, Kh. (1996). Lernen im Unternehmen. Effiziente Organisation durch Lernkultur. München: Beck

Stanovich, K.E. (1994). Dysrationalia as an intuition pump. Educational Researcher, 23 (4), 11-22

Starbuck, W.H., Greve, A. & Hedberg, B. (1978). Responding to Crisis. Journal of Business Administration, 9 (2), 111-137

Stata, R. (1989). Organizational Learning – The key to Management Innovation. Sloan Management Review, 1989 (2), 63-74

Steiner, I. (1972). Group process and productivity. New York: Academic Press

Sterman, J.D. (1989). Modeling Managerial Behavior: Misperceptions of Feedback in a Dynamic Decision Making Experiment. Management Science, Vol. 33, 3, 321-339

Sterman, J. (1994). Learning in and about Complex Systems. System Dynamics Review, 10 (2-3), 291-330

Sterman, J., Repenning, N. & Kofman, F. (1994). Unanticipated Side Effects of Successful Quality Programs: Exploring a Paradox of Organizational Improvement. Cambridge, Mass.: MIT Sloan School of Management, D-4390-1

Stern, E. (1996). Grundlagen des erfolgreichen Lerntransfers. In: Mandl, H. (Hrsg.). Bericht über den 40. Kongreß der deutschen Gesllschaft für Psychologie in München, 1996 (Bd. 2) Göttingen: Hogrefe

Stoner, J.A.F. (1961). A comparison of individual and group decision involving risk. Unpublished MA thesis. School of Industrial Management, Boston, MIT

Taylor, C.W. (1972). Can organizations be creative, too? In: Taylor, C. W. (Ed.) Climate for Creativity. New York: Pergamon Press

Thorndike, E.L. & Woodworth, R.S. (1901). The influence in improvement in one mental function upon the efficiency of other functions. Psychological Review, 8, 247-261

Troutman, C.M. & Shanteau, J. (1977). Inferences based on nondiagnostic information. Organizational Behavior and Human Performance, 19, 43-55

Tulving, E. (1972). Episodic and semantic memory. In: Tulving, E. & Donaldson, W. (Eds.). Organization of Memory. New York: Academic Press, 382-403

Tversky, A. & Kahneman, D. (1974). Judgement under uncertainty: heuristics and biases. Science, 185, 1124-1131

Udris, I. (1993). Trainingsverfahren zur Förderung der Sozialkompetenz. In: Sonntag, Kh. & Friede, C.K. (Hrsg.). Berufliche Kompetenz durch Training. Heidelberg: Sauer, 100-127

Ulich, I. (1992). Lern- und Entwicklungspotentiale in der Arbeit - Beiträge der Arbeits- und Organisationspsychologie. In: Sonntag, Kh., (Hrsg.). Personalentwicklung in Organisationen. Pychologische Grundlagen, Methoden und Perspektiven. Göttingen: Hogrefe, S. 107-135

Ulrich, W. (1975). Kreativitätsförderung in der Unternehmung. Bern: Paul Haupt

Van Maanen, J. (1977). Experiencing organization: Notes on the meaning of careers and socialization. In: Van Maanen, J. (Ed.). Organizational Careers: Some new Perspectives. New York: Wiley, 15-45

Volpert, W., Frommann, R. & Munzert, J. (1984). Die Wirkung allgemeiner heuristischer Regeln im Lernprozeß - eine experimentelle Studie. Zeitschrift für Arbeitswissenschaft, 4, 235-240

Voss, M. (1994). Training von komplexem Problemlösen mit Hilfe von Netzwerk-Diagrammen. Dissertation. Hamburg: Fachbereich für Psychologie an der Universität Hamburg

Vygotsky, L.S. (1978). Mind in society: The development of higher psychological processes. In: Cole, M., John-Steiner, V., Scriber, S., & Souberman, E. (Eds.). Cambridge, MA: Harvard University Press

Waldmann. M.R. (1997). Wissen und Lernen. Psychologische Rundschau, 48, 84-100

Wallach, M.A., Kogan, N. & Bem, D.J. (1962). Group influence on individual risk taking. Journal of Abnormal and Social Psychology, 65, 75-86

Wallas, G. (1926). The Art of Thought. New York: Harcourt Brace

Walsh, J.P. & Ungson, G.R. (1991). Organizational Memory. Academy of Management Review, Vol 16, 1, 57-91

Walsh, J.P. & Ungson, G.R. (1991). Organizational Memory. Academy of Management Review, Vol 16, 1, 57-91

Webb, N.M. (1992). Testing a theoretical model of student interaction and learning in small groups. In Hertz-Lazarowitz, R. & Miller, N. (Eds.). Interaction in cooperative groups: The theoretical anatomy of group learning. New York: Cambridge University Press, 102-119

Weidenmann, B. (1997). Instruktionsmedien. In: Weinert, F.E. (Hrsg.) Psychologie des Lernens und der Instruktion. Enzyklopädie der Psychologie D/I/2. Göttingen: Hogrefe, 319-369

Weidenmann, B. (1995). Multicodierung und Multimodalität im Lernprozeß. In: Issing, L.J. & Klimsa, P. (Hrsg.). Information und Lernen mit Multimedia. Weinheim: PVU, 65-85

Weiner, B. (1994). Motivationspsychologie. Weinheim: Beltz

Weinert, A.B. (1987). Lehrbuch der Organisationspsychologie. München: PVU

Weinert, F.E. (1984). Metakognition und Motivation als Determinanten der Lerneffektivität: Einführung und Überblick. In Weinert, F.E. & Kluwe, R.H. (Hrsg.). Metakognition, Motivation und Lernen. Stuttgart: Kohlhammer, 9-23

Weinert, F.E. (1996). Für und Wider die „neuen Lerntheorien“ als Grundlagen pädagogisch-psychologischer Forschung. Zeitschrift für Pädagogische Psychologie, 10, 1, 1-12

Weinert, F.E. & Schrader, F.-W. (1997). Lernen lernen als psychologisches Problem. In: Weinert, F.E. & Mandl, H. (Hrsg.). Psychologie der Erwachsenenbildung. Enzyklopädie der Psychologie. D/I/4. Hogrefe: Göttingen, 295-336

Weinstein, M. (1996). Lachen ist gesund – auch für ein Unternehmen. Lach- statt Krachmanagement. Mehr Motivation, Kreativität, Engagement. Wien: Überreuther

Weldon, E. & Gargano, G.M. (1985). Cognitive effort in additive task groups: The effects of shared responsibility on the quality of multiattribute judgements. Organizational Behavior and Human Decision Processes, 36, 348-361

Weldon, E. & Garagano, G.M. (1988). Cognitive Loafing: The effects of accountability and shared responsibility on cognitive effort. Personality and Social Psychology Bulletin, 14, 159-171

Wheeler, R. & Ryan, F.L. (1973). Effects of cooperative and competitive classroom environments on the attitudes and achievement of elementary school students engaged in social studies inquiry activities. Journal of Educational Psychology, 65, 402-407

Wiesmann, M. (1982). Das Szenarioverfahren als Instrument der ersten Phase des Organisationsentwicklungsprozesses. Gruppendynamik, 3, 275-284

Witkin, H., Moore, C., Goodenough, D. & Cox, P. (1977). Fielddependent and fieldindependent cognitive styles and their educational implications. Review of Educational Research, 47, 1-64

Witte, E. (1972). Das Informationsverhalten in Entscheidungsprozessen. Tübingen

Zuboff, S. (1993). Die informatisierte Organisation. In: Fatzer, G. (Hrsg.). Organisationsentwicklung für die Zukunft: ein Handbuch. Köln: Humanistische Psychologie, 59-79

Zysno, P. V.(1998). Die Klassifikation von Gruppenaufgaben. In: Ardelt-Gattinger, E., Lechner, H. & Schlögl, W. (Hrsg.). Gruppendynamik. Anspuch und Wirklichkeit der Arbeit in Gruppen. Göttingen: Hogrefe, 10-25